国家社会科学基金重大项目《支撑未来中国经济增长的新战略区域研究》（批准号14ZDA024）研究成果

中国特色经济学·研究系列

吴福象 等 著

国际产能合作与中国区域经济发展

International Production Capacity Cooperation
and Regional Economic Development in China

南京大学出版社

《中国特色经济学·研究系列》丛书编委会

主　任：洪银兴

委　员（按姓氏拼音排序）：

安同良　陈智琦　范从来　葛　扬

耿　强　梁　华　林　辉　刘志彪

马野青　裴　平　沈坤荣　孙宁华

吴福象　巫　强　谢建国　杨德才

于津平　张谊浩　郑江淮

前　言

　　本书是作者作为首席专家主持的国家社会科学基金重大项目《支撑未来中国经济增长的新战略区域研究》(批准号:14ZDA024)的系列研究成果之一。目前,该项目已经顺利结项(证书号:2018&J135),但对项目的研究仍然会持续下去。本书研究的主题是国际产能合作与中国区域经济发展战略问题,重点对世界经济格局演变下的全球治理模式演变、国际产能合作与重塑中国经济地理格局、产业集群生命周期及其演化,以及供给侧结构性改革、政府最优补贴方式与经济高质量发展等相关议题展开集中分析。

　　长期以来,以技术革命为引擎的经济全球化,不断地推进世界经济格局向多极化方向发展。与此同时,各种类型经济体的势力在世界贸易和投资格局中所占的份额,也在一直处于此消彼长的变化之中。尤其是进入 21 世纪以来,快速崛起的新兴经济体,已经成为影响世界政治经济格局的重要力量。比如,中国改革开放以来,经济的快速腾飞已经成了经济全球化过程中区域性崛起的成功典范。当然,世界经济格局演变、国际环境变化,在给中国的发展提供重大机遇的同时,也带来了全新的挑战。特别是在国内外经济环境复杂多变的大背景之下,中国经济要实现可持续的发展,需要进一步提高自主创新能力,重塑中国在世界制造业中的国际竞争力。在此方面,推进"一带一路"倡议,强化国际产能合作,则能有效缓解要素供给和市场需求的结构性扭曲。为此,供给侧结构性改革、国际产能合作、经济高质量发展等,已经成为新时代中国经济发展的热门词。本书首先对世界经济格局演变与中国发展战略调整之间的关系进行简单的逻辑梳理。

在经济全球化语境中,全球治理作为一种国际制度安排,实质上是国家之间利益与权力角逐和博弈的过程。新兴经济体群体性崛起,重塑了世界经济格局,而实力与权力不相匹配的矛盾日益激化,则有力地推动着全球治理制度的变迁。第二章对权力博弈下的制度变迁与全球治理演变进行专题研究。通过建立发达国家与新兴经济体的演化博弈模型,揭示利益主体权力博弈诱发制度变迁的机理。本章研究表明,拥有绝对权力优势的发达大国主导着制度变迁的方向,同时制度也将随着各参与主体拥有权力大小的消长变化而不断演进。本章进一步研究指出,在权力结构发生调整的情况下,G20取代G7领导全球治理制度,将会是全球治理模式变迁的历史必然。

为了提高中国在全球治理体系中的话语权,十八大以来中央陆续推出了包括"一带一路"倡议、长江经济带规划等,旨在重塑中国经济地理格局。第三章围绕开放格局、区域一体化与重塑经济地理等话题展开专题研究。基于"一带一路"、长江经济带勾勒的开放格局,构建了新经济地理学模型,分析了开放格局变迁与区域一体化对中国经济地理带来的影响。研究发现:第一,开放格局变迁会引起国际市场对国内产业的"向心力"与"离心力"发生改变,临近一个区域的国际市场规模越大,集聚力就越大;临近的外国竞争产品越多,分散力就越大。第二,构建内陆的国际贸易通道,导致本国产业布局趋于分散,降低外部市场一体化对本国造成的冲击。第三,内陆国际贸易通道改变了本国市场一体化对经济地理重塑的影响。当国内一体化优先于国际一体化时,本国市场进一步一体化,导致产业布局沿"从分散到集聚再到分散"的"钟状曲线"路径演化。以统一大国市场体系为基础,打造欧亚大陆上的陆路开放通道,是重塑中国经济地理、破解"胡焕庸线"难题的关键。

为了破解产能过剩及"胡焕庸线"悖论的理论难题,第四章对国际产能合作与重塑中国经济地理格局进行了模型分析。本章基于动态化的资本局部流动的两国三地模型,对"一带一路"建设、国际产能合作等战略进行理论分析。研究发现:第一,当拥挤效应较大时,经济系统可能收敛于低增长率的均衡。第二,当产业较为分散时,提高产业集聚度是一个帕累托改进,且核心区受益较多;当产业较为集中时,提高产业集聚度会降低消费者福利,且劳动者福利损失更大。第三,资本跨国投资的必要条件是低投资壁垒与本国较高的集聚度。跨国投资可以提高本国和东道国的福利水平,优化国内产业空间分布。因此,应以国际产能合作为契机,扩大产业资本的配置空间,使得供给侧外移,动态化解产能过剩问题;打造"胡焕庸线"以北的产业、物流为核心的城市群与中心城市,缩小区域福利差距。

基于当前中国产业空间布局存在着东部产业过度集聚、中西部工业结构趋于瓦解的困境,第五章对中国生产力布局调整的福利经济学进行了专题分析。本章基于差异化劳动力区际流动视角,构建了一个二次子效用的拟线性偏好效用函数的模型框架,从个体福利和区域福利两个维度,对造成中国产业空间布局不平衡的原因进行了模型推演和数值模拟。研究发现,在长期状态下,产业空间布局对差异化劳动力的组合比例具有一定的阈值限制,中国产业空间布局的困境,源自市场最优的集聚与社会最优的集聚发生了偏离,源自东部地区在全球价值链与国内价值链之间二传手功能的缺失。要破解产业布局的困境,需要由单一的转移支付的福利补偿手段,全面转向兼顾产业再平衡的福利补偿手段。

区际福利补偿问题,本质上是土地、人口和产业的互动与耦合问题,第六章对新型城镇化中被拆迁户的动态福利补偿问题进行专题研究。研究认为,在新型城镇化中对被拆迁户的动态租金剩余进行适度补偿,不仅是获得土地开发权的公平需要,也是合理平衡人口城镇化和土地城镇化的效率使然。本章在融合租金分离和投标竞租理论模型基础上,引入不可再生资源土地开发模型的动态租金分析法,对新型城镇化中被拆迁户的福利补偿机制进行了理论分析和实证检验。研究发现:其一,土地的位置租金上涨存在着较大的时空差异,边际区位租金的上涨远快于成熟区租金的上涨。其二,土地开发增速主要取决于需求拉动及拆迁补偿成本收益比。其三,被拆迁户的福利损失主要源自动态福利补偿机制的缺失,对被拆迁户进行单一静态货币补偿容易导致土地城镇化过度超前人口城镇化的开发锦标赛。为此,降低土地囤积率,提高人口、土地、产业的匹配程度和效率,利用资产证券化机制来创设拆迁资金池,强化信息披露机制,提高拆迁违约成本,合理分配长期土地租金剩余等,都是新型城镇化对和谐社会的理性回归。

第七章以长三角为例对开放条件下的产业集群生命周期及演化进行了理论分析。改革开放以来,长三角地区企业以代工的形式融入全球价值链体系,众多企业扎堆在此形成了中小企业集群。然而,近年来这里的产业集群的去集群化现象开始逐渐显露出来。本章选取长三角 22 个制造业的数据,对其集聚程度与集聚效益进行了实证研究,探寻了产业集群在生命周期各个阶段的演化规律,在此基础上提出促使长三角地区制造业再发展的对策建议。研究发现,2005 年以来长三角地区制造业集聚程度开始呈现下降趋势;而在长三角制造业集群演化中,伴随着集聚程度的提高,集聚效益上升开始越来越快,不过在区位熵超过某个临界范围时,集聚效益上升开始变得缓慢,而资本深化程度和开放程度均具有正向效应。由此可见,当前长三角制造业集群可能已经处于生命周期的成熟期及调整阶段,增长动力不足,发展变缓,从集群产业链的角度来讲,需要适时进行战略调整和再定位。

本质上讲,产业战略调整和再定位的主体是企业。在企业提高自主创新能力的路上,政府发挥的作用至关重要。第八章对质量竞争和技术外溢下的最优补贴政策进行分析,并基于差异化双寡头模型,探讨了政府对企业补贴战略及其福利效应。研究发现:其一,在达到同等的社会福利水平时,对企业生产活动进行补贴所需费用高于对研发活动进行补贴,多支出的补贴全部转化为企业的利润。其二,对技术溢出水平高的产业补贴后福利提升明显,而技术溢出水平低的产业补贴效率低。因此,政府扶持产业发展时,应根据产业所处的不同阶段实行不同的扶持政策和补贴政策。

第九章对供给侧下的研发补贴与经济高质量发展问题展开理论分析。本章认为,供给侧结构性改革下经济转型和增长动力转换的关键在于创新,而补贴则是目前政府扶持企业技术创新的主要路径。本章基于 Howitt & Aghion 内生经济增长模型,讨论了政府研发补贴影响企业技术创新和经济发展质量的微观机制。研究表明:其一,政府研发补贴通过激励企业创新投入和技术进步,加快了经济增长动力从投入驱动向创新驱动的转变。其二,政府研发补贴对促进不同所有制类型企业提升经济发展质量的能力有所差异。政府研发补贴要通过引导企业对关键技术、核心技术领域的研发创新,激励国有企业在自主创新中的引领作用,建立和完善创新配套措施扶持,使之成为真正推动经济高质高效发展的生力军。

第十章基于倾向得分匹配的倍差法,采用近 10 年来中国沪深股市 A 股上市公司的公开数据,系统讨论了政府补贴影响中国装备制造业企业创新绩效的微观机制和效应,并采用中介效应模型,揭示了政府补贴抑制企业技术效率提升的主要途径。研究表明:其一,政府补贴有效促进了装备制造业模仿创新下的技术进步,但抑制了资源的最优配置和技术效率的改善;其二,政府补贴引发的要素市场扭曲、企业寻租、市场集中和过度投资,是导致创新活动技术效率损失的重要途径。因此,政府应通过差异化的补贴政策,全面提升企业的自主创新能力,保持竞争性市场中资源的有效配置,营造良好的创新支持环境,提高中国装备制造业创新发展的质量和效益。

第十一章基于产品质量提高型创新视角,将技术溢出水平、产品水平差异与垂直质量差异等因素一起纳入分析框架,构建三阶段动态博弈模型,探讨了不同研发模式下企业研发投入决策和政府最优补贴政策。结果显示:其一,政府补贴有利于提高企业研发投入的积极性和社会福利水平,不会产生"挤出效应";其二,技术溢出水平与产品差异化程度,均对不同研发模式下政府最优补贴强度的影响具有较大的差异;其三,在政府最优补贴强度下,研发竞争与研发合作模式中企业的研发投入、产品质量及社会福利水平是相同的,企业倾向于选择利润最大化的研发模式。为此,企业自身应加强研发投入,提高产品质量竞争力,而政府则应针对不同的研发创新模式与产业周期特征,制定合理的补贴强度区间。同时,应加强企业补贴资格审查制度建设,提高创新激励效率。

第十二章进一步对供给侧改革视角的研发补贴与经济运行质量进行了理论分析。本章认为,供给侧改革下经济高质量发展的第一动力是创新,而补贴则是政府扶持企业技术创新的主要路径。本章构建了"研发补贴→要素价格扭曲和企业创新投入→经济运行质量"的理论框架,探讨了研发补贴对中国经济运行质量的间接传导路径。研究表明:第一,研发补贴导致资本要素价格扭曲,激励企业创新投入。第二,扭曲和创新投入的联合调节效应,削弱了补贴对经济运行质量的提升作用。为此,实施具有针对性的政府研发补贴政策,推进研发质量和研发效率的提升,是经济高质量运行的主要措施。

第十三章对外来人口、产业结构与房地产市场调控问题进行了专题研究。本章认为,不同类型城市在人口社会结构、产业结构方面的显著差异,是造成当前我国房地产市场"冰火两重天"的重要原因。本章利用近10年来全国35个大中城市的相关数据,统计并分析了各类城市的外来人口、常住人口、产业结构和房地产市场需求。研究发现,人口规模庞大的城市,房地产年销售额也较大。服务业经济特征明显的城市,往往有着高于同类城市的房价平均水平。而存在楼市去库存压力的城市,制造业经济特征则更加显著。实证结果表明,外来人口能促进各类城市房地产市场需求的上升,一、二类城市服务业占比的提高会带动房地产市场需求的扩张,而三、四类城市制造业的发展有利于放大房地产市场需求。为此,对于一二线城市而言,房地产市场调控不仅要加快土地供给制度改革,更要推动城市功能疏散,引导人口、资源和产业向三四线城市分流。对于三四线城市而言,关键是要抓住推进新型城镇化机遇,完善基础设施建设和公共服务体系,提高人口、产业的吸引力和集聚程度,并通过城市人口和经济增长化解去库存压力。

第十四章进一步基于空间计量经济学方法,运用全域空间自相关 Moran's I 指数、空间局域 LISA 分析,考察了近 10 年来我国省际工业集聚与经济增长的空间相关性,并构建三种不同空间权重矩阵下的空间面板杜宾模型,分析制造业集聚、空间溢出与区域经济增长的交互关系。结果表明:首先,我国工业集聚和经济增长具有明显的空间依赖性,并呈现出"东高西低"的格局。其次,工业集聚对经济增长具有显著的促进作用,若不考虑空间因素,结果会被高估。再次,在仅考虑经济因素的空间权重下,其他地区工业集聚对本地区经济增长的回流效应占主导地位,工业集聚表现出显著的空间负溢出效应,加剧了区域之间的不平衡增长效应。最后,在纳入地理因素之后,其他地区工业集聚对本地区经济增长的扩散效应抵消了回流效应,负的空间溢出效应不太显著。此外,人力资本和物质资本的投入、交通基础设施的改善,也将促进地区经济增长。

本书第十五章对金融发展、产业区位与区际收入再平衡问题进行了专题研究。本章基于新地理经济学模型,引入金融发展变量,分析了金融发展与产业空间区位之间的联系。本章通过模型推导和数值模拟发现,随着金融市场的发展,一方面,那些受到融资约束的中小企业将会进入市场,引发激烈的本地竞争;另一方面,那些原本只能在本地经营的企业,在获得融资成为跨区经营的企业之后,结果会使得跨区经营企业的总数增加,市场份额下降。因此,金融市场的发展,使得企业容易获得外部融资,降低区域间的竞争强度,使得地区之间经济活动分散,防止经济过于集聚,能够促进区域经济协调发展。也就是说,高质量的金融体系,可以减少经济过于集中,从而缩小区域间的收入差异。

本书最后利用最近10余年长三角16个核心城市的面板数据,测度了生产性服务业集聚及与制造业的耦合程度,定量评价了生产性服务业集聚及耦合对服务业劳动生产率的动态影响。结果表明:其一,高等级城市生产性服务业集聚水平较高,低等级城市生产性服务业耦合度较高;其二,生产性服务业集聚与服务业劳动生产率呈正"U"形关系,部分中高等级城市的生产性服务业集聚水平已越过"拐点"。可见,生产性服务业集聚,能够显著提高服务业劳动生产率,低等级城市的生产性服务业耦合促进了服务业劳动生产率的提高。本章研究结论,对于当前中国地区产业协同发展具有重要的启示意义。

以上成果均为2014年以来本人主持的国家社会科学基金重大项目的研究成果,本书所有参与人均为最近五年来本人指导的博士研究生和硕士研究生。详细分工如下:

第一章　世界经济格局演变与中国发展战略调整　　邱晓东　吴福象

第二章　权力博弈下的制度变迁与全球治理演变　　邓若冰　吴福象

第三章　开放格局、区域一体化与重塑经济地理　　吴福象　段　巍

第四章　国际产能合作与重塑中国经济地理格局　　吴福象　段　巍

第五章　中国生产力布局调整的福利经济学分析　　吴福象　蔡　悦

第六章　新型城镇化中被拆迁户的动态福利补偿　　吴福象　段　巍

第七章　开放条件下的产业集群生命周期及演化　　吴福象　杨　婧

第八章　质量竞争和技术溢出下的最优补贴政策　　吴福象　段　巍

第九章　供给侧下的研发补贴与经济高质量发展　　赵丽君　吴福象

第十章　政府补贴与装备制造业的企业创新绩效　　赵丽君　吴福象

第十一章　差异化模式的技术溢出与政府最优补贴　　邓若冰　吴福象

第十二章　供给侧改革、研发补贴与经济运行质量　　吴福象　赵丽君

第十三章　外来人口、产业结构与房地产市场调控　　邱晓东　吴福象

第十四章　制造业集聚、空间溢出与区域经济增长　邓若冰　刘　颜

第十五章　金融发展、产业区位与区际收入再平衡　吴福象　肖浩然

第十六章　生产性服务业集聚的耦合测度及其效应　邱晓东　吴福象　邓若冰

吴福象

2019 年 1 月于南京大学安中楼

目　录

第一章　世界经济格局演变与中国发展战略调整

　　20世纪70年代以来，国际产业分工基础上的区域间、多层面的相对经济实力的此消彼长，是世界经济格局演变的重要表现。欧美传统发达经济体在世界经济格局中的地位逐渐下降，广大发展中国家经济实力不断提升。进入21世纪，以中国、印度等金砖国家为代表的新兴经济体迅速崛起，成为推动世界经济格局演变、全球治理变革的重要力量。其中，中国无疑是经济全球化的最大赢家之一。抓住全球化红利、发挥劳动力优势，中国迅速成长为经济总量仅次于美国的全球性大国。中国已不仅仅是国际秩序的遵循者，更是国际规则制定的重要参与者。2008年金融危机以来，国内外经济环境发生重大变化，中国经济持续发展，机遇和挑战并存。那么，中国应如何化解发展过程中出现的新问题呢？又该如何抓住新的机遇从而跨入新的发展阶段呢？

一、世界经济格局演变

（一）世界经济多极化发展

　　以产业国际分工为主要内容的经济全球化渐次推进，推动了世界经济格局的演化。发达国家和发展中国家为适应国际经济环境变化而做出的调整以及彼此间的碰撞与融合，又构成了全球价值链产生和发展的基本背景。在经济全球化进程驱动下，从资本主义市场经济产生以来所形成的"核心—边缘"的单极化全球经济地理结构正在发生变化。

　　20世纪70年代以来，世界经济中心分散化发展，形成了欧洲、北美和东亚三大全球经济最重要的支柱区域。如表1-1所示,传统欧美发达国家(欧洲、北美)产出占世界总产出的比重由1970年的74.8%下降到2013年的52.7%,东亚、东南亚、拉美等地区的产出占比分别实现了不同程度的提高,其中以东亚地区的崛起最为引人注目。东亚地区的发展浪潮主要体现在两个阶段:第一阶段,20世纪70年代至20世纪90年代,东亚"四小龙"(韩国、新加坡、中国香港和中国台湾)抓住欧美以及日本等发达国家向发展中国家转移劳动密集型产业的契机,大力推进"出口导向工业化",实现经济快速发展;第二阶段,20世纪90年代至今,中国经济的年均增长率达9.7%,远高于世界平均水平,成为辐射亚太乃至世界经济的重要增长极。

表1-1　不同区域产出占世界总产出的份额

	1970	1980	1990	2001	2003	2005	2007	2009	2011	2013
欧洲	0.406	0.414	0.379	0.288	0.309	0.345	0.337	0.349	0.302	0.282
北美	0.342	0.256	0.287	0.332	0.341	0.305	0.297	0.258	0.254	0.245
东亚	0.095	0.126	0.177	0.211	0.190	0.182	0.172	0.176	0.203	0.220
拉美	0.055	0.065	0.052	0.068	0.058	0.054	0.066	0.073	0.081	0.081
西亚	0.014	0.034	0.023	0.026	0.024	0.027	0.033	0.039	0.038	0.042
南亚	0.029	0.027	0.023	0.022	0.023	0.025	0.028	0.031	0.038	0.039
东南亚	0.011	0.017	0.016	0.018	0.019	0.019	0.022	0.025	0.029	0.032
大洋洲	0.016	0.017	0.017	0.014	0.015	0.018	0.019	0.019	0.022	0.026
非洲	0.032	0.045	0.024	0.019	0.018	0.021	0.025	0.028	0.029	0.031
东欧	0.149	0.091	0.039	0.020	0.024	0.030	0.038	0.050	0.043	0.046

数据来源:依据IMF数据库数据整理。

如图1-1所示,进入21世纪以来,以中国、印度、俄罗斯、巴西、南非为代表的新兴经济体经济增速迅猛,成为推动世界经济格局演变的重要力量。在众多新兴经济体中,中国无疑扮演着领头羊的角色。即便是2008年金融危机期间,中国仍实现了8.5%的经济增长,为世界经济的复苏提供了重要动力。印度经济的增长势头也十分迅猛,2000年以来年均增长率达7.1%。相比而言,作为发达经济体代表的G7经济增长率要大大低于同期的金砖国家。从 2007 年开始,全球经济增长 80％的贡献率来自新兴经济体,来自发达经济体的贡献率仅为 20％左右。

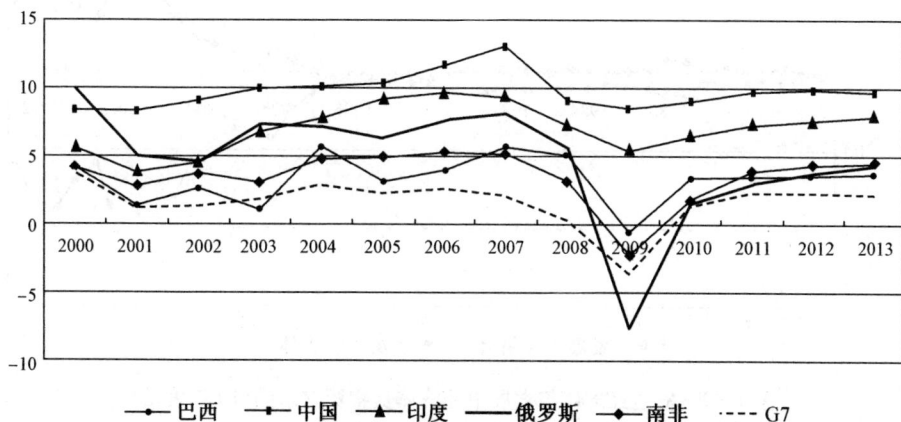

图 1-1　金砖国家与 G7 经济增长率比较(％)
数据来源:依据 IMF 世界经济展望数据库数据整理而得。

(二)世界贸易格局演变

在世界货物贸易领域,发达经济体持续贸易逆差,发展中经济体持续贸易顺差,无疑是当前全球贸易失衡的重要特征。2000 年以来世界货物贸易失衡问题迅速恶化,2008 年发达经济体货物贸易逆差达到峰值10 414.3 亿美元(参见图1-2)。自从2001 年中国加入 WTO 以来,中国出口贸易的"爆炸式"增长所带来的持续贸易顺差,与美国长期以来的持续贸易逆差,构成了全球贸易失衡的核心表现和重要组成部分。2014 年中国货物贸易总额4.3 万亿美元,贸易顺差 3 824.6 亿美元,占发展中经济体总货物贸易余额的 74.7％。2014 年发达经济体货物贸易逆差总额为 7 063.2亿美元,而美国货物贸易逆差高达 7 920.1 亿美元。以中国为代表的发展中经济体出现的货物贸易持续顺差,很大程度上要归因于全球制造业中心开始从发达国家向发展中国家和地区扩散的现实。

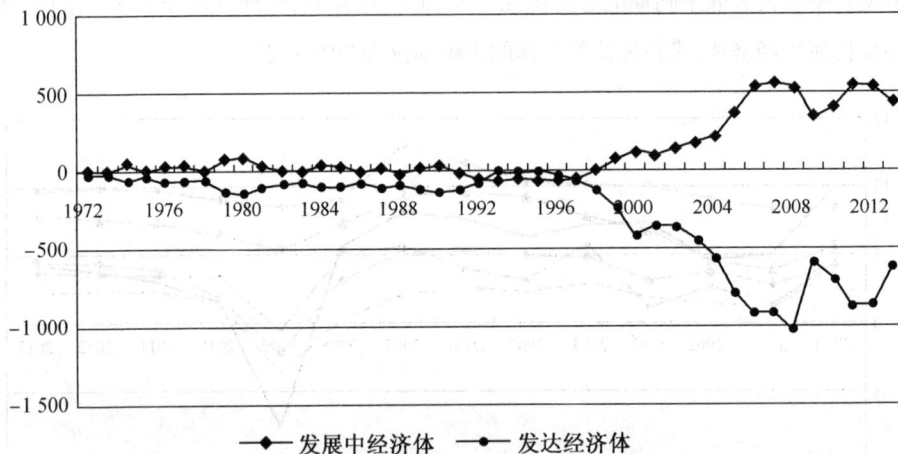

图 1 - 2　发达经济体与发展中经济体货物贸易余额(10 亿美元)

数据来源:依据联合国贸易与发展会议数据库数据整理而得。

　　从图 1 - 3 可以直观地发现,发达经济体在服务贸易领域一直保持着顺差,而发展中经济体一直处于逆差状态,进入 21 世纪后,全球服务贸易失衡问题快速恶化。

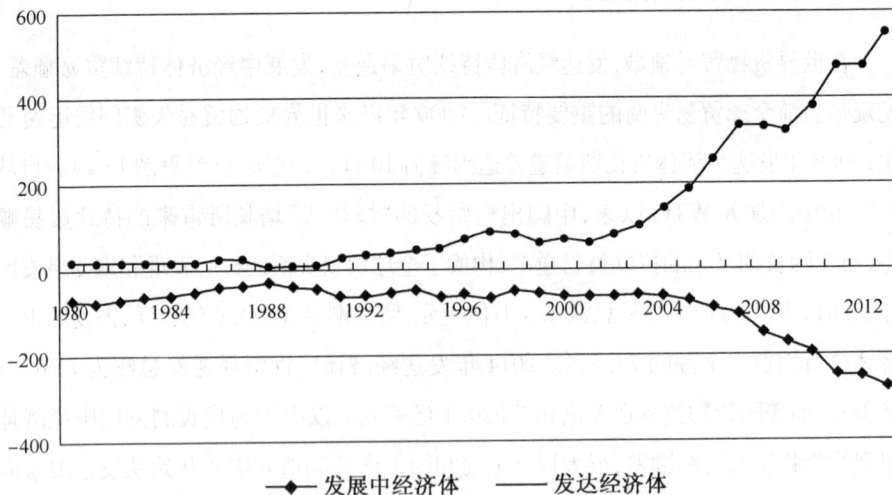

图 1 - 3　发达、发展中经济体服务贸易余额(10 亿美元)

数据来源:依据联合国贸易与发展会议数据库整理而得。

发达经济体服务贸易顺差从 2001 年的 622.3 亿美元,提高到 2013 年的 5 539.6 亿美元。2013 年发达经济体服务贸易出口世界占比为 67.2%,其中,美、德、英三国服务贸易出口全球占比分别为 14.5%、6.3%、6.2%。在全球产品价值链中,发达经济体控制着具有战略意义、创造利润多的生产性服务环节,将制造、组装环节转移到发展中国家。凭借技术优势的发达国家成为全球技术创新和服务中心,对发展中国家的贸易却越来越趋向于知识产权转让等服务贸易。

(三)世界投资格局演变

伴随着经济全球化进程的加快,国际资本流动规模不断扩大。2000 年全球跨境资本投资流量为 2.5 万亿美元,到 2007 年达到峰值 4 万亿美元。2008 年金融危机爆发后,国际资本流量不断下滑,2014 年又重回 2.5 万亿美元。在国际资本流动规模变化的同时,跨境资本的投资格局也发生了一定的变化。图 1-4 描述了全球 FDI 格局变化情况。

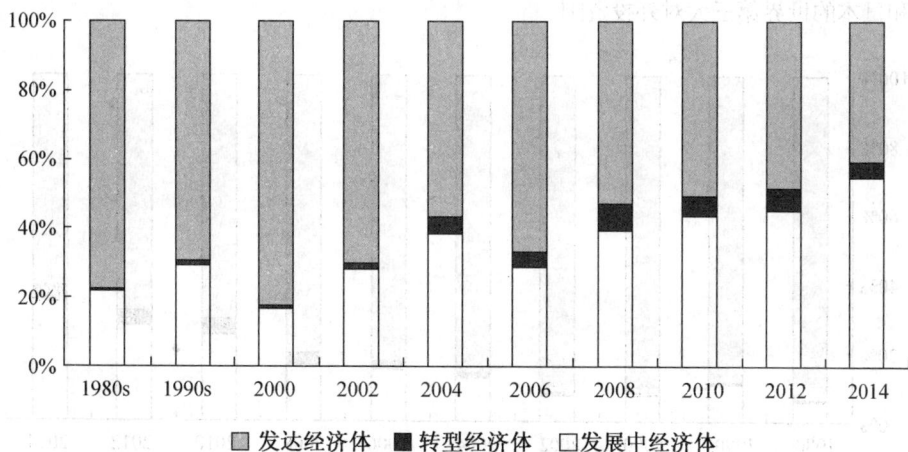

图例:■发达经济体　■转型经济体　□发展中经济体

图 1-4　全球 FDI 格局变化(资本流入)

数据来源:依据联合国贸易与发展会议数据库整理而得。

从 FDI 流入角度看,国际投资格局总体表现为发达经济体流入份额逐渐下降,发展中经济体流入份额上升。在 2010 年以前,全球一半以上的 FDI 流入发达经济体,这说明在此之前全球跨境投资主要发生在发达经济体间。2001—2014 年,美国平均吸引着全球 15.1% 的外商直接投资。后危机时代,发达经济体复苏缓慢,FDI流入不断减少,2014 年资本流入份额下降到 40.6%。进入 21 世纪以来,发展中经济体资本流入量快速上升,从 2000 年的 17% 上升到 2014 年的 55.5%。2014 年中国吸引 FDI 达 1 276 亿美元,超越美国成为全球 FDI 头号目的国。

从 FDI 流出角度看,发达经济体目前仍是全球资本输出地,但是 2008 年金融危机后,发展中经济体资本流出量快速上升。图 1-5 表明,20 世纪 80 年代和 20 世纪 90 年代,发达经济体控制着全球资本输出。随着发展中经济体经济实力的提高,根据邓宁的投资发展理论,发展中经济体的对外投资快速增长。特别是金融危机后,发展中经济体对外投资明显加速。根据联合国贸易和发展会议发布的《全球投资趋势监测报告》,2014 年发展中经济体的跨国公司对外直接投资达到 4 860 亿美元的历史最高水平,对外投资的全球占比由 2008 年的 14.4% 提高到 2014 年的 34.6%。在诸多发展中经济体中,又以中国的对外投资发展最快,2012 年中国已成为仅次于美国和日本的世界第三大对外投资国。

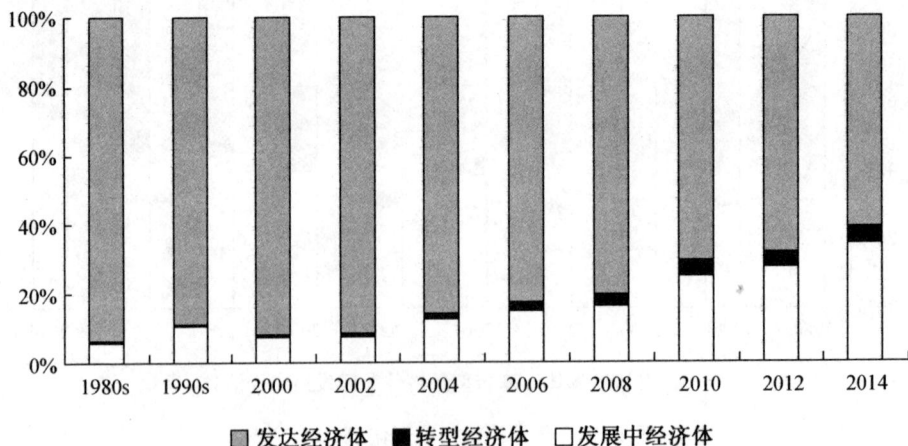

图 1-5　全球跨境投资格局变化(资本流出)

数据来源:依据联合国贸易与发展会议数据库数据整理而得。

二、中国面临的机遇和挑战

经济全球化背景下世界经济格局动态演变,特别是 2008 年金融危机以来,中国经济发展的外部环境发生了重大变化,这给中国经济的持续发展带来了挑战和机遇。

（一）世界经济格局演变给中国带来的挑战

1. 生产和市场的国际竞争将更加激烈,中国的全球化战略亟须调整

改革开放以来,中国抓住经济全球化历史机遇,发挥劳动力比较优势,大力发展加工贸易,迅速成为世界制造工厂。但自 2008 年金融危机以来,欧美发达经济体纷纷推出"再工业化"政策,调整服务业发展过于超前、制造业发展相对薄弱的状况。例如,美国政府推出《先进制造业国家战略计划》,试图恢复制造业的国际竞争力。德国政府推出《德国工业 4.0 战略计划实施建议》,以智能制造来巩固全球制造业的龙头地位。英国政府发布《英国低碳转型计划》,未来将在政策倾斜、产品采购、教育培训、标准化和资金投入等方面给予制造业全面支持。发达经济体的再工业化政策推进实施,将极大地影响中国制造业的国际竞争力。不仅如此,随着中国经济发展水平的提高,国内劳动力成本不断提高,土地、资源和环境的因素对经济持续发展的约束加大,中国的成本比较优势逐渐消逝。目前我国面临着新比较优势尚未形成,而旧有优势正不断消逝的尴尬局面。从全球产业格局看,越南、孟加拉国、墨西哥等国家,在生产成本上比我们有优势,新一波全球产业转移浪潮已然开始。2008 年金融危机以来,众多从事贴牌代工的中国制造业企业狭小的利润空间已被挤压得不复存在,导致东部地区不少中小企业接连倒闭,部分企业把生产制造环节转移到成本更低的东南亚地区。后危机时代国内外经济环境的重大变化,表明以往那种"利用别国的市场用足本国的低端生产要素"的发展模式难以为继,中国的全球化战略应做出调整。

2. TPP 对中国的市场化改革和进一步开放构成强大的外部压力

加入发达国家主导的全球价值链(GVC)融入世界经济体系,在 WTO 规则下实施出口导向型战略,这是中国以往外向型经济取得成功的重要模式。后危机时代,世

界经济格局演变催生了世界经贸规则的变革。2015 年 10 月,美国积极推动的 TPP(跨太平洋伙伴关系协定)达成基本协议。包括美国、日本、越南等 12 国承诺在贸易便利、知识产权保护、市场监管、出口补贴和劳工标准等方面提出更高的标准,试图替代原有的 WTO 贸易体系。部分 TPP 议题已经突破了一般贸易议题内涵,向社会领域、边界后规则等国内法制法规方向转移,可能成为引领下一代贸易规则的标杆。遗憾的是,作为世界第一大贸易国的中国不在其列,考虑到中国的贸易地位和经济体量,未来很有可能加入 TPP。然而被动地加入由美日主导游戏规则的 TPP,将给中国经济的中长期发展带来重大影响。

概括而言,TPP 协议将对中国的对外贸易、资本市场开放、市场化改革等领域带来严峻的挑战。在传统货物贸易领域,TPP 协议要求对 1.8 万种商品实行零关税,努力削减非关税壁垒,这无疑对发展中国家产生极大的吸引力,未来美日发达经济体的生产外包将逐渐转移到与中国比较优势有竞争和替代关系的 TPP 成员国。在资本市场开放领域,TPP 要求以排除法的方式规定外资的准入领域,控制外资进入的行政法规和产业政策将取消。负面清单下只能有一种国民待遇,国企、外企和私企将被一视同仁,这意味着对特定行业企业的扶持性政策的限制,市场监管中的行政权向法权的让渡。此外,TPP 协议进一步强调了对知识产权、劳工标准和环境保护等方面的高标准要求。这些标准的主要受益对象将是技术水平高、行业竞争力强的跨国公司,而对中国等发展中国家的货物出口带来限制。

(二)世界经济格局演变给中国带来的机遇

1. 加强与新兴经济体多元合作,推动全球经济治理变革

以技术革命为引擎的经济全球化,推动了世界经济格局的阶段性变化。二战后,日本、"东亚四小龙"在产业链国际化的助推下相继崛起;进入 21 世纪以来,以中国、印度、巴西、俄罗斯和南非为代表的新兴经济体强势崛起,世界经济格局多极化趋势进一步加强。当前,无论是金融危机、气候变化,还是减贫与发展等全球性问题的解决都离不开新兴经济体。然而现有全球治理的发展远远滞后于世界政治经济格局的演变,新兴经济体的代表性和决策权亟须提高。从本质上来说,全球治理模式的变革

是世界经济格局演变的必然结果。例如,20 世纪 70 年代初,西欧和日本经济实力崛起,就促成了美国单级主导的布雷顿森林体系的变革。

当前,中国应抓住世界经济格局演变的机遇,推进与新兴经济体的经济合作,深化政治共识,合力推进全球治理模式变革。中国国内市场前景广阔,可以为新兴经济体提供强劲的外部需求。此外,当前中国外向型经济重心逐渐由"引进来"向"走出去"转变,中国可以成为新兴经济的重要的资本和技术来源地。基于良好的经贸联系和共同的全球治理改革诉求,中国应进一步推进"金砖国家峰会""南南合作"等区域合作联盟战略,强调协调配合与政治合作,提高中国与新兴经济体在全球治理改革中的谈判地位。2012 年提出构建的"金砖国家开发银行",被认为是继欧洲复兴开发银行之后又一个重要的多边贷款机构。设立金砖国家峰会以及金砖银行等举措将对欧美主导的全球经济治理(世界银行、国际货币基金组织)构成外在压力,迫使发达经济体在 IMF 等金融机构改革中做出让步。

2. 以世界经济格局演变为契机,推进人民币国际化进程

1978 年中国在世界经济中的占比仅为 2.2%,到 2014 年中国 GDP 为 10.4 万亿美元,世界经济占比上升至 13.8%。2014 年我国货物贸易总额为 4.3 万亿美元,连续两年位居世界第一货物贸易大国。2014 年我国外汇储备达 3.8 万亿美元,占全球外汇储备的 1/3 以上。可以说,中国经济对世界举足轻重,但人民币的国际化程度与中国的世界经济地位并不相称。2008 年前后,作为全球主要储备货币来源的美国和欧盟相继爆发金融危机,对现行国际货币体系造成重创。在此背景下,人民币国际化不仅是中国的国家战略意志,也是世界经济平稳发展的客观需要。2015 年 11 月 30 日,IMF 决定将人民币纳入特别提款权(SDR)的货币篮子,10.92% 的权重使其成为仅次于美元和欧元的第三大货币。这推动了中国履行维护国际金融稳定的义务,同时使得人民币走上一条不可逆的市场化和开放之路。

为推进人民币国际化进程,首先,应加快国内金融市场化改革,尽快实现国内金融设施与境外、跨境金融市场基础设施匹配。进一步完善监管措施,防范跨境资金逃离引发的金融风险。充分发挥上海自贸区对中国金融市场改革和开放的推进作用,将上海打造成与我国经济地位相称的国际金融中心。再者,加快发展资本项目下的

输出机制,提高人民币的海外存量。2013 年,习主席提出"一带一路"倡议构想,随后由中国主导设立的亚洲基础设施投资银行和"丝路基金"成立,这些金融平台将有力促进中国与区域内国家的贸易、投资以及基础设施建设,加强人民币区域内的流通广度和深度,推动实现以人民币作为区域化基准货币的目标。最后,稳步推进人民币离岸市场建设,构建人民币的境外循环机制。人民币离岸市场的全球布局,有助于多元化人民币资产的海外发行,丰富和拓展人民币海外使用和循环渠道。

三、中国如何战略应对

为应对新一轮产业革命、世界经济格局演变,实现中国经济的持续发展,中国应进行以下战略调整。

(一) 进一步提高自主创新能力,重塑制造业国际竞争力

加入全球价值链分工以来,中国制造业的增长更多依赖于成本优势,承接发达工业国家产业转移。伴随着全球新一轮产业革命和产业竞争范式的转变,以及中国经济进入工业化后期,经济增长正由高速转入新常态的"中高速"。劳动力、资源和环境对产业发展的约束加大,以往粗放型工业发展模式难以为继。基于不同方法的实证研究都发现,"入世"以来、特别是 2003 年以来,中国制造业的全要素生产率呈现明显的下滑态势。主要原因在于,中国制造业技术水平逐渐向发达工业化国家收敛,国外制造业技术溢出效应逐渐减弱,在自主创新能力尚未发展起来的情况下,生产率自然会出现下降。金融危机以后,欧美传统制造业强国重新审视制造业在国民经济中的战略地位,积极出台相关政策推进先进制造业发展,客观上加速了第三次产业革命浪潮,极大地冲击了中国制造业的传统比较优势。为应对中国制造业发展过程中出现的问题和面临的根本性挑战,2015 年国务院出台了《中国制造 2025》,作为未来指导我国制造业发展的纲领性文件。以智能制造和"互联网+"为中国制造业转型升级方向,圈定了中国制造业发展十大重点领域。

为了提高我国制造业的国际竞争力,应该科学统筹协调资源、技术、市场等核心

要素。资源是获取比较优势的重要资源,教育的普及和高校扩招政策实施以来,中国已经进入劳动力数量下降而人力资源上升的阶段。中国制造业竞争力的提升尤其要利用好人力资源,技术创新的实现也依赖于人力资源,未来中国制造业竞争力的重塑关键在于劳动力数量优势向人力资源质量优势的成功转变。基于知识的技术创新是制造业竞争力的源泉,构建以企业为创新主体、以市场为导向、产学研战略联盟三位一体的有机整体。对于大型复杂装备开发项目,政府应作为资源动员、风险承担的主体,搭建多方技术研发平台,自主技术研发和引进吸收并举。通过以政府采购为主的市场需求,为大型装备制造业的发展提供不断完善和改进的市场空间。事实上,欧美发达经济体在本国战略产业发展初期,也有着通过保护和补贴等政策扶持产业发展的历史。值得注意的是,政府的产业政策发展趋势应逐步由选择性产业政策向功能性产业政策过渡,虽然仍存在补贴、税收优惠等扶持性政策,但应针对前沿技术和公共基础技术,产业政策目的要转向完善市场机制、补充市场不足、完善市场机能。

(二)推进“一带一路”倡议,缓解要素供给和市场需求约束

参与国际分工、融入世界经济体以来,中国经济经历了几十年的快速增长,经济成就举世瞩目。中国占世界经济的份额不断提高,在国际贸易和跨国投资中的比重不断增加,中国因素在世界格局中的地位不断凸显,中国“走出去”经济实力越发强大。后危机时代,以往促进中国经济快速增长的全球化红利不断削弱,国内资源、人口、制度和环境等因素对经济持续发展约束加大。中国经济发展要素禀赋结构发生了变化,经济增长逼近了生产性可能性边界,进入了一个新的发展阶段或“新常态”。要素驱动型发展模式导致了经济增长低效率、产能过剩严重等一系列问题。基于以上国际国内背景,中国推出共建“一带一路”倡议,促进与区域内国家经济合作、互补。未来中国经济发展要抓住推进“一带一路”倡议契机,利用好国内外两种资源和市场。

“一带一路”沿线国家与中国经济互补性强、合作潜力巨大,可以为中国经济持续发展提供巨大的要素供给和市场需求。沿线国家自然资源丰富,尤其是中亚五国和俄罗斯等国油气资源丰富,可以在一定程度上缓解我国经济发展的要素禀赋约束。区域内的东南亚、南亚等地区拥有大量的低成本劳动力,中国未来应将劳动密集型产

业依次转移到沿线国家,而将产品价值链的高端环节留在国内。"一带一路"倡议通过基础设施建设推动中国沿线地区经贸合作,开拓新的生产网络和消费市场,为中国的对外产能合作开辟新的空间。中国产业体系完备,有200多种工业产品产量位居世界第一,拥有良好的对外产业合作基础。沿线工程量巨大的基础设施建设,将为中国的工程器械、高铁等优势行业以及钢铁、水泥、玻璃等过剩产业创造巨大需求。"一带一路"倡议的推进,一方面为消化优质产能提供了市场,也为我国制造业尤其是装备制造业的发展提供了机遇。当前推进实施的《中国制造2025》战略又将为"一带一路"倡议提供坚实的产业基础,两大战略的无缝对接无疑为我国经济大持续发展提供新的动力。

（三）突出供给侧结构改革,为中国经济中长期发展谋篇布局

长期以来,中国经济追求 GDP 规模扩张和高速度增长,主要是通过需求管理思路来实现的,即着重强调刺激由出口需求、投资需求和消费需求构成的总需求来实现经济总量增长。2008 年金融危机后,中国出台了"四万亿"刺激计划,强调"扩大内需、刺激消费"。该计划虽然有助于缓解当时的经济下行压力,但是总需求扩张造成的产能过剩、环境污染、结构扭曲等问题现已不断暴露。当前国内外经济环境发生重大变化,以往的需求侧管理政策实施空间不断收窄。2015 年以来,央行已 5 次降息降准、发改委新批基建项目超过 2 万亿人民币,但是难改经济颓势。实体经济投资的边际收益率不断下降,央行释放的流动性大多涌向虚拟经济。国际市场需求低迷且不确定性加大,外需对经济增长的拉动作用下降,国内市场的家电、汽车和住房等商品已走完排浪式消费历程。宏观政策向供给侧结构改革转变,不仅是由于需求政策局限性,也是解决当前经济问题的客观需要。一方面国内产能过剩问题严重,另一方面国民消费升级,偏爱海外的商品和服务。这反映供给侧的结构性缺陷:政府对经济干预太多,企业自主创新能力不强,产业低端供给过剩、高端供给不足,供给能力滞后于已升级的需求结构。

突出供给侧改革,虽然在短期内难见成效,但有利于中国经济的结构性改革和中长期发展。从理论上分析,支持经济长期增长的五要素分别是:劳动、资源、资本、技

术和制度。在经济发展的初期,要素投入对经济增长的驱动作用显著,而在进入中等收入水平以后,技术和制度因素对经济的持续发展贡献更大。结合我国目前的发展现状,这些要素都存在着明显的供给约束和抑制。实现我国经济转型升级,特别需要发挥后两项要素对前三项要素的动力替代效应,以自主创新能力建设和全面推进深化改革,激发增长潜力。就具体改革措施而言,要放开人口生育限制政策,人口政策从控制人口数量向实施人力资本战略转变,为经济发展提供充足的优质劳动力;积极推动城乡统一的土地流转制度建设,提高资源配置和利用效率;积极审慎地推进金融市场化改革,减少金融抑制;加快教育和科技体制改革,全面实施创新驱动战略,实现经济发展由要素驱动向创新驱动的转化;在制度改革领域,推进政府行政管理、市场机制建设、国有企业改革、财税体制改革和要素价格体系改革。为企业经营创业减负、松绑,优化市场经济运行环境,激发微观经济活力,释放经济长期发展潜力。需要强调的是,突出供给侧结构改革并不是放弃需求管理政策,以后的宏观调控将是从过分重视需求管理的单向思维,向需求管理和供给管理并重的双向思维的转换。

参考文献

[1] 原嫄.近五十年来全球经济地理格局的演化特征与趋势[J].世界地理研究,2014
(3):18.

[2] Gary Gereffi, John Humphrey, Timothy Sturgeon. The Governance of Global Value
Chains[J]. Review of international political economy, Vol. 12, No. 13, 2005,
pp. 78 - 104.

[3] R Forslid, GIP Ottaviao. An analytically solvable core-periphery model[J]. Journal of
Economic Geograph, Vol. 3, No. 7, 2003, pp. 229 - 240.

[4] 加里·杰里菲、唐纳德·怀曼.制造奇迹:拉美与东亚工业化的道路[M].俞新天译,上
海远东出版社,1990:4.

[5] 芭芭拉·思多林斯.论全球化的区域效应[M].王镭译,重庆出版社,2002:210.

[6] Gary Paul Green, Landy Sanchez. Does Manufacturing Still Matter? [J]. Population
Research and Policy Review, Vol. 27, No. 5, 2007, pp. 529 - 551.

［7］杨国亮,张元虹.论当代国际分工的深化及其对世界经济格局的影响[J].当代经济研究,2007(7):27.

［8］刘志彪.基于内需的经济全球化:中国分享第二波经济全球化的红利选择[J].南京大学学报,2012(2):51.

［9］何平,钟红.人民币国际化的经济发展效应及其存在的问题[J].国际经济评论,2014(5):36.

［10］江飞涛,武鹏,李晓萍.中国工业经济增长动力机制转换[J].中国工业经济,2014(4):20.

第二章　权力博弈下的制度变迁与全球治理演变

一、提出问题

21世纪以来,新兴经济体群体性崛起,成为影响全球政治经济格局的重要力量。尤其是2008年全球金融危机爆发以来,新兴经济体以其日益庞大的经济规模、迅猛的发展速度及巨额的美元资产等受到世界瞩目。根据世界银行2015年发布的数据,2014年"金砖五国"的GDP占全球总量的28.12%,进出口贸易额分别占全球贸易额的17.21%和18.44%。与之形成对比的是,作为老牌发达国家的七国集团,GDP总量占全球比重为36.65%,并且在应对危机时表现出能力与意愿"赤字"。新兴经济体的崛起与发达国家的经济停滞与衰退,使得世界正在经历一场实力转换与权力再分配,这必然会加速美国主导的世界经济格局的变革(陈文玲、颜少君,2012),全球治理面临着重新洗牌。

全球治理表现为建立在全球政治经济权力格局与结构上的治理机制(邹志强,2014),本质上在于提供一种制度安排(田野,2002)。全球治理制度作为一种公共产品,是为解决全球性问题而存在的,主要涉及宏观经济政策协调、货币金融事务、贸易投资事务、发展援助事务等四大领域,并以国际货币基金组织(IMF)、世界贸易组织(WTO)以及世界银行集团(World Bank Group)三大机构作为载体,应该坚守公平正义、自由民主、公开透明的基本价值取向。然而,当前的全球治理制度是依据实力分配,呈现出权力独尊的自利性特征,"在貌似平等的国际制度中,隐藏着极端的不公正、不平等"(刘青建,2002)。如IMF在处理肇始于新兴国家的历次金融危机时,给危机国开出的"财政紧缩与私有化"药方不但未起到积极作用,反而加重了危机国的经济压力,而在 2008 年的金融危机中,IMF 却对美英两国保持沉默,表现出极大的不公正。除此之外,全球治理制度的僵化与低下的效率也备受诟病。随着全球化的深入与多极化的出现,国际社会成员的种类、性质和观念都发生了巨大的变化,而全球治理制度在很大程度上停滞不前,制度无力包容全球化的浪潮(秦亚青,2002)。全球治理制度的低效与僵化可归纳为两方面的原因。一是制度本身具有惯性,也即制度的"路径依赖"。一旦全球治理制度的路径依赖形成,它将在一定时期内继续存在并发生作用,即使存在一个更为有效的制度路径,初始制度框架仍会由于依赖惰性而限制路径选择的灵活性,直到进入"锁定(Lock-in)"状态不能自拔,这就意味着制度改革存在内在的僵化与低效。二是既得利益者尤其是美国的阻挠。权力并不意味着合法性,但是能提供制度存在的物质基础(宗伟、王金强,2012)。西方国家利用其权力的绝对优势,把持全球治理旧制度的话语权,如美国在大部分全球治理议题中拥有的表决权占有绝对优势,实质上具有一票否决权。

新兴经济体实力大增,其在全球治理领域正发挥着越来越不可忽视的作用。新兴经济体迫切要求改变在当前全球治理中的边缘地位,提高自身话语权和影响力;同时发达国家治理全球问题也逐渐力不从心,全球治理面临多重危机,制度变迁已成为必然趋势。新制度的形成受到行为体数量、权力结构、利益分配、执行效率等因素的影响,尤其是权力结构的分配直接决定着制度变迁能否发生。那么,在世界权力的天平依然倾向于发达国家,美国占据主导地位,G7 依然扮演首要角色的情况下(邹志强,2014),全球治理制度变迁能否发生? 谁主导着变迁的方向? G20 取代 G7 是历史的必然抑或是巧合? 本章试图对以上问题进行回答。

本章接下来安排如下:第二部分为演化博弈模型,分析了全球治理制度变迁的机制,以及权力结构分布如何主导变迁方向;第三部分以 G20 取代 G7 作为全球治理制度的案例分析,对本章博弈模型结论进行佐证;第四部分为研究结论概括。

二、基本模型

在全球治理合作中,各国利益诉求存在差异,学者们往往着眼于主权国家之间的博弈。现实中却是部分国家根据本国偏好与共同利益结成了各种利益集团或者形成对立的利益主体，因此，全球治理制度变迁实质上是利益主体进行权力博弈的过程。就目前的权力分配状况，最大的两个利益主体是发达国家与新兴经济体。因为两个博弈方的权力并非对称，本章使用修正的"鹰—鸽"博弈模型。

假设发达国家与新兴经济体是两个理性经济体，双方在全球治理制度改革上都有两个策略：抵抗策略即鹰策略(记为 H)和合作策略即鸽策略(记为 D)。在权力非对称的前提下，利益主体的谈判能力与规避风险的能力不同，利益主体的收益和支付的成本显然要受到影响，双方进行的博弈将不再是对称博弈。本章与一般的鹰鸽演化博弈不同，权力的非对称性体现在与对方谈判时所付出的成本上，而不是收益上。权力大的利益主体，谈判时只需花费较小的成本就能克制对方，其所受到的伤害往往也比较小；而权力小的一方则需支付较大的成本。与此同时，谈判所付出的成本与对方所采取的策略是相关的，如果利益主体 i 采取鹰策略，则利益主体 j 所付的成本相应就大，如果利益主体 i 采取鸽策略，则利益主体 j 所付的成本相应就小。因此，成本形式设定如下：

$$c_i = k_j(c/p_i), k_j = \begin{cases} k_0 & \text{利益主体 } j \text{ 选取鸽策略} \\ 1 & \text{利益主体 } j \text{ 选取鹰策略} \end{cases}, \quad p_i + p_j = 1$$

其中，$0 \leqslant k_0 < 1$，p_i 是代表利益主体 i 占据权力资源的大小；c 为利益主体进行谈判所需支付的固定成本；k_j 代表一个离散函数，是利益主体 j 所采取的两种策略下分别对应的利益主体 i 的成本函数。根据以上假设，发达国家与发展中国家的非对称鹰鸽博弈的收益矩阵如表 2-1 所示。

表 2-1　博弈双方的收益矩阵

新兴经济体

发达 国家		鹰	鸽
	鹰	$(v_1-c_1)/2, (v_2-c_2)/2$	v_1, σ_2
	鸽	σ_1, v_2	$v_1/2, v_2/2$

在收益矩阵中，假设 $v_1 > \sigma_2 > 0$，$v_2 > \sigma_1 > 0$，博弈双方都没有纯严格占优策略，需

要考虑混合策略的 Nash 均衡。假设发达国家和新兴经济体采取鹰策略的概率分别为 x, y，则相应采取鸽策略的概率为 $1-x, 1-y$。

那么，发达国家采取鹰和鸽两种策略的期望收益 u_{1h} 和 u_{1d} 以及平均期望收益 $\bar{u}_1$ 分别为：

$$u_{1h}=[(v_1-c_1)/2]y+v_1(1-y)$$

$$u_{1d}=\delta_1 y+(v_1/2)(1-y)$$

$$\bar{u}_1=u_{1h}x+u_{1d}(1-x)$$

$$=\{[(v_1-c_1)/2]y+v_1(1-y)\}x+[\sigma_1 y+(v_1/2)(1-y)](1-x)$$

新兴经济体采取鹰和鸽两种策略的期望收益 u_{2h} 和 u_{2d} 以及平均期望收益 $\bar{u}_2$ 分别为：

$$u_{2h}=[(v_2-c_1)/2]x+v_2(1-x)$$

$$u_{2d}=\sigma_2 x+(v_2/2)(1-x)$$

$$\bar{u}_2=u_{2h}y+u_{2d}(1-y)$$

$$=\{[(v_2-c_2)/2]x+v_2(1-x)\}y+[\sigma_1 x+(v_1/2)(1-x)](1-y)$$

接下来，分别把复制动态方程用于两个位置的博弈方。发达国家的复制动态方程为：

$$F(x)=\mathrm{d}x/\mathrm{d}t=x(u_{1h}-\bar{u}_1)=[(-c_1/2-\sigma_1)y+v_1/2](1-x)x$$

解出可能的稳定状态点为：

$$x_1^*=0, x_2^*=1, y_0^*=v_1/(c_1+2\sigma_1)$$

同理，新兴经济体的复制动态方程为：

$$F(y)=\mathrm{d}y/\mathrm{d}t=y(u_{2h}-\bar{u}_2)=[(-c_2/2-\sigma_2)y+v_2/2](1-y)y$$

解出的可能稳定状态点为：

$$y_1^*=0, y_2^*=1, x_0^*=v_2/(c_2+2\sigma_2)$$

将上述两个利益主体类型比例变化复制动态的关系在一个坐标平面内表示，如图 2-1 所示：

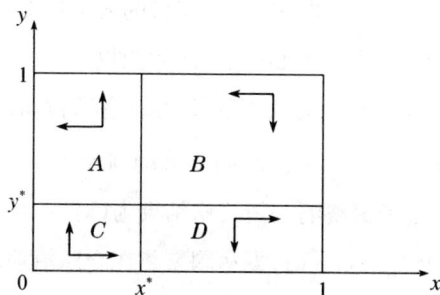

图 2 - 1　两个利益主体博弈复制动态和稳定性

在此非对称的鹰鸽博弈中,(鹰,鸽)和(鸽,鹰)是演化稳定策略。当初始条件落入区域 A 时,会收敛到 $x^* = 0$、$y^* = 1$,即发达国家采取的是鸽策略,新兴经济体采取鹰策略。当初始条件落入区域 D 时,会收敛到 $x^* = 1$、$y^* = 0$,即发达国家采取的是鹰策略,新兴经济体采取的是鸽策略。而当初始条件落在 B 和 C 两个区域时,最终演化到哪一个稳定策略,取决于 x^* 与 y^* 的大小,其稳定状态不确定。

在发达国家与新兴经济体的博弈中,采取鹰策略的概率与该博弈方的权力大小有关。发达国家的权力大于新兴经济体,即 $p_1 > p_2$,则 $c_1 < c_2$。发达国家会采取鹰策略,抵制制度变迁,而新兴经济体逐渐会采取鸽策略,各方的利益为 v_1 和 σ_2。国家之间力量对比不对称时,越大的国家越会要求在该制度内享有更大的话语权,而其他国家为确保自身可以参与其中,也愿意赋予它更大的控制权(蔡伟宏,2015)。这说明,当两个利益主体在为全球治理制度改革进行谈判时,发达国家的谈判能力强,他们主导制度变革的方向。在制度变迁过程中,旧制度的既得利益者会成为制度变迁或制度创新的反对者或阻碍者(黎秀蓉、刘光岭,2008)。演化博弈结果印证了全球治理制度变迁滞后性的原因——正是发达国家借助其权力优势,主导着制度变迁的方向,使得制度变迁受到阻挠。

进一步考虑利益主体内部权力的变化。如果该利益主体内部偏好相似或者组织协调得很好,内部之间摩擦就较少,容易达成共识,权力就会得到有效凝聚,进而会使整个利益主体的权力资源总量增加。现在假设社会中只存在两个利益主体,权力的总资源是固定的,当一个利益主体所拥有的权力资源相对增加,就意味着另一个利益主体的权力相对减少,在双方进行博弈时,所支付的成本将受到影响,最终影响博弈的均衡结果。从图 2-2 中可知,如果新兴经济体的权力相对增加,必然伴随着发达国家权力的相对减少,则发达国家在谈判过程中所支付的成本 c_1 减少;相应地,导致 $x=x_0^*$ 线向右移动到 $x=x_0^{***}$,$y=y_0^*$ 线向下移动到 $y=y_0^{**}$,导致均衡状态收敛于 $(0,1)$ 的概率增加,也就是说最终的均衡策略结果为(对抗,合作),发达国家的收益 v_1 会大于新兴经济体的收益 σ_2,此时,发达国家将在全球治理制度变迁中起主导作用,并且更具有优势。

反之,如果发达国家的内部组织成本过大,原因可能是发达国家的偏好存在分歧、自身经济实力下降以及权力从国家向非政府组织流散等,权力结构发生变迁。反映在图 2-2 中,即 $x=x_0^*$ 线向左移动至 $x=x_0^{**}$,$y=y_0^*$ 线向上移动至 $y=y_0^{***}$,从而使得均衡状态收敛于 $(1,0)$ 的概率增加,其对应的均衡策略为(合作,对抗)。

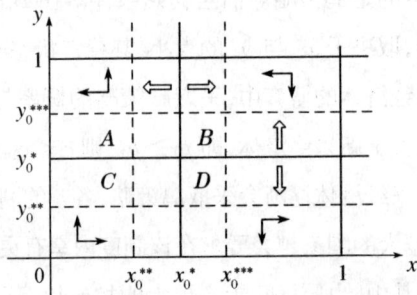

图 2-2　两个利益主体中权力比例变化的复制动态关系与稳定状态

三、全球治理变迁的案例分析

2008 年爆发的全球金融危机带来的影响范围和后果已远非 G7 治理能所及,传统治理制度的失灵使得 G20 顺利实现了制度升级,G20 取代 G7 成为全球治理的主要平台。由于聚焦性事件特别是大危机能够打破路径依赖及削弱既得利益集团维护现有制度的能力,因此,制度的改革往往需要聚焦性事件的推动。2008 年金融危机正是 G20 正式取代 G7 获得合法性的导火索。借助制度变迁的权力博弈模型，深究 G20 顺利登上历史舞台的原因，可以发现 G20 取代 G7 实质是由发达大国主导的，制度变迁也是向其期待的方向演进的，考察 G7 在 IMF 中的投票权和表决权分配则充分说明了这一点。可以说 G20 取代 G7 并非巧合，而是历史的必然。这主要可归纳为三个方面的缘由：一是世界经济格局重塑，动摇了 G7 的合法性根基；二是权力结构调整，推动制度变迁；三是 G20 自身的优越性，获得认可。

（一）世界经济格局重塑，动摇 G7 合法性根基

权力的分布依赖于各国综合国力的对比，而综合国力中最基础的是经济实力 (Robert O. Keohane, 1984)。随着新兴经济体和发展中国家的经济实力大幅提升，它们的经济总量在国际体系中所占的份额正在逐年增长，世界经济重心已经开始呈现向东偏移的趋势。以 G7 为首的发达国家与以金砖五国为代表的新兴经济体经济力量的此消彼长，使 G7 在全球治理领域中的领导能力受到各方面的挑战。经济实力对比可以从以下几个方面进行分析。

1. 经济总量比较

国内生产总值是直接衡量一个国家经济实力的指标。世界生产总值总规模从 1992 年的 24.28 万亿美元增长到 2014 年的 74.66 万亿美元，在 23 年间增长了 2.07 倍。同期，如图 2-3 所示，从时间趋势上来看，G7 的 GDP 总额整体呈上升趋势，1992 年 GDP 总额为 16.53 万亿美元，到 2014 年上升至 36.77 万亿美元，但仅仅增长了 1.22 倍；金砖五国的 GDP 规模则有了大幅度增长，从 1992 年的 1.41 万亿美元上升到 2014 年的 14.82 万亿美元，增长了 9.51 倍。尤其是最近十年来，金砖五国的经济规模扩大迅速。通过横向比较 G7 和金砖五国的 GDP 规模发现，尽管金砖五国的经济规模总量还远远小于 G7，并且在短期内很难发生转变，但金砖五国具有旺盛的生命力，其增长速度很快。再看 G7 与金砖五国 GDP 总额占全球 GDP 的比重，G7 所占份额的总趋势在下降，而金砖五国的份额在不断上升，到 2014 年份额分别为 36.65% 和 28.12%，这表明金砖五国在经济规模上正在不断缩小与 G7 的差距。另外，高盛公司的研究报告预测，金砖五国在 GDP 总量上将于 2032 年左右超过 G7。

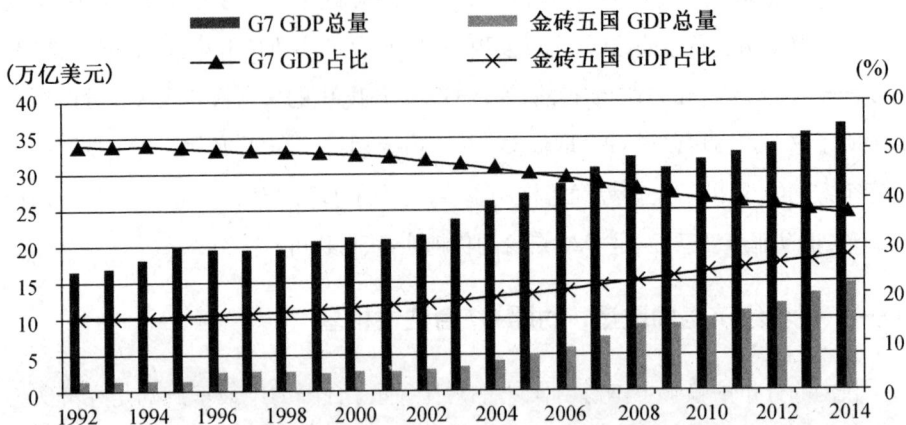

图 2-3　G7 和金砖五国的 GDP 规模与占全球总量比重趋势

数据来源：国际货币基金组织，http://www. imf. org/external/pubs/ft/weo/2014/02/weodata/index. aspx.

2. 经济增长速度

如图 2-4 所示，1992—2013 年，世界实际国内生产总值的平均增长速度为 2.74%，而同期 G7 与金砖五国的平均增长速度分别为 1.69% 与 4.97%，金砖国家整体上表现出了强劲的势头。从时间趋势图分段来看，1992—1999 年，金砖五国平均增长率从 4.27% 上升为 4.74%，G7 的平均增长率仅从 1.54% 上升到 2.74%，金砖五国的经济增速尽管明显高于 G7，但增速的上升幅度仍稍逊于 G7，此时新兴经济体处于起飞的准备阶段。2000—2007 年，金砖五国的增长率从 6.19% 大幅上升至 8.83%，年均增长率为 6.56%，而同期的 G7 的经济增长率仅从 3.75% 降至 2.38%，年均增长率为 2.20%。随着金砖五国的快速发展，经济差距正在逐步缩小，此时新兴经济体处于崛起阶段。2008 年全球金融危机的爆发，使得经济活力对比更加显著。2008 年全球经济有较大的衰退，到 2009 年 G7 的经济增速为−4.29%，金砖五国的增速为 1.60%，其中美国和日本的增长率分别为−5.17% 和−5.53%，而中国和印度的增长率分别为 9.21% 和 8.48%。2009 年以后，全球进入经济复苏期，但从趋势可以看出，金砖国家经济增长速度一直遥遥领先于 G7，2013 年金砖国家增长率为 3.66%,而 G7 为 0.86%,低于世界平均水平。新兴经济体的迅猛崛起为全球经济复苏做出了重要贡献,与发达国家的表现形成了鲜明的对比,并将在以后的全球经济中发挥不容忽视的作用,单靠 G7 领导全球治理已不再现实。

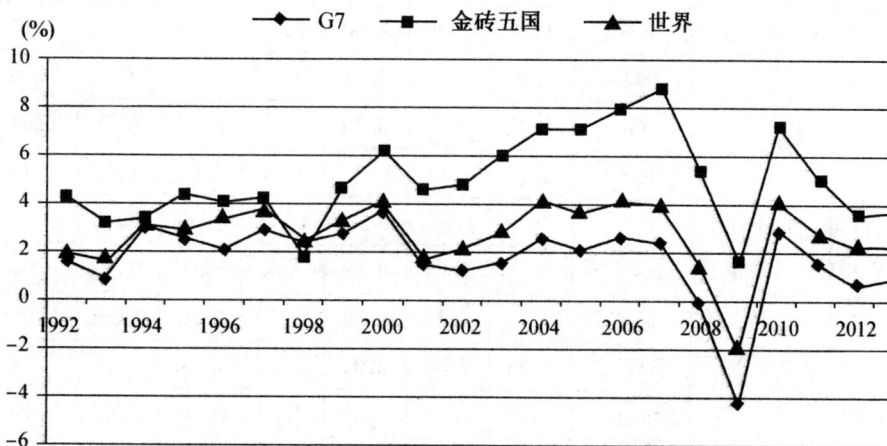

图 2 - 4　G7、金砖五国及世界经济增长率趋势图

数据来源:世界银行,World Development Indicators. Economy & Growth, 2014.

3. 贸易规模与份额

如表 2 - 2 所示,首先来看世界进出口贸易规模,1992—2013 年,世界贸易进口总额从 3.90 万亿美元扩张到 18.89 万亿美元,出口总额从 3.78 万亿美元上升到了 18.82 万亿美元,说明随着全球化深入,世界各国之间的联系越来越密切。其次来看 G7 的贸易规模变化,G7 进口额在 1992—2007 年处于稳步上升阶段,2008 年至今,进口货物额基本保持不变,而占世界份额则下降至 35.1%;在出口方面,G7 的出口货物额贸易规模与份额大致与进口呈现相似的特点,均受到金融危机的严重影响。再次来看同期金砖五国的贸易进出口情况,其进口额在 1992—2013 年大幅度上升,从 1992 年的 0.19 万亿美元,上升到了 2013 年的 3.14 万亿美元,所占世界份额从 4.8% 上涨至 16.6%;出口额从 1992 年的 0.21 万亿美元,份额 5.44%,上升到 2013 年的 3.38 万亿美元,份额也大幅提高到 17.98%。另外,金砖五国贸易进出口受到金融危机的影响相比 G7 较小,很快从危机中复苏,为世界走出危机做出了重要的贡献。

表 2-2　G7 与金砖五国的进出口规模及占世界比重(1992—2013)

项目	指标(单位)	经济体	1992	1995	2000	2005	2008	2012	2013
进口货物额	总量(万亿美元)	世界	3.90	5.29	6.73	10.87	16.57	18.61	18.89
		G7	1.97	2.50	3.30	4.76	6.47	6.71	6.64
		金砖五国	0.19	0.31	0.41	1.07	2.03	3.00	3.14
	世界占比(%)	G7	50.61	47.34	40.17	43.76	39.06	36.07	35.15
		金砖五国	4.81	5.94	6.09	9.83	12.25	16.14	16.60
出口货物额	总量(万亿美元)	世界	3.78	5.17	6.46	10.51	16.16	28.40	18.82
		G7	1.96	2.51	2.94	4.05	5.60	5.75	5.84
		金砖五国	0.21	0.34	0.48	1.28	2.38	3.22	3.38
	世界占比(%)	G7	51.73	48.69	45.58	38.59	34.67	31.23	31.06
		金砖五国	5.44	6.51	7.46	12.14	14.70	17.48	17.98

数据来源:World Bank, World Development Indicators, October 2014.

4. 贸易依存度

贸易依存度是反映经济体对世界市场影响力的重要指标。如图 2-5 所示,从整体趋势看,金砖五国对 G7 的进出口依存度逐年下降,与之形成对比的是,G7 对金砖五国的进出口依存度呈逐年上升之势。具体表现如下。首先,分析 G7 对金砖国家的进出口依存度。1998 年 G7 从金砖五国的进出口总额分别为 231.42 亿美元和 125.91 亿美元,进出口依存度分别为 8.49% 和 4.78%,到 2013 年进出口总额大幅上涨为 1 178.44 亿美元与 649.02 亿美元,进出口依存度升至 18.05% 与 11.40%。可以看出,G7 对金砖五国的市场与商品依存度越来越高,或者说金砖五国对 G7 的贸易影响力在不断上升。

其次,分析金砖五国对 G7 的进出口依存度。与之相反,金砖五国 1998 年从 G7 的进出口总额分别为 138.56 亿美元和 151.92 亿美元,进出口依存度为 43.60% 和

41.45%,到 2013 进出口总额分别为 778.78 亿美元和 1 004.64 亿美元,而进出口依存度却分别下降为 25.03%和 29.69%。这一升一降的态势充分说明了当前全球治理结构的新特征,即发达国家的发展已经越来越依赖新兴发展中大国。

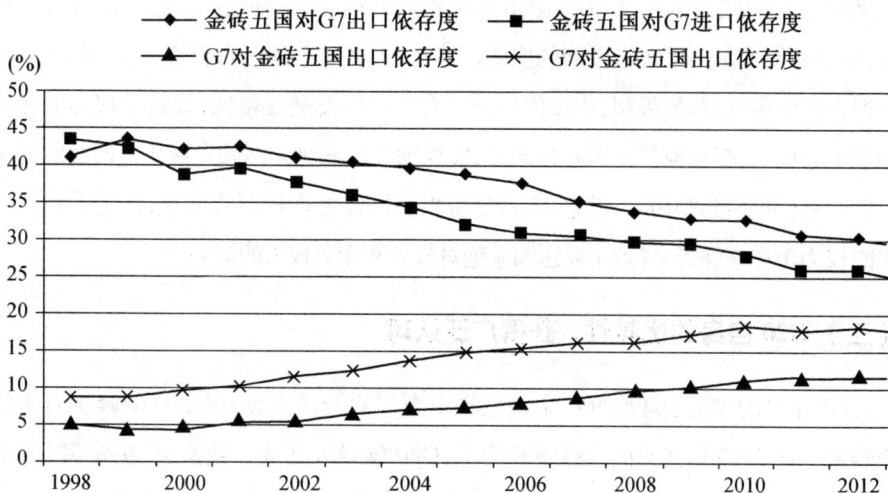

图 2-5　G7 与金砖五国进出口贸易依存度

数据来源:国际货币基金组织,http://elibrary-data.imf.org/.

(二)权力结构调整,推动制度变迁

新兴经济体的崛起所导致的权力分散是当今时代的主要特征,尤其是 2008 年金融危机后国际权力分布发生了变化。西方霸权在国际事务中的主导地位和控制力下降,各国参与全球治理的形式和选择正日趋多样化。权力分散表现在两个方面。一是新兴经济体积极探索多边合作机制,增强权力凝聚力以摆脱发达国家的压制。最典型的则是金砖国家合作。由于金砖国家投资潜力大、经济发展前景广阔,这为金砖国家合作打下了坚实的基础(Goldman Sachs, 2007)。并且对少数发达国家长期垄断的不公平的全球治理制度,金砖国家对体系权力结构的分配具有相同的改革意愿,金砖国家不断拓展双边合作渠道,通过相互合作与支持,不断提升在国际政治、经济事务中的影响力和话语权,大大提高了在权力再分配进程中成功的概率。金砖国家合作反映出国际社会的发展和进步，具有强大的生命力(Jack A. Smith, 2011)。世界各国都不再是全球治理的客体和旁观者，而是掌握命运自己的博弈方(Fareed Zakaria, 2008)。二是国家权力正在向非国家行为体流散。虽然正式的政治权力仍然掌握在民族国家中，但非政府组织(包括跨国公司)的各种组织和个人的权力在增强，分享着原本由国家政府专属的职能。目前，大量形形色色的非国家行为体在国际上拥有并使用权力，等级制、集权化和控制力正在日益遭受侵蚀，导致了权力的分散和多中心化，甚至出现了无中心化趋势，民族国家越来越无法独自解决其所面临的全球性问题(王金强，2010)。总之，不管是新兴经济体合作机制的涌现，还是非政府组织的权力正在增强，都导致了发达国家绝对权力和相对权力的削弱。

（三）G20自身的优越性，获得广泛认可

G7主导的传统治理制度在金融危机中表现的治理失灵，促使G20峰会登上历史舞台。在2009年9月的匹兹堡峰会上，G20领导人达成一致意见，决定将5%的IMF投票权从发达国家转给新兴经济体，同时发展中国家和转型经济体在WB中将至少增加3%的投票权，并宣布G20成为"国际经济合作的主要平台"。G20即是在此大背景下应运而生的。相比传统国际经济治理机制，G20更符合世界经济发展趋势，有着不可比拟的优越性和合理性。

第一，传统的全球治理制度以发达国家主导，仅代表少数发达国家的利益，处于权力结构中下层的国家在全球经济发展中却被边缘化，而G20成员涵盖世界主要经济体，将新兴经济体参与全球经济治理的地位制度化，会带动这些国家参与全球治理的积极性。并且G20成员GDP规模总量占世界经济的85%以上(如图2-6所示)，人口的世界占比为三分之二，具有较高的代表性。在G20框架下达成共识有可能影响到世界更多国家，进而实现全球性宏观经济政策协调。G20作为世界经济的主要政策协调机制，通过给予新兴国家一定的平等地位，承认新兴经济体的作用变大的事实，无疑提升了新兴大国参与全球治理的积极性，适应了新兴国家要求，这也说明世界权力开始正在从"中心"慢慢走向"外围"。

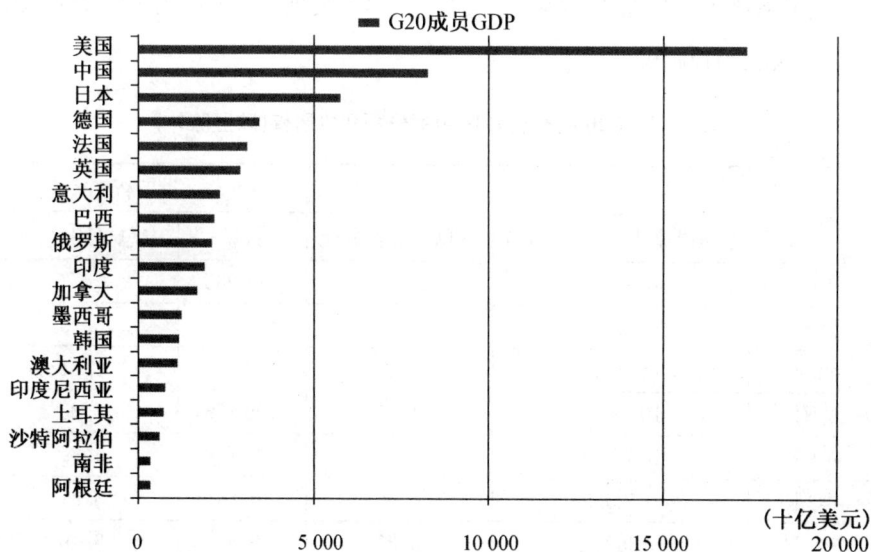

图 2 - 6 2014 年 G20 成员的 GDP(不含欧盟)

数据来源:国际货币基金组织,http://www. imf. org/external/pubs/ft/weo/2014/ 02/weodata/index. aspx.

第二,仍是由美国等发达国家主导。由发达国家与新兴经济体博弈的结论可知,权力大的将掌握制度变迁的方向。虽然发达国家的经济实力相对衰退,但发达国家仍然占据权力的金字塔顶层,这说明 G20 取代 G7 是发达国家主导的。从 G20 成员在 IMF 中的特别提款权与投票权可以清晰地说明这一点(如表 2 - 3 所示)。虽然新兴国家及发展中国家的特别提款权份额与投票权都有所提升,但相较于发达国家所占份额与投票权大小,可以清晰说明目前 IMF 的投票权仍然主要掌握在美国、欧盟和日本手中,美国占有 16. 75% 的投票权。由于 IMF 重大议题都需要 85% 的通过率,因此美国在 IMF 中仍然享有事实上的否决权。尽管发达国家仍然更偏爱于 G7 俱乐部制度,但是考虑到目前自身的实力与进行霸权式治理花费的成本越来越大,G20 是目前最佳的选择。实际上,G20 是在美国的推动下快速登上历史舞台的,首次 G20 峰会正是在前任美国总统小布什的支持下在华盛顿召开的。另外,由于 G20 部长级会议已经运行十年有余,形成了一套运行规则和程序,能够在短时间里推进制度

建设,这样既维护了发达国家的利益,又能缓解其与发展中国家间的矛盾,增强发达
国家的影响力与控制权。

表 2 - 3   G20 成员在 IMF 中的份额和投票权(欧盟除外)

国家	份额		投票权	
	特别提款权(百万美元)	占总量的百分比	数量	占总量的百分比
美国	42 122.4	17.70	421 965	16.75
日本	15 628.5	6.57	157 026	6.23
德国	14 565.5	6.12	146 396	5.81
法国	10 738.5	4.51	108 126	4.29
英国	10 738.5	4.51	108 126	4.29
中国	9 525.9	4.00	96 000	3.81
意大利	7 882.3	3.31	79 564	3.16
沙特阿拉伯	6 985.5	2.94	70 596	2.80
加拿大	6 369.2	2.68	64 433	2.56
俄罗斯	5 945.4	2.50	60 195	2.39
印度	5 821.5	2.45	58 956	2.34
巴西	4 250.5	1.79	43 246	1.72
墨西哥	3 625.7	1.52	36 998	1.47
韩国	3 366.4	1.41	34 405	1.37
澳大利亚	3 236.4	1.36	33 105	1.31
阿根廷	2 117.1	0.89	21 912	0.87
印度尼西亚	2 079.3	0.87	21 534	0.86
南非	1 868.5	0.79	19 426	0.77
土耳其	1 455.8	0.61	15 299	0.61

数据来源:国际货币基金组织,http://www.imf.org/external/np/sec/misc/consents.htm.

第三,提升执行监督效率。G20 既包括发达国家又包括新兴发展中国家,新兴国
家以完全平等的身份参与全球治理的政策商讨,可以极大地提高全球治理的监督力
度和执行效率。由于所处发展阶段的不同,发达国家与新兴发展中国家针对不同议

题的立场存在差异,G20 为两大利益主体提供了商讨的平台,可以在促进主要国家之间的相互沟通上发挥作用,并且为各行为体互相监督提供了制度依据。与此同时,由于发达国家内部也存在议题偏好的异质性,为了使各自偏好的议题进入 G20 议程,发达国家往往采取相互支持策略,这又扩大了 G20 的执行广度与开放性。比如欧盟和美国相互支持的结果是国际金融监管改革、经济刺激政策等议题均被纳入议程。

总之,在发达国家相对实力衰落、治理失灵屡屡发生及新兴经济体改革治理制度的呼声高涨的情况下,G20 取代 G7 是历史的必然趋势。从 G20 取代 G7 获得合法性的进程,我们看到它既是世界经济格局的调整和权力结构变迁下进行制度改革的外在要求,也是内部主体国家利益权衡的结果。G20 既有老牌发达国家,又有新兴经济体,这种共存性是发达国家主导制度变迁方向的一种现实路径选择。

四、结论与启示

随着新兴经济体群体性的崛起,世界政治经济格局正在进行深度调整,尤其是 2008 年全球金融危机的爆发,全球治理制度面临的困境史无前例。由发达国家领导的传统全球治理制度陷入了民主、能力、意愿等"赤字"危机,动摇了其合法性的根基,全球治理制度变迁成为必然。然而,全球治理制度变迁并非自发而成,它是发达国家与发展中国家两个利益主体"攻"与"守"权力博弈的结果。通过建立权力博弈模型可知,制度变迁的方向由权力大的国家主导,一旦权力结构调整,权力大小的消长会带动制度变迁的决定权的重新分配。原来针对传统的全球治理制度改革进行谈判时,由于发达国家具有明显的权力优势,谈判能力较强,他们主导制度变革的方向。而随着世界经济格局的重塑,发达国家的绝对权力优势正趋于流散,权力结构也正在进行逐步调整,全球治理制度的变迁方向也越来越受到新兴经济体的影响。

G20 取代 G7 是全球治理制度变迁的一个典型案例,它实质上是权力结构发生改变所导致的结果,并受到全球金融危机的聚焦效应的催化。进一步深究 G20 取代 G7 的原因,可归纳为三个方面:首先是发达国家与新兴经济体经济实力的此消彼长,动摇了 G7 的根基,使得权力分布结构被迫做出调整;其次是新兴经济体探索新的合作机制,促使了权力得到凝聚,与发达国家权力的相对差距削弱;最后是 G20 本身的优越性,获得了广泛认可,较 G7 更具代表性和有效性。总之,G20 登上历史舞台是历史的必然趋势。

参考文献

[1] 蔡伟宏.国家博弈、制度形成与全球金融治理[J].国际经贸探索,2015(8):102 – 114.

[2] 陈文玲,颜少君.世界经济格变化与全球经济治理新结构的构建[J].南京社会科学,2012(2):7 – 19.

[3] 黎秀蓉,刘光岭.制度是博弈的结果:关于正式制度[J].经济问题,2008(10):3 – 7.

[4] 刘青建.发展中国家国际制度选择的困境及其理性思考[J].世界经济与政治,2002(12):43 – 48.

[5] 秦亚青.观念调整与大国合作[J].现代国际关系,2002(3):6 – 8.

[6] 田野.全球治理中的制度供给:一种交易费用分析[J].世界经济与政治,2002(10):17 – 22.

[7] 王金强.后美国时代的权力结构变迁与国际制度改革:基于八国集团改革的理论思考[J].当代亚太,2010(3):42 – 57.

[8] 邹志强.全球经济治理变革对中国与新兴国家合作的启示[J].世界经济与政治论坛,2014(4):72 – 84.

[9] 宗伟,王金强.权力结构变迁下的 IMF 改革——基于制度改革的分析路径[J].亚太经济,2012(1):22 – 26.

[10] Fareed Zakaria. The Post-American World[M]. Norton, 2008, pp. XI-XII.

[11] Goldman Sachs, ed. BRICs and Beyond[M]. London: Goldman Sachs, 2007.

[12] Jack A. Smith. BRIC Becomes BRICS: Emerging Regional Powera? Changes on the Geopolitical Chess? [J]. Global Research, 2011, January 16.

[13] Robert O. Johannes. After Hegemony: Cooperation and Discord in the World Political Economy[M]. Princeton: Princeton University Press, 1984.

第三章　开放格局、区域一体化与重塑经济地理

一、引　言

改革开放三十年来,中国获得了丰厚的全球化红利,国内的工业化和城市化进程被大大推进了。然而美国次贷危机以来,全球贸易持续萎缩,严重阻碍了世界经济复苏与中国的经济转型。一方面,贸易是拉动经济增长的主要动力之一,贸易增速的下降压缩了中国经济增长的空间。比如,中国沿海地区集聚了大量以加工贸易为主的中小企业,它们在贸易萎缩阶段面临极大的转型考验,出现了大面积的"倒闭潮"。另一方面,以往的全球生产体系建构在海运运输通道上,这使得沿海地区在参与国际分工中的优势不断加强,而内陆地区开放程度愈发滞后于沿海地区。长期以来,具有区位优势的沿海地区与内陆腹地之间形成了一条分割明显的"胡焕庸线"。"胡焕庸线"两侧不平衡的经济地理景观、"胡焕庸线"北侧不充分的发展,是新时代下我国社会主要矛盾的一个方面,亟须以新的区域发展格局解决这一矛盾。

中国需要重塑经济地理,以挖掘新的贸易红利与破解"胡焕庸线"难题。为此,十八大以来,中央陆续描绘了由"21世纪海上丝绸之路""丝绸之路经济带"长江经济带等倡议和规划为主体的新开放格局。"一带一路"倡议和长江经济带描绘了新的开放蓝图,即将中国原本以东南沿海为主的开放格局转变为向东、向西同时开放,拓展了内陆、沿边开放的深度和广度,促进国际层面上的一体化以及国家层面上的一体化。其中,《推动共建丝绸之路经济带和21世纪海上丝绸之路的愿景与行动》提出基础设施互联互通是"一带一路"建设的优先领域,投资贸易合作是"一带一路"建设的重点内容;《长江经济带发展规划纲要》提出了加快构建综合立体交通走廊和构建全方位

开放新格局的要求。

从理论上讲,新的开放格局符合一体化的典型特征,经济地理结构必然随之变迁。一方面,在政策沟通与设施联通下,国际贸易的规模和结构必然发生改变。另一方面,贸易的结构性变化会影响国内要素的流动,进而重塑生产力空间布局。需要认识到的是,国际一体化与国内一体化产生的影响可能是不同的。在新经济地理学理论中,一体化会带来经济活动的集聚或分散。比如,在 Krugman(1991)的 C－P 模型中,区域一体化会使得经济地理集聚化;而 Helpman(1998)在加入集聚的负外部性后,发现一体化会使得经济地理分散化。Krugman & Helpman 所得出的结论完全相左,原因在于二者考虑的是一体化的不同阶段。Pflüger & Tabuchi(2010)认为随着一体化的推进,产业集聚度会沿着先上升后下降的“钟状曲线”路径演化。其中,Krugman 关注的是一体化程度低的“钟状曲线”右侧,Helpman 关注的则是一体化水平较高的“钟状曲线”左侧。那么,中国经济地理究竟会向何种状态演化? 是否会引致经济地理演化从“钟状曲线”右侧跨越到左侧? 这些问题如果不能得到理论上的解答,不仅会影响产业空间布局的重大决策,也会制约前瞻性区域规划的推行。

本章的边际贡献在于,构建一个地理条件不对称的两国四区域的新经济地理学模型,引入了拥挤效应变量,通过数值模拟比较了不同开放格局下一体化程度与产业布局之间的关系,对演化中的经济地理格局进行理论上的预测与分析。进一步地,考虑了开放格局的变迁,立体化了国际贸易带来的竞争转移效应,融合了 Krugman“从分散到集聚”和 Helpman“从集聚到分散”的经济地理演化方向,从国际贸易的角度描绘了“从分散到集聚再到分散”的“钟状曲线”演化路径。

本章接下来的结构安排如下:第二部分,在梳理相关理论文献基础上,提出本章研究的切入点;第三部分,说明文章的基本假设与构建基本的多地区贸易模型;第四部分,通过比较静态分析,探讨不同阶段不同贸易格局下,区域一体化效应与经济地理分布,并以“一带一路”和长江经济带为背景进行新经济地理学分析;最后部分是研究结论与政策启示。

二、文献综述

理论与现实表明,国际贸易会对一国内部的生产力布局产生影响。将贸易与生产力布局相结合的理论研究汗牛充栋,研究视角大致有两个方向:一是强调第一自然(First Nature)作用的比较优势理论,二是强调第二自然(Second Nature)作用的新经济地理理论(Krugman,1993)。"第一自然"是指外生的禀赋条件,既包括各类生产要素的禀赋,又包括地理条件。不论是亚当·斯密、李嘉图的绝对与相对技术优势,还是赫克歇尔-俄林的要素禀赋比较优势理论,均强调初始禀赋的决定性作用。比较优势理论主要用于分析国际贸易问题,也适用于分析国家内部的区域问题(黄玖立、李坤望,2006)。但是,初始禀赋的差异未能有效解释后发追赶或者是产业内贸易等现象。因此,有学者试图内生化比较优势与分工理论。比如,Grossman & Helpman(1991)将垄断竞争引入国际贸易框架,动态考察了每一个时点的技术优势所带来特定的贸易模式;杨小凯(1999)通过引入交易成本与内生化分工,描述了贸易模式与分工间的内在联系所演化出来的动态比较优势,且兼顾外生比较优势的作用。

"第二自然"则指经济系统中主体的内生选择对经济活动所产生的影响,以Krugman(1991)开创的新经济地理学为重要流派。"第一自然"固然重要,但把外生因素看作影响贸易与生产力布局的唯一原因是有失偏颇的(Fujita & Thisse,2002)。随着各种层面上的一体化不断推进,贸易壁垒变动对经济地理所造成的影响不可忽视。通过引入规模经济与贸易成本,内生化了空间内的产业布局,新经济地理学提供了更广阔的分析视角(梁琦,2005)。由于新经济地理学放松了要素的流动性假设,能更清楚地厘清经济地理重塑的内在机制。

已有部分学者认识到,对区域问题的研究,应将国家间和国内区域间的经济活动关联起来,于是尝试将"第一自然"与"第二自然"的一些条件加以结合进行研究。如Behrens et al.(2007)、Behrens(2011)、许德友和梁琦(2012)亦是基于对外贸易成本与国内贸易成本的变化,通过两国多地区的新经济地理学模型研究贸易成本对产业布局的影响。尹虹潘(2012)则认为可以通过对中西部地区"第一自然"条件的"再发现"，并结合新的开放格局，对中国经济地理进行重塑。安虎森和刘军辉(2014)利用新经济地理学框架分析了中日韩自贸区成立的影响，认为在贸易自由度较低时，市场规模是影响产业规模和福利水平的主要因素；而在贸易自由度较高时，比较优势的作用将更为突出。Behrens et al. (2006)认为新经济地理学最缺乏解释力的部分恰恰是关于地理因素的部分。于是 Behrens et al. 将一国内某一地区假设为类似港口的贸易大门，国际贸易只能通过这个地区进行。通过这一假设，成功地将地理因素融入新经济地理学的框架，得出了更为接近现实的结果。

具体到中国产业布局与贸易的问题，已有文献从不同的角度进行了分析。林毅夫和刘培林(2003)指出，不断拉大的区域间收入差距是由于中西部地区产业结构与其比较优势相背离，通过加入 WTO 提高对外一体化水平可以遏制差距扩大；蔡昉(2009)通过比较各地区的全要素生产率，认为后金融危机时代劳动密集型产业可向中西部地区转移而并不必然转向国外；金祥荣等(2012)则研究了基础设施对区域内贸易和区际贸易的影响，政府在投资基础设施建设时需要考虑两地区产业布局，再进行相机抉择；胡安俊和孙久文(2012)认为国内交易成本下降与市场规模的相对变化，会导致制造业转移，并用数据说明东部产业正按产业替代弹性由高到低依次向中西部转移；倪鹏飞等(2014)从国际贸易视角，探求城市化滞后于工业化的原因，认为净出口比例越高滞后效应会越强。

以上研究的共识是，重塑经济地理是优化中国产业布局的必要手段。梳理文献可知，目前针对"一带一路"倡议、长江经济带等新开放格局的理论研究还较少，且缺乏相应的研究工具。本章试图将"第一自然"与"第二自然"因素考虑在内，拓展Ottviano & Ypersele(2005)、Behrens et al. (2006)的分析框架，以新经济地理学的视角对"一带一路"倡议、长江经济带进行理论上的分析与讨论。本章研究重点放在了动态的贸易格局演化与经济发展阶段性问题上，对不同区域层面上的一体化效应进行分析，探讨新的开放格局对未来中国经济发展所产生的深远影响。

三、基于开放格局变迁的基本模型

（一）两国四地区自由资本模型

本章借鉴 Behrens et al. (2006)的模型,假设经济系统中包含两个国家、四个区域、两个部门、两类要素。系统中有两个国家 H 和 F,国家 H 由两个区域组成,记为 A 与 B。其中 A 地区与我国东部地区条件相似,本章称之为港口地区;而 B 地区对应于中西部地区,本章称之为内陆地区。国家 F 为广义上的国家,即 H 之外的国家的总和,由区域 F1 和区域 F2 组成。F2 在模型中与欧洲及中西亚定位相似,F1 则类似于泛太平洋地区。部门分别是以规模报酬不变及完全竞争为特征的传统部门和以规模报酬递增即垄断竞争为特征的现代部门。两类生产要素为劳动力和资本,资本只用于现代部门,劳动力主要受雇于传统部门。

两要素分别为资本和劳动力。劳动力不能在区域间流动,但能在传统部门和现代部门之间流动;而专用于现代部门的资本在区域间的流动性较强。模型中国家 H 的资本空间分布参数 λ 是一个内生变量,其含义为 A 地区资本占 H 国资本总量的比重。区域 A、B、F1、F2 的现代部门工业品产出数量分别为 n_A、n_B 和 n_{F1}、n_{F2},经济体中工业品总量为 $n=n_A+n_B+n_{F1}+n_{F2}$。根据垄断竞争和规模报酬递增假设,每个厂商只生产单一差异化产品,两个国家现代部门厂商总数也为 n。假定每个厂商在生产差异化工业品时,需要使用 1 单位的资本作为固定投入。H 国内总资本为 K,即有 $n_A+n_B=K$。所以,投资在区域 A 的资本为 λK,在区域 B 的资本为 $(1-\lambda)K$。资本为所有劳动者平均所有,最终资本收益均分给所有劳动者。F 国资本总量为 σK,其中 $n_{F1}=\sigma_1 K$,$n_{F2}=\sigma_2 K$,且 $\sigma_1+\sigma_2=\sigma$。可知,$n=(1+\sigma)K$。

消费者具有拟线性效用函数,表达式为:

$$U = \alpha \int_0^n c_i \mathrm{d}i - \frac{\beta-\gamma}{2} \int_0^n c_i^2 \mathrm{d}i - \frac{\gamma}{2} \left(\int_0^n c_i \mathrm{d}i \right)^2 + C_\alpha \qquad \alpha>0, \beta>\gamma>0 \qquad (1)$$

消费者的预算约束为:

$$\int_0^N p_i(v)q_i(v)\mathrm{d}v + p_i^z Z_i = y_i + p_i^z \overline{Z_0} \tag{2}$$

其中，$q_i(v)$、$p_i(v)$ 是区域 i 的消费者对现代部门差异化工业品 v 的消费量及其价格，p_i^z、Z_i 是区域 i 的消费者面临的内传统产品的价格以及消费量。y_i 为消费者收入，初始传统产品禀赋 $\overline{Z_0} > 0$ 用以保证消费者传统品的消费数量为正。$\alpha > 0$ 表示消费者对差异化工业品的偏好程度，$\gamma > 0$ 反映差异化产品之间的替代能力。$\beta > 0$ 为拟线性偏好二次子效用函数满足凸性的条件，表示对某种类产品的偏好程度。

通过求解消费者效用最大化一阶条件，得到需求函数：

$$q_i(v) = a - (b+cn)p_i(v) + cP_i \tag{3}$$

其中，$a = \alpha/[\beta+(n-1)\gamma]$，$b = 1/[\beta+(n-1)\gamma]$，$c = \gamma/(\beta-\gamma)[\beta+(n-1)\gamma]$，$P_i = \int_0^N p_i(v)\mathrm{d}v$ 表示区域 i 的价格指数。

假设劳动力可在两部门间自由转换，且传统产品无运输成本。不失一般性，令传统部门生产技术为单位劳动力投入可产出单位产品，因此可标准化两区域劳动力工资与传统品价格，即令 $w_A = w_B = p_A^z = p_B^z = 1$。

假设 H 国的初始劳动力和资本对称分布，两地区劳动力数量均为 $L/2$，资本数量为 $K/2$。[①] 设 F1 和 F2 劳动力数量分别为 $\varphi_1 L$ 和 $\varphi_2 L$，且 $\varphi_1 + \varphi_2 = \varphi$ 为定值。并且假定 $\varphi_1 > \varphi_2$，即 F1 的市场规模要大于 F2 的市场规模。并且假定 $\varphi_1/\varphi_2 = \sigma_1/\sigma_2$（颜银根，2014），即两地区市场潜力之比等于资本数量之比，意思是本地市场越大的地区，资本越多，相应的出口产品越多。于是可得各地区的市场规模 M 分别为：

$$M_A = M_B = L/2, M_{F1} = \varphi_1 L, M_{F2} = \varphi_2 L \tag{4}$$

考虑本国内生产者利润的问题。厂商有一定的垄断能力，可以根据不同市场实行价格歧视定价。A、B 两地区生产者利润可分解为：

$$\pi_j = \sum_k \pi_{jk}$$

$$\pi_{jk} = (p_{jk} - \tau_{jk})[a - (b+cn)p_{jk} + cP_k]M_k \qquad j = A、B, k = A、B、F1、F2 \tag{5}$$

---

① 对称假设的目的是为了简化模型求解难度，而将研究重点放在区域一体化的影响上。事实上，假设初始两区域不对称，并不会影响关于一体化的分析。

其中 π_{jk} 为区域 j 的厂商产品在区域 k 销售所获利润。p_{jk} 为区域 j 的厂商所生产产品在区域 k 销售的价格，τ_{jk} 为产品从区域 j 运往区域 k 销售所需的贸易成本，且有 $\tau_{jk}=\tau_{kj}$。求解利润最大化的一阶条件，得厂商跨区域定价为：

$$p_{jk}=p_{kk}+\frac{\tau_{jk}}{2} \tag{6}$$

假设本地厂商生产的产品，在本地销售所需贸易成本为 0，即 $\tau_{jj}=0$。此时，通过 (5)式计算厂商在各地的销售价格，可得：

$$p_{jj}=\frac{2a+c\sum_{k\neq j}\tau_{jk}n_k}{2(2b+cn)} \qquad j,k=A,B,F1,F2 \tag{7}$$

将(6)式、(7)式代入(5)式，即可得到两地区的资本收益。在 Krugman 的分析框架中，主要考虑的是经济系统中的集聚力，对于分散力考虑较少。事实上，我国工业目前面临产能过剩的情况，此时集聚往往会伴随着土地租金与劳动力工资大幅上涨等要素价格上升。此外，拥挤效应还表现为人口膨胀、交通拥堵、环境恶化、住房紧张、就业困难等城市病。因此，本章引入一个额外的拥挤成本(吴福象、段巍，2017)，将资本收益表达式设为：[①]

$$r_j=\pi_j-\bar{\delta}(n_j-K/2) \qquad j=A,B \tag{8}$$

(8)式中，δn_j 表示负外部性的加总，其中 $\delta>0$ 为常数。即这种外部性会随着厂商增多而增多。

（二）不同开放格局下的贸易条件

以各个国家发展的历程来说，经济活动往往集聚于沿海地区。原因有两点，一是沿海地区具备天然的海上贸易通道，二是航海技术革新使得海运成本大大降低。然而随着交通技术的发展与全球化的推进，区位的贸易条件可以通过人为的活动进行重塑。比如"丝绸之路经济带"可以开辟一条全新的陆上国际贸易通道，而其他的区域一体化政策能减少市场间的分割。基于此背景，本章假设通过人为的建设，使得 B

---

① 劳动力市场设定是完全竞争的，企业获得的所有利润即是资本投资收益。

地区到 F2 有了一条新的国际贸易通道。在这种情况下，国际贸易格局以及国内的产业布局将发生变化。

重塑的过程按照建设程度和一体化程度分为三个阶段来讨论。第一阶段是单国际贸易通道的情况，即 H 国的国际贸易必须流经 A 地区，即 B 地区厂商进行国际贸易时要比 A 地区的厂商多承担一个国内贸易成本。A 地区类似于我国东南沿海地区，有接近国际市场的先天优势，而 B 地区条件与内陆地区相似。但是，A 地区到不同国际市场的贸易成本有所不同，A 到 F2 地区所需贸易成本要比 A 到 F1 地区高。不妨设 $\tau_{AF2}=\theta\tau_{AF1}$，其中 $\theta>1$。此阶段各种贸易成本设为：

$$\tau_{AB}=t,\tau_{AF1}=\tau,\tau_{AF2}=\theta\tau,\tau_{BF1}=\tau+t,\tau_{BF2}=\theta\tau+t,\tau_{F1F2}=t_F \tag{9}$$

第二阶段贸易格局为，初步打通了一条由 B 地区至 F2 地区的国际贸易通道，并且满足条件 $\tau_{BF2}<\tau_{AF2}+\tau_{BA}$，此时 B 地区与 F2 地区的国际贸易不用再流经 A 地区。另外，贸易成本还满足条件 $\tau_{AF2}\leqslant\tau_{BF2}$，即此时 A 地区仍具有绝对的贸易成本优势，A 与 F2 地区的贸易仍由旧的国际贸易通道往来。A、B 与 F1 的贸易与第一阶段一致。为便于处理，不失一般性，将此时 B 与 F2 的贸易成本设为 $\theta\tau$。此时第二阶段各种贸易成本为：

$$\tau_{AB}=t,\tau_{AF1}=\tau,\tau_{AF2}=\theta\tau,\tau_{BF1}=\tau+t,\tau_{BF2}=\theta\tau,\tau_{F1F2}=t_F \tag{10}$$

第三阶段贸易格局为，B 地区在与 F2 地区的贸易中具有了贸易成本优势，即此时有 $\tau_{AF2}>\tau_{BF2}$。此时，当 $\tau_{AF2}\leqslant\tau_{AB}+\tau_{BF2}$，即国内一体化程度较低时，贸易格局与第二阶段相同；而当 $\tau_{AF2}>\tau_{AB}+\tau_{BF2}$，即国内一体化程度较高时，H 国与 F2 地区的贸易全部流经 B 地区。A、B 地区与 F1 的贸易方式与上两阶段一致。为便于处理，不失一般性，将此时 B 与 F2 的贸易成本设为 τ。此时第三阶段各种贸易成本为：

$$\tau_{AB}=t,\tau_{AF1}=\tau,\tau_{AF2}=\theta\tau,\tau_{BF1}=\tau+t,\tau_{BF2}=\tau,\tau_{F1F2}=t_F \text{ when } \tau+t\geqslant\theta t \tag{11a}$$

$$\tau_{AB}=t,\tau_{AF1}=\tau,\tau_{AF2}=\tau+t,\tau_{BF1}=\tau+t,\tau_{BF2}=\tau,\tau_{F1F2}=t_F \text{ when } \tau+t\geqslant\theta t \tag{11b}$$

(9)~(11b)式列出了三种开放格局下的贸易条件，下一部分将对不同贸易条件下的本国产业布局进行分析。

四、开放格局、区域一体化与产业布局

（一）不同开放格局下的长期均衡

长期中，资本会在 A、B 两区域之间流动，流动的方向取决于资本收益。区域间资本收益差为：

$$\Delta r = \pi_A - \pi_B - \bar{\delta}(2\lambda - 1)K \tag{12}$$

区际收益差决定了产业布局的状态。系统中存在分散均衡（$0 < \lambda < 1$）和集聚均衡（$\lambda = 0$ or $\lambda = 1$），产业布局系数与资本收益差之间的关系为：

$$\lambda = \begin{cases} 1 & \text{when } \Delta r > 0 \\ \in (0,1) & \text{when } \Delta r = 0 \\ 0 & \text{when } \Delta r < 0 \end{cases} \tag{13}$$

模型中，本国资本分布受制于区际和国际的贸易成本，贸易成本又与地理条件和开放格局相关联。本章主要讨论 $\Delta r = 0$ 的分散均衡情况，因为分散均衡时产业布局系数是关于各参数的连续函数，可以较好地分析经济地理演化中的作用力。假设贸易条件满足 $\pi_{jk} > 0, j, k = A、B、F1、F2$，即任意两区域都能发生贸易。接下来将对三个不同阶段的产业布局情况进行讨论与分析。

1. 第一阶段贸易格局

结合贸易成本(9)式，以及(5)～(8)、(12)式，可以得到均衡时的资本收益差为：

$$\Delta r_1(\lambda) = r_A - r_B = \frac{tL}{4(2b+cn)}(\varepsilon_0 t\lambda + 4a\varphi + \varepsilon_1 t + \varepsilon_2 \tau + \varepsilon_3 t_F) - \bar{\delta}L(2\lambda - 1) \tag{14}$$

其中，$\varepsilon_0 = -2cK(\varphi+1) < 0, \varepsilon_1 = -cK(\varphi+1)(\sigma-1) - 2b\varphi < 0, \varepsilon_2 = -2(2b+cK\sigma)(\varphi_1+\theta\varphi_2) < 0, \varepsilon_3 = 2cK(\varphi_1\sigma_2+\varphi_2\sigma_1) > 0$。

在经典的新经济地理学模型中，初始劳动力均匀分布的情况往往存在对称均衡。而在考虑了"第一自然"的区位优势后，对称的生产力布局不再是均衡情况。进一步地，当不存在完全集聚而存在局部均衡时，可得 A 地区产业份额为：

$$\lambda_1^* = \frac{t(4a\varphi + \varepsilon_1 t + \varepsilon_2 \tau + \varepsilon_3 t_F) + \delta}{-\varepsilon_0 t^2 + 2\delta} \tag{15}$$

其中,$\delta = KL\bar{\delta}/(8b + 4cn)$。

2. 第二阶段贸易格局

结合贸易成本(10)式,以及(5)~(8)、(12)式,得到此阶段的贸易条件为:

$$\Delta r_2 = \frac{tL}{4(2b+cn)}(\overline{\varepsilon_0}t\lambda + 4a\varphi + \overline{\varepsilon_1}t + \overline{\varepsilon_2}\tau + \overline{\varepsilon_3}t_F) - \bar{\delta}L(2\lambda - 1) \tag{16}$$

其中,$\overline{\varepsilon_0} = -2cK(\varphi_1 + 1) < 0, \overline{\varepsilon_1} = cK[(1-\sigma)\varphi_1 + 1 - \sigma_1] - 2b\varphi_1 < 0, \overline{\varepsilon_2} = -2(2b + cK\sigma)\varphi_1 < 0, \overline{\varepsilon_3} = 2cK\varphi_1\sigma_2 > 0$ $\overline{\varepsilon_3} = 2cK\varphi_1\sigma_2 > 0$。

当存在局部均衡的内点解时,可得东部产业占比为:

$$\lambda_2^* = \frac{t(4a\varphi_1 + \overline{\varepsilon_1}t + \overline{\varepsilon_2}\tau + \overline{\varepsilon_3}t_F) + \delta}{-\overline{\varepsilon_0}t^2 + 2\delta} \tag{17}$$

由(17)式可知,第一阶段贸易格局下,产业布局受国际市场总量影响较大;而第二阶段贸易格局下,由于假定区域 B 消除了一部分区位劣势,此时国际市场的分布情况成为影响本国产业布局的一个重要因素。

3. 第三阶段贸易格局

第三阶段贸易格局下,根据国内贸易成本,分为两阶段进行讨论。首先,国内一体化水平不高,即 $\tau + t \geqslant \theta\tau$,结合贸易成本(11a)式,以及(5)~(8)、(12)式,可以得到:

$$\Delta r_{31} = \frac{L}{4(2b+cn)}[\xi_0(t,\varphi)\lambda + \xi(t,\varphi,t_F)] - \bar{\delta}L(2\lambda - 1) \tag{18}$$

其中,$\xi_0(t,\varphi) = -2cK[(\varphi_1 + 1)t^2 + \varphi_2(\theta - 1)^2\tau^2]$

$$\xi(t,\varphi,t_F) = 4a[\varphi_1 t - \varphi_2(\theta - 1)\tau] - \{cK(\sigma_1 - 1) + [2b + cK(\sigma - 1)]\varphi_1\}t^2 -$$

$$[2\varphi_1(2b + cK\sigma) + cK(\theta - 1)\sigma_2]t\tau + 2cK[\varphi_1\sigma_2 t - \varphi_2\sigma_1(\theta - 1)\tau]t_F +$$

$$\varphi_2(\theta - 1)[(2b + cn)(\varphi + 1) - 2cK]\tau^2$$

当存在局部均衡的内点解时,可得东部产业占比为:

$$\lambda_{31}^* = \frac{\xi(t,\varphi,t_F) + \delta}{-\xi_0(t,\varphi) + 2\delta} \tag{19}$$

其次,国内一体化水平较高,即 $\tau+t<\theta\tau$,将结合贸易成本(11b)式,以及(5)～(8)、(12)式,可得此时的资本收益之差:

$$\Delta r_{32}=\frac{tL}{4(2b+cn)}(\overline{\xi_0}t\lambda+4a\varphi_1-4a\varphi_2+\overline{\xi_1}t+\overline{\xi_2}\tau+\overline{\xi_3}t_F)-\delta L(2\lambda-1) \qquad (20)$$

其中, $\overline{\xi_0}=-2cK(\varphi+1)<0$, $\overline{\xi_1}=cK(2\varphi_1+1-\sigma_1+\sigma_2)-[2b+cK(1+\sigma)](\varphi_1-\varphi_2)$, $\overline{\xi_2}=-2(2b+cK\sigma)(\varphi_1-\varphi_2)<0$, $\overline{\xi_3}=2cK(\varphi_1\sigma_2-\varphi_2\sigma_1)$。

当存在局部均衡的内点解时,可得东部产业占比为:

$$\lambda_{32}^{*}=\frac{t[4a(\varphi_1-\varphi_2)+\overline{\xi_1}t+\overline{\xi_2}\tau+\overline{\xi_3}t_F]+\delta}{-\overline{\xi_0}t^2+2\delta} \qquad (21)$$

第三阶段贸易格局事实上是消去了区域 A 的绝对区位优势,两区域都有各自的相对区位优势。即 A 地区在与 F1 的贸易中有成本优势,B 地区在与 F2 的贸易中有成本优势。此时国外两区域在市场容量和资本存量上的差异决定了国内产业的布局情况。

由于模型考虑了地理条件以及贸易国的禀赋条件,因而影响本国资本流向的作用力变得更为丰富。通过将资本收益差对几个市场变量求导,可得:

$$\partial\Delta r_s/\partial\varphi_1>0,\partial\Delta r_s/\partial\varphi_2<0,\partial\Delta r_s/\partial\sigma_1<0,\partial\Delta r_s/\partial\sigma_2>0,s=1,2,31,32 \qquad (22)$$

由(22)式可知,F1 的市场规模扩大与本国进口 F2 产品份额越高,均会向本国企业提供一种向东部集聚的"向心力";而 F2 的市场规模扩大与本国进口 F1 产品份额越高,均会向本国企业提供一种分散布局的"离心力"。由此可得命题 1。

命题 1: 在资本局部流动的两国四地区模型中,企业选址存在着一对来自国际贸易市场的作用力:布局于某区域的企业,可从与该区域接近的国际市场获得贸易红利,此为国际市场提供的"向心力";同时受到来自临近国际市场竞争产品的影响,此为国际市场提供的"离心力"。

由命题 1 可知,通过合理运用来自国际市场的两种作用力,可以有效平衡国内产业布局。来自国际市场的向心力和离心力,完善了开放框架中新经济地理学的作用力分析。在基于 D-S 框架构建的新经济地理学模型,作用力主要是由本地市场效应带来的向心力。尤其是对于贸易规模较大的国家,开放框架下港口地区的本地市场效应会被进一步放大。在本章的模型中,引入了不同地理条件的国际贸易市场,并且考虑了外国产品带来的竞争效应,因此更能反映开放对本国产业布局的影响。

（二）区域一体化对产业布局的影响

国内产业布局除了受国外市场和国外产业的影响之外,更受到了区域一体化的影响。区域一体化的一个重要特征是贸易壁垒降低。首先分析国际市场一体化对产业布局的影响。将三个阶段的资本收益差对 τ 求导,得:

$$\frac{\partial \Delta r_s}{\partial \tau} < 0 \qquad s = 1, 2, 31, 32 \qquad (23)$$

随着对外开放水平的提高,H 国与 F 国经济距离缩短,τ 会降低。此时与国际市场更为接近的 A 区域将获得更多的开放红利,资本流向 A 地区的动机更强。

F 国内部的经济距离 t_F 亦会影响本国产业布局。由(5)式可得,$\partial \pi_A / \partial t_F < 0$, $\partial \pi_B / \partial t_F < 0$,即 H 国两地区的资本收益会随 F 国内部一体化而下降。对于区际资本收益差的变化,有

$$\frac{\partial \Delta r_s}{\partial t_F} > 0, \frac{\partial \Delta r_{32}}{\partial t_F} = 0 \qquad s = 1, 2, 31 \qquad (24)$$

(24)式表明,F 国内经济距离缩短会明显降低 A 地区与 B 地区之间的资本收益差距。而在第一和第二阶段的贸易格局下,东部企业对国外一体化更为敏感,因为国际贸易是东部企业获利的一个重要手段。由于我国大部分资本集聚在东部地区,因此国外经济距离缩短对我国经济造成的损失将较多。而 $\partial \Delta r_{32} / \partial t_F = 0$,即低国内贸易成本下的第三阶段贸易格局,国内两区域可以分散国外一体化对国内经济造成的冲击。由此可得如下命题。

命题 2:在资本局部流动的两国四地区模型中,本国与国际市场的经济距离缩短,会加大港口地区对本国资本的吸引力。国际市场内部的贸易成本降低,会降低本国企业的利润,且港口地区资本收益下降更快。进一步地,当本国两地区都具有相对区位优势时,能分散国际市场一体化对本国产业所带来的经济冲击。

从产业稳定发展与产业安全角度来说,第三阶段的贸易格局更能抵御国际形势变动造成的经济风险。比如,F1 国与 F2 国制定自由贸易协定降低贸易壁垒,将导致 H 国贸易红利降低,并且 A 地区下降的幅度更大。因此,国外经济距离缩短对 H 国

　　产业的影响还取决于产业在 A 地区的集聚程度,集聚程度越大,则 A 国所承受的损失越多。

　　国内贸易成本与产业布局之间的关系则较为复杂,尤其是在不同开放格局、不同国际贸易成本、不同拥挤效应时,国内贸易成本对产业布局的影响是不同的。本章通过数值模拟的方法对其进行分析。参照 Behrens et al. (2007)、吴福象和蔡悦(2014)的参数设定取值,令 $a=b=cK=1$,$\theta=2$,$\varphi_1=\sigma_1=2$,$\varphi_2=\sigma_2=1$,即与 A 地区邻近的国际市场规模更大、竞争产品更多。在满足各全面开放条件下进行赋值,分别在 $\delta=0.2,0.5,0.8$ 以及 $\tau=0.2,0.15,0.1$ 几种情况下[①],对(15)(17)(19)(21)式中的产业布局系数进行数值模拟,模拟结果如图 3-1 所示:

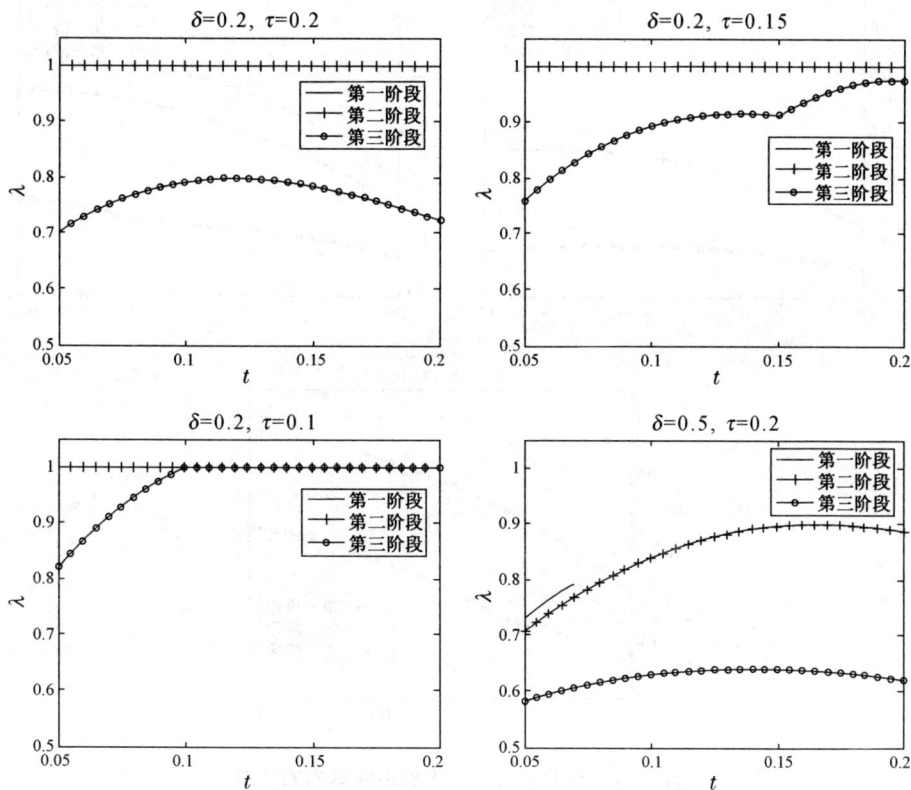

──────────

① 各个参数的取值考虑了区际和国际贸易发生条件 $\pi_{jk}>0$,π_{jk} 计算公式参照(5)式。

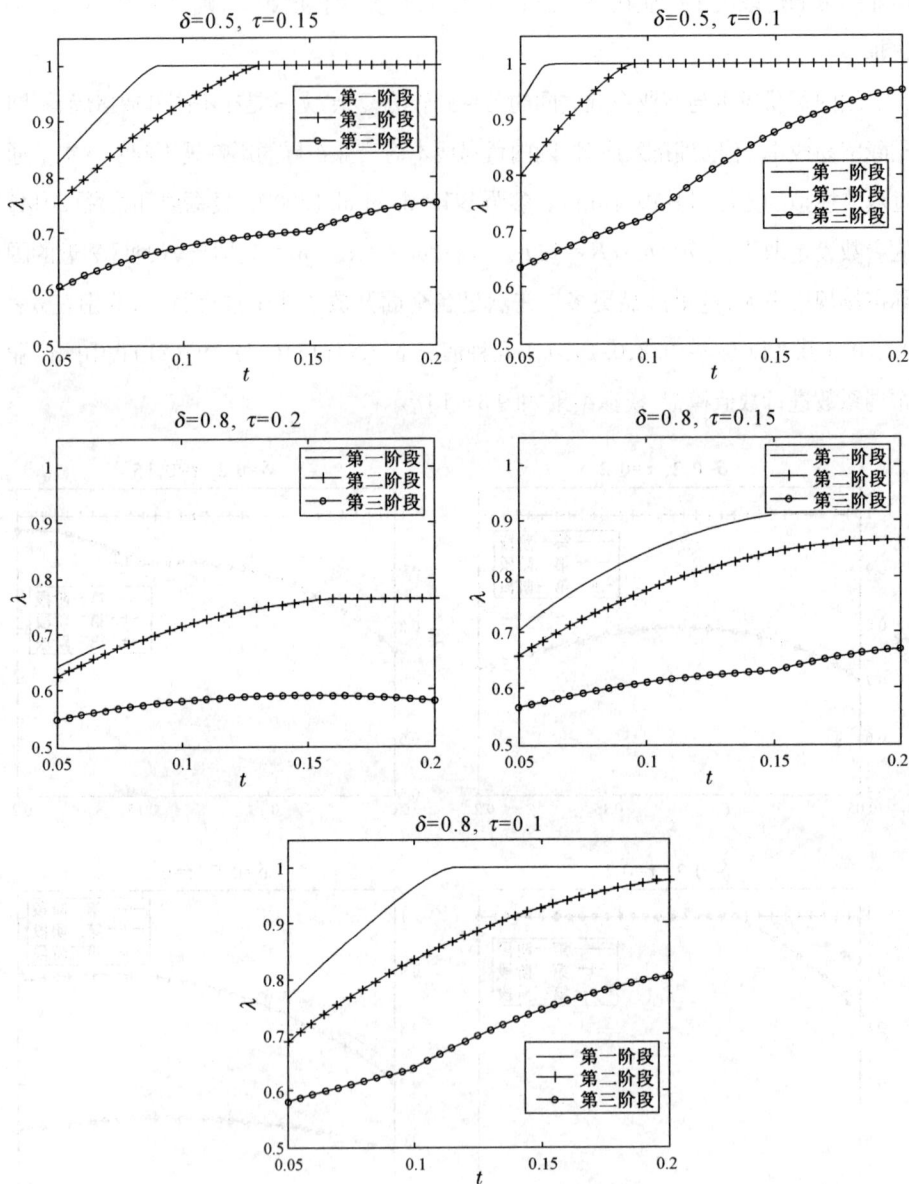

图3-1　产业布局与国内贸易成本的关系图

图3-1中,横轴为国内贸易成本t,纵轴为产业布局系数λ。很明显,在每一组参

数值设定下,均有 $\lambda_1^* \geqslant \lambda_2^* \geqslant \lambda_3^*$。即随着第二条国际贸易通道逐步完善,A 地区产业占比会降低,产业布局更加均衡化。其原因很明显,随着新的贸易通道的打通,B 地区在国际贸易方面的区位劣势被弱化。此外,拥挤效应 δ 增大,会使得产业布局分散化。由此可得如下命题。

命题3: 在资本局部流动的两国四地区模型中,相较于单一国际贸易通道情况,建设新通道可以使得国内产业趋于分散布局。并且,随着发展阶段的变更,集聚的负外部性越来越强,产业分布平衡度将越来越高。

命题 3 表明,通过重塑开放格局,能用市场的力量改变本国的产业布局。因为这种情况下,政府并未通过行政手段干预产业转移,因此更为分散化的均衡是稳定的。此外,发展空间限制以及集聚红利的减少,是引发产业分散化的内在因素。尤其是在本国产能过剩阶段,进一步集聚只会加剧负外部性,而投资在地理空间上分散化则是资本逐利的必然结果。

进一步地,分析国内市场一体化对产业布局的影响。当国际贸易成本高于国内贸易成本时($\tau=0.2$),开放格局的变化使得国内资本流向改变。单一国际贸易通道的情况下,与经典的新经济地理学结论一致,国内市场一体化依然是促进产业集聚化的重要推动力;但是当开放格局到了第三阶段时,经济地理格局沿倒"U"型的钟状曲线演化。钟状曲线的出现一方面源于集聚区拥挤效应的出现,另一方面源于开放格局的变化。当国际贸易成本较小时,国际一体化始终是促进资本向港口集聚的向心力。于是有如下命题。

命题4: 在资本局部流动的两国四地区模型中,当国际贸易成本高于国内贸易成本时,国内贸易成本与区际资本收益差呈倒"U"型关系。但是,两地区都具有相对区位优势时,国内贸易成本的降低对产业布局带来的影响是不确定的。当两地区出口市场规模相近或者外国产品对本国市场影响较小时,国内贸易成本与集聚水平呈正相关关系。

命题 4 指出了空间钟状曲线出现的地理条件。空间钟状曲线是经济地理演化的一般规律,也是大国发展的必经之路。但是,在某些特定的情况下,空间钟状曲线难以形成。一种情况是市场分割严重,无法形成统一市场,从而阻碍了经济活动的集聚化;另一种是地理条件差异巨大,使得核心区成为资本无法逃离的"黑洞",外围区面临产业空心化的风险。因此图3-1数值模拟结果显示,仅在第三阶段的开放格局下钟状曲线方能出现,因为接近港口地区以海运为主的国际贸易体系拥有绝对的区位优势。

此外,钟状曲线出现的必要条件是经济集聚的负外部性较为明显。核心区受限于资源承载能力,经济密度越高所承受的负外部性就越大,当集聚的边际收益小于边际成本时,竞争效应会挤出核心区的部分产业,对外围区形成产业溢出效应。

五、研究结论与启示

本章基于资本局部流动视角,构建了一个由两国四地区区际贸易的模型框架,从理论上分析了"一带一路"倡议、长江经济带等区域发展新格局对国内经济地理的影响。主要结论如下。第一,开放国家的产业布局会受到国际贸易对象的影响。与区域临近的国际市场规模越大,产业向该区域的集聚力就越大;与区域临近的国际市场竞争产品越多,促使产业逃离该区域的分散力就越大。第二,构建内陆的国际贸易通道,可以依靠市场力量平衡产业布局,降低国际市场变动对本国产业造成的冲击。第三,当内陆地区国际贸易通道打通时,在国际贸易成本高于国内贸易成本的情况下,国内市场一体化会导致产业布局沿"先集聚后分散"的"钟状曲线"路径演化。在国际贸易成本相对于国内贸易成本较小的情况下,国内市场一体化会促进产业进一步集聚。

本章研究的启示意义有如下几点。第一,打通欧亚大陆上的陆路国际贸易通道,拓宽开放广度与深度,是破解"胡焕庸线"难题的关键。基于基础设施先行的原则,积极与"丝绸之路经济带"沿线国家互联互通,共同建设贯穿欧亚大陆的铁路班列以及局部的公路设施,使得陆路国际贸易常态化。从地理位置上讲,"胡焕庸线"以北更加临近"丝绸之路经济带"上的国际贸易对象国,需要强化中西部城市与贸易对象国的产业匹配度。一方面,中西部地区需要利用欧亚大陆上的资源、能源贸易便利提高产业发展中的资本偏向度,引入更多复杂产品流水线。另一方面,东部地区以"负面清单"的管理方式放松一些领域的进入壁垒,使得东部企业面临国际市场的竞争加剧,倒逼企业进行转型升级,并且促进部分产能转移到具有比较优势的中西部地区。

第二,以国际产能合作深化开放。在建设基础设施的时候,一方面通过输出产能帮助沿线国家实现工业化,带动就业和经济增长;另一方面中国自身出口结构发生改变,投资品出口增多,利于在一些领域推广中国的品牌与标准。首先应当降低投资壁垒:成立专项的投资基金降低融资成本,降低投资的硬性壁垒;合理评估投资风险,强化企业的社会责任意识,树立中国企业良好的形象,从而降低投资的软性壁垒。此外,以产业园区合作为载体,将产业园区的建设经验推广至"一带一路"沿线,促进本国和东道国企业入驻,加强本国对东道国的溢出效应。

第三,以建立统一的大国市场体系优先深化对外开放,重塑中国经济地理。在推进对外开放的时候,更应该事先实现"对内开放"。只有国内统一的产品市场与要素市场,才能有效扭转开放引致的区域经济失衡。依托长江经济带建设综合立体交通走廊,发展基于内需的全球化经济,利用本地的市场、用足国外的高级生产要素,尤其是要利用国际创新要素发展本市的创新经济。

参考文献

[1] 安虎森,刘军辉.中日韩成立自贸区对三国经济福利的影响——基于新经济地理学理论的研究[J].现代经济探讨,2014(7):49-54.

[2] 蔡昉,王德文,曲玥.中国产业升级的大国雁阵模型分析[J].经济研究,2009(9):4-14.

[3] 范剑勇.市场一体化,地区专业化与产业集聚趋势——兼谈对地区差距的影响[J].中国社会科学,2005(6):39-51.

[4] 胡安俊,孙久文.中国制造业转移的机制、次序与空间模式[J].经济学(季刊),2014(4):1533-1556.

[5] 黄玖立,李坤望.对外贸易,地方保护和中国的产业布局[J].经济学(季刊),2006(3):733-760.

[6] 梁琦.空间经济学的过去,现在与未来[J].经济学(季刊),2005(4):48-57.

[7] 林毅夫,刘培林.中国的经济发展战略与地区收入差距[J].经济研究,2003(3):19-25.

[8] 陆铭,陈钊. 分割市场的经济增长——为什么经济开放可能加剧地方保护? [J]. 经济研究,2009(3):42-52.

[9] 金祥荣,陶永亮,朱希伟. 基础设施,产业集聚与区域协调[J]. 浙江大学学报(人文社会科学版),2012(2):1-13.

[10] 倪鹏飞,颜银根,张安全. 城市化滞后之谜:基于国际贸易的解释[J]. 中国社会科学,2014(7):107-124.

[11] 藤田昌久,蒂斯著,刘峰等译. 集聚经济学[M]. 西南财经大学出版社,2004.

[12] 吴福象,蔡悦. 中国产业布局调整的福利经济学分析[J]. 中国社会科学,2014(2):96-115.

[13] 吴福象,段巍. 国际产能合作与重塑中国经济地理[J]. 中国社会科学,2017(2):44-64.

[14] 许德友,梁琦. 贸易成本与国内产业地理[J]. 经济学(季刊),2012(2):1113-1136.

[15] 颜银根. 贸易自由化、企业异质化与外向型经济[J]. 国际贸易问题,2014(11):37-46.

[16] 杨小凯,黄有光. 专业化和经济组织——一种新兴古典微观经济学框架[M]. 经济科学出版社,1999.

[17] 尹虹潘. 开放环境下的中国经济地理重塑——"第一自然"的再发现与"第二自然"的再创造[J]. 中国工业经济,2012(5):18-30.

[18] BEHRENS K. International integration and regional inequalities: how important is national infrastructure? [J]. The Manchester School, 2011(5):952-971.

[19] BEHRENS K, GAIGNE C, OTTAVIANO G I P, et al. Is remoteness a locational disadvantage? [J]. Journal of Economic Geography, 2006(3):347-368.

[20] BEHRENS K, GAIGNE C, OTTAVIANO G I P, et al. Countries, regions and trade: On the welfare impacts of economic integration[J]. European Economic Review, 2007(5):1277-1301.

[21] COMBES P P, MAYER T, THISSE J F. Economic geography: The integration of regions and nations[M]. Princeton University Press, 2008.

[22] GROSSMAN G M, HELPMAN E. Innovation and growth in the global economy[M]. MIT press, 1993.

［23］HELPMAN E. The size of regions［J］. Topics in public economics：Theoretical and applied analysis，1998：33 - 54.

［24］KRUGMAN P. Increasing Returns and Economic Geography［J］. The Journal of Political Economy，1991(3)：483 - 499.

［25］KRUGMAN P. First nature，second nature，and metropolitan location［J］. Journal of regional science，1993(2)：129 - 144.

［26］OTTAVIANO G I P，Van Ypersele T. Market size and tax competition［J］. Journal of International Economics，2005(1)：25 - 46.

［27］PFLUGER M，TABUCHI T. The size of regions with land use for production［J］. Regional Science and Urban Economics，2010(6)：481 - 489.

第四章　国际产能合作与重塑中国经济地理格局

一、引　言

近年来,中国进入以"中高速、优结构、新动力、多挑战"的经济新常态,在产业与区域方面面临两重难题。

一方面,在发达国家"再工业化"、国内资源和环境约束的双重压力下,现存的工业体系面临着产业发展低端化与产能过剩的难题,产业资本需要寻求过渡性出口。长期高投资带来的投资惯性,使得当前多个行业产能过剩,企业亏损情况严重,实体经济投资回报率低。据统计①,钢铁行业 2014 年底粗钢产能达到 11.6 亿吨,全年新开工项目 2 000 多个;电解铝现有 3 500 万吨产能;水泥行业 2014 年建成投产熟料生产线 54 条,总产能 7 000 多万吨。而从市场需求看,国内对大宗原材料的消费将进入峰值弧顶区。以钢铁行业为例,国内粗钢近 3 年表观消费量分别为 6.7 亿吨、7.7亿吨、7.4 亿吨,已呈现下降趋势。原材料行业为代表的重工业产能过剩问题将长期存在,产业体系亟须调整。

另一方面,长期以来,国内非均衡的区域经济并没向均衡收敛,"胡焕庸线"依然是中国经济地理上难以破解的难题。1935 年,据胡焕庸统计,占国土面积 36％的东南半壁,人口比重高达 96％;而根据第五次人口普查的数据对人口密度进行再估计,2000 年东南半壁 43.8％的国土面积下,依旧承载了高达 94.1％的人口。国内版图上要素与经济密度分布极为不均,加重了集聚区"城市病"、产能过剩等负外部性,也

---

① 中华人民共和国工业和信息化部发布的《2014 年原材料工业经济运行情况和 2015 年展望》。

加大了外围区域城镇化与现代化的难度。

找寻破解上述两重难题的力量，将是保证下一阶段中国经济稳定发展的关键。美国学者伊恩·莫里斯认为，有三种力量在推动历史前进[①]：生物学决定了人类为什么要推动社会发展；社会学诠释了人类是怎样做到发展的；而第三种力量地理学，则决定了为什么会出现发展的区域差异。[②] 这里的"地理学"并非基于物质地理视角，而是采用经济地理视角。一方面，地理学决定了社会发展方式，另一方面社会发展方式也在改变地理的意义。可见，"地理"和"经济"是相辅相成的两条不可分割的线索。破解当前中国面临的两重困境，或许可借助地理学的力量。

虽然区域的自然地理条件具有静态不可逆性，但可通过经济活动的改变，对经济地理条件进行人为重塑。2009 年世界银行的《世界发展报告》以重塑世界经济地理为题，揭示了某些地方发展势头良好，是因为它们普遍遵循了符合区域经济一体化的三大典型特征和内涵，促进了地理结构的变迁：一是提高密度，二是缩短距离，三是减少分割。

近期，国家层面的区域战略陆续出台，经济地理格局有重塑的趋势。以"一带一路"为核心的区域战略性构想，突出了内与外、东与西、沿海与内地、工业与农业，多时空、多维度、多领域的无缝对接。"一带一路"倡议具备两大新特点，以此来破解当前发展面临的两重难题。一是从开放模式看，我国正从引进外资模式逐渐向对外投资模式转变。近年来我国对外投资增速加快，如图 4-1 所示，2015 年上半年非金融对外投资金额已达 560 亿美元，是 2006 年上半年的 9 倍左右。其中对"一带一路"沿线国家的跨国投资增长更为明显。2015 年 1—11 月，我国企业共对"一带一路"相关的国家进行了直接投资额合计 140.1 亿美元，同比增长 35.3%；新签合同额 716.3 亿美元，占同期我国对外承包工程新签合同额的 43.9%，同比增长 11.2%。并且下一阶段，我国将以钢铁、有色、建材、铁路、电力、化工、轻纺、汽车、通信、工程机械、航空

---

① 伊恩·莫里斯：《西方将主宰多久：从历史的发展模式看世界的未来》，中译本，中信出版社，2011，第 430 页。

② 莫里斯认为，"生物学"作为一门学科，是一片极为广阔的领域。不过，莫里斯采用的是生态/进化视角，而不是分子/细胞视角。"社会学"作为缩略术语，用以描述更为一般的社会科学，是概括所有社会如何运转的分支学科，而不是聚焦于社会差异的学科。它超越了社会学、人类学、经济学和政治学传统的学科界限，强调生物学与社会科学的交叉，尤其是人口统计学和心理学。

航天、船舶和海洋工程等作为重点行业,有序推进国际产能合作①,从而将国内产业资本配置的空间逐渐拓宽至"一带一路"沿线国家。

二是从开放对象看,将由原来主要向东开放,转变为向东、向西同时开放,拓展了我国内陆、沿边开放的深度和广度,重塑了中国对外开放新格局。向西开放以"丝绸之路经济带"沿线的陆上交通通道建设为基础。铁路运输节约了大量时间成本,使得目前东部地区一些货物也开始选择通过这种陆上运输出口至欧洲。表4-1与表4-2为满洲里铁路口岸2015年1月至2015年7月的出、进境班列运行情况。可以看出,已有多个省份开始运营面向"丝绸之路经济带"的铁路运输线路,这些新线路成了国际贸易的新通道。中西部地区逐步具备了承接东南沿海产业转移的交通运输条件。以苏州和重庆的进出口对比为例,2014年,苏州的进出口额分别只达到了-2.6%和3.1%的增幅,而重庆进出口贸易发展势头十分强劲,是跨国公司在国内新一轮投资的重点地区,年均增长率达45.1%和34.1%。不过,从表4-1和表4-2中还能看出,目前各班列运营还存在严重的供需不对称的情况,进口总额不足出口总额的20%,这导致运营成本大大提高。因此,现在许多班列依托政府补贴维持运营,还无法达到完全市场化运作的条件。改善这一情况,需要重塑经济地理,在国外创造供给,以及在国内对接产业需求。

表4-1 2015年1月至2015年7月满洲里铁路口岸出境班列运行情况

名称	始发地	终点国家	首列开行时间	出境列数(列)	总金额(亿元)	集装箱货物品类
苏满欧	苏州	波兰	2013.09.30	43	21.26	电子、服饰等工业制成品与工业零件
中欧	天津、大连等	俄罗斯、捷克、波兰	2014.07.24—2015.01.01	187	25.48	工业制成品为主
渝满俄	重庆	俄罗斯	2014.11.11	6	1.15	力帆牌商品车散件
鄂满欧	武汉	俄罗斯	2014.10.30	1	0.06	东风风神牌轿车

① 《国务院关于推进国际产能和装备制造合作的指导意见》(国发〔2015〕30号)。

名称	始发地	终点国家	首列开行时间	出境列数（列）	总金额（亿元）	集装箱货物品类
哈满欧	哈尔滨	德国	2015.06.14	7	0.64	农业、工业制成品
昆满欧	昆明	荷兰	2015.06.30	1	0.42	咖啡制品

资料来源：满洲里口岸办铁路管理处。

表 4-2　2015 年 1 月至 2015 年 7 月满洲里铁路口岸进境班列运行情况

名称	始发国	终点站	首列开行时间	进境列数（列）	总金额（亿元）	集装箱货物品类
苏满欧	芬兰、德国、波兰	沈阳、苏州、长春等	2015.01.01	57	9.14	汽车配件
中欧	俄罗斯	武汉	2015.05.12	16	0.24	板材
哈满欧	德国	哈尔滨	2015.06.27	1	0.03	汽车配件

资料来源：满洲里口岸办铁路管理处。

理论上讲，重塑中国经济地理的趋势应当是，通过经济全球化和区域一体化的相容并相互促进，在更大范围内寻求资源的优化配置，拓展新的区域发展空间。那么，以"一带一路"倡议、国际产能合作等手段重塑中国的经济地理，其内在逻辑和经济关联机制是什么？是否可实现不平衡的经济增长与和谐的区域发展并行不悖？如何实现福利改进的区域政策？回答上述问题不仅需要政治上、地理上的宏观战略规划，还需要经济理论上的解释与分析。本章基于新经济地理学的框架，对重塑中国经济地理中面临的两重难题进行分析。

本章接下来的结构安排如下：第二部分，在梳理相关理论文献的基础上，提出本章研究的切入点；第三部分，封闭的两区域基本模型，探讨一国内部产业分布与经济增长间的关系；第四部分，福利分析；第五部分，国际产能合作；第六部分，研究结论与政策启示。

亿美元

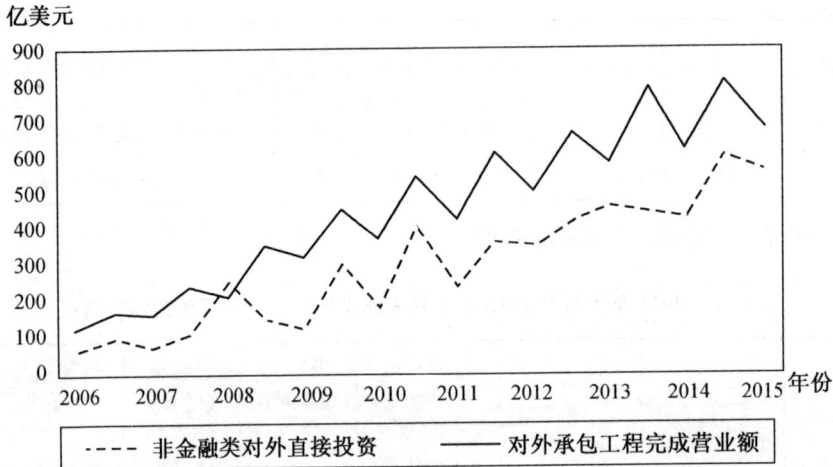

图 4-1 中国非金融类对外直接投资与对外承包工程完成营业额情况

资料来源：中华人民共和国商务部公布的统计数据。

二、理论综述

研究经济与地理的互动机制，有两类因素需要考虑：要素禀赋、地形地貌、气候环境等因素为外生的区位因素，称为第一自然（First Nature），属于"地理"的范畴；而相对应的第二自然（Second Nature），则是描绘人类的行为活动对社会带来的影响，从"经济"中能找到这些活动的运行机制。由地理学研究衍生出来的经济地理学（Economic Geography），以人类经济活动的地域系统为中心内容，侧重第一自然视角，研究了经济活动的区位、空间组合类型和发展过程等问题；而近些年来，诞生于传统经济学框架的新经济地理学（The New Economic Geography），则从第二自然的角度，阐述了人为活动改变经济地理格局的可能。

人为经济活动改变地理格局的力量来自产品贸易与要素流动。传统的国际贸易理论主要聚焦于产品贸易，因而其有研究主题围绕贸易模式与贸易条件展开，理论基础是比较优势理论。不论是斯密、李嘉图的绝对与相对技术优势，还是赫克歇尔-俄林的要素禀赋比较优势理论,均强调贸易区域初始禀赋,即第一自然的决定性作用。比较优势理论适用于要素难以流动的国际贸易情况,某些情况下也适合于研究区域问题,主要方法是比较静态分析。已有研究证实,对外贸易中的地理优势会显著地影响中国的产业布局。但是,初始禀赋的差异未能有效解释后发追赶或者是产业内贸易等现象。因此,也有学者试图内生化比较优势理论。如 Grossman & Helpman 将内生增长的机制引入国际贸易框架,动态考察了每一个时点的技术优势所带来特定的贸易模式。但是生产要素依旧是无法转移的,各国的产业结构依托要素价格机制达到均衡。

强调第二自然作用的新经济地理学理论则重点研究了生产要素的跨区域流动机制,探讨了经济系统中主体的内生选择对经济活动所产生的影响。第一自然因素固然重要,但把这种外生因素看作影响贸易与生产力布局的唯一原因,是有失偏颇的。生产力布局是同国际贸易一样值得深究的问题。由于新经济地理学放松了要素的不可流动性假设,对要素流动性较强的区域间问题有较好的解释力。经济系统中各种影响生产要素和最终产品的流动的因素,是新经济地理学研究的核心变量。如 Bosker et al. 研究了户籍制度和高铁网络的影响,认为通过加快要素与产品的流动,能显著提升经济发展效率;吴福象和刘志彪用长三角的数据验证基于要素流动的两种机制对城市群经济发展的影响;Baldwin & Krugman、Baldwin & Okubo 关注了地方政府间的税收博弈对要素流向的影响。

不少学者基于上述两类理论,对中国产业布局与国际贸易间的关系进行了分析:林毅夫和刘培林指出,不断拉大的区域间收入差距,是由于中西部地区产业结构与其比较优势相背离,通过加入 WTO 提高对外一体化水平可以遏制差距扩大;范剑勇(2005)、陆铭和陈钊(2009)认为,我国存在着国内一体化水平落后于国外一体化水平的情况,这会加剧地方保护主义;吴福象和蔡悦(2014)基于福利经济学视角,诠释了在缓解区域问题上,平衡产业布局的方法将比转移支付手段更为有效;金祥荣等(2012)研究了基础设施对区域内贸易和区际贸易的影响,政府在投资基础设施建设时需要考虑两地区产业布局,再进行相机抉择;倪鹏飞等(2014)从国际贸易视角分析城市化滞后于工业化的原因,认为净出口比例越高,滞后效应会越强。

同时,亦有部分学者尝试将国际贸易与区际贸易、第一自然与第二自然加以结合进行研究。如 Behrens et al.，许德友和梁琦基于对外贸易成本与国内贸易成本的变化，通过两国多区域的新经济地理学模型研究贸易成本对产业布局的影响。尹虹潘则认为可以通过对中西部地区第一自然条件的"再发现"，并结合新的开放格局，对中国经济地理进行重塑。

　　上述研究或从理论，或从实践上，为区域经济发展提供了一定的指导。但是上述研究主要是基于 WTO 的贸易框架或是国内工业化水平较低这两大前提假设。而现状是，"一带一路"倡议所制定的贸易框架与 WTO 框架差异较大，许多产业面临着产能过剩问题而非需要加大投入进行资本积累。因此本章的贡献为，在 Baldwin et al. 关于集聚与增长的新经济地理学分析框架中，融入中国当前产业资本过度、开放战略转换及区域不平衡的因素，试图将第一自然与第二自然因素考虑在内，以新经济地理学的视角对中国面临的区域问题进行理论上的分析与讨论。本章将初始的禀赋不对称以及区位运费的不对称作为外生条件来融合第一自然的视角；在模型中引入了拥挤效应变量，表明过度的产业资本投资会通过占用土地等稀缺的要素资源、引发环境污染等问题挤出创新部门的产出。进一步地，将模型拓展至三区域，放松了资本流动假设，考虑了跨国投资行为对本国经济地理产生的影响。基于上述契合现实背景的假设，从理论上分析了区域福利分化与产业集聚程度、拥挤效应大小之间的动态关系。

三、封闭情况下的产业布局与经济增长

（一）基本模型

　　考虑仅存一个封闭国家 H 的基本模型。经济系统中包含两个区域、三个部门、两类要素。H 国由两区域组成，记为 A 与 B。其中 A 区域与我国东部区域条件相似，市场规模大，拥有的资本存量多、企业数量多；而 B 区域对应于中西部地区，是小市场区域，资本存量少、企业数量少。产品部门分别是以规模报酬不变及完全竞争为特征的传统部门和以规模报酬递增即垄断竞争为特征的现代部门，另外还存在一个资本创造部门,用于创造现代部门的产业资本。两类生产要素为劳动力和资本。资本只用于现代部门,劳动力主要受雇于传统部门与资本创造部门。

各区域的消费者效用函数相同,代表性消费者在无限期内最大化自身效用,即效用函数可写为:

$$U_t = \int_t^\infty e^{-\rho(s-t)} \ln(C_Z^{1-\mu} C_X^\mu) dt \tag{1}$$

其中,$\rho > 0$ 为主观贴现率。C_Z 表示对传统品的消费,C_X 表示工业部门的消费指数,其形式为:

$$C_X = \left[\int_0^n c(j)^{1-1/\sigma} dj \right]^{\frac{1}{1-1/\sigma}} \tag{2}$$

上式中 n 为随时间变化的量,即在时点 t 消费者可消费的产品集合为 $[0, n(t)]$,$n(t)$ 表示在时点 t 以前研发出的产品。$c(j)$ 表示对第 j 种产品的消费数量,$\sigma > 1$ 表示产品间的替代弹性。由效用函数可求解消费者对工业品的需求函数,即有:

$$c(j) = \mu E \frac{p(j)^{-\sigma}}{P^{1-\sigma}} \tag{3}$$

其中 E 为消费者的支出,该需求函数具有可加性。$p(j)$ 为第 j 种产品的购买价格。P 为价格指数,其表达式为:

$$P = \left[\int_0^n p(j)^{1-\sigma} dj \right]^{\frac{1}{1-\sigma}} \tag{4}$$

假定受雇于传统部门的劳动力在区域间无法流动,而可在两部门间自由转换,且传统产品无运输成本,可标准化两区域劳动力工资 (w_A, w_B) 与传统品价格 (p_A^z, p_B^z),即 $w = w_A = w_B = p_A^z = p_B^z = 1$。经济体中所有消费者为劳动力供给者和资本所有者。本章简化禀赋不对称的条件,仅考虑资本存量的禀赋不同,而 A、B 两区域劳动力数量相同,均为 L。用于现代部门的资本在区域间具有局部流动性。资本可以在区域间自由流动,在任意区域建立企业。但资本所有者不能移动,资本投资所获利润全部归于资本所有者。A、B 两地区的资本存量禀赋分别用 K_A、K_B 表示,所以 H 国总资本量为 $K_H = K_A + K_B$。$s_K = K_A/K_H > 1/2$,表示 A 区域具有更高的资本存量水平。

根据垄断竞争和规模报酬递增假设,每个厂商只生产一种差异化产品,且两区域厂商在生产差异化工业品时具有相同的生产技术。固定成本方面,生产一种产品需要使用一单位的资本作为固定投入。区域 A、B 的现代部门工业产品种数分别为 n_A、n_B,经济体中工业品总量为 $n_H = n_A + n_B$,设 $s = n_A / n_H$ 表示 A 区域企业占 H 国企业总数的比例,为 H 国内产业分布系数。其值越大,H 国内的产业集聚度就越高。虽然每个区域资本所有量与企业数可能不同,但全国总企业数等于总资本数,即有 $n_H = K_H$。可变成本方面,生产以一单位的产品需要 k 单位劳动力。

区际存在"冰山"贸易成本(Iceberg Trade Costs)τ,即某区域生产的一单位产品运往另一区域后只剩 $1/\tau(\tau \geqslant 1)$ 单位的产品,其余部分在运输过程中"融化"了。根据垄断竞争市场中企业利润最大化的边际成本加成定价原则,企业生产的产品将定价为:

$$p_{ii} = \frac{wk}{1 - 1/\sigma}, p_{ij} = \frac{\tau wk}{1 - 1/\sigma}, i \in \{A, B\}, j \neq i \tag{5}$$

其中 p_{ij} 表示区域 i 的企业产品在区域 j 出售的价格。为计算表示方便,令企业出厂价格为 1,有 $k = \frac{1}{1 - 1/\sigma}$。此时,本地企业产品在本地销售价格为 1,跨区域销售定价为 τ。

由此可得两区域工业品的价格指数与产业分布系数间的关系:

$$P_A^{1-\sigma} = n_A + \phi n_B = n_H [s_n + \phi(1 - s_n)] \tag{6}$$

$$P_B^{1-\sigma} = \phi n_A + n_B = n_H [\phi s_n + (1 - s_n)] \tag{7}$$

其中,$\phi = \tau^{1-\sigma} \in [0, 1]$ 表示贸易自由度,$\phi = 1$ 意味着无贸易成本,$\phi = 0$ 意味着贸易成本无限大。为表示方便,令 $\Delta_A = s_n + \phi(1 - s_n)$,$\Delta_B = \phi s_n + (1 - s_n)$,再令 $b = \mu/\sigma$,$s_E = E_A / E_H$ 表示 A 区域的支出份额占 H 国的比例。可将两区域企业的利润表示为:

$$\pi_A = \frac{\mu}{\sigma} \left(\frac{E_A}{P_A^{1-\sigma}} + \phi \frac{E_B}{P_B^{1-\sigma}} \right) = \frac{bE_H}{K_H} \left(\frac{s_E}{\Delta_A} + \phi \frac{1 - s_E}{\Delta_B} \right) \tag{8}$$

$$\pi_B = \frac{\mu}{\sigma} \left(\frac{E_A}{P_A^{1-\sigma}} + \phi \frac{E_B}{P_B^{1-\sigma}} \right) = \frac{bE_H}{K_H} \left(\phi \frac{s_E}{\Delta_A} + \frac{1 - s_E}{\Delta_B} \right) \tag{9}$$

经济系统中存在创新部门,用以创造新的产业资本。创新部门是完全竞争的,仅雇佣劳动力创造资本。新创造的资本有两个用途:一是抵补资本折旧,其中资本的折旧率为 δ;二是保持资本存量以增长率 g 增长,以此获得长期经济增长,其中 $g = \dot{K}/K$。由于资本存量以 g 的速率增长,于是单位资本的价值 v_i 为企业利润的折现值。设资本所有者的主观折现率为 ρ，企业的股票市场价值等于其建立后每期利润的折现值，则单位资本的价值可以表示为：

$$v_i = \int_0^\infty e^{-\sigma t} e^{-\delta t} (\pi_i e^{-gt}) \mathrm{d}t = \frac{\pi_i}{\rho + \delta + g} \tag{10}$$

在一国模型中，区域间创新具有全域溢出性质，即政府可通过转移支付或是地方优惠政策来维持两区域资本存量增长率相等。但是资本创造的成本与产业集聚程度有关。因为当产业集聚时，会产生正负两种外部性，从而影响创新成本。正外部性可以是由某一产业集聚对该产业自身产生的外部作用，称为 MAR 外部性（Marshall-Arrow-Romer Externalities），也可以是由多样化集聚带来的城市化经济，表现为产业间的创新溢出效应，称为 Jacobs 外部性（Jacobs Externalities）；负外部性则是由于产业集聚给资源、环境带来的负担，造成了额外的拥挤效应。比如当某一行业产能过剩时，更多的产业会带来极大的负外部性，并且还会占用稀有的土地等资源、带来环境污染，导致创新部门的成本升高。设区域 $i(i=A,B)$ 创造单位资本的需要 $1/a_i$ 单位的劳动力，于是区域 i 单位资本的创造成本为 $F_i = w/a_i$。有：

$$a_A = a_B = [s_n - \gamma(s_n - 1/2)^2] K_H \tag{11}$$

随着资本存量的积累，资本创造的成本将降低，因此 a_i 中还包含了资本存量 K_H 这一项，即资本创造具有"干中学"效应。s_n 项反映的是产业集聚的正外部性效用加总，$-\gamma(s_n - 1/2)^2$ 项表示的是负外部性的加总。其中 γ 表示负外部性系数，反映了拥挤效应相对于集聚效应的大小。

（二）长期均衡

1. 长期资本流动

长期中，资本流动将改变两区域的产业情况。资本总是会流向投资回报率高的区域，因此有资本流动方程：

$$\dot{s}_n = (\pi_A - \pi_B) s_n (1 - s_n) \tag{12}$$

由资本流动方程可知，长期中资本分布存在多个解。由 $\pi_A = \pi_B$ 可得内点解，另外还存在 $s_n = 1$ 和 $s_n = 0$ 两个角点解，角点解意味着产业分布呈核心—边缘均衡。求

解内点解,即由 $\pi_A = \pi_B$ 可得到支出份额与产业布局的关系:

$$s_n = \frac{1}{2} + \frac{1+\phi}{1-\phi}\left(S_E - \frac{1}{2}\right) \tag{13}$$

以及:

$$\pi_A = \pi_B = b\frac{E_H}{K_H} \tag{14}$$

接下来计算支出份额。由(10)式可得,$\pi_i = (\rho+g+\delta)F_i$。由于经济系统中的总支出等于要素总收入减去创新部门的投入,有:

$$E_i = L_i + (\rho+g+\delta)FK_i - (g+\delta)F_iK_i = L_i + \rho F_iK_i \tag{15}$$

在长期,资本价值应与资本创造成本相同,即托宾 q 值为1。当 $s_K \in (0,1)$ 时,有 $v_A = F_A, v_B = F_B$;当 $s_K = 1$ 时,$v_A = F_A, v_B < F_B$。由于资本可流动,两地资本有相同的收益率;又两地资本存量增长率相同,资本禀赋 s_K 不发生改变,两地托宾 q 在长期都为1,因此有:

$$q_A = q_B = 1 \tag{16}$$

综合(14)~(16)式,可得 A 区域的支出份额为:

$$s_E = \frac{1}{2} + \frac{b\rho(s_K - 1/2)}{\rho+\delta+g} \tag{17}$$

将(17)式代入(13)式,可得投资分布与区域资本禀赋间的关系式:

$$s_n = \frac{1}{2} + \frac{(1+\phi)b\rho}{(1-\phi)(\rho+\delta+g)}\left(s_K - \frac{1}{2}\right) \tag{18}$$

由上式知,只要资本所有者分布不均匀($s_K > 1/2$),必然导致投资分布的不均匀($s_n > 1/2$),且 A 区域产业比重与其拥有的资本比重呈正相关关系。但是资本的投资流向是不确定的,因为:

$$s_n - s_K = \frac{(1+\phi)b\rho - (1-\phi)(\rho+\delta+g)}{(1-\phi)(\rho+\delta+g)}\left(s_K - \frac{1}{2}\right) \tag{19}$$

显然,当 $(1+\phi)b\rho > (1-\varphi)(\rho+\delta+g)$ 时,$s_n > s_K$;$(1+\phi)b\rho < (1-\phi)(\rho+\delta+g)$ 时,$s_n < s_K$。所以可以得到如下命题。

命题1:在资本流动的两区域模型中,区域间产业投资的不平等程度与资本禀赋的不平等程度正相关,但资本投资流向取决于区位条件:当区际贸易成本很小时,本地市场效应会更加明显,小市场区域的产业资本会部分流向大市场区域;而当区际贸易成本较高或两区域资本存量增速较快时,市场竞争效应和高增长率会导致大市场区域产业资本更多地流向小市场区域,使得小市场区域的投资份额大于其资本所有份额。

上述命题实质上反映了市场一体化过程中,区域的集聚力和分散力的变化情况。(18)式中$(1+\phi)b\rho$反映的是本地市场效应,即产业有向大市场区域流动的趋势;$(1-\phi)(\rho+\delta+g)$反映的是分散力,其中较高的贸易成本将会增大市场竞争效应。此外,较高的增长率也是一种分散力。

2. 产业分布与经济增长

长期中,消费者面临跨期消费问题。消费者的最优跨期决策应是,延期支出的边际收益等于边际成本。其中延期支出的边际收益为无风险债券的收益率r,而延期消费的边际成本为主观贴现率ρ与当期支出变化率$\dot{E}/E$之和。因此,可以得到最优跨期消费的欧拉方程:

$$\dot{E}_i/E_i=r-\rho \tag{20}$$

根据(16)式,可得资本存量的增长率为:

$$g=2bL[s_n-\gamma(s_n-1/2)^2]-\rho(1-b)-\delta \tag{21}$$

由于企业数量等于资本数量,所以企业数量的增长率也为g。由(18)式可知,名义支出增长率为0,于是实际 GDP 的增长率等于价格指数的下降速率,计算可得实际 GDP 的增长率为:

$$g_{\text{real\_GDP}}=\frac{\mu}{\sigma-1}g \tag{22}$$

显然,实际 GDP 增速与资本存量增长率呈正比。因此,资本存量的增长率反映的是经济系统中经济增长率的情况。均衡时,产业分布情况与资本存量增长率之间的关系由(18)式与(21)式决定。令$\mu=0.5,\sigma=5,\rho=0.04,\delta=0.1,s_K=0.8,L=2$,对两个方程表示的曲线进行数值模拟,得到如图 4 - 2 的结果。

图 4 - 2 中 CC 曲线表示的是(18)式的资本收益率相等的条件$\pi_A=\pi_B$,反映了现代产品部门市场竞争效应与本地市场效应之和;SS 曲线表示的是(20)式所反映的创新部门的集聚效应与拥挤效应之和。由资本流动的动态方程(12)式可知,在 CC 曲

线的右边的区域,有 $\pi_A<\pi_B$,此时 $\dot{s}_n<0$;在 CC 曲线的左边的区域,有 $\pi_A>\pi_B$,此时 $\dot{s}_n>0$。图 4-2 表示的是贸易自由度不高时的情况。图 4-2 中 CC 曲线与 SS 曲线有且仅有唯一的交点,且相交于 SS 曲线的上升阶段。此时该交点即为系统中唯一的内点均衡,且均衡是稳定的。CC 曲线表示的是资本收益率相等的情况,当区际资本收益率不等的时候,经济系统中还存在核心—边缘均衡,但图 4-2 中核心—边缘均衡不稳定。因此,在贸易自由度较低的时候,适当提高一体化水平,可以从集聚中获得更高的经济效益,提升经济增长率。

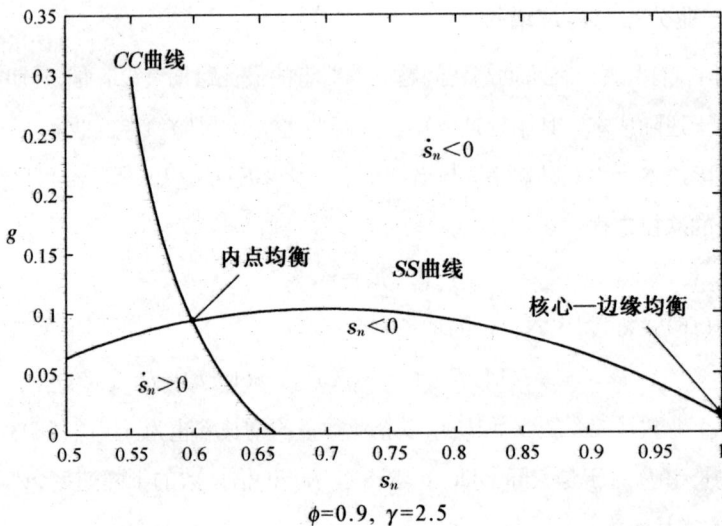

$\phi=0.9,\ \gamma=2.5$

图 4-2　贸易自由度与一体化水平

当贸易自由度进一步提高时,如图 4-3 所示,此时系统中存在两个内点均衡与核心—边缘均衡。但产业集中度低的内点均衡与核心—边缘均衡是稳定的,高产业集中度的内点均衡不稳定。这时内点均衡位于 SS 曲线下降阶段。此时,降低贸易成本的一体化政策虽然会提高经济集聚度,但会降低创新效率、影响长期经济增长水平。此时国内市场一体化未必会提升经济效率。其机制是,随着贸易自由度的提高,大市场区域的本地市场效应会加强,从而吸引更多的产业资本投资。而大市场区域承载能力有限,当产业资本投资过度时,往往会产生强烈的拥挤效应,反而降低创新部门的创新效率。

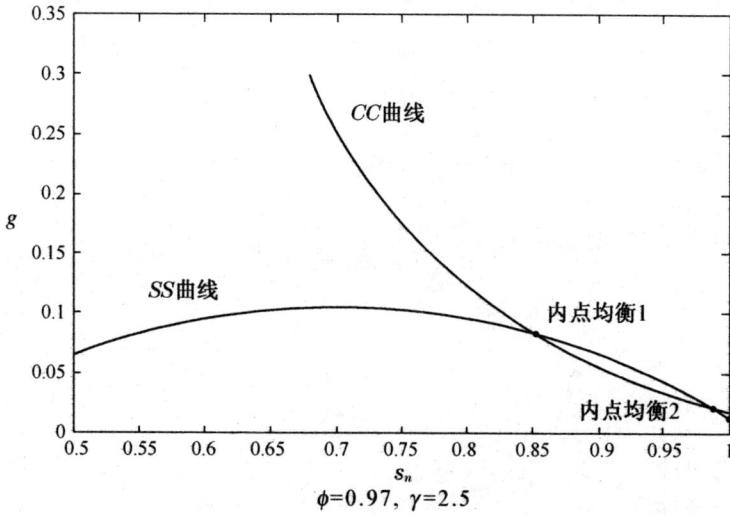

图 4 - 3　贸易自由度与一体化水平

当贸易自由度进一步提高时,如图 4 - 4 所示,系统会收敛于核心—边缘均衡。此时 H 国的产业完全集聚于 A 区域,且经济增长率较低。

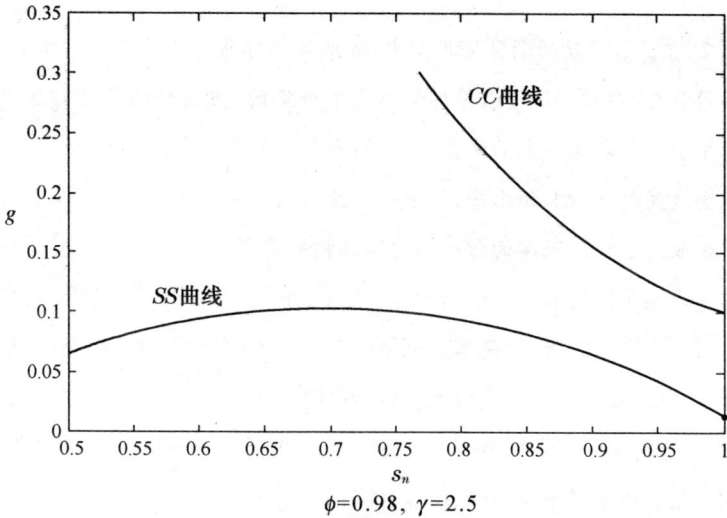

图 4 - 4　贸易自由度与一体化水平

不过,当拥挤效应较小时,集聚的正外部性一直大于负外部性。此时系统中仅存在内点均衡,如图 4-5 所示。区域一体化的结果是提高经济集聚程度,且能提高资本存量增长率。综上所述,可得如下命题。

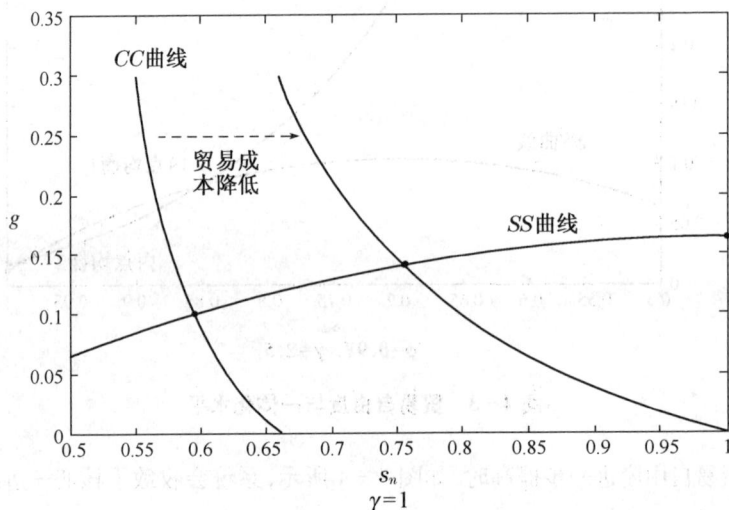

图 4-5　贸易自由度与一体化水平

命题 2:在资本流动的两区域模型中,降低区际贸易成本的市场一体化政策会提高产业集聚程度,但对经济增长率的影响是不确定的:当集聚的负外部性较小时,经济增长水平会随着贸易成本的降低而提高;当集聚的负外部性较大时,降低贸易成本初期可能会提高经济增长的水平,但进一步降低贸易成本后,会使得增长率下降,最终经济系统收敛于低增长率的核心—边缘结构的均衡。

由上述命题可以看到,封闭经济的情况下,市场一体化政策的效果需分阶段考虑。当一国资本匮乏的时候,资本的拥挤效应往往不明显,一体化政策可以提高集聚程度来提高创新效率。但是,当资本存量较高时,由于产业资本将大量占用稀缺的土地等资源,加之环境污染、"城市病"等问题,经济集聚所带来的负外部性是很高的。一体化的结果有可能是不合意的,反而会降低经济增长水平。

四、区际福利演化

这一部分讨论产业分布、经济增长与福利间的关系,用以评价产业分布的合理性。模型中福利水平可用间接效用表示。由于模型中劳动力和资本所有者不能跨区域流动,根据直接效用函数(1)式,可将区域 i 的总体福利水平函数表示为:

$$V_A = \frac{1}{\rho}\left[\frac{\mu}{\sigma-1}\left(\frac{g}{\rho}+\ln\Delta_A\right)+\ln\left[1+\frac{2b\rho s_K}{(1-b)\rho+\delta+g}\right]+C_0\right] \tag{23}$$

$$V_B = \frac{1}{\rho}\left[\frac{\mu}{\sigma-1}\left(\frac{g}{\rho}+\ln\Delta_B\right)+\ln\left[1+\frac{2b\rho(1-s_K)}{(1-b)\rho+\delta+g}\right]+C_0\right] \tag{24}$$

其中 $C_0=\mu\ln\mu+(1-\mu)\ln(1-\mu)+\frac{\mu}{\sigma-1}\ln n(0)+\ln L$ 为常数。从上式中可以看出,区域的总体福利与资本增长率相关度较大,又由于资本增长率与产业布局相关,因此可计算总体福利与产业分布变量 s_n 的关系,得:

$$\frac{dV_A}{ds_n}=\frac{1}{\rho}\left\{\frac{\mu}{\sigma-1}\left(\frac{1}{\rho}+\frac{1-\phi}{\Delta_A}\right)-\frac{2b\rho s_K}{[(1-b)\rho+\delta+g]^2+2b\rho s_K[(1-b)\rho+\delta+g]}\right\} \tag{25}$$

$$\frac{dV_A}{ds_n}=\frac{1}{\rho}\left\{\frac{\mu}{\sigma-1}\left(\frac{1}{\rho}+\frac{1-\phi}{\Delta_B}\right)-\frac{2b\rho(1-s_K)}{[(1-b)\rho+\delta+g]^2+2b\rho(1-s_K)[(1-b)\rho+\delta+g]}\right\} \tag{26}$$

上面两式即反映了产业布局的变动对两区域福利的影响。令常数 $\mu=0.6,\sigma=4,\rho=0.04,\delta=0.1,s_K=0.8,L=2$,根据不同的贸易成本和拥挤效应,对(25)、(26)式进行数值模拟,得到表4-3所示的结果。

表4-3　产业分布变化对区际福利的影响

τ	γ	s_n	g	dV_A/ds_n	dV_A/ds_n	C-P
1.8	2	0.508	0.171	78.138	65.074	N
1.5	2	0.511	0.172	75.643	65.842	N
1.5	4	0.511	0.172	72.407	62.559	Y

τ	γ	s_n	g	dV_A/ds_n	dV_A/ds_n	C－P
1.1	2	0.539	0.188	63.563	61.572	N
1.1	4	0.539	0.186	52.064	49.924	Y
1.05	2	0.572	0.203	53.245	52.438	N
1.05	4	0.573	0.197	31.392	30.326	Y
1.03	2	0.613	0.218	40.920	40.495	N
1.03	4	0.618	0.203	4.570	3.735	Y
1.02	2	0.662	0.232	26.325	26.006	N
1.02	4	0.679	0.197	－31.553	－32.559	Y
1.01	2	0.814	0.236	－18.790	－19.284	N
1.01	4	0.822	0.110	－114.395	－117.410	Y

注："C－P"一栏表示核心—边缘均衡是否稳定，"N"为不稳定，"Y"为稳定。

上表反映了随着贸易成本的降低，产业布局、资本增长率、区域福利变化的情况。随着区域一体化推进，贸易成本逐渐降低，这将降低 A 地区的市场竞争效应，使得投资逐渐流向 A 区域，经济集中度逐渐提高。当贸易成本较大时，降低贸易成本可以提高经济集中度以及经济增长率，这使得两区域都能从中得到福利提升，因此这是一个帕累托改进。不过，边际福利提升随集聚度增高而降低，并在集聚度达到一定水平时，集聚度的进一步提高会降低两区域的福利水平。区域间比较来看，A 区域福利提升快于 B 区域，这是因为 A 区域除了能从增长率提高中获得福利提升外，还能从产业集聚导致的价格指数下降中获得福利提升。所以，一旦放松要素所有者的流动条件，那么 B 区域的要素所有者必将有向 A 区域流动的趋势，这将加速经济集聚，使得 A 区域集中更多的要素与产业。

此外，经济中还存在资本所有者与劳动者这两类消费人群，两类人群的福利水平关于产业分布的敏感度又各不相同。各类消费者的边际福利水平变化情况为：

$$\frac{dV_i^K}{ds_n} = \frac{1}{\rho} \left\{ \frac{\mu}{\sigma-1} \left(\frac{1}{\rho} + \frac{1}{\Delta_i} \frac{d\Delta_i}{ds_n} \right) - \frac{\rho[1-2\gamma(s_n-1/2)]K_i}{[s_n-\gamma(s_n-1/2)^2]K_H} \right\} \tag{27}$$

$$\frac{\mathrm{d}V_i^L}{\mathrm{d}s_n} = \frac{1}{\rho}\frac{\mu}{\sigma-1}\left(\frac{1}{\rho} + \frac{1}{\Delta_i}\frac{\mathrm{d}\Delta_i}{\mathrm{d}s_n}\right) \tag{28}$$

其中 $\mathrm{d}v_i^K/\mathrm{d}s_n$ 表示 i 区域资本所有者的福利变化情况,$\mathrm{d}v_i^L/\mathrm{d}s_n$ 表示 i 区域劳动者的福利变化情况。数值模拟结果如表 4-4 所示。

表 4-4 不同消费群体福利演化

τ	γ	$g_{\mathrm{real\_GDP}}$(%)	$\mathrm{d}v_A^K/\mathrm{d}s_n$	$\mathrm{d}v_B^K/\mathrm{d}s_n$	$\mathrm{d}v_A^L/\mathrm{d}s_n$	$\mathrm{d}v_B^L/\mathrm{d}s_n$
1.8	2	3.41	31.944	17.797	79.593	65.446
1.5	2	3.45	30.271	19.413	77.065	66.206
1.5	4	3.45	29.104	18.245	73.765	62.906
1.1	2	3.75	25.336	22.495	64.704	61.864
1.1	4	3.71	20.729	17.889	53.004	50.164
1.05	2	4.06	22.430	20.968	54.123	52.662
1.05	4	3.94	13.071	11.610	31.923	30.462
1.03	2	4.37	18.218	17.332	41.539	40.652
1.03	4	4.07	2.149	1.262	4.639	3.752
1.02	2	4.63	12.256	11.662	26.694	26.100
1.02	4	3.93	−12.500	−13.094	−32.106	−32.700
1.01	2	4.72	−8.676	−8.975	−19.052	−19.351
1.01	4	2.21	−21.309	−21.608	−118.052	−118.351

从表 4-4 可以看出,普通劳动者能从较高的经济增长率中获得更大水平的福利提升。但是,随着贸易成本降低,集聚效应带来的福利改善将逐渐减少,并且劳动者从集聚效应中获得的边际福利下降更快。特别地,当产业集中度较高时,产业进一步集中会加大拥挤效应,从而降低经济增长率,最终导致福利水平下降。经济下降期,资本所有者福利损失较小,而劳动者将承受更大的福利损失。从而引出命题 3。

命题 3: 在资本自由流动的两区域模型中,当贸易成本较高时,促进产业集聚的政策将能有效提高两地区的福利水平,并且核心区福利提升较多,此时降低贸易成本是一个帕累托改进。但当产业集聚度达到一定水平时,资本的拥挤效应将占据主导,使得进一步集聚会降低两地区的福利水平。并且，劳动者的边际福利损失将更大。

因此，降低拥挤效应变得十分重要。但封闭国家模型中，以产业转移为核心的产业均衡策略虽然能降低拥挤效应，但也不利于发挥集聚效应。所以，产业资本需要在国际市场上寻找投资出口。下一部分将在一个开放的框架下，探讨区域的产业布局与经济增长的问题。

五、国际贸易与产能合作

这一部分考虑开放经济中的资本流动。系统中除了 H 国以外，还存在 F 国。在地理位置上，F 国与 B 区域更近，因而 F 国与 A 区域贸易时，需先经过 B 区域再运至 A 区域。F 国初始的资本存量禀赋较 H 国较少。设 B 区域与 F 国间的国际贸易冰山成本为 τ_I，且有 $\phi_I = \tau_I^{1-\sigma}$ 表示国际贸易的自由度。于是可得各区域的资本收益：

$$\pi_A = b \frac{E_W}{K_W} \left(\frac{s_{EA}}{\Delta_A} + \phi \frac{s_{EB}}{\Delta_B} + \phi\phi_I \frac{s_{EF}}{\Delta_F} \right) \tag{29}$$

$$\pi_B = b \frac{E_W}{K_W} \left(\phi \frac{s_{EA}}{\Delta_A} + \frac{s_{EB}}{\Delta_B} + \phi_I \frac{s_{EF}}{\Delta_F} \right) \tag{30}$$

$$\pi_F = b \frac{E_W}{K_W} \left(\phi\phi_I \frac{s_{EA}}{\Delta_A} + \phi_I \frac{s_{EB}}{\Delta_B} + \frac{s_{EF}}{\Delta_F} \right) \tag{31}$$

其中，E_W 与 K_W 表示 H 国与 F 国支出总和与资本总和。$S_{ni} = n_i/n_W$，表示 i 区域企业占全世界企业的比重，s_{Ei} 与 s_{Ki} 则分别表示支出与资本存量所占比重。参数 $\Delta_A = p_A^{1-\sigma} = n_W (s_{nA} + \phi s_{nB} + \phi\phi_I s_{nF})$，$\Delta_B = p_B^{1-\sigma} = n_W (\phi s_{nA} + s_{nB} + \phi_I s_{nF})$，$\Delta_F = p_F^{1-\sigma} = n_W (\phi\phi_I s_{nA} + \phi_I s_{nB} + s_{nF})$。

（一）资本不能跨国流动

先假设资本不能跨国流动，即资本有很高的跨国投资壁垒。表示两区域通过资本生产与资本流动，改变区域资本存量的份额。在长期，资本价值应与资本创造成本相同，即托宾 q 值为 1。长期中，资本份额的动态方程为：

$$\dot{s}_{KH} = (g_H - g_F)s_{KH}(1 - s_{KH}) \tag{32}$$

令 s_{KH} 和 s_{KF} 分别表示 H 国和 F 国的资本存量所占比例。由于资本不能跨国流动,所以一国的企业数量等于其资本存量。假设 F 国资本存量较少,使得 $g_H > g_F$ 恒成立。此时 F 国资本存量占比 s_{KF} 逐渐降低,F 国产业开始萎缩。这会导致 F 国的支出份额进一步萎缩,从而变成"塌陷区"。这种情况下,H 国内产业分布也会发生变化。

由资本在 H 国内自由流动的条件 $\pi_A = \pi_B$,可得:

$$\frac{1}{\Delta_A}s_{EA} - \frac{1}{\Delta_B}s_{EB} = \frac{\phi_I}{\Delta_F}s_{EF} \tag{33}$$

长期中,由于 s_{EF} 不断减小,A、B 两地的企业数量会随之发生动态变化。将(29)~(31)式带入(33)式,可得:

$$\frac{[(\phi s_{EA} - s_{EB})n_A/n_B + (s_{EA} - \phi s_{EB})(1 + \phi_I n_F/n_B)](\phi\phi_I n_A/n_B + \phi_I + n_F/n_B)}{(n_A/n_B + \phi + \phi\phi_I n_F/n_B)(\phi n_A/n_B + 1 + \phi_I n_F/n_B)} = \phi s_{EF} \tag{34}$$

由于 $g_H > g_F$,所以长期中 $n_F/n_B \to 0$。于是(34)式左边关于 n_A/n_B 单调递减。即当 F 国支出份额不断减少时,n_A/n_B 会增大。此时,F 国产业萎缩会导致 H 国内的企业进一步向 A 区域集聚。

命题 4: 在资本局部流动的两国三区域模型中,当资本不能跨国流动时,若外国资本存量较低,则在长期中产业份额将降低。这会使得本国中毗邻外国的区域,产业资本逐渐流向核心区,本国的产业集聚程度会逐渐升高。

由上述命题不难得知,外部贸易因素对国内经济地理条件的影响。当与 B 区域接近的国际市场逐渐萎缩时,H 国内的产业资本会逐渐远离 B 区域;反之,当 F 国资本存量增高、F 国与 H 国贸易体量增大时,H 国内的资本会部分流向 B 区域。

(二)国际产能合作

1. 跨国投资壁垒

现假设资本可以跨国流动,并且在本章的模型中,跨国流动为单向的,仅能从 H 国流向 F 国。资本跨国流动存在壁垒或者补贴,H 国的资本投资于 F 国时,建立一个企业需要 $(1 + \Gamma)$ 单位的资本。当 $\Gamma > 0$ 时表示存在投资壁垒,$\Gamma < 0$ 时表示有投资

优惠或补贴。资本收益条件为 $\pi_F=(1+\Gamma)\pi_B$，将(30)、(31)式带入，得：

$$\phi\frac{s_{EA}}{\Delta_A}+\frac{s_{EB}}{\Delta_B}=\frac{1-\phi_I(1+\Gamma)}{1+\Gamma-\phi_I}\frac{s_{EF}}{\Delta_F} \tag{35}$$

为使得(33)、(35)构成的方程组存在非负解，可以得到资本跨国流动的一个必要条件是：

$$\phi_I-1<\Gamma<\frac{(1-\phi_I)(1-\phi_I\phi)}{\phi_I(1+\phi)} \tag{36}$$

显然，当贸易自由度变大时，Γ 的取值范围将更窄。并且，当 F 国资本存量较小时，$\Gamma<0$ 才能保证资本对外投资。当 s_{EF} 较高时，即外部市场进一步拓宽时，政府应转向服务功能，不需要进行投资补贴。

为方便求解，接下来将 H 国看成一个整体的市场，把重点放在资本跨国流动上。此时系统中仅有 H 国和 F 国两区域。此时可得：

$$s_{nH}=\frac{(1+\Gamma-\phi_I)\kappa-\phi_I[1-\phi_I(1+\Gamma)]}{(1-\phi_I)[(1+\Gamma-\phi_I)\kappa+1-\phi_I(1+\Gamma)]} \tag{37}$$

其中 $\kappa=s_{EH}/s_{EF}>1$ 为常数，有 $s_{EH}=\kappa/(\kappa+1)$。在增长率相同的情况下，两国的支出份额不随资本流动而发生改变。

$$\frac{ds_{nH}}{d\Gamma}=\frac{(1-\phi_I^2)(1+\phi_I)\kappa}{(1-\phi_I)[(1+\Gamma-\phi_I)\kappa+1-\phi_I(1+\Gamma)]^2}>0 \tag{38}$$

上式意味着，当投资壁垒降低或者投资补贴提高时，会有更多的资本跨国投资。再由 $s_{nH}<1$ 的条件可得：

$$(\kappa+1)\phi_I\Gamma<(1-\phi_I\kappa)(1-\phi_I) \tag{39}$$

(39)式中的条件与三区域中的投资条件(36)式相似，即当贸易自由度提高时，投资壁垒得足够低才能保证资本的跨国流动。并且当贸易自由度很大或两地市场差距较大时 $(1-\phi_I\kappa<0)$，只有 $\Gamma<0$ 才能满足资本跨国流动条件，这意味着两国政府需要对跨国投资给予一定的优惠补贴政策，才能促进资本跨国移动。

2. 国际产能合作

考虑其他因素对资本跨国流动的影响。为求解方便，令 $\Gamma=0$。此时有：

$$s_{nH}=\frac{\kappa-\phi_I}{(1-\phi_I)(\kappa+1)} \tag{40}$$

设 H 国将 λ 比例的资本投资到 F 国,可得:

$$\lambda = \frac{s_{KH} - s_{nH}}{s_{KH}} \tag{41}$$

H 国进行跨国资本投资的动因在于降低本国的拥挤效应。虽然资本向外投资会使得本国内产业溢出效应有所减少,但同时拥挤效应也有所减少,从而提高资本创造效率。设资本创造效率有如下表达式:

$$a_H(\alpha) = [s_n - (\gamma - \lambda)(s_n - 1/2)^2](1-\lambda)s_{KH}K_W \tag{42}$$

λ 在 $[0, \psi]$ 上递增,在 $(\psi, 1]$ 上递减,其中

$$\psi = \psi(s_n, \gamma) = \frac{1}{2}\left[1 + \gamma - \frac{s_n}{(s_n - 1/2)^2}\right] \tag{43}$$

当 s_n 较小使得 $1 + \gamma - \frac{s_n}{(s_n - 1/2)^2} \leqslant 0$ 时,H 国不存在对外国投资的动机。另外,当拥挤效应增大时,H 国对外投资资本的可能性也将越大。再综合(35)、(39)式的投资壁垒条件,可得关于资本跨国投资可行性的命题。

命题 5: 在资本局部流动的两国三区域模型中,本国对外进行投资的存在内外两条必要条件:外部的必要条件是,跨国投资的投资壁垒必须被约束在一定范围之内,并且当国际贸易成本降低时,投资壁垒的可行范围将更小;内部的必要条件是,本国已处于产业集聚度较高、挤出效应较大的发展阶段。

创新在国际随跨国投资部分溢出。设 F 国资本创造效率参数为:

$$a_F(\alpha) = (1 - s_{KH} + \beta\lambda s_{KH})K_W \tag{44}$$

$\beta > 0$ 表示 H 国对 F 国投资的溢出效应。均衡时,有 $a_A = a_F$,即有增长率收敛条件:

$$[s_n - (\gamma - \lambda)(s_n - 1/2)^2](1-\lambda)s_{KH} = (1 + \Gamma)(1 - s_{KH}) + \beta s_{KH} \tag{45}$$

考虑各参数变化对产业空间分布以及创新率的影响,本章用函数关系图反映。将(41)、(42)、(44)式中给出的各变量函数关系式分别画在坐标轴的第一象限、第二象限、第三象限,第四象限为转换区间(见图 4-6)。假定初始状态 H 国集聚过度,且拥挤效应较强,因此需要对外进行投资。

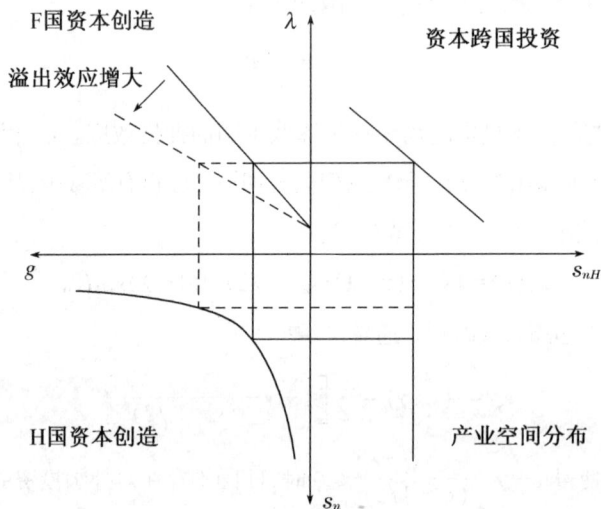

图 4-6　投资溢出效应变化的四象限图

当跨国投资的技术溢出水平 β 增大时,如图 4-6 所示,反应在图中第二象限的 F 国创新曲线斜率增大。当跨国投资份额 λ 不变时,F 国资本增长率会提高。再由增长率均衡方程,在图中第三象限可以看出,当增长率提高时,需要降低 s_n 来提高 H 国的资本创造效率。由此可知命题 6。

命题 6: 在资本局部流动的两国三区域模型中,资本跨国投资的溢出率升高时,不会改变资本的跨国分布模式,但是能提高全域的经济的增长率水平。当本国集聚度较高、拥挤效应较大时,溢出率升高还会降低本国经济的集聚度。

再考虑降低国际贸易成本的区域一体化政策(如图 4-7 所示)。当 ϕ_I 增大时,根据(40)式知,资本有向本国回流的趋势,表现为第一象限中均衡点向右下方移动,本国对外投资份额降低。对外投资份额降低有两方面影响:一方面是第二象限中,F 国的资本创造效率会降低,导致资本增长率下降;另一方面是资本回流造成 H 国拥挤效应增大,本国资本创造曲线向原点移动。此时,本国的产业集中度可能上升也可能下降,这取决于现有的产业集聚水平和拥挤效应的大小。

因此,可得命题 7。

　　命题7：在资本局部流动的两国三区域模型中，国际贸易成本降低，会使得投资向大市场国家回流，小市场产业不足，从而降低全域的增长水平。当本国集聚度较高、拥挤效应较大时，溢出率升高还会降低本国经济的集聚度。并且，资本回流对国内产业布局的影响是不确定的。

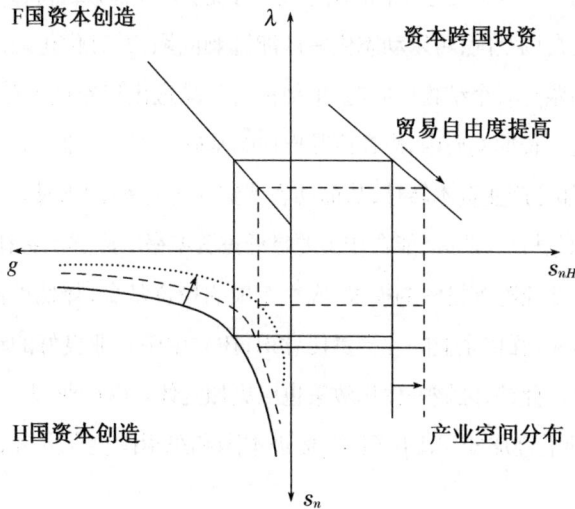

图4-7　国际贸易自由度变化的四象限图

六、研究结论

　　本章基于资本局部流动视角，构建了一个由两国三区域的资本流动模型，从理论上分析了近期国内提出的"一带一路"倡议对国内经济地理的影响。主要结论如下。第一，本国产业分布与经济增长率均与拥挤效应相关。当拥挤效应很小时，产业分布不会出现核心—边缘结构，市场一体化可以有效提高产业集聚度与经济增长率；但拥挤效应较大时，一体化政策可能导致经济收敛于低增长率的核心—边缘结构。第二，当产业较为分散时，提高产业集聚度是一个帕累托改进，且普通劳动者福利提升更大；当产业集聚已有一定水平时，进一步集聚则会降低经济增长率，使得两区域消费者福利受损,且普通劳动者福利受损更大。第三,资本跨国投资需要通过降低投资壁垒来实现。当本国集聚度较高时,跨国投资可以提高本国和东道国的增长率,并且降低本国的产业集中度,从而降低拥挤效应。且投资对东道国的技术溢出率越高,两国从跨国投资中获得的福利提升就越大。

　　本章研究的启示意义在于下面两点。第一,现阶段中国以国际产能合作为契机,扩大产业资本的布局空间,可以动态化解产能过剩问题,并且优化国内的产业布局。当前产能过剩问题是一个结构性问题,单纯扩大产品进出口空间的政策只能从静态上缓解这一问题。长期发展中,应在产品出口的基础上扩大产业出口,增加出口中投资品的比重,将部分产业资本转移,从而动态调整国内要素结构,使得供给侧外移,动态化解产能过剩危机。国际产能合作需要降低投资壁垒。应逐步将补贴贸易成本的模式转换为补贴产业跨国投资的模式,成立专项的投资基金,降低投资的硬性壁垒;合理评估投资风险,强化企业的社会责任意识,树立中国企业良好的形象,从而降低投资的软性壁垒。此外,区域一体化政策也应更加立体。以产业园区合作为载体,在市场一体化基础上叠加知识溢出政策,促进本国和东道国企业入驻,加强知识溢出效应。

　　第二,产业资本向中西部地区扩散,重塑国内经济地理格局,破解"胡焕庸线"难题。国际产能合作会向中亚、东南亚的一些与我国产业具有互补性的国家优先展开,在地理位置上,中西部距离这些国家更为接近。随着陆上交通通道拓宽、供给侧外移,中西部地区的贸易流量将大大提升,所以中西部地区需要一定的产业与基础设施支撑。"胡焕庸线"边缘或北边培育发展一批定位于产业中心与物流贸易中心的城市群、区域性中心城市。城市群的建设亦有利于提升中西部地区投资收益率,为产业资本转移提供内生动力。同时,东部地区拥有较多的资本存量和较大规模的创新部门,应注重发展相应的金融功能,提升资本运作效率,使得产业资本能较好地配置于中西部地区以及国际市场。

参考文献

[1] 胡焕庸. 中国人口之分布:附统计表与密度图[J]. 地理学报,1935(2).

［2］葛美玲，封志明. 基于 GIS 的中国 2000 年人口之分布格局研究［J］. 人口研究，2008(1).

［3］The World Bank. World Development Report 2009：Reshaping Economic Geography ［R］. The World Bank，2009，pp. 7.

［4］Dixit A，Norman V. Theory of international trade：A dual，general equilibrium approach［M］. Cambridge University Press，1980，pp. 1.

［5］黄玖立，李坤望. 对外贸易、地方保护和中国的产业布局［J］. 经济学(季刊)，2006(3).

［6］Grossman G. M. ，Helpman E. Innovation and Growth in the Global Economy［M］. MIT Press，1991，pp. 177.

［7］Krugman P. First nature，second nature，and metropolitan location［J］. Journal of regional science，1993,33(2)：129 - 144.

［8］Fujita M. ，and Thisse J. F. Economics of Agglomeration：Cities，Industrial Location and Regional Growth［M］. Cambridge University Press，2002，pp. 26.

［9］Bosker M. ，Deichmann U. ，Roberts M. Hukou and highways［R］. World Bank，2014.

［10］吴福象，刘志彪. 城市化群落驱动经济增长的机制研究——来自长三角 16 个城市的经验证据［J］. 经济研究，2008(11).

［11］Baldwin R. E. ，Krugman P. Agglomeration，integration and tax harmonization［J］. European Economic Review，2004，48(1)：1 - 23

［12］Baldwin R. E. ，Okubo T. Tax competition with heterogeneous firms［J］. Spatial Economic Analysis，2014，9(3)：309 - 326.

［13］林毅夫，刘培林. 中国的经济发展战略与地区收入差距［J］. 经济研究，2003(3).

［14］范剑勇. 市场一体化、地区专业化与产业集聚趋势——兼谈对地区差距的影响［J］. 中国社会科学，2005(6).

［15］陆铭，陈钊. 分割市场的经济增长——为什么经济开放可能加剧地方保护？［J］. 经济研究，2009(3).

［16］吴福象，蔡悦. 中国产业布局调整的福利经济学分析［J］. 中国社会科学，2014(2).

［17］金祥荣，陶永亮，朱希伟. 基础设施、产业集聚与区域协调［J］. 浙江大学学报(人文社会科学版)，2012(2).

［18］倪鹏飞，颜银根，张安全. 城市化滞后之谜：基于国际贸易的解释［J］. 中国社会科学，

2014(7).

[19] Behrens K. , Gaigne C, Ottaviano G. I. P, et al. Countries, regions and trade: On the welfare impacts of economic integration[J]. European Economic Review, 2007, 51 (5): 1277 - 1301.

[20] 许德友,梁琦. 贸易成本与国内产业地理[J]. 经济学(季刊),2011(2).

[21] 尹虹潘. 开放环境下的中国经济地理重塑——"第一自然"的再发现与"第二自然"的再创造[J]. 中国工业经济,2012(5).

[22] Baldwin R. , Forslid R. , Martin P. , et al. Economic geography and public policy [M]. Princeton University Press, 2005, chapter 7, chapter 17.

[23] Helpman E. The size of regions[J]. Topics in public economics, 1998, 33 - 54.

[24] 范剑勇,莫家伟. 地方债务,土地市场与地区工业增长[J]. 经济研究,2014,49(1): 41 - 55.

[25] Martin P, Ottaviano G I P. Growing locations: Industry location in a model of endogenous growth[J]. European Economic Review, 1999, 43(2): 281 - 302.

[26] Duranton G, Kerr W R. The Logic of Agglomeration[R]. National Bureau of Economic Research, 2015.

第五章　中国生产力布局调整的福利经济学分析

一、引　言

改革开放以来,在我国,无论是国内市场导向的产业,还是国际市场导向的产业,均主要密集地分布在东部沿海一带。从某种程度上讲,我国东部沿海的产业发展主要是借助于中西部大量的移民潮来实现的。然而,中西部技能相对较高的青壮年劳动力大量涌入东部沿海地区,一方面使得中西部地区出现了我国现阶段特有的老人、妇女和儿童留守农村的现象;另一方面导致东部沿海地区在繁荣的背后,长期聚集着大量过剩的劳动技能相对较低的外来务工群体。之所以出现上述现象,一方面可能与中国特定的地形、地貌有关①,另一方面也与东部沿海地区的都市"欢宴效应(Conviviality Effect)"的强大吸引有关②。目前,东部沿海地区由于人口和产业的过度集聚,不仅承载着资源和环境的巨大压力,也不利于中国应对动荡的西太平洋周边形势的变化。

大量优质的资源和要素主要集聚在现代产业部门高度集中的东部核心区,传统

---

① 早在 1935 年,我国地理学家胡焕庸就提出了著名的"胡焕庸线"。该线北起黑龙江省黑河市(旧称瑷珲、爱辉)、南达云南省腾冲,大致为 45 度斜线,分别将我国的陆地面积比例分割为西北 64%、东南 36%,对应的人口为 4%和 96%。这种人口非对称分布的格局,一直到胡焕庸于 1987 年再次研究本论题时,也没有改变。参见胡焕庸《中国人口之分布:附统计表与密度图》,《地理学报》1935 年第 2 期。

② 所谓"欢宴效应",是指人口越多,社会交互作用的潜能越大。不过,2009 年世界发展报告在对中国有关移民、增长和福利等问题的研究中反复提到,中国东南沿海不仅是大量人口迁徙的集聚地,也是中国贫困化率较高的集中区域。如 1980 年改革开放初期,深圳市人口仅约 3 万,1988 年增长到了 80 万,2000 年已增长到 700 万。参见 The World Bank, World Development Report 2009: Reshaping Economic Geography, The World Bank, 2009, pp. 224 - 245.

的产业部门只能被动地选择向外围迁移,导致大型企业的总部在核心区扎堆,外围仅剩下制造业工厂,形成了总部经济与工厂经济在空间上的分离局面。由于企业的营业收入和税收核算主要发生在总部核心区,使得总部区域相对于工厂区域,在财政和税收方面出现严重的不公平。因此,产业空间布局的不平衡必然会引起区际福利的不公平。① 这种总部与工厂空间分离的体系结构之所以能够持续,一是享受了我国长期鼓励引进外资和加工贸易的外资优惠政策,二是具有持续获取中西部地区廉价劳动力和资源的优势。东部地区产业过度集聚、中西部地区的工业结构趋于瓦解的产业分布不平衡现象目前还在持续,导致个体福利和区域福利双重分化。学界也很关注此类问题,并提出了产业转移的政策主张,但仍局限于对现象的认知和定性分析阶段,政府对此问题的解决方案主要是转移支付。

为了缓解产业布局过度集中的困境,东部沿海地区一些省份在经历了耕地锐减、环境污染、能源困局、成本攀升等"成长中的烦恼"和各方面的"制约之痛"后,希望通过"腾笼换鸟",即通过产业转移和劳动力转移的"双转移"方式,将一些传统产业向中西部地区进行转移。然而,这种转移对于中西部地区来讲,大多只是被动式的接受。在中西部地区向东部沿海地区移民的大趋势没有得到有效缓解之前,中国产业空间布局的困境仍将持续,人才与产业在空间上的不匹配、不协调现象也将持续。从实施效果来看,中央政府以输血方式的转移支付,不仅在强度上难以弥补中西部地区对转移支付巨大的需求缺口,也是不可持续的。"腾笼换鸟"式的产业转移方式,仅仅是从发达地区产业布局出发,没有考虑到欠发达地区的实际情况和意愿,对产业联系缺乏全局观。

从福利经济学角度讲,产业布局的不平衡,主要是源于市场最优的集聚与社会最优的集聚之间出现了较大的偏离。所谓市场最优的集聚,是指在市场自由运行状态下,产业空间布局在长期稳定下的均衡结果;而社会最优的集聚,则是指社会福利最大化所对应的产业空间分布状态。

---

① 依据社会福利函数论的功利主义原则,理想状态是社会福利总和最大化,核心范畴是帕累托的"最优状态"和马歇尔的"消费者剩余"。公平的全局最优的前提,是对福利在区域间进行合理的分配,必要条件是经济效率,充分条件是合理分配。

那么,产业空间布局不平衡及其引起的区际福利不公平,应当如何协调呢? 核心区产业的过度集聚是否会带来新的无效率,应当促进集聚,还是限制过度集聚? 哪些区域能从集聚中获益,哪些区域在集聚中受损,获益者是否能够并且应当如何对受损者进行补偿? 市场的自由运行能否形成最优的集聚规模? 这些问题如果不能给出理论上的解答,不仅会影响产业空间布局的重大决策,还会影响区域协调发展战略目标的顺利实现。本章基于差异化劳动力区际流动的福利经济学视角,对中国产业空间布局中的困境与再平衡问题进行研究。

本章研究还源于对以下现实问题的关注:改革开放以来,东部许多给外资代工的企业,虽然通过加工贸易方式融入跨国公司主导的制造业分工体系,却是以区域间的不平衡为代价的。一方面,跨国公司获得的利润大多流回了母国,甚至给外资代工的本土企业的利润,也通过变相的渠道流到了海外。另一方面,东部地区在全球价值链与国内价值链之间,没有很好地充当引进、消化和吸收国外先进技术的转换器,没有履行好产业向中西部有序转移的二传手功能,却成了大量虹吸中西部廉价资源和要素再将财富和人才持续向海外输送的传送带。

本章余下部分的结构安排如下:第二部分,在梳理相关理论文献基础上,提出本章研究的切入点;第三部分,构建理论模型对差异化劳动力在产业布局中的比例约束进行分析;第四部分,引入贸易成本、规模经济效应以及差异化程度,并基于人际和区际二维视野,对我国产业空间布局的困境进行分析;第五部分,基于市场最优与社会最优相偏离的视角,对单一转移支付转向产业干预和产业再平衡的原理和机制进行分析;最后部分是研究结论与政策启示。

二、文献综述

有关产业空间布局不平衡和地区产业转移问题的研究,成果并不少见。比较有代表性的研究成果主要有,卢中原关于西部地区产业结构变动趋势、环境变化和调整思路的分析,郭红军等关于中部六省区经济发展问题的考察,范剑勇关于市场一体化、地区专业化与产业集聚趋势的分析,蔡昉等关于中国产业升级的大国雁阵模型的分析等。卢中原认为,虽然 20 世纪 90 年代以来西部产业结构变动过程明显加速,专业化也水平也有所上升,但产业竞争优势仍然较弱,产业结构的综合素质普遍较低,与东部的差距继续拉大。他还认为,从外部原因看,随着改革开放不断深化,资本和人才等流动性强的要素迅速流向回报率较高的地区,产业布局以市场效率为导向发生了重大重组,客观上加速了西部自成体系的工业结构的逐步瓦解。

郭红军等从我国生产力布局和产业结构性关联的视角出发,主张各区域应从本地实际情况出发,寻求全国生产力最佳布局和全面发展的目标。范剑勇发现,改革以来中国产业布局已经发生了根本性的改变,绝大部分行业已经转移到东部沿海地区。但现阶段仍处于产业高集聚、地区低专业化的状况,国内市场一体化水平总体上仍较低,并且滞后于对外的一体化水平,使得东部沿海地区过度集中的制造业无法向中部地区转移,导致地区差距不断扩大。

蔡昉等从产业安全角度出发,认为金融危机对中国产生的冲击与各地区、产业乃至企业本身存在的结构问题有关。在危机条件下,过时的增长方式、产业结构和技术选择最先遭到冲击。摆脱危机、实现经济持续增长的关键在于,重新塑造地区发展模式。该文在金融危机背景及大国假设下,延伸了雁阵模型的解释和预测范围,从经验上实证了 21 世纪以来中国地区制造业增长和生产率提高格局变化的特点,主要表现是东北和中部地区较沿海地区有更快的全要素生产率提高速度和贡献率。通过产业在东中西部三类地区的重新布局,即沿海地区的产业升级、转移与中西部地区的产业承接,可以在中西部地区回归其劳动力丰富的比较优势,同时保持劳动密集型产业在中国的延续。

除此以外,潘文卿和李子奈以及吴福象和朱蕾等的研究也有一定的代表性。这些研究均基于投入产业视角,对中国不同地带之间产业关联的溢出效应和反馈效应进行了定量分析。潘文卿和李子奈基于两区域投入产出模型,得出结论,中国沿海地区经济发展对内陆地区的溢出效应并不明显,甚至还不及内陆地区对沿海地区的溢出效应。吴福象和朱蕾拓展了两区域投入产出模型,对中国东、中、西三大地带的区域内乘数效应、区域间溢出效应和区域间反馈效应的前、后向联系进行了测度。结果发现,我国东部地区对中西部的溢出效应不及后者对前者显著,中部地区没有发挥区域经济的纽带作用,这在很大程度上限制了区域协调作用的发挥。因此,要实现东、中、西三大地带的产业协调和区际福利补偿,必须加快产业转移,并扩大区域间公共知识溢出效率。

上述研究见仁见智,不仅关注了在改革开放的国际大背景下,西部地区自成体系的工业结构存在逐步瓦解的风险问题,而且强调,鉴于制造业过度集中在东部沿海地区,无法向中部地区转移,导致地区差距不断扩大,进而呼吁要从全国生产力最佳布局和全面发展的目标出发,促进中西部地区回归劳动力丰富的比较优势,保持劳动密集型产业在中国的延续。以往研究分析的重点主要限于单一维度,或从地区产业维度,或从劳动力维度,分析地区间的产业转移和产业关联问题。事实上,如果能同时从产业和劳动力两个维度出发,对地区间产业空间布局不平衡所引起的地区和劳动者的福利状况进行量化分析,对于完善区域经济学分析方法可能更具有理论意义和实践价值。

从一定程度上讲,将福利经济学分析方法引入对区域问题的研究,可能是尝试创新中国区域经济学研究方法的重要理论问题,也是中国区域经济协调发展中亟须解决的重要实践问题。本章研究突破了单一视角的局限,从个体福利和区域福利两个维度,一方面弥补以往学界研究之不足,另一方面从原理和机理上揭示我国产业空间布局再平衡的客观条件和可能的路径,不仅体现了对中国区域经济问题研究方法上的创新,也体现了研究视角上的创新。

本章所指的差异化的劳动力主要分为两类,包括技能型劳动力和非技能型劳动力。本章所用的图灵解析方法,简单地说,是指通过数值模拟,将仿真结果用空间可视化的直观方法进行图解说明。另外,本章福利经济学分析的逻辑起点是福利经济学的三大定理①。建模的框架是空间经济学的线性模型的分析框架,分析思路是通

---

① 福利经济学的三大定理如下。福利经济学第一定理指出,竞争性均衡具有帕累托效率。第二定理强调,要满足竞争性均衡,必须对特定的群体进行适当的福利补偿。第三定理即阿罗定理指出,不存在满足普遍性、帕累托相容性、独立性和非独裁性的阿罗社会福利函数。但森定理指出,"阿罗不可能性定理"仅仅适用于投票式的集体选择规则,实质是源于序数效用的新福利经济学的缺陷,使用基数效用可以获得人际效用比较的相关信息。本章以此为起点。

过人际和区际维度的福利矩阵,试图在区际收入再分配问题上,找到产业空间布局在社会最优与市场最优之间的平衡点,以突出福利分析的公平和效率两个关键视角。我们按照"先公平,后效率"的次序展开福利分析。所谓公平视角,指对不同集聚状态的福利进行比较;所谓效率视角,指对不同贸易成本下的市场最优与社会最优的效果进行比较。公平视角对应的是转移支付,效率视角对应的是产业平衡。① 本章对不同集聚状态下福利补偿机制的提出,主要是基于以上两个视角进行的比较。

对照西方福利经济学的理论体系,如果说以往所采用的补偿手段主要是转移支付,并且所改进的主要是区域间的不公平问题,那么对于中国的实际情况来讲,还应当从效率方面来考虑,即通过再平衡地区间的产业区位来协调区域的福利。公平视角的福利补偿机制的设计主要是试图揭示产业区位变动下的获益者是否能够补偿受损者、补偿数额的大小,经济变量的性质和强度如何对其产生影响等,对应的补偿手段主要是基于卡尔多-希克斯补偿原则的潜在转移支付。② 效率视角的福利补偿机制的设计主要是试图考察在特定的贸易成本区之间,权衡何种产业布局调整可以提升市场效率并兼顾公平,以及获益主体能否补偿受损方,市场条件下形成的集聚是否与社会标准最优一致等。如果目标不一致,是集聚过度还是集聚不足,尤其是当发现市场集聚过度时,以产业转移和再平衡产业区位为主的补偿手段,则不仅可以提高经济体的总体福利水平,而且能缩小区际福利差异。

Charlot 等尝试性地给出了三种不同的评价方法,以此来比较产业集聚或分散对两种福利补偿手段的要求。③ 在 Charlot 等看来,第一种福利补偿机制的潜在转移支付手段,可能是补偿落后地区因集聚不足而遭受损失的唯一办法。不过,就中国的实

① 在理论层面,目前对于此类问题的研究,主要以 Charlot 等为代表。Sylvie Charlot, et al., "Agglomeration and Welfare: The Core-Periphery Model in the Light of Bentham, Kaldor and Rawls," Journal of Public Economics, vol. 99, 2006, pp. 325-347.
② 这是一种为获得潜在的帕累托改进意义下的转移支付。
③ 第一种是帕累托改进标准,认为在不使任何群体福利变坏的情况下,不存在再使某些群体福利变好的情形;第二种是功利主义福利函数标准,认为理想的状态是使社会福利总和最大化;第三种是罗尔斯主义福利函数标准,认为社会福利水平主要取决于社会中效用最低的那部分群体的福利水平。两种手段为转移支付和产业转移。

际情况而言,目前并不具备这样的条件。而就第二种即以产业转移为重点的平衡产业区位的补偿机制而言,也有许多操作上的困难。主要原因是,虽然我国东部地区的初始人口规模要远大于中西部地区,但通过政府产业政策的有效干预,促进生产因素由东部地区向中西部地区转移,进而带动产业转移,也许能够实现区域公平和福利的双向推进。然而在现有的财政分权模式下,地方的差别化使得中央政府在操作上不能对此种分权和补偿手段采取"一刀切"的简单做法。而区域间产业发展的不平衡,几乎必然地会强化新的核心—外围结构,无疑又将直接影响中央对地方分权和激励的政策。本章接下来的分析主要是以区域间的上述公平与效率之间的权衡为逻辑起点,在借鉴 Ottaviano 等模型基础上,引进新的模型变量,并构造一个包含二次子效用的拟线性偏好效用函数的模型框架,重点沿着第二种福利补偿路径,考察产业空间布局的社会最优与市场最优的再平衡问题。

三、差异化劳动力在产业布局中的比例约束

本节首先提出模型的基本框架,然后进行长期均衡分析,揭示产业空间布局对技能型劳动力和非技能型劳动力的最优组合比例要求。

(一) 模型的基本框架

本章模型推演的思路是:首先设定消费者的效用函数、初始要素禀赋和企业的生产函数,并不失一般性地假定,经济系统中只有一种产品,厂商只使用一种要素(劳动力);然后基于效用最大化和利润最大化,分别求解商品需求、要素供给、商品供给和要素需求;最后基于商品和要素市场同时出清条件,求解一般均衡的价格比率、分配比例及福利函数矩阵。

假设经济系统中包含两个区域、两个部门、两类劳动力。区域由具有核心—外围结构的区域 A(核心区)和区域 B(外围区)组成;部门分别是以规模报酬不变及完全竞争为特征的传统部门 a 和以规模报酬递增即垄断竞争为特征的现代部门 m;两类劳动力为技能型劳动(数量为 L_S)和非技能型劳动力(数量为 L_U),技能型劳动力

只受雇于现代部门,非技能型劳动力主要受雇于传统部门 a。

受雇于传统部门的劳动力在区域间的流动性较弱;而受雇于现代部门的劳动力在区域间的流动性较强。模型中技能型劳动力的空间分布是一个内生变量,区际流动状况主要是取决于区域间的实际工资率差异。区域 A 和区域 B 的现代部门工业品产出数量分别为 n_A 和 n_B,经济体中工业品总量为 $n=n_A+n_B$。

根据垄断竞争和规模报酬递增假设,每个厂商只生产一种差异化产品,两个区域现代部门厂商总数也为 n。经济体中全部劳动力数量为 $L=L_U+L_S$。非技能型劳动力在两区域初始分布为对称分布($L_U/2$)。技能型劳动力在区域 A 比重为 θ,数量为 θL_S;在区域 B 比重为($1-\theta$),数量为($1-\theta$)L_S。假定每个厂商在生产差异化工业品时,需要使用 f 单位的技能型劳动力。技能型劳动力在区域 A 的名义工资为 w_A,区域 B 的名义工资为 w_B,进而有 $n=L_S/f$。这里还假定厂商的边际成本为 a_m,单位工业品在区域间具有线性运输成本 τ。

与 Ottaviano 等模型的构造方法相类似,本章个人偏好也由包含二次子效用的拟线性偏好给出。与 Ottaviano 文不同的是,本章还引入了工业品生产的边际成本变量,增加了数值模拟的图灵解析,构造了人际和区际二维福利函数矩阵,并基于效率和公平原则,对产业空间布局多重均衡的区际和人际维度的福利进行了分析。本章构造的两区域消费者的效用函数为:

$$U = \alpha\int_0^n c_i\mathrm{d}i - \frac{\beta-\delta}{2}\int_0^n c_i^2\mathrm{d}i - \frac{\delta}{2}\left(\int_0^n c_i\mathrm{d}i\right)^2 + C_a; \alpha>0,\beta>\delta>0 \tag{1}$$

(1)式中, c_i 是每个消费者对现代部门差异化工业品的消费量, C_a 是区域内所有消费者对传统产品的消费量。 α 表示消费者对差异化工业品的偏好程度, δ 反映差异化产品之间的替代能力。 $\beta>\delta$ 为拟线性偏好二次子效用函数满足凸性的条件。 $\beta>\delta$ 还表示,消费者面对差异化工业品的物理约束,对于给定的 β 值, δ 越大,产品间的替代能力越强。

假定不考虑储蓄和初始利润分成及转移支付,消费者的收入全部用于购买性支出,即满足 $\int_0^n p_i c_i\mathrm{d}i + C_a = w$ 经济约束。 p_i 为第 i 种工业的价格,传统部门产品价格设定为1。根据物理约束和经济约束求一阶条件,可得差异化产品的需求函数:

$$c_i = a - (b+cn)p_i + cP \tag{2}$$

其中，$a = \dfrac{\alpha}{\beta+(n-1)\delta}$，$b = \dfrac{a}{\alpha}$，$c = \dfrac{\delta}{(\beta-\delta)[\beta+(n-1)\delta]}$。

上式中，产品的复合价格指数为 $P = \displaystyle\int_0^n p_i \mathrm{d}i$。若分别用 P_A 和 P_B 表示区域 A 和

B 的名义价格水平，则有 $P_A = \displaystyle\int_0^n p_i \mathrm{d}i = n_A p_{AA} + n_B p_{BA}$，$p_B = \displaystyle\int_0^n p_i \mathrm{d}i = n_B p_{BB} + n_A p_{AB}$。

这里，p_{rs} 为 r 区域生产的产品在 s 区域销售的价格（$r, s = A, B$）。

在瓦尔拉斯均衡体系中，产品的消费者同时也是生产要素的供给者，因而由消费者的数量（$L_U + L_s$）可以得到相应区域（A 和 B）产品的供给量：

$$M_A = \frac{1}{2}L_U + \theta L_S,\quad M_B = \frac{1}{2}L_U + (1-\theta)L_S。$$

首先，求解位于区域 A 和 B 厂商的利润最大化条件。以 A 为例，B 情况类似。

$$\text{Max }\pi_A = \pi_{AA} + \pi_{AB} - f w_A \tag{3}$$

其中，$\pi_{AA} = (p_{AA} - a_m)[a - (b+cn)p_{AA} + cP_A]M_A$，$\pi_{AB} = (p_{AB} - a_m - \tau)[a - (b+cn)p_{AB} + cP_B]M_B$。$\pi_{AA}$ 和 π_{AB} 分别为 A 厂商在两个市场上均衡时的营业利润。

根据利润最大化一阶条件，对 π_A 和 π_B 关于相应价格求偏导，得：

$$p_{AA} = \frac{2[a + a_m(b+cn)] + c\tau n_B}{2(2b+cn)},\quad p_{BA} = p_{AA} + \frac{\tau}{2},$$

$$p_{BB} = \frac{2[a + a_m(b+cn)] + c\tau n_A}{2(2b+cn)},\quad p_{AB} = p_{BB} + \frac{\tau}{2}. \tag{4}$$

由（3）和（4）式不难看出，在线性模型中，厂商实行包括运输成本在内并且与空间分布相关的定价，产品贸易的条件是，任一区域的厂商在对方区域的销售价格足以补偿其运输成本。假定单位产品的线性运输成本为 τ，该条件可以写成：

$$\left.\begin{array}{l} p_{AA} - a_m - \tau > 0 \Rightarrow p_{AA} > a_m + \dfrac{\tau}{2} \Rightarrow \tau < \dfrac{2(a-a_m b)}{2b+cn_A} \\[3mm] p_{BA} - a_m - \tau > 0 \Rightarrow p_{AA} > a_m + \dfrac{\tau}{2} \Rightarrow \tau < \dfrac{2(a-a_m b)}{2b+cn_B} \end{array}\right\} \Leftarrow \tau < \tau^{trade} = \dfrac{2(a-a_m b)}{2b+cn} \tag{5}$$

只有满足 $\tau < \tau^{trade}$ 时，贸易才能发生。而对于 τ^{trade}，有 $\tau^{trade} = \dfrac{2(a-a_m b)}{2b+cn} > 0$，即要

求企业的边际成本需在如下范围内：$0 < a_m < \dfrac{a}{b}$。并且这一条件可以进一步放松至

$\tau < \min\left[\dfrac{2(a-a_m b)}{2b+cn_A}, \dfrac{2(a-a_m b)}{2b+cn_B}\right]$。事实上，当区际产品贸易成本为正时，如果不存在

规模收益递增(即 $f=0$)，抑或产品同质($c=\infty$)，区际产品贸易就难以发生，因为此

时(5)式不成立。否则，两个区域要么都生产差异化工业品，要么每个区域都是自我

封闭或自我满足的。

下面分析市场规模和差异化对产品流动的影响。由于 $c = \dfrac{\delta}{(\beta-\delta)[\beta+(n-1)\delta]}$，

从而有 $\dfrac{\mathrm{d}c}{\mathrm{d}\delta} = \dfrac{\beta^2+(n-1)\delta^2}{(\beta-\delta)^2[\beta+(n-1)\delta]^2} > 0$。$\delta$ 越大，产品替代能力越强，因此 c 越大，产

品同质性越强；c 越小，差异化程度越大。分别对 τ^{trade} 关于 f 和 c 求一阶偏导，可得到

表达式 $\dfrac{\mathrm{d}\tau^{trade}}{\mathrm{d}f} = \dfrac{2(a-a_m b)cL_S}{(2bf+cL_S)^2} > 0$，$\dfrac{\mathrm{d}\tau^{trade}}{\mathrm{d}c} = \dfrac{-2(a-a_m b)fL_S}{(2bf+cL_s)^2} < 0$。

根据求解结果，可得如下命题。

命题 1: 在差异化劳动力区际流动模型中，劳动力的跨区域流动，存在着一个对

称空间分布被打破的临界点，该临界点维系着产业布局的集聚与扩散。同时，贸易成

本对于市场规模和产品差异化也具有严格的阈值限制。在临界值范围内，贸易成本

与二者均呈负相关。

进一步地，可以得到均衡状态下区域 A 内厂商的利润，区域 B 的情况类似。

$$\pi_A^* = \pi_{AA}^* + \pi_{AB}^* - fw_A = (b+cn)[(p_{AA}-a_m)^2 M_A + (p_{AB}-a_m-\tau)^2 M_B] - fw_A \quad (6)$$

(二) 要素的比例约束

假定厂商的利润最终将转化为消费者的名义总收入，并且每个厂商雇佣 f 单位

的技能型劳动力，进而可以得出区域 A 的名义工资水平 W，区域 B 的情况类似。

$$w_A = (\pi_{AA}^* + \pi_{AB}^*)/f = (b+cn)[(p_{AA}-a_m)^2 M_A + (p_{AB}-a_m-\tau)^2 M_B]/f \quad (7)$$

不失一般性，假定非技能型劳动力的名义工资水平为1。由于在长期均衡时消

费者剩余为需求曲线与市场价格曲线之间的面积，因而在均衡价格(4)中计算区域 A

和 B 的消费者剩余，可以得到：

$$C_A(\theta) = \frac{a^2 L_S}{2bf} - a[\theta p_{AA} + (1-\theta)p_{BA}]n + \frac{b+cn}{2}[\theta p_{AA}^2 + (1-\theta)p_{BA}^2]n -$$

$$\frac{c}{2}[\theta p_{AA} + (1-\theta)p_{BA}]^2 n^2 \tag{8}$$

$$C_B(\theta) = \frac{a^2 L_S}{2bf} - a[(1-\theta)p_{AB} + \theta p_{BB}]n + \frac{b+cn}{2}[(1-\theta)p_{BB}^2 + \theta p_{AB}^2]n -$$

$$\frac{c}{2}[(1-\theta)p_{BB} + \theta p_{AB}]^2 n^2 \tag{9}$$

将均衡价格(4)式和工资方程(7)代入(1)式,可得劳动力的间接效用函数。当然,这种间接效用函数也可由消费者剩余与名义工资水平相加得到,即有:

$$\omega_A = C_A(\theta) + w_A \tag{10}$$

$$\omega_B = C_B(\theta) + w_B \tag{11}$$

(8)、(9)式中的工业品价格都是消费者在本地所能购买的价格。技能型劳动力的迁移决策在很大程度上就是出于实际工资率差异的考虑,(10)、(11)式可代表间接效用水平。要让各子区域市场达到长期均衡,必须满足消费者效用最大化、厂商利润最大化和市场出清三个基本条件。由于每个厂商只生产一种现代工业品,且每个厂商使用 f 单位的技能型劳动力,因而区域 A 的厂商数目为 $n_A = \frac{\theta L_s}{f}$,区域 B 的厂商数目为 $n_B = \frac{(1-\theta)L_s}{f}$,两个区域厂商总数目为 $n = \frac{L_s}{f}$。不失一般性,可以设定合适的技能型劳动力的度量单位,即通过使 n 标准化来简化模型。令 $L_s = f$,因而有 $n=1$, $n_A = \theta$, $n_B = 1-\theta$。

在标准的线性模型中,通常都假定技能型劳动力具有较强的流动性,目的是追求更高的实际工资(名义工资经过物价指数折算)。流动性的强弱主要是取决于在两个区域的实际工资率差异,直至区域间的实际工资率相同才会停止,整个区域经济系统达到了长期的均衡。劳动力的流动方程可以写成:

$$\dot{\theta} = (\omega_A - \omega_B)\theta(1-\theta) \tag{12}$$

长期均衡条件为:当 $0<\theta<1$ 时,$\omega_A = \omega_B$;当 $\theta = 1$ 时,$\omega_A > \omega_B$;当 $\theta = 0$ 时,$\omega_A < \omega_B$。

利用推导的厂商利润和价格公式,再结合(10)、(11)式,可以得出决定技能型劳动力区际流动的实际工资率差异与流动障碍的长期均衡方程:

$$\omega_A - \omega_B = \Theta(\tau^* - \tau)\tau\left(\theta - \frac{1}{2}\right), \tag{13}$$

其中 $\Theta = \dfrac{(b+c)\{[6b(b+c)+c^2]L_S + c(2b+c)L_U\}}{2L_S(2b+c)^2} > 0$,并且

$$\tau^* = \frac{4L_S(3b+2c)(a-a_mb)}{[6b(b+c)+c^2]L_S + c(2b+c)L_U}。$$

(13)式表明,要维持劳动力区际流动的长期均衡,区域间的实际工资率必须相等。从该式可以看到,无论区际要素流动障碍有多大,当 $\theta = 1/2$ 时,它就是一个均衡点。根据标准化的初始设定 $n_A = \theta = 1/2$,区域空间结构为对称分布结构。[①]

这种由两个区域组成的对称结构是否稳定,均衡点能否维持呢? 结果主要取决于 τ^* 和 τ 的大小。从(13)式不难发现,当 $\tau < \tau^*$ 时,$\omega_A - \omega_B$ 与 $n_A - \dfrac{1}{2}$ 符号相同;相反,当 $\tau > \tau^*$ 时,符号相异。(13)式揭示,区域一体化程度较高时,经济系统存在正反馈机制。对称分布的微小偏离,导致区际实际工资率差异扩大,对称空间分布进一步偏离,形成技能型劳动力在核心区完全集聚的"黑洞"现象。相反,区域一体化程度较低时,经济系统存在负反馈机制,对称分布比较稳定。

τ^* 与 τ^{trade} 有何关系呢? 结论是,若 $\tau^* > \tau^{trade} > \tau$,集聚总会发生并且持久稳定。事实上,若 $\tau^* < \tau^{trade}$,就很类似于核心—外围模型中的"非黑洞条件"。即:

$$\tau^* = \frac{4L_S(3b+2c)(a-a_mb)}{[6b(b+c)+c^2]L_S + c(2b+c)L_U} < \tau^{trade} = \frac{2(a-a_mb)}{2b+cn} \tag{14}$$

$$\Rightarrow \frac{L_U}{L_S} > \frac{6b^2+3c^2+8bc}{c(2b+c)} > \frac{3c^2+6bc}{c(2b+c)} = 3$$

(14)式表明,无论集聚均衡还是分散均衡,非技能型劳动力的数量必须是技能型劳动力数量的3倍以上。这表明,尽管技能型劳动力对于产业集聚非常重要,但必须有相应的非技能型劳动力的配套作支撑。若(14)式不满足,则 $\tau^* > \tau^{trade}$。对称分布

---

① 当然,如果考虑到户籍等限制人口流动因素的影响,也可能会维持分散分布的对称结构。

不稳定,集聚状态稳定。由此可得以下命题。

　　命题2:在差异化劳动力区际流动模型中,无论哪种产业分布模式,非技能型劳动力的数量至少是技能型劳动力数量的3倍以上,核心区的产业集聚,需要有外围技能型劳动力的持续供给来维持。贸易成本越小,产业分布越集聚。

四、劳动力和区域二维视角下产业布局的困境

　　本部分拓展上述基本模型并进行数值模拟,以揭示在中国实际情况下个体和区域两个维度的福利状况与最优比例要求是否一致。本节还将引入区位条件、市场规模、贸易成本、边际制造成本等变量,对个体和区域的福利进行比较。

　　从福利角度来看,不仅要考虑产业分布能否提高整个经济系统的福利水平,还要考虑福利水平的人际、区际分配是否适当。前者涉及福利的效率问题,后者涉及福利的公平问题。劳动力和区域二维福利函数矩阵计算结果见表5-1。W_s 表示技能型劳动力的福利,W_u 表示非技能型劳动力的福利。

表5-1　按照劳动力和区域划分的二维福利矩阵

	技能型劳动力(S)	非技能型劳动力(U)
区域A	$W_S^A(\theta)=\theta L_S[C_A(\theta)+w_A(\theta)]$	$W_U^A(\theta)=\dfrac{1}{2}L_U[C_A(\theta)+1]$
区域B	$W_S^B(\theta)=(1-\theta)L_S[C_B(\theta)+w_B(\theta)]$	$W_U^B(\theta)=\dfrac{1}{2}L_U[C_B(\theta)+1]$

说明:本表福利函数矩阵系根据相应公式进行计算。

　　为方便模拟,先对相关参数赋值。考虑到(5)式 $\tau^{trade}=\dfrac{2(a-a_mb)}{2b+cn}>0$,进一步令 $a=b=c=1,L_S=L_U=f=1$,有 $\tau^{trade}=\dfrac{2}{3}(1-a_m)>0,0<a_m<1$。意味着较高的边际成本会导致 τ^{trade} 降低,贸易成本被迫压缩,贸易条件变得更加苛刻。

(一) 差异化劳动力的福利

　　首先考察非技能型劳动力的福利。结合(7)式和(4)式,可得:

$$C_A = \frac{9}{2} - \frac{4}{9}(1-\theta)\tau + \frac{1}{4}(1-\theta)\tau^2 - \frac{1}{36}(1-\theta)^2\tau^2 - \frac{4}{9}a_m + \frac{2}{9}a_m^2 + \frac{4}{9}a_m(1-\theta)t.$$

同理,可得:

$$C_B = \frac{2}{9} - \frac{4}{9}\theta\tau + \frac{1}{4}\theta^2\tau^2 - \frac{1}{36}\theta^2\tau^2 - \frac{4}{9}a_m + \frac{2}{9}a_m^2 + \frac{4}{9}a_m\theta\tau,\text{并且有 }0<a_m<1.$$

求 C_A 关于 θ 一阶偏导,得 $\frac{\partial C_A}{\partial \theta} = -\left[\frac{2\theta+7}{36}\tau - \frac{4}{9}(1-a_m)\right]\tau$,且 $\frac{\partial C_A}{\partial \theta}>0 \Leftrightarrow \tau <$ $\frac{16}{2\theta+7}(1-a_m)$。再考虑到 $\frac{1}{2}\leqslant\theta\leqslant1$(因核心区具有集聚效应),因此 $\frac{16}{9}(1-a_m)<$ $\frac{16}{2\theta+7}(1-a_m)<2(1-a_m)$。根据(5)式给出的 $0<\tau<\tau^{trade}=\frac{2}{3}(1-a_m)$,又有 $\frac{2}{3}(1-a_m)<\frac{16}{9}(1-a_m)$,因此 $\tau<\frac{16}{2\theta+7}(1-a_m)$,从而有 $\frac{\partial C_A}{\partial \theta}>0$。且有 $\frac{\partial W_U^A}{\partial \theta}>0$。不等式表明,随着集聚程度的提高,核心区非技能型劳动力的福利水平上升,说明核心区非技能型劳动力总是偏好集聚的结构模式。原因是现代产业部门的集聚,不仅使它们能从较低的工业品价格中受益,而且能享受通常所说的"马歇尔金钱外部性"优势①。同样,对外围地区非技能型劳动力的消费者剩余 C_B 关于 θ 求一阶偏导,可得 $\frac{\partial C_B}{\partial \theta} =$ $\left[\frac{9-2\theta}{36}\tau - \frac{4}{9}(1-a_m)\right]\tau<0$,即 $\frac{\partial W_U^B}{\partial \theta}<0$,表明外围区的非技能型劳动力更倾向于分散结构模式下的产业分布。进一步分析发现,加总后的福利随着市场规模的扩大而提高,随着产品种类的扩大而上升。

下面考察边际成本 a_m 对非技能型劳动力的消费者剩余和福利的影响。以区域 A 为例,先求 C_A 关于 a_m 的一阶偏导,得 $\frac{\partial C_A}{\partial a_m} = \frac{4}{9}(1-\theta)\left[\tau - \frac{1-a_m}{1-\theta}\right]$。由于 $\frac{1}{2}\leqslant\theta\leqslant 1$,有 $\frac{1-a_m}{1-\theta}>2(1-a_m)$,并且 $2(1-a_m)>\frac{2}{3}(1-a_m)=\tau^{trade}>\tau$,从而 $\frac{1-a_m}{1-\theta}>\tau$,因此 $\frac{\partial C_A}{\partial a_m}<0$。且有 $\frac{\partial W_U^A}{\partial a_m}<0$。同样方法,求 C_B 关于 a_m 的一阶偏导,有 $\frac{\partial C_B}{\partial a_m} = \frac{4}{9}\theta\left[\tau -\right.$

---

① 所谓"马歇尔金钱外部性",实质上就是马歇尔的外部经济性原理,主要包括知识溢出、劳动力联合和要素共享给中小企业集群所带来的地方化和城市化效应。

$\dfrac{1-a_m}{\theta}$], 类似地, 有 $\dfrac{\partial C_B}{\partial a_m}<0$ 且 $\dfrac{\partial W^{BU}}{\partial a_m}<0$。与上述结论类似,无论是核心区还是在外围,边际成本下降,都会提高非技能型劳动力的消费者剩余,改善该群体的整体福利。

技能型劳动力的福利变动,较非技能型劳动力的相关讨论更为复杂。原因是还要考虑工资水平的变动,并且要从产业的空间集聚程度(θ)、贸易成本(τ)以及企业的边际成本(a_m)等维度去考察和比较。

现在考察技能型劳动力整体福利状况 W_S^A 与 W_S^B。注意到 $0<\tau<\dfrac{2}{3}(1-a_m)$ 与 $0<a_m<1$,先设定不同的边际成本,以确定贸易成本 τ 的上下边界;再选取具有代表性的关键点,并在 τ 允许范围内,取靠近上下边界的关键点进行模拟。如图 5-1 所示。

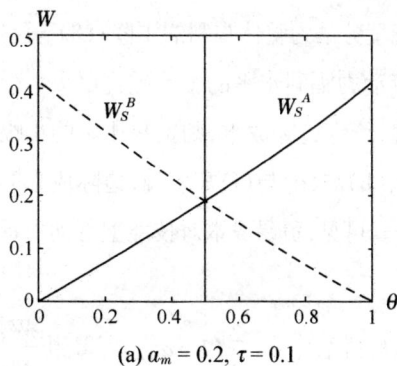

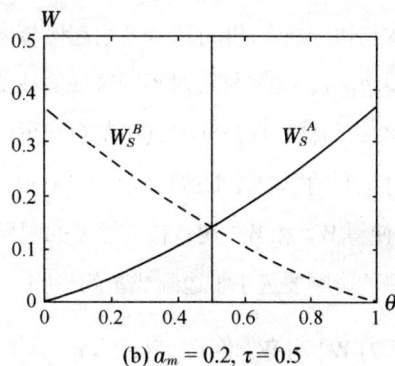

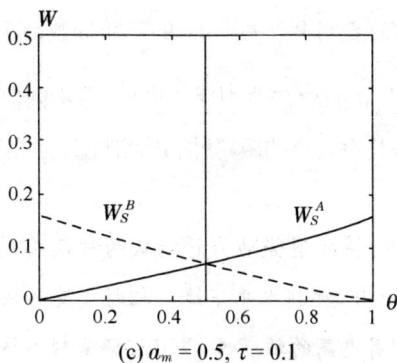

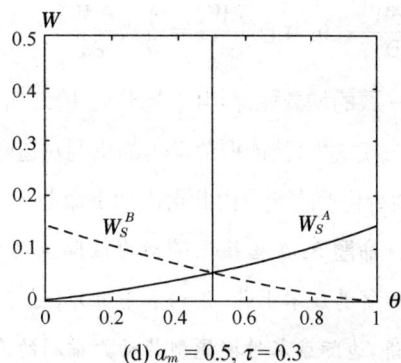

(a) $a_m=0.2, \tau=0.1$　　　　　　　　(b) $a_m=0.2, \tau=0.5$

(c) $a_m=0.5, \tau=0.1$　　　　　　　　(d) $a_m=0.5, \tau=0.3$

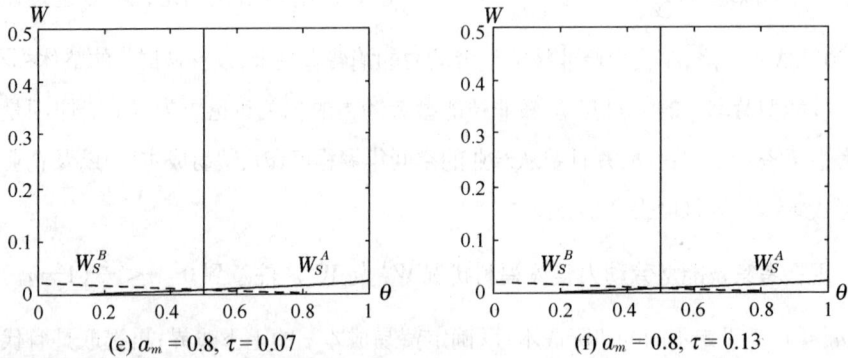

(e) $a_m = 0.8, \tau = 0.07$ (f) $a_m = 0.8, \tau = 0.13$

图 5-1　不同成本下区际技能型劳动力的福利水平变化

观察图 5-1 不难发现:(1) 技能型劳动力会从某一区域的集聚中获益;(2) 贸易成本与边际成本的降低,都会引起区域内技能型劳动力整体福利的下降;(3) 贸易成本与边际成本的降低,对不同区域的技能型劳动力福利水平的影响差异巨大。分别观察(a)与(b)、(c)与(d)、(e)与(f),可以发现,给定边际成本,则贸易成本的小幅变动对福利的影响较小;但观察(a)与(c)与(e)、(b)与(d)与(f)却发现,边际成本的提高,使得 W_S^A 和 W_S^B 均有较大幅度的明显下降。可见,贸易成本对技能型劳动力福利水平的影响要远小于边际成本的影响。

对 W_S^A 与 W_S^B 关于边际成本 a_m 分别求偏导,再结合 $\tau < \frac{2}{3}(1-a_m)$,可得到 $\frac{\partial W_S^A}{\partial a_m} <$

$0, \frac{\partial W_S^B}{\partial a_m} < 0$,并且 $\frac{\partial^2 W_S^A}{\partial a_m^2} = \frac{4}{3}\theta, \frac{\partial^2 W_S^B}{\partial a_m^2} = \frac{4}{3}(1-\theta)$,表明 W_S^A 关于 a_m 的二阶导数与 θ 具

有一致的增减性,而 W_S^B 关于 a_m 的二阶导数与 θ 的增减性相反。可见,在不同产业分布模式下,技能型劳动力的福利对边际成本具有较高的敏感性,并且伴随着集聚度 θ 的变化而改变。由此得出如下命题。

命题 3: 在差异化劳动力区际流动模型中,技能型劳动力总能从两种模式中获益。贸易成本上升,福利水平上升;边际成本上升,福利水平下降。相对于贸易成本来讲,边际成本对技能型劳动力福利的影响具有更高的敏感性,并且伴随着核心区产业集聚程度的提高而增强。相反,非技能型劳动力在两种区位模式下有着截然相反

的处境,身处核心区时福利增进,身处外围区时福利蒙受损失。

(二) 人际维度的福利比较

技能型劳动力的总体福利与非技能型劳动力的总体福利分别表示如下:

$$W_S = \theta L_S [C_A + w_A] + (1-\theta) L_S [C_B + w_B] \tag{15}$$

$$W_U = \frac{1}{2} L_U [C_A + 1] + \frac{1}{2} L_U [C_B + 1] \tag{16}$$

首先,考察产业分布对差异化劳动力福利的影响。对 W_S 和 W_U 关于 θ 求偏导,结合约束条件得 $\dfrac{\partial W_S}{\partial \theta} = (2\theta - 1)\left[\dfrac{16}{9}(1-a_m) - \dfrac{53}{16}\tau\right]\tau$。当 $\theta > \dfrac{1}{2}$ 时,$\dfrac{\partial W_S}{\partial \theta} > 0$;当 $\theta < \dfrac{1}{2}$ 时,$\dfrac{\partial W_S}{\partial \theta} < 0$。同理,得 $\dfrac{\partial W_U}{\partial \theta} = \dfrac{1}{18}\left(\dfrac{1}{2} - \theta\right)\tau^2$。当 $\theta > \dfrac{1}{2}$ 时,$\dfrac{\partial W_U}{\partial \theta} < 0$;当 $\theta < \dfrac{1}{2}$ 时,$\dfrac{\partial W_U}{\partial \theta} > 0$。因此,集聚会提高技能型劳动力的总体福利,但会降低非技能型劳动力的总体福利。

其次,考察边际成本对差异化劳动力福利的影响。对 W_S 和 W_U 关于 a_m 求偏导,结合约束条件得 $\dfrac{\partial W_S}{\partial a_m} < 0$,$\dfrac{\partial^2 W_S}{\partial a_m^2} > 0$,并且 $\dfrac{\partial W_U}{\partial a_m} < 0$,$\dfrac{\partial^2 W_U}{\partial a_m^2} > 0$。因此,边际成本降低会提高两类劳动力的总体福利,并且这种影响会逐渐增强。

最后,考察贸易成本对差异化劳动力福利的影响。对 W_S 和 W_U 关于贸易成本 τ 求导偏导,结合约束条件得 $\dfrac{\partial W_S}{\partial \tau} < 0$,$\dfrac{\partial W_U}{\partial \tau} < 0$。表明贸易成本上升,劳动力福利均下降。

(三) 区际维度的福利比较

按区际维度划分,可将两个区域的福利水平表示如下:

$$W^A(\theta) = W_S^A(\theta) + W_U^A(\theta) = \theta L_S [C_A(\theta) + w_A(\theta)] + \frac{1}{2} L_U [C_A(\theta) + 1] \tag{17}$$

$$W^B(\theta) = W_S^B(\theta) + W_U^B(\theta) = (1-\theta) L_S [C_B(\theta) + w_B(\theta)] + \frac{1}{2} L_U [C_B(\theta) + 1] \tag{18}$$

先给定不同的边际成本,再在贸易成本的取值范围内进行模拟,如图 5-2 所示。

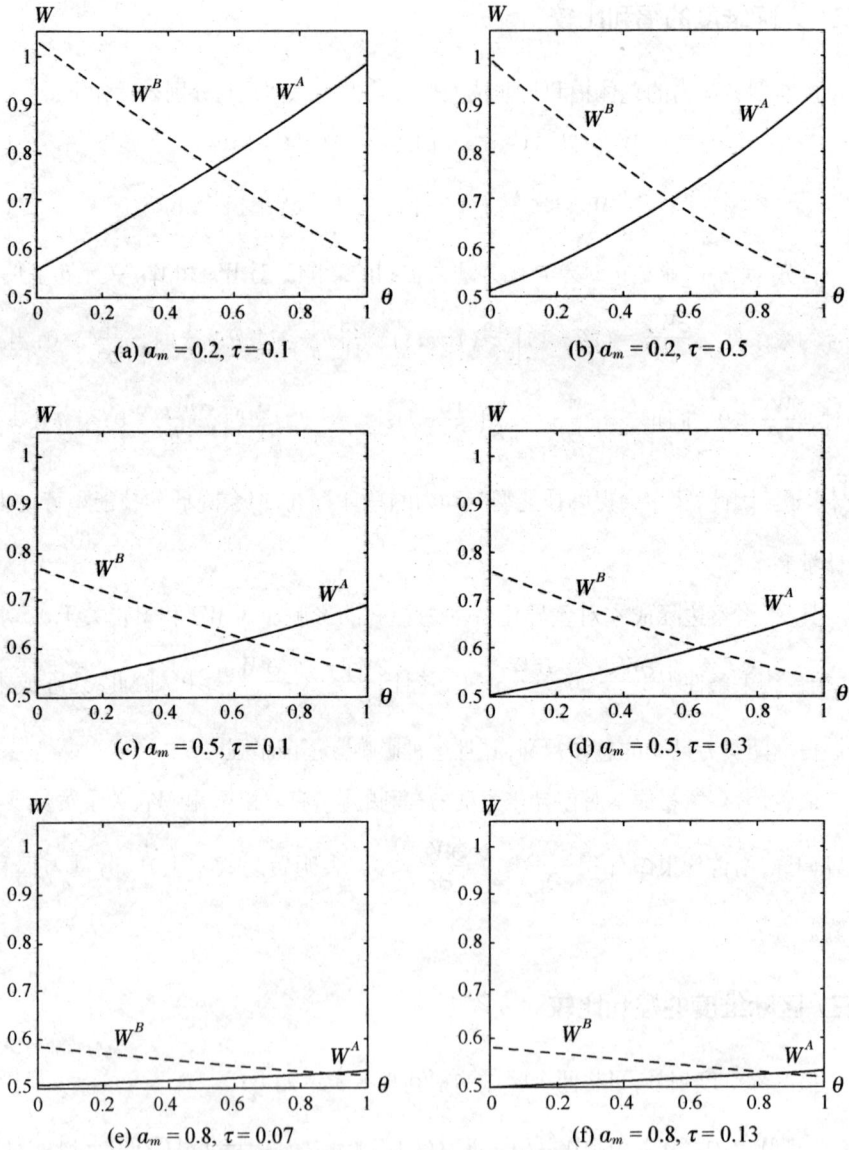

(a) $a_m = 0.2, \tau = 0.1$

(b) $a_m = 0.2, \tau = 0.5$

(c) $a_m = 0.5, \tau = 0.1$

(d) $a_m = 0.5, \tau = 0.3$

(e) $a_m = 0.8, \tau = 0.07$

(f) $a_m = 0.8, \tau = 0.13$

图 5-2　不同运费和边际成本下的区际福利水平比较

由图 5-2 可得出以下命题。

命题 4：在差异化劳动力区际流动模型中，区位条件改善、产业集聚增强，核心区的福利增加，而外围区的福利不确定甚至会下降。贸易成本上升，核心区的福利上升；边际成本上升，核心区的福利下降。

图 5-2 和命题 4 表明，虽然产业集聚和区位改善能增进核心区的福利，但核心区对于区域一体化的动力不足。原因是一体化程度提高，意味着贸易成本下降，进入门槛降低，核心区的垄断优势地位下降，福利反而下降。

五、由单一转移支付转向产业干预和产业平衡

前文分析结果表明，从长期来看，在核心—外围结构中核心区的福利总是趋于上升，外围区的福利趋于下降。那么，核心区应当如何对外围进行福利补偿呢？在此问题上目前尚没有确定的标准和答案。即便以人际为补偿标准，福利经济学家的理论视点和政策主张也是有差异的。如卡尔多(N. Kaldor)[1]补偿注重变革之后的补偿，认为如果获益者在完全补偿受损者之后仍有改善，则社会福利得到了提高。希克斯(J. Hicks)[2]在卡尔多标准的基础上进行了一定的修正，认为判断社会福利的标准应当从长期来观察，如果受损者不能从社会获益者那里以反对社会状况的变化当中获益，这种补偿就是一种社会福利的改进。西托夫斯基(T. Scitovsky)[3]综合了前述两种观点，认为仅仅进行顺向检验或逆向检验，尚不能作为判断社会福利是否改善的依据，只有同时做出双向检验，才能正确分析社会福利的变化，即只有同时满足卡尔多标准和希克斯标准，才能肯定社会福利是否得到了改进。

---

[1]　N. Kaldor, "Welfare Propositions of Economics and Interpersonal Comparisons of Utility", Economic Journal, vol. 49, 1939, pp. 549-552.

[2]　J. Hicks, "The Valuation of Social Income", Economica, Vol. 7, 1940, pp. 105-124.

[3]　T. Scitovsky, "A Note on Welfare Propositions in Economics", Review of Economic Studies, vol. 9, 1941, pp. 77-88.

(一) 公平视角的转移支付

首先,从理论上讲,上述从福利经济学角度出发的转移支付,是基于一定的价值判断的一种潜在的转移支付。这里"潜在"的特殊含义在于,这种转移支付发生的前提是肯定了集聚在效率上优于分散,决定了当经济主体从分散变为集聚时,可以获得卡尔多-希克斯补偿意义上的潜在帕累托改进。因此,这种潜在的转移支付是一种兼顾公平与效率的福利补偿手段。

假定转移支付方案为(c,t),c表示外围地区需获得的人均支付,t表示核心区应给予的人均支付。集聚和分散两种状态下各类群体的福利结果见表5-2。

表5-2　集聚和分散均衡状态下两类劳动力的福利矩阵

分散均衡	技能型劳动力(S)	非技能型劳动力(U)
区域A	$\overline{W}_S^A=\frac{1}{2}L_S[C_A+w_A]$	$\overline{W}_U^A=\frac{1}{2}L_U[C_A+1]$
区域B	$\overline{W}_S^B=\frac{1}{2}L_S[C_B+w_B]$	$\overline{W}_U^B=\frac{1}{2}L_U[C_B+1]$
集聚均衡	技能型劳动力(S)	非技能型劳动力(U)
区域A	$\hat{W}_S^A=L_S[C_A+w_A]$	$\hat{W}_U^A=\frac{1}{2}L_U[C_A+1]$
区域B	$\hat{W}_S^B=0$	$\hat{W}_U^B=\frac{1}{2}L_U[C_B+1]$

说明:本表福利函数矩阵系根据表5-1进行计算。

首先,根据公平视角的帕累托标准,产业分布由分散转向集聚时,有$\hat{W}_U^A>\overline{W}_U^A$和$\hat{W}_S^A>\overline{W}_S^A$,但却有$\hat{W}_B^B<\overline{W}_U^B$。因此,区域A的两类劳动力都必须向区域B的非技能型劳动力转移支付,这样才能使非技能型劳动力获得补偿后的福利($\hat{W}_U^B$),不低于其在分散状态下的福利($\overline{W}_U^B$),即补偿后至少满足$\hat{W}_U^B(c)=\overline{W}_U^B$。从而有:

$$\frac{1}{2}\cdot(\overline{C}_B+1)\leqslant\frac{1}{2}(\hat{C}_B+1+c),解得\ c\geqslant\frac{2}{9}(1-a_m)\tau-\frac{5}{48}\tau^2 \tag{19}$$

其次,根据福利补偿原则,集聚状态下给予支付补偿后,区域A内所有居民的个人效用水平都应至少不低于其在分散状态下的效用水平。即有：

$$
\begin{cases}
\hat{V}_S^A \geqslant \bar{V}_S^A \\
\hat{V}_U^A \geqslant \bar{V}_U^A
\end{cases}, 化简得
\begin{cases}
t \leqslant \dfrac{4}{9}(1-a_m)\tau - \dfrac{53}{144}\tau^2 \\
t \leqslant \dfrac{2}{9}(1-a_m)\tau - \dfrac{17}{144}\tau^2
\end{cases},
\tag{20}
$$

再次，转移支付要满足两类区域的总收支相等，从而有：

$$
c\left(\frac{1}{2}L_U\right)=t\left(L_S+\frac{1}{2}L_U\right), 化简得 c=3t,
\tag{21}
$$

最后，转移支付方案(c,t)必须满足集聚后的出清条件，体现在(3)式中。与前文相一致，对边际成本设定为三个值，分别为$a_m=0.2$，$a_m=0.5$，$a_m=0.8$。再结合(19)(20)和(21)式，可给出转移支付方案(c,t)对应的图灵解析，如图5-3所示。

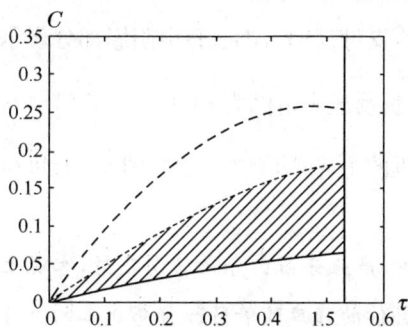

(a) 外围需要$(a_m=0.2)$　　(b) 核心区给予$(a_m=0.2)$

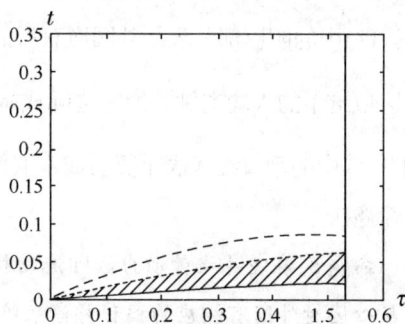

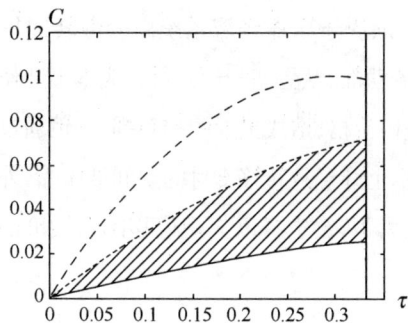

(c) 外围需要$(a_m=0.5)$　　(d) 核心区给予$(a_m=0.5)$

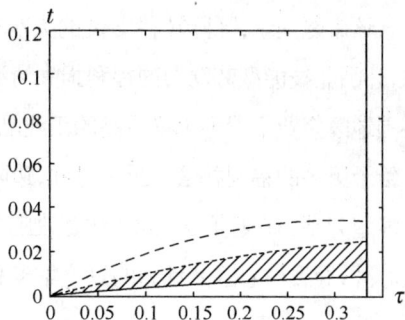

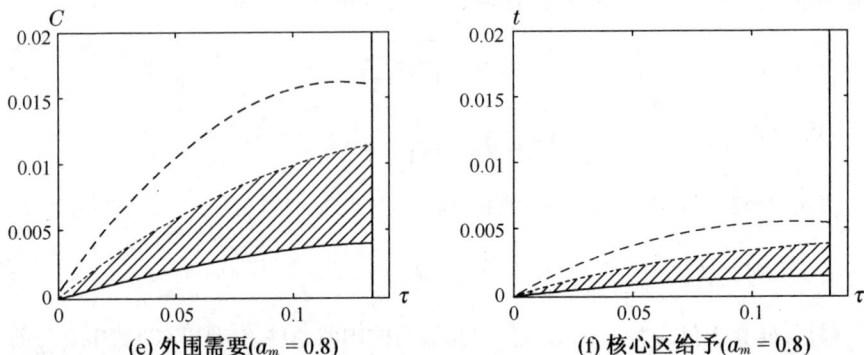

(e) 外围需要$(a_m = 0.8)$　　　　　(f) 核心区给予$(a_m = 0.8)$

图5-3　核心区应当给予(t)和外围区需要获得(c)的人均支付水平(c,t)图解

图5-3反映了由分散转向集聚时,核心区对外围的转移支付方案。图中(a)、(c)、(e)中的阴影部分表示外围应获得的人均支付,(b)、(d)、(f)中阴影部分表示核心区应给予的人均支付。给定边际成本a_m,贸易成本范围为$\tau < \tau^{trade} = \frac{2}{3}(1-a_m)$。图5-3中的垂直红线表示贸易成本取值范围的上界,即τ^{trade}。观察图5-3,可得以下命题。

命题5:在差异化劳动力区际流动模型中,产业分布由分散转向集聚,客观上要求核心区对外围有相应的福利补偿来维持,补偿的强度随着区际贸易成本的上升而上升,随着边际制造成本的上升而下降。

该命题揭示,区际转移支付的大小,主要取决于区域经济系统由分散转向集聚时,外围非技能型劳动力的福利损失情况和流动性意愿。一方面,贸易成本上升使得外围地区企业不得不承受更高的工业品的进口价格,造成更大的福利损失,倒逼核心区给予更多的福利补偿。另一方面,边际成本上升导致转移支付的空间被压缩,外围技能型劳动力在核心区都市"欢宴效应"的吸引下,会选择以大规模移民为代价涌向核心区,导致核心区劳动力的过度集聚和拥挤。

(二)效率视角的产业平衡

与公平视角的转移支付补偿手段不同,通过平衡区域间的产业区位,即通过产业转移和产业干预等手段,亦可实现区际福利补偿,其实施的根本原因在于市场最优的集聚相对于社会最优的集聚发生了偏离。当市场自由运行时,区域经济系统存在着两种潜在的无效率[①]。如果将两个区域的社会福利水平加总,可以达到整体福利"最优";同时,作为经济规划者,中央政府若能强制性地让区域内的厂商按照边际成本定价,则可以达到经济体系的"次优"局面。此种情况下,中央政府掌握了足够的信息,并根据全社会的整体最优集聚水平,调整区域的产业布局,不仅市场效率能够得到极大的改善,更能缩小区域间的差距。与潜在的转移支付相比,基于功利主义标准的全局福利分析的平衡区域产业区位的方法,通过完全不同的补偿方式,也有可能达到兼顾公平与效率,实现区际福利补偿的目的。

为了给出功利主义的社会福利函数,将两区域社会福利函数加总,得:

$$W(\theta) = \frac{1}{2}L_U[C_A(\theta)+1]+\theta L_S[C_A(\theta)+w_A(\theta)]+$$

$$\frac{1}{2}L_U[C_B(\theta)+1]+(1-\theta)L_S[C_B(\theta)+w_B(\theta)] \qquad (22)$$

由于厂商按照边际成本定价,因此有 $p_{AA}^0=p_{BB}^0=a_m$,$p_{AB}^0=p_{BA}^0=a_m+\tau$,意味着地区间厂商利润之差为零,劳动力的名义工资之差也为零,$w_A(\theta)-w_B(\theta)=0$ 且对所有 θ 均成立。修正后的(22)式可以求解社会最优集聚时的区域产业分布状态:

$$W = (1-a_m)^2 + \left(2\theta^2-2\theta-\frac{1}{2}\right)(1-a_m)\tau + \left(-2\theta^2+2\theta+\frac{1}{4}\right)\tau^2+1$$

$$= 2\tau(\tau^0-\tau)\theta(\theta-1)+constant, \tau^0=1-a_m \qquad (22^*)$$

再结合(13)式的实际工资率差异,就可以得到市场最优状态下的产业分布:

$$\omega_A-\omega_B = \frac{16}{9}(\tau^*-\tau)\tau\left(\theta-\frac{1}{2}\right), \tau^*=\frac{5}{4}(1-a_m) \qquad (12^*)$$

首先考察贸易成本对社会最优与市场最优产业分布的影响。由于(22^*)和(12^*)式中贸易成本具有两个临界值 $\tau^0=1-a_m$ 与 $\tau^*=\frac{5}{4}(1-a_m)$,故对于每个给定

---

① 一是核心地区价格指数下降,外围地区价格指数上升,给外围居民带来负金钱外部性;二是厂商的垄断定价高于边际成本,造成消费者剩余的无谓损失。

的边际成本 a_m，可以在三个代表性区间选取贸易成本参数，进行数值模拟。不妨设 $a_m=0.2$，则 $\tau^0=0.8$，$\tau^*=1$。取三个代表性贸易成本参数，数值模拟的图灵解析，如图 5－4 所示。

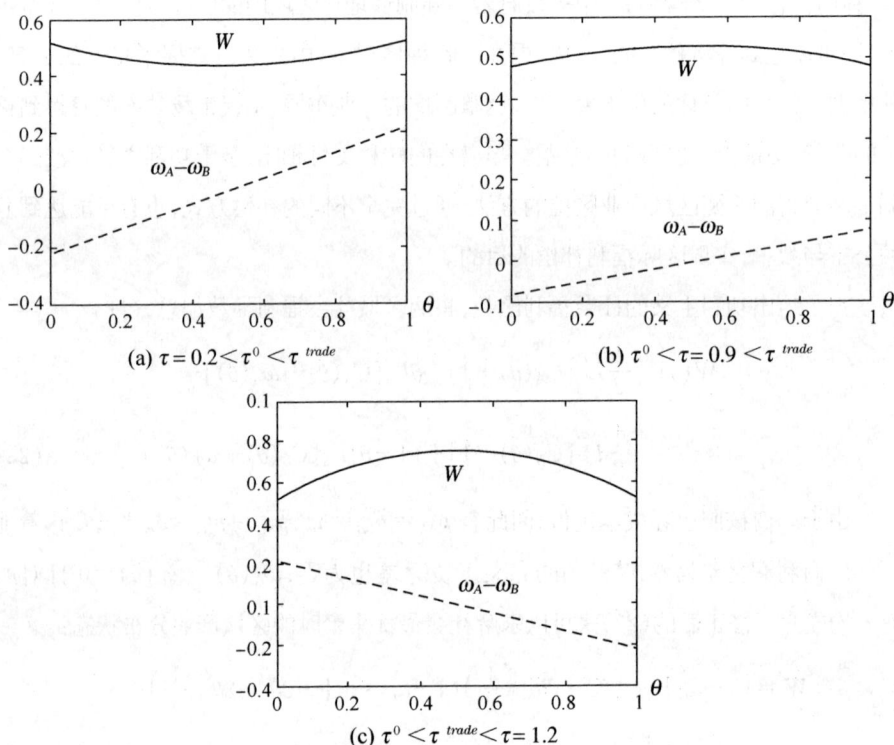

(a) $\tau=0.2<\tau^0<\tau^{\,trade}$

(b) $\tau^0<\tau=0.9<\tau^{\,trade}$

(c) $\tau^0<\tau^{\,trade}<\tau=1.2$

图 5－4　平衡产业区位模式下的区际福利补偿路径

观察图 5－4 并结合长期均衡的特点，不难发现：(1) 区域一体化程度较低时，社会最优与市场最优在产业高度分散时一致(对应于 $\theta=0.5$)；(2) 区域一体化程度较高时，社会最优仍然倾向于产业分散分布，市场最优则要求集聚的空间分布；(3) 区域一体化程度非常高时，社会最优和市场最优，均倾向于在核心地区形成完全集聚的产业分布，市场最优与社会最优具有内在的一致性。

目前，中国处在上述三种情况的第二阶段，即贸易成本较低、区域一体化程度较高阶段，对应的是市场最优的集聚高于社会最优的集聚。这意味着如果听任市场力量的自发作用,将会导致产业的过度集聚。原因在于,虽然当前我国区域一体化程度在逐渐提高,但现时的市场尚未完全成熟。反映在图5-3和图5-4中即是,外围地区人均需要获得补偿的支付水平,要远超过核心区愿意给予的支付水平。

边际成本 a_m 对社会总体福利的影响也符合预期。比如,对(22*)式关于边际成本 a_m 求偏导,并结合约束条件得 $\frac{\partial W}{\partial a_m}=-2\left[(1-a_m)+\left(\theta^0-\theta-\frac{1}{4}\right)\tau\right]<-2\left(\theta^0-\theta+\frac{5}{4}\right)\tau<0$,意味着通过规模经济或技术进步等手段,并降低边际成本,能提高全社会的总体福利。

值得注意的是,对于贸易成本的两个临界值 $\tau^0=1-a_m$ 与 $\tau^*=\frac{5}{4}(1-a_m)$,与边际成本也有着微妙的联系。边际成本 a_m 的增大使得两个临界值都减小,完全集聚状态下的市场最优与社会最优的理想状态将更难达到,因为伴随着贸易成本 τ 的取值范围被压缩,对 τ 要求更苛刻。相反,较低的边际成本会放宽贸易成本的取值范围。在理想状态下,这两种成本之间存在着此消彼长的作用力。

(三)产业布局的扩展讨论

在本章模型框架中,初始假定的是技能型劳动力与非技能型劳动力的数量之比为 1∶1。不过,根据(14)式的比值要求,在两种劳动力的数量构成中,技能型劳动力占整个劳动力的比重不能超过 0.25。这就意味着,在一个包含核心—外围结构的区域经济结构中,技能型劳动力的数量要远小于非技能型劳动力的数量。现在假定技能型劳动力与非技能型劳动力的数量之比为 $\lambda∶1(0<\lambda<1)$,那么 λ 增大就意味着经济系统中技能型劳动力的比重上升。当然,对于处在转型时期的中国来说,在衡量工业化与城市化进程驱动整体经济发展的众多因素中,作为高技术、高层次劳动力代表的技能型劳动力的比例,无疑是一个重要的因素,并且这个比例对于全社会总体福利具有至关重要的影响。

假定社会总体福利可以写成 $W=\lambda\cdot W_S+W_U$ 的形式。根据(15)和(16)式得出的结论,W_S 关于 θ 是一条开口向上的抛物线,而 W_U 关于 θ 是一条开口向下的抛物线。不过,最终 W 的开口方向,主要的还是取决于 λ 的大小。当 λ 较大时,代表的是发达的区域经济结构,W_S 占主导地位,W 是一条开口向上的抛物线;当 λ 较小时,代表的是欠发达的区域经济结构,此时 W_U 占主导地位,W 是一条开口向下的抛物线。W 的图灵解析结果如图 5-5 所示。

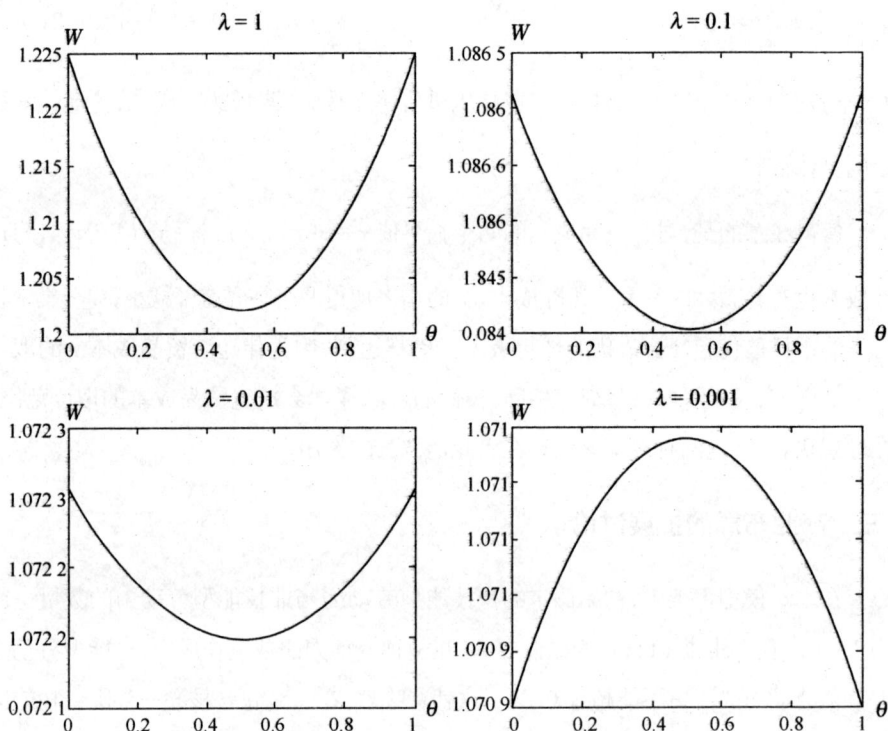

图 5-5　技能型劳动力在不同比例下的社会总福利

仔细观察图 5-5 可发现,当经济系统中技能型劳动力比例很高时,集聚状态的产业分布能够使社会的总体福利最优;而当经济系统中技能型劳动力比例较低时,分散的产业分布更有利于社会总体福利水平的提高。

六、结论与启示

本章基于差异化劳动力区际流动视角,构建了一个由二次子效用的拟线性偏好函数构成的模型框架,对中国产业空间布局再平衡问题进行了理论分析。主要结论如下。第一,在长期状态下,产业空间布局对差异化劳动力的组合比例具有一定的阈值限制,中国产业空间布局的困境,源于市场最优的集聚与社会最优的集聚发生了偏离,源于东部地区在全球价值链与国内价值链之间二传手功能的缺失。第二,现阶段由于市场最优的集聚总是高于社会最优的集聚,客观上决定了我国产业空间分布不平衡现象在长期内还将持续。第三,核心地区高端产业集聚的可持续,需要有外围地区技能型劳动力的持续供给来维持,同时需要有与之相应的社会最优和市场最优相匹配的福利补偿机制作保障。

本章研究的启示意义有以下三点。第一,为了从根本上缓解我国产业空间布局的不平衡困境和中西部劳动力长期外流的地区留守现象,需要实现由单一的地区转移支付战略,向产业转移和产业再平衡的战略转变。第二,在开放条件下,区域公平的内涵和标准是动态变化的,对应的福利补偿手段也应当因地制宜。例如,核心地区的利益集团往往掌握了谈判的强势话语权和投票的决策权,它们既然不指望获取更多的区际转移支付,自然就不愿意承担更多的补偿义务。因此,照搬西方经济学的理论无助于解决中国的实际问题。一个明显的例子是,西方标准的福利经济学理论普遍认为,市场条件下的区际福利补偿手段最有效的办法是转移支付,但对于中国的实际情况来讲,这样做的条件并不具备。相反,与潜在的转移支付的福利补偿手段相比,基于功利主义原则的全局福利分析的平衡区域产业区位的补偿手段,可能是实现中国全社会最优的福利补偿的有效手段。为此,作为经济规划者的中央政府,需要科学地平衡产业区位,通过产业转移、产业干预和产业扶持等手段,有意识地将新增产业和项目规划在外围地区。在地区对口支援和帮扶行动计划中,针对外围地区技能型劳动力被核心地区长期虹吸的现象,需要强化制度约束,以堵塞产业、资本和劳动力非正常回流核心地区的暗道。第三,地区产业空间布局困境的突破,不仅要有开阔的视野,而且要力求在公平和效率之间实现合理的平衡与取舍。一是基于经济系统的开放性,需要从根本上改变以廉价能源和要素补贴方式,维持代工企业参与国际分工体系的传统做法;二是要从根本上扭转产业空间布局由于市场最优与社会最优偏差带来的福利不公平,通过强化普通劳动力人才化的战略投入,提高人才与产业的空间匹配能力。

参考文献

[1] 卢中原. 西部地区产业结构变动趋势、环境变化和调整思路[J]. 经济研究,2002(3).

[2]《中部六省发展战略与发展政策》课题组. 对中部六省区经济发展的考察[J]. 中国社会科学,1994(4).

[3] 范剑勇. 市场一体化、地区专业化与产业集聚趋势[J]. 中国社会科学,2004(11).

[4] 蔡昉,王德文,曲玥. 中国产业升级的大国雁阵模型分析[J]. 经济研究,2009(9).

[5] 潘文卿,李子奈. 中国沿海与内陆间经济影响的反馈与溢出效应[J]. 经济研究,2007(5).

[6] 吴福象,朱蕾. 中国三大地带间的产业关联及其溢出和反馈效应:基于多区域投入产出分析技术的实证研究[J]. 南开经济研究,2008(5).

[7] G. Ottaviano and J. Thisse. Integration, Agglomeration and the Political Economics of Factor Mobility[J]. Journal of Public Economics, vol. 83, no. 3, 2002, pp. 429 - 456.

[8] G. Ottaviano, T. Tabuchi, and J. Thisse. Agglomeration and Trade Revisited[J]. International Economic Review, vol. 43, no. 2, 2002, pp. 409 - 436.

[9] N. Kaldor. Welfare Propositions of Economics and Interpersonal Comparisons of Utility [J]. Economic Journal, vol. 49, 1939, pp. 549 - 552.

[10] J. Hicks. The Valuation of Social Income[J]. Economica, vol. 7, 1940, pp. 105 - 124.

[11] T. Scitovsky. A Note on Welfare Propositions in Economics[J]. Review of Economic Studies, vol. 9, 1941, pp. 77 - 88.

第六章　新型城镇化中被拆迁户的动态福利补偿

一、问题引出

20世纪50年代以来中国基于效率原则实行了重工业优先发展战略,即通过工农产品价格剪刀差形式将农业部门的收入转移至工业部门使得工业化优先发展,由此也形成了遗留至今的城乡二元结构问题。如今中国已步入城镇化中期加速发展阶段,经济增长开始由工业化和城镇化共同推动。据统计,2014年中国城镇化率达54.77%,与世界平均城市化率基本持平。诚然,在城镇化发展起来之后,理应以成熟的工业体系来"反哺"逐步纳入城镇范畴的农业人口。然而,要维持高速城镇化就必须通过征地拆迁来获取大量的土地要素,而在新型城镇化中如果对被拆迁户的补偿措施不当就很有可能在土地价格上形成新的剪刀差,导致社会财富严重错配引发社会矛盾甚至恶性冲突。从国家信访局的统计数据看,农民土地征用和城镇房屋拆迁问题是群众来信来访中最为突出的两个问题。比如在2012年爆发的群体性事件当中,征地拆迁冲突诱发的群体性事件就占了一半左右。事实上,以土地出让为主要内容的土地城镇化作为地方政府维持经济增长、投资基础设施的重要手段,地方政府有最大化土地出让收益的动机,不仅可能动用强制手段扩大征地拆迁范围,还会试图推高地价和房价导致房地产调控难度加大。

针对目前的拆迁补偿问题,不少研究认为补偿机制的症结并不在于设定的补偿标准过低。单从补偿数额看补偿支出似乎并不低,如2014年全国用于征地拆迁补偿的支出高达 21 216.03 亿元,占土地出让总收入的 49.41%①。既然补偿支出并不低,为何矛盾依旧频发呢？林其玲认为原因在于补偿措施与现实经济发展状况相脱节,林乐芬和葛杨认为现行补偿制度未能关注动态发展问题。可见,从动态角度看补偿措施和补偿机制设计不仅牵涉被补偿主体的行为,还会影响补偿主体政府的政策选择。比如余靖雯等和 Lichtenberg & Ding 从财政分权角度出发,着重考察了中央政府的激励机制对地方土地开发的影响。这些研究的目的是希望通过优化中央政府对地方政府的目标函数,改变土地开发路径,但并未涉及改变成本函数来优化地方政府行为。事实上,拆迁补偿支出是政府获得土地开发权支付的主要成本,不同的补偿机制对政府形成不同的土地开发约束,进而会影响土地城镇化的路径。对于此类问题,目前的理论研究还有所欠缺。

根据 2014 年颁布的《国家新型城镇化规划(2014—2020)》,未来我国新型城镇化的任务重点是解决"三个一亿人"进城问题:① 城市功能提升,通过棚户区和城中村改造解决进城务工人员的市民化问题;② 城市外延扩张,通过对城市周边征地和拆迁让郊区农民市民化;③ 土地集约增效,让偏远乡村分散的农户集中居住提高土地的集约化效率。无论哪种形式的城镇化都会面临征地拆迁的补偿压力,尤其是被拆迁户可能要面临一定的征地拆迁的补偿损失,这样不仅可能会严重影响社会的稳定与城镇化的可持续,也会违背新型城镇化构建和谐社会的初衷。本章以补偿机制设计为逻辑主线,引入租金分离和投标竞租理论并嵌入土地开发动态最优化模型,对被拆迁户的福利补偿以及政府的开发行为进行理论分析,并从时空二维视角揭示拆迁补偿机制与最优城镇化路径的逻辑关联。

二、拆迁类型、补偿条例及城镇化的偏离

(一) 征地拆迁类型及相关的补偿条例

在新型城镇化中,政府对土地市场的职责主要是规划和干预。规划有三种:

---

① 数据来源于财政部公布的《2014 年全国土地出让收支情况》。

① 外部性规划,试图把外部不经济带来的冲击降至最低;② 排他性规划,旨在将不达标的贫困化家庭排除在外;③ 财政性规划,目的是扩大税基增加财政收入。规划手段多种多样,英美国家采用的主要是土地开发的"许可证"制度,中国地方政府在出让土地时主要是事前明确土地的开发用途。政府对土地市场干预的手段千差万别,对"买方"干预的手段主要是利用土地规划约束开发商的行为以达到控制土地开发范围和用途的目的,对"卖方"的干预则体现在对土地的统一管理与征收并且主要以征地拆迁形式展开。

中国现行国有土地上拆迁补偿的主要依据是《国有土地上房屋征收与补偿条例》。补偿方式有三种,分别是货币补偿、房屋产权置换以及货币补偿与产权置换相结合。集体土地上拆迁补偿标准缺乏专门的条文规定,主要参照《国有土地上房屋征收与补偿条例》以及《土地管理法》进行补偿。集体土地上住宅暂无产权,不同于按照市场评估价补偿的城市房屋拆迁,农村房屋拆迁一般只按成本重置价进行补偿,标准较低。征地补偿方面,《土地管理法》第四十七条规定,补偿费用由土地补偿费、安置补助费以及地上附着物和青苗补偿费组成,其中土地补偿费和安置补助费的总和不得超过土地被征收前三年平均年产值的三十倍,青苗补偿费的标准由地方政府拟定。可见,集体土地上的拆迁不仅缺乏相应的法律保护,而且拆迁补偿有上限规定。

上述条例和规定难以适应新型城镇化中征地拆迁的复杂问题。征地拆迁有两种,一是将城市周边农业用地转化为非农用地,二是将城区内的旧城进行拆迁改造。不同区块上的土地用途不尽相同,被拆迁户对补偿的诉求也有较大的差异。从土地性质方面讲,第一类拆迁属于集体土地的征收,第二类拆迁是国有土地与集体土地兼而有之。由于土地双轨制的存在,对集体土地的征收不仅涉及土地使用权的流转,同时还涉及土地产权性质的变更。国有土地上的住户在居住地与工作地的空间上经常分离,而集体土地上的住户的生产活动往往局限在被征收的土地范围内,因此集体土地上被征收和拆迁的农户时常面临失业的风险。本章关注的重点对象是城市周边集体土地征收过程中失地农户的福利损失和利益协调问题,这些问题对村改居、棚户区改造和城中村的拆迁改造也同样适用。

目前,我国多数拆迁补偿是根据相关法律、条例拟定的一次性货币补偿,这样的补偿机制大多具有静态性,且缺乏应对各种拆迁问题的弹性化补偿对策,本章称其为"静态补偿机制"。在该种补偿机制下被拆迁户虽然在短时间内获得了一定数额的货币补偿,但从此失去了土地经营权。如果没有合适的投资渠道抑或经营不善,被补偿的货币势必存在较大的贬值风险。不过在相关法律和配套的金融服务还不够成熟的改革开放初期,这样的补偿机制曾经有利于城市化进程的快速推进,符合当时效率优先的指导思想。

存量土地在各类主体之间的不断竞争中遵循"最高租金原则"竞价获得,租金越是上涨,土地越是快速地从被拆迁户转移至开发商手里。而土地作为不可流动的要素,即使在同一城市的不同区块,其租金价格也具有较大的时空差异,使得过于刚性的静态补偿机制在不同的时空尺度上存在不公平现象。时间维度方面,静态补偿机制缺乏对租金上涨之后被拆迁户由于区位条件变化的动态补偿,被拆迁户的中长期福祉下降。空间维度方面,虽然城镇化过程中各区块的土地租金都在上涨,但租金上涨速度在空间上并不同步,当拆迁补偿均是取决于当期的租金水平时,被拆迁户会在财富水平上出现一定的分化。

(二)土地城镇化中各主体的利益分配

征地拆迁中不同主体对长期租金剩余的分享有着巨大的差异,这是拆迁冲突产生的根源。以土地出让价格为例,2014 年第三季度长三角、珠三角、环渤海地区工业用地均价分别为 901 元每平方米、1 036 元每平方米、716 元每平方米,但地方政府在征收农用土地时支付的补偿价格可能不足工业地价的 20%[①],巨大的差价便是土地性质转换的租金。

土地出让价格反映的只是利益分配的一个侧面,整体情况需要进一步估算。考虑到数据的可获得性以及土地开发的地域特点,本章选取三组统计数据估算了土地开发中的增值收益分配。① 组数据来源于临沂市建设局 2009 年调查发布的《关于公布临沂市市区多层商品住宅开发成本构成的公告》;② 组数据来源于全国工商联

---

① 根据相同时段各地区国土资源局公布的拆迁补偿安置公告估算。

房地产商会 2009 年发布的《关于我国房地产企业开发费用的调研报告》；③ 组数据为作者对北京市某房地产开发公司调研所得①。估算时将土地出让金及各类税收归为政府所得，被拆迁户所获补偿为房地产开发中土地成本的一部分②。经估算可得拆迁与土地再开发中被拆迁户、地方政府与开发商各自的货币收益比例（参见表 6 - 1）。

表 6 - 1 各类主体在土地开发中的收益分配比例

统计数据编号	土地开发收益分配比例③		
	被拆迁户(%)	地方政府(%)	土地开发商(%)
①	20.00～25.00	40.00～45.00	30.00～35.00
②	20.45	32.84	46.71
③	18.47	40.87	40.65

资料来源：作者根据相关资料进行估算，由于①组数据无法得到精确值，表中报告的为估算区间。

从表 6 - 1 可以看出，被拆迁户所获收益约为全部租金剩余的 20%，地方政府和开发商获取了租金剩余的 80%。由于①栏中的数据是针对城市中心商品房估算而来，城市中心区的被拆迁户可能是受损最少的人群，分得的比例相对较大。不过在该利益分配表中，被拆迁户获得的是货币纯收入并未扣除住宅搬迁成本；而政府和开发商的利益为扣除了各项成本之后的净货币收入，这部分收入即为土地转换中的增值收益，被拆迁户实际上并未获得这部分增值收益。根据王佑辉和艾建国对集体土地上征地拆迁的补偿测算结果，扣除农用租金之后失地农户的土地增值收益更是微乎

---

① 调研对象为国有企业性质的开发商，调研的项目为正在运营的住宅和商业混合开发项目，部分数据为预估值。购置的土地来源，绝大部分属于集体土地，少部分属于国有土地。

② 三组数据中仅第③组有明确的征地、拆迁补偿费用，另外两组未明确征地、拆迁补偿费用的本章根据财政部公布的《2014 年全国土地出让收支情况》中征地补偿支出占土地出让收入百分比对政府支付的补偿费用进行估算。另外根据中原地产研究部公布的数据，房地产企业开发利润率均值在 10%～12%之间，本章也将房地产开发的利润率设定在此区间。

③ 该比例为扣除了建安费等应支付给被拆迁户、政府、开发商以外主体的费用之后，剩余财富在被拆迁户、政府、开发商之间进行分配。

其微。如 2006 年失地农户、地方政府、土地开发商土地征用的增值收益分配比例分别为 3%、24.6% 和 72.4%,2008 年分别为 3.2%、16.1% 和 83.9%。可见,从表面上看被拆迁户可分得土地开发中两成左右的租金剩余,但实质上并未真正享受土地开发的增值收益。

(三) 土地城镇化与人口城镇化的偏离

在新型城镇化快速推进阶段,土地城镇化过度超前人口城镇化的"空城""鬼城"现象屡见不鲜、屡禁不止。用建成区面积增速来衡量土地城镇化进程,用城镇人口增速来衡量人口城镇化进程,可以绘制二者对应关系的散点图(参见图 6-1)。图中大部分省、市都位于 45°线左上方,表明当前我国土地城镇化超前人口城镇化现象十分严重。其中,土地城镇化最快的是重庆、贵州和云南等中西部省份,其共同特点是人口城镇化速度较快、增长潜力较大,表明在城镇化刚刚步入中期阶段时,容易出现土地城镇化的大幅跃进现象。而像江苏和浙江等经济发达省份,虽然人口城镇化速度

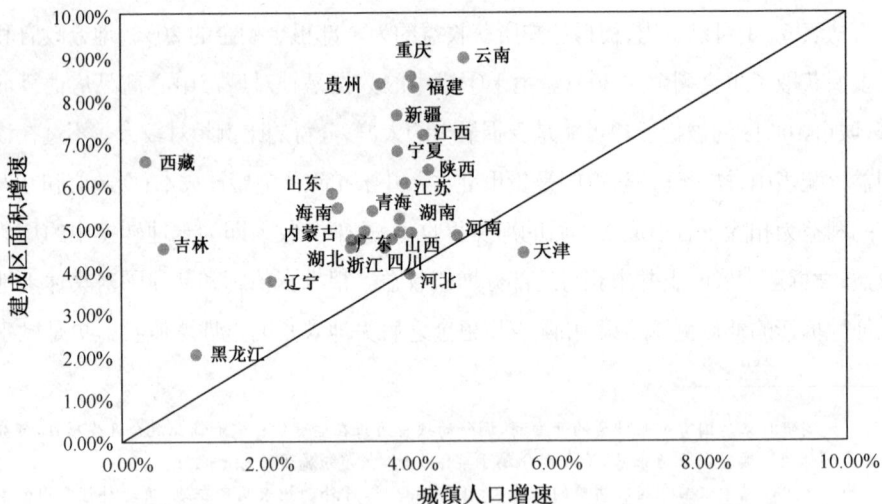

图 6-1　各省城镇人口与建成区面积平均增速分布

注:增速为 2006—2014 年《中国统计年鉴》城镇人口数和建成区面积计算的均值。因部分数据缺失,北京和上海没有列入。

与中西部省份相近,但土地城镇化速度要明显慢于中西部地区。东北三省城镇人口增速较慢,建成区面积增速趋缓,土地需求拉动不足。

另外,通过对最近几年来全国 30 多个省市待开发土地与新购置土地情况的对比,我们发现,差不多有一半省市待开发土地面积超过了同期土地购置面积,并且囤积率①分布存在明显的区域差异:东部省份多属高囤积率地区,天津、广东、江苏、浙江的囤积率位居前列;东北与西北地区土地囤积率较低,吉林囤积率最小。除了北京之外,其他经济体量较大的省份其待开发土地面积均高于当年新购置土地面积,近年来天津两项指标均保持了两位数的高速增长,并且待开发土地面积更是三倍于当年新购置土地面积。相比之下,东北和西北地区由于经济增长缓慢,待开发土地面积远少于当年新购置土地面积。可见,越是具有发展潜力的地区,开发商越有动力行使垄断势力囤地,加速了土地城镇化与人口城镇化的偏离。但这种获利方式的门槛通常也比较高,需要面临初始投入资金量大、拿地困难等现实难题,只有少数利益集团有能力通过囤地来获取重资产投资的溢价租金收益。比如 2012 年《北京房地产行业信用风险研究报告》显示,十大房地产企业囤积的待开发土地面积总量占整个市场的93％,如此集中的囤地势必会加剧社会财富的不平等。

土地扩张过快与建设用地供给过多有关,而建设用地的供给来源于政府出让,政府出让的土地又来源于土地征收。长期以来中国城镇化严重滞后于工业化,并且"土地城镇化"快于"人口城镇化"。加上现行财税体制下土地开发收入是地方财政的主要收入来源,政府有动机最大化土地出让的收益,构成了对被拆迁户的动态补偿机制设计的强制约束。在静态补偿机制下越是趁早对土地进行开发之后获得的动态收益就越多,况且只需支付一次性的静态成本,使得土地城镇化与人口城镇化的不同步程度在加剧。

---

① 本章将待开发的土地面积与新购置的土地面积之比定义为土地囤积率。

三、拆迁补偿影响城镇化路径的机制分析

（一）租金分离与拆迁补偿的空间差异

拆迁补偿的利益分配与土地估值有关,本章利用城市土地租金模型加以解释。假设在一个连续的城市空间存在单一就业中心,居民在城市中心就业但居住地点不尽相同。城市中共有 n 个结构相同的家庭,效用函数为:

$$V=V(z,q,u) \tag{1}$$

式中 u 为居住地与就业地的距离,q 为住宅用地的消费,z 为其他商品的消费。式中边际效用满足 $V_z>0,V_q>0,V_u<0$。每个家庭提供 1 单位劳动力,收入 y 用于交通、住房和其他消费,通勤费率为 k。当居民效用达到某一恒定水平时,居民在各个距离上愿意支付的土地租金构成一组价格,距离与价格的关系曲线即为居民投标竞租曲线。设土地投标竞租率为 $r(u)$,表示在位置 u 居民愿意支付的土地租金。将 z 价格标准化为 1,并对(1)进行全微分,可计算得租金与距离的关系 $\frac{dr}{du}=\frac{1}{q}\left(\frac{V_u}{V_z}-k\right)<0$,竞租线向右下方倾斜,表明租金和距离存在替代性。假设住宅密度为 $\theta(u)$,并且有 $\theta(u)=1/q(u)$。根据要素替代效应 $\partial q/\partial u<0$ 有 $\partial q/\partial u>0$ 和 $\partial\theta/\partial u<0$,表明越是靠近城市中心,住宅的面积越小、密度越大。

进一步地,根据经典的阿朗索-穆特-米尔斯(Alonso-Muth-Mills, AMM)城市住宅区位理论的分析框架,效用函数中的距离项通过影响预算约束中的通勤成本进入模型,此时居民效用函数改写为 $V=V[z(u),q(u)]$。同时,当城镇化被看成土地租金在空间上不断分离的过程时,空间要素的不可替代性决定了土地供给线是垂直的;相反,某一宗特定的建设用地的需求相对于价格来说则十分敏感、富有弹性。两种极端弹性的存在,决定了每一宗建设用地的定价,必须使其使用者的支付能够补偿其从该宗土地的位置中获得的投资收益。为此,可以构造单位土地的区位租金函数:

$$r(u)=(y-ku-z)\theta(u) \tag{2}$$

（2）式要求,市场均衡时应满足无套利条件。再令城市边缘区待开发土地的农用租金为 r^A,单位面积农地的开发成本为 c。在竞争性市场结构中,设边际区位 b 处开发获得的初始经济利润为 0,可得该边界处的租金水平 $r(b)=r^A+c$。在标准化理论中,假设城市为圆形,半径与人口关系为 $\int_0^b 2\pi u\theta(u)\mathrm{d}u=n$,其含义是在竞争性市场土地仅为家庭居住所用且土地供求平衡。

为了揭示拆迁补偿的长期效应及在空间上的差异性,本章在租金空间分离理论基础上不仅融合了 AMM 投标竞租理论,还引入了 Capozza & Helsley 的动态租金分析法。分析的基本逻辑是,首先不考虑政府的作用,假定城市人口随时间非线性扩张,从而引起城市边界向外非线性蔓延。假定时刻 t 的城市空间边界为 b_t,初始边界为 b_0,边际区位扩张速率为 g_0,扩张函数为 $b_t=b_0\mathrm{e}^{g_0 t}$。借鉴 Dipasquale & Wheaton 的租金函数构造方法,将（2）式区位租金函数 $r_t(u)$ 可进一步分解为:

$$r_t(u)=r^A+c+k(b_0-u)\theta(u)+k(b_t-b_0)\theta(u) \tag{3}$$

式中租金由四项构成:r^A 为农业用地转化为规划用地的农用租金;c 为由建筑成本决定的建筑租金,(r^A+c) 为城市住宅土地的保留租金;$k(b_0-u)\theta(u)$ 为用通勤成本来度量的初始位置租金;$k(b_1-b_0)\theta(u)$ 为动态租金,与城市边界扩张强度正相关。农用租金和建筑租金与位置、时间无关,两项加总 r^A+c 即为城市土地市场的保留租金,是租金水平的下限;初始位置租金和动态租金都与位置有关,动态租金还随时间而变化。

在四项租金构成中,拆迁补偿往往只覆盖前三项。原因是依照相关的法律和条例,目前我国对被征收土地的一次性货币补偿费用主要包括土地补偿费、安置补助费以及地上附着物和青苗的补偿费,房屋拆迁补偿一般是参照相同区位的市场价格,对未来土地升值溢价的补偿较少。在类型上城区内的补偿多为拆迁补偿,边缘区多为征地补偿。由于住宅属于耐用品,建筑密度难以进行整体的动态调整,故假定城市内部的住宅密度函数 $\theta(u)$ 不随时间而变化。城市内部 u 位置的家庭在 t 时点拆迁的补偿收益函数可以设定为:

$$C_t(u) = \begin{cases} C_0 + \int_t^\infty e^{-\rho(s-t)} r_t(u)/\theta(u)\mathrm{d}s, \text{when } u < b_t \\ C_0 + \int_t^\infty e^{-\rho(s-t)} r^A \mathrm{d}s, \text{when } u \geqslant b_t \end{cases} \tag{4}$$

式中 ρ 为贴现率,C_0 是固定补偿费用,用于补偿被拆迁户搬迁的摩擦成本。积分项为对住宅租金的补偿,金额为当前租金水平在无限期的贴现,未补偿可能的增值收益。不难看出,补偿额度是内生于拆迁时点和区位的。由于每个城市的农业租金 r^A 及安置费用 C_0 各不相同,因此补偿额度也有差异。相比较而言,等级高的城市市场区的边界较大,因而有较高的农业租金、建筑租金和较高的安置费用 C_0,对应的补偿费用也越高。

进一步地,由(4)式可知城市内部被拆迁户所获补偿额为 $C_t(u)=C_0+t_1(u)/\rho$。由于租金水平会动态变化,当租金上涨很快时,以当期租金为基准的补偿会导致被拆迁户将损失未来的土地租金溢价,从长期看被补偿的额度就会偏低。由于不同位置租金上涨速度并不一致,补偿标准会存在空间差异。因此,考虑不同城市和区位的租金差异,有:

$$g_t^r(u) = \frac{\dot{r}_t(u)}{r_t(u)} = \frac{\theta(u)}{r_t(u)} kb_t g_0 \tag{5}$$

由(5)式不难看出,不同区位的租金变化率不同。对变化率关于 u 求偏导,得:

$$\frac{\partial g_t^r(u)}{\partial u} = \frac{k\theta^2 + (r^A+c)\theta'}{[r_t(u)]^2} kb_t g_0 \tag{6}$$

显然,(6)式中 $\partial g_t^r(u)/\partial u$ 的符号主要取决于函数 $f(k,r^A,c,u)=k\theta(u)^2+(r^A+c)\theta'(u)$ 中符号的方向。由于 $\theta'(u)\leqslant 0$,可知 $f(\cdot)$ 符号的方向并不确定,关键是取决于租金增速所分解的两个部分的对比:① 租金的相对收敛性,租金绝对水平越高,上涨速率就越低,由 $f(\cdot)$ 中的 $k\theta(u)^2$ 项来决定;② 租金增速对住宅密度的敏感性,即住宅密度分布的均匀程度对补偿金额的影响,由 $f(\cdot)$ 中非正项 $(r^A+c)\theta'(u)$ 来决定。当住宅密度较为均匀($|\theta'(u)|$ 较小)、保留租金水平 (r^A+c) 较低、城市内部通勤成本 k 较大时,$\partial g_t^r(u)/\partial u>0$,意味着距离城市中心较远的区位,租金上涨速度较快;而当 $|\theta'(u)|$ 较大、保留租金 (r^A+c) 较高、通勤成本 k 较小时,$\partial g_t^r(u)/\partial u<0$,距离城

市中心较近的区位,租金上涨速度较快。由于补偿函数(4)式主要是由当期的租金水平决定的,而租金上涨越快的地块升值空间越大,因而当期的静态货币补偿相对于长期而言就显得明显偏低。综上,可得如下命题。

命题1:在动态投标竞租模型中,受交通工具和区位条件等方面的限制,城市空间不同区位的住宅租金增长率在任意时间点上都各不相同。当城市内部通勤成本较高、保留租金水平较低且住宅密度分布较为均匀时,越是靠近城市边缘的住宅租金增长越快,距离城市中心较近的被拆迁户损失的长期租金剩余较小;当通勤成本较低、保留租金水平较高且住宅密度分布极不均匀时,越是靠近城市边缘的住宅租金增长得越慢,此时城市边缘区的被拆迁户损失的长期租金剩余较小。

命题1揭示了租金上涨过程的空间差异,但现实中这种差异可能会被人为地放大。原因是,在新型城镇化中,政府通过征地拆迁的货币补偿方式支付了部分比例的农用租金、建筑租金和位置租金给被拆迁户,但长期的动态租金剩余则被政府和开发商分享。同时,由于多数城市内部通勤成本较大、住宅密度较为均匀,因此在新型城镇化中,如果城市中心区和边缘区都以当期价格倍率进行静态补偿并且补偿贴现率一致,那么边缘区的被拆迁户的长期福利遭受的损失会更大。因为在拆迁补偿中:①边缘区补偿基数较低,而租金上涨则较快,被拆迁户很少能分享上涨的动态溢价租金收益;②核心区补偿基数较高,租金上涨缓慢,被拆迁户即便不能分享上涨的溢价租金收益,相对损失也较少。尤其是当城市边界扩张到某一边际区位时,该区位的位置租金上涨往往最快,被拆迁户在征地拆迁时所获得的补偿价值很难弥补拆迁之后继续在该区位生活和居住的动态成本。为此不难理解这样一种奇怪现象,城区内的居民希望“被拆迁”,边缘区却因拆迁矛盾而事故频发。

(二) 土地变性与长期租金剩余的分化

在城市土地的商业(B)、住宅(H)和工业(I)各类用途中,土地“变性”也会导致拆迁补偿的分化。各类用途土地的投标竞租曲线斜率的绝对值大小关系为 $k^B > k^H > k^I$(斜率为负数)。不仅各类土地竞租梯度的斜率可能会数倍于产品竞租梯度的斜率,而且土地价值随距离衰减的速度要明显快于被拆迁住宅价值衰减的速度。其中商业用地对区位条件最为敏感,工业用地对区位敏感度较低。竞租的结果是,城市内部土地为商业用地,边缘区为工业用地,中间为居住用地。土地性质的不确定,导致土地租金的变化难以预估,城区拆迁改造时土地"再开发"的升值潜力会发生分化。

通常,拆迁补偿是以住宅租金为基准,使得城区内商业开发和边缘区工业用地的土地溢价被低估。根据相关法律和条例,商业用途的征地拆迁补偿方案可由被拆迁户与开发商协商,因此城区内的被拆迁户可借此争取福利补偿;相反,城市边缘区或城区外的农村土地则难以向更高租金的用途进行转换。即便如此,政府往往借工业用地或发展公共事业之名进行土地征收,所征收的土地用于非商业活动时政府所支付的补偿数额相应较小,被拆迁户争取补偿议价的空间也较小。而随着一些城市新城的开发,政府开始将那些原本以工业用地名义征收的土地再以商业用地进行出让,人为地放大了拆迁补偿的道德风险。在利益诱使下,地方政府和开发商还经常刻意隐瞒真实信息,通过盗用市政建设的"名义"进行土地征收,实际上从事的却是商业性质的开发。可见,拆迁补偿的不平等,不仅源自土地位置租金的分化,还源自信息不对称导致土地用途的变更。

现实中征地和拆迁涉及范围最广的土地"变性",主要是农业用地转换为国有建设用地。由于城市外围($u \geqslant b_t$)以非住宅用地居多,因而以土地征收而非房屋征收为主,这里仍然以城市土地单一用途(住宅)模型进行说明。假设土地征收之后政府再将这部分土地通过土地市场的产权交易或者城市土地的有偿使用形式拍卖,政府和开发商共同获得土地开发的增值收益。由于该收益是在土地市场按照市场价格和规划的征收价格实现的,本章称其为"长期土地租金剩余",用 Δ 表示,相当于动态租金的贴现,即:

$$\Delta = \int_0^t \mathrm{d}s \int_s^t \mathrm{e}^{-\rho(\tau-s)} 2\pi b_\tau k (b_\tau - b_0) \mathrm{d}\tau \tag{7}$$

这里,假设城区外的农业人口为均匀分布,与到城市中心的距离无关,单位土地的农户数为 θ^A。由于住宅密度很小,因此在计算租金贴现值时不必考虑建筑租金,仅需考虑未来农用租金的贴现值即可。此时,政府和开发商的共同收益 R 为:

$$R = \int_0^t \mathrm{d}s \int_s^t \mathrm{e}^{-\rho(\tau-s)} 2\pi b_\tau [k(b_\tau - b_0) - C_0 \theta^A] \mathrm{d}\tau \tag{8}$$

拆迁补偿中，城市外围的被拆迁户获得的主要是拆迁安置费 C_0 这一项，分享的长期土地租金剩余较少，如果再扣除搬迁及身份转换所产生的摩擦成本，其长期福利剩余将会更少。相反，对于获得了大部分长期土地租金剩余的地方政府和开发商，其收益可能会持续扩大。以上分析是基于完全竞争且产权高度明晰的假定理想情形。现实中的长期土地租金剩余可能远不止 Δ。道理很简单，因为目前中国土地市场还存在着许多产权不明晰的地方，比如存在荒山、荒滩、荒沟、荒丘等无主地，而且不少地方的政府在土地一级市场扮演着双向垄断者的角色。首先，农村集体土地只有地方政府有权征收，地方政府成了城市周边土地市场的唯一买方；其次，地方政府通过"招拍挂"方式将被征收土地的开发权出让给开发商；再次，在开发商主导的土地二级市场，开发商成了拥有一定垄断势力的卖家。无论何种情形，具有一定垄断势力的一方出于自身利益的考虑，会不惜动用各种设租和寻租手段对市场造成干扰和扭曲。因此，在长期土地租金剩余分割中，垄断势力的存在强化了政府为获取更多收益过度开发的冲动。

（三）拆迁补偿与土地动态开发的路径

在投标竞租模型中土地市场为完全竞争市场，土地扩张速度是外生的并且与人口扩张速度相匹配，这是因为竞租模型中忽略了政府对土地资源的配置作用。而城镇化作为人口和土地在空间不断聚集的过程，土地作为最稀缺的资源，政府出让、征收土地可视为对稀缺资源的开发。土地征收与不可再生资源开采类似，都是开发者对资源进行"开采"并出售获得利润，土地征收补偿即为"开采"成本，因此本章利用 Stiglitz 不可再生资源开采模型将土地扩张行为内生化，试图揭示拆迁补偿与土地开发之间的联系。

假设城市周边可供开发的土地总量为 S_0，在时间 t 开发的土地增量为 $Q(t)$，开发所面临的约束为 $\int_0^\infty Q(t)\mathrm{d}t \leqslant S_0$，这些条件隐含了物理约束与制度约束。物理约束如城市周边土地面积的约束，制度约束如"18亿亩耕地红线"以及不同时期出台的严格管制土地出让的法律法规。供给方面，在城镇化中后期土地开发以城市边缘区向外扩张为主。在此阶段城市的存量规模较大，边际开发引起的租金变化相对较小。土地开发成本除了覆盖被拆迁户的补偿价值之外，还包含各种土地开发费用，记总成本为 $C(Q,t)$。需求方面，假设外生的需求增长率仍为 g，且土地市场具有不变的需求弹性，故有：

$$Q(P,t)=e^{gt}P^{-\varepsilon} \tag{9}$$

(9)式中 $\varepsilon>1$，表明需求富有弹性。由于征地拆迁是由地方政府主导的，政府会选择自身效用最大化的开发路径，对应的规划约束为：

$$\max_{Q}:\int_0^\infty e^{-\rho t}[R(Q,t)-C(Q,t)]dt \qquad s.t.:\int_0^\infty Qdt\leqslant S_0 \tag{10}$$

(10)式中，$R(Q,t)$ 为土地出让的收益函数。对应的欧拉—拉格朗日方程为：

$$e^{-\rho t}(MR-MC)=\lambda \tag{11}$$

(11)式中 λ 为拉格朗日乘子，MR 和 MC 分别为土地出售的边际收益与边际成本。再令 $g_x=(dx/dt)/x$ 表示变量 x 的增长率，将(11)式中的 λ 消去，得：

$$g_{MR-MC}=\frac{MR}{MR-MC}g_{MR}-\frac{MC}{MR-MC}g_{MC}=\rho \tag{12}$$

经化简，可得：

$$g_{AR}=\rho\left(1-\frac{MC}{MR}\right)+\frac{MC}{MR}g_{MC} \tag{13}$$

由于边际收益与价格有 $MR=P(1-1/\varepsilon)$，得 $g_{MR}=g_P$。结合(9)式有 $g_Q=g-\varepsilon g_P$，于是可以得到最大化土地开发收益的最优土地供给增长路径：

$$g_Q=g-\varepsilon\rho\left(1-\frac{MC}{MR}\right)+\frac{MC}{MR}g_{MC} \tag{14}$$

与 Stiglitz 模型不同的是，本章在对投标竞租模型的微观基础进行分析时，还引入了土地开发成本变量。对比(4)式被拆迁户的补偿函数，再结合住宅密度可构造出城市内部单位土地的拆迁补偿支出函数 $E_t(u)$：

$$E_t(u)=\begin{cases}C_0\theta(u)+r_t(u)/\rho, \text{when } u<b_t\\ C_0\theta^A+r^A/\rho, \text{when } u\geqslant b_t\end{cases} \tag{15}$$

在城市扩张阶段，土地征收时补偿的农用租金较为固定，因此扩张时的总补偿支出可以看作是征收土地的线性函数。此外,对政府而言,还存在拆迁谈判与冲突带来的额外成本。于是静态补偿机制下的总成本为补偿支出与冲突成本之和,即:

$$TC^S(Q)=a^SQ+B^SQ^2 \tag{16}$$

上式中 a^S 代表补偿强度,a^SQ 为征地补偿支出项。$a^S>0$,$a^S=C_0\theta^A+r^A/\rho$,满足土地开发利润非负条件 $a^S\leqslant MR$。B^S 表示征地拆迁冲突带来的成本附加,B^SQ^2 表示冲突带来的成本。由于冲突越多社会越不稳定,开发阻力越大,将冲突和谈判成本设为二次形式确保边际成本递增 $C''(\cdot)>0$。将(16)代入(14)得静态补偿机制下土地的最优开发路径:

$$g_Q^S=\left(1-\frac{MC}{MR}\right)^{-1}g-\varepsilon\rho=\left(1-\frac{a^S+2B^SQ}{MR}\right)^{-1}g-\varepsilon\rho \tag{17}$$

需要注意的是,(17)式无法得到 g_Q^S 的解析解,不过可以分析其最优开发路径所具备的若干性质。假设政府有较高的贴现率使得 $g_Q^S\leqslant0$,这是因为政府需要不断地通过出让土地维持每年必须的财政支出。若贴现率过小,则政府会将大部分土地留作后期出让,这样既不能维持政府的财政支出,也不能完成政绩考核的城镇化指标。此时存在 g_Q^S 为负的稳定开发路径。由隐函数定理,有 $\partial_Q^S/\partial g>0$,显然 g_Q^S 与 MC/MR 比值负相关。故得如下命题。

命题2:在动态土地开发中,土地开发增速与土地需求增速正相关,与土地开发的边际成本与边际收益比亦正相关。特别地,当需求增速越快、土地开发的边际成本与边际收益比越高时,开发者越倾向于前期少开发、后期则加速开发的路径。

命题2表明均衡状态存在时 $Q(t)$ 随时间逐渐减小,而边际收益 $MR(Q,t)$ 随时间推移逐渐增大,意味着较高的需求增速、较高的土地开发边际成本收益比,使得土地延迟开发收益增大,开发者更倾向于后期土地开发。这一重要发现,或许能为理解中国的新型城镇化进程提供一个新的分析视角:① 在工业收入与农业收入差距尚未拉开时进行土地开发,开发收益相对不足,成本却比较高,政府会延缓前期土地开发速度,出现了"城镇化滞后于工业化"的现象;② 在工业化程度较高且工业收入明显高于农业收入时,政府进行土地开发会明显加速,造成土地扩张与产业、人口的不匹配现象。

值得注意的是,在中国当前的制度安排下,土地开发的成本支出与收益取得之间存在时滞,这是因为农用土地需先通过政府统一征收,而后再由政府出让给开发商。如果政府拥有一定的垄断势力,就可通过控制土地的征收与出让节奏来囤积一定的土地。要从根本上扭转新型城镇化中可能出现的土地与产业、人口的严重不匹配,就需要利用动态福利补偿机制来弥补现行补偿机制之不足,本章在第五节再继续讨论。

四、土地开发锦标赛影响因素的实证检验

(一)长期租金剩余导致土地开发锦标赛

土地市场租金剩余的长期上涨蕴含着巨大的动态商业利益,单一的货币补偿会造成长期财富的分化。尤其是中国房地产市场化改革以来,虽然商品房成交单价、土地购置费用和购置面积均呈上涨趋势,但在区域上的表现是不同的,这些差异是导致居民财富分化的根源。以北京市为例,2007—2012 年北京市三环左右的海淀区、朝阳区房价涨幅为 32% 和 44%;门头沟、昌平、大兴、房山位于六环的四个区涨幅分别高达 135%、132%、129% 和 125%。① 整体来看,除了二环内的东城区、西城区依然保持着较高的涨幅之外,其他区块房价的涨幅由市中心向外依次升高。不过,从房价的绝对水平看,越是离城市中心近的区块房价越高,比如海淀区、朝阳区 2012 年商品房成交单价分别为 1.83 万元、2.12 万元,门头沟、昌平、大兴和房山四个区的成交单价均在 1.5 万元左右。这些数据支持了命题 1 的主要结论,即位置租金上涨具有空间非同步性,多数情况下城市中心区租金绝对水平高上涨速度慢,边缘区租金绝对水平低上涨速度快。

利用土地购置费用和购置面积也可以解释"土地租金剩余"的区域差异。从全国范围看,1998 年土地购置费为 375.4 亿元,2013 年高达 13 501.7 亿元,15 年翻了近40 倍。在此期间土地购置面积同样保持了快速上涨。1998 年为 10 109.3 万平方

---

① 根据《中国区域经济年鉴》(2008—2013)相应数据计算。

米,2013年达到了38 814.4万平方米,五年翻了近三倍。虽然土地购置面积与购置费用都大幅上涨,但土地购置费用上涨幅度要远大于土地购置面积上涨,说明地价一直在上涨。虽然其间国家出台了许多调控措施,但收效甚微。土地购置费用之所以如此高速增长,一方面是因为城镇化过程带来了土地租金的上涨,另一方面是分税制改革之后受制于地方政府财权与事权的不匹配,使得土地出让金成了地方政府推进城镇化建设的主要资金来源。

在新型城镇化快速推进阶段,地方政府通过行使垄断权力扩大土地租金剩余的土地财政锦标赛,不仅可以让地方政府快速获得城市建设所需的开发资金,还可以让利益集团从政治设租和寻租中牟取开发权利益。2013年土地督查系统对30个省(自治区、直辖市)和新疆生产建设兵团119个市农用地转用及土地征收审批事项监督检查显示[1],在抽查的1.48万个项目批次中,违法项目高达4 020个,约占27%;在所涉及的新增建设用地21.51万公顷(耕地10.65万公顷)中,违法用地高达6.8万公顷,约占新增建设用地的32%,违法占用比重高达30%,表明利益集团确实有违法的冲动去牟取长期租金剩余。

(二) 土地过度开发影响因素的实证分析

在城镇化中期加速阶段,土地扩张速度加快,影响因素很多。命题2从最大化土地开发收益的角度对土地过度开发进行了理论分析,可构建如下计量模型:

$$\ln ler_{i,t} = \beta_0 + \beta_1 \ln ler_{it-1} + \beta_2 \ln D_{it} + \beta_3 \ln crr_{it} + \sum \beta_i X_{jt} + \mu_i + v_t + \varepsilon_{it} \quad (18)$$

模型中i、t分别代表地区和时间,ler_{it}为被解释变量,ler_{it-1}为滞后一期变量,D和crr为解释变量,X_j为控制变量。u_i为不随时间变化的个体层面效应,v_t为时间效应,ε_{it}为随机扰动项。由于土地需求在很大程度上与土地开发的预期边际收益有关,为克服各解释变量之间的内生性问题,本章选取了GMM估计模型;另外为了克服差分GMM方法在小样本情况下可能降低工具变量的有效性问题,本章采用了系统GMM两阶段估计方法。根据命题2,土地需求强度越大、土地开发的边际成本与

---

① 资料来源于《2013年中国国土资源公报》。

边际收益比越高,政府越倾向于当期囤土未来再进行出让。如果该命题成立,则 β_2 与 β_3 的符号应显著为负。

(1) 指标选定与数据来源。本章选取 2005—2011 年的省级面板数据,资料主要来源于相应年份的《中国统计年鉴》《中国区域经济统计年鉴》《中国城市统计年鉴》和《中国国土资源年鉴》等。由于部分数据缺失,本章剔除了西藏和新疆。

被解释变量 ler:用当期土地出让数量与新征收土地数量之比来表示。农用土地开发需要经过两个阶段,首先必须由地方政府统一征收,然后再由地方政府将使用权出让给开发商。考虑到征收土地的存量数据难以获得,因此选用当期的增量数据进行分析。该变量值越大,意味着政府囤地等待出售的意愿就越强烈;反之,则意味着政府倾向于将存量土地尽快出让以获得当期收益。

解释变量:① D 代表土地需求增长率,选取城镇居民可支配收入($\ln puinc$)作为代理变量;② crr 代表土地开发的边际成本与边际收入比,选取农村居民家庭年均纯收入与商品房销售的平均价格比($\ln apr$)作为代理变量。由于土地需求不仅与当期经济活动有关,还与产业和人口流动性预期有关,收入水平较高的地区经济密度也较高,市场潜能较大,产业和人口流入的预期更强烈,与土地需求增长率的相关性更显著。在计算相关变量时,考虑到农村居民活动大多发生在集体土地上,采用了家庭纯收入来衡量农用租金。

控制变量:① 第三产业占比($\ln tir$)反映产业结构状况,因为不同产业对土地的需求程度不一;② 每万人拥有公共交通车辆数($\ln pptv$)反映城市的通勤状况;③ 人均道路面积($\ln ppr$)反映交通基础设施状况,相当于“蒂伯特选择”中影响要素流向的因素。

(2) 实证检验与结果分析。表 6-2 报告了系统 GMM 方法逐步回归的结果。结果显示每一步回归模型均通过了差分方程中残差项的二阶序列不相关的原假设;同时 Sargan 检验结果也表明,工具变量在统计上具有较为明显的有效性。

表 6 - 2　动态 GMM 模型两步法回归结果

变量	(1)	(2)	(3)	(4)
$\ln ler_{it-1}$	0.109 8***	0.104 3***	0.118 8***	0.111 0***
	(0.018 1)	(0.015 2)	(0.025 8)	(0.026 6)
$\ln puinc_{it}$	−0.204 9***	−0.242 8***	−0.143 1**	−0.093 7
	(0.027 6)	(0.024 5)	(0.058 6)	(0.063 1)
$\ln apr_{it}$	−0.646 5***	−0.302 5*	−0.407 3**	−0.408 4**
	(0.143 0)	(0.163 8)	(0.166 4)	(0.175 2)
$\ln tir_{it}$		0.548 8***	0.613 7***	0.472 5*
		(0.169 5)	(0.202 9)	(0.270 9)
$\ln pptv_{it}$			−0.238 3**	−0.200 0*
			(0.099 7)	(0.114 4)
$\ln ppr_{it}$				−0.166 9
				(0.126 7)
$Constant$	1.742 0***	−0.057 1	−0.644 0	−0.290 9
	(0.299 3)	(0.655 3)	(0.979 0)	(1.148 4)
Wald	60.12	113.56	150.31	175.46
	(0.000 0)	(0.000 0)	(0.000 0)	(0.000 0)
AR(2)	0.381 3	0.303 8	0.369 4	0.366 9
	(0.703 0)	(0.761 3)	(0.711 8)	(0.713 7)
Sargan	28.094 2	27.128 5	27.546 3	27.166 1
	(0.902 5)	(0.924 2)	(0.915 2)	(0.923 4)

注：① ***、** 和 * 分别表示在 1%、5%、10% 的统计水平上显著；② 解释变量对应括号内为 t 检验值；③ Wald、AR(2)、Sargan 检验对应的括号内数值为其 p 值。

表 6 - 2 还显示，β_1 在 1% 的水平上显著为正，表明土地征收与土地出让之间具有一定的滞后惯性。β_2 与 β_3 符号为负并且基本显著，表明土地需求强度越大、土地开发的边际收入与边际成本比越大，土地出让与土地征收的比例就越低。这意味着在单一货币补偿的成本约束下，相较于土地出让而言地方政府更有意愿扩大土地征收的范围，降低当期土地开发的比例、增加土地囤积比例以便获取长期溢价收益，命

题 2 得到证实。

上述实证结果还反映了地方政府在土地城镇化中的行为预期:① 人均收入水平较高的地区能够吸引更多的优质要素流入,对土地开发需求具有更高的预期,地方政府更有意愿扩大征地范围,尽早储备土地以待后期升值;② 土地开发边际成本与边际收入比越高的城市,越倾向于在城镇化中后期加速土地扩张,通过延长土地征收与土地出让时间差而扩大两种价格的"剪刀差"。因此,越是城镇化率较高的发达地区,农村居民纯收入与城市商品房价格比却越来越小。比如,北京 2005 年该项指标为1.45,2011 年下降至 0.83,上海分别从 1.41 下降至 1.11,原因是土地供给受限而土地需求较高,导致土地边际收益不断增大;相反,欠发达地区该项比值普遍维持在较高水平,如内蒙古、吉林、江西和湖南等省份普遍维持在 2 左右,西藏、广西等省区该比值却不降反升。

总之,征地扩张快于土地出让以及建成区增又快于人口增速,导致政府、开发商囤地的双重扭曲。被征地的农户始终处于最弱势地位,生产要素流失最严重,获得的补偿收益严重偏低,亟须设计新的补偿机制。

五、征地拆迁中动态福利补偿机制的设计

与静态补偿机制相比,房屋产权置换、土地作价入股以及土地资产证券化等,均能带来长期收益,本章称其为"动态补偿机制"。动态补偿机制虽然无法像静态补偿机制那样能在短时间内带来一次性的货币补偿收入,但实质上属于一种较好的长期价值投资,能在长时间内持续地给被拆迁户带来动态投资收益,因而是一种更加偏向公平的补偿手段。可喜的是,中国共产党第十八届三中全会通过的《中共中央关于全面深化改革若干重大问题的决定》开始明确规定,允许集体经营性建设用地出让、租赁、入股,实行与国有土地的同等入市、同权同价。这意味着目前已经在制度层面为土地流转和土地资产证券化指明了大的方向,也预示着今后拆迁补偿机制的设计可能会更多地偏向于动态补偿机制。

（一）利用动态补偿机制优化开发路径

在土地开发的不同阶段，参与开发的主体和各自的角色是有差异的，包括管理价值的投资运营商、制造环境的地产开发商、规划"产城"的土地运营商以及培育未来的产业运营商等。无论何种类型都需要约束和规范政府与开发商的土地开发行为，使得新型城镇化中的土地扩张与现实需求相匹配，避免土地城镇化与人口、产业城镇化出现人为因素的背离。在第三节模型基础上，这里将动态补偿机制的总成本函数设定为：

$$TC^D(Q,t)=a^D R(Q,t)+B^D Q^2 \qquad\qquad (19)$$

（19）式第一项中，a^D 表示分配给被拆迁户的长期租金剩余份额，补偿函数 $a^D R(Q,t)$ 表示被拆迁户分享的土地开发收益即动态土地租金剩余的固定比例。对比第三节静态补偿支出函数式（16）可知，当满足不等式 $a^D > e^{-\rho t}[Q(0)]^{-\frac{1}{\varepsilon}} a^S$ 条件时，动态补偿机制所能补偿的额度更高，表明随着新型城镇化的推进，土地租金剩余的溢价效应使得这一条件更容易得到满足。由该条件还可以看出，动态补偿标准并非固定数值，而是与拆迁时点有很大关系，并且随着参数而变化。假定新的补偿机制有更低的谈判成本，即 $B^D < B^S$。与（17）式构造方法类似，将（19）代入（14），可得动态补偿机制下土地的最优开发路径：

$$g_Q^D=\left[1-\frac{2B^D Q}{(1-a^D)MR}\right]^{-1} g-\varepsilon\rho \qquad\qquad (20)$$

由于土地开发的主要成本为房屋征收的补偿费用，所以 a^S 应远大于 B^S，对比（17）式有 $g_Q^D < g_Q^S$，表明动态补偿机制下的土地开发增速明显小于静态补偿机制下的开发增速。当与动态补偿机制配套的法律和金融体系高度完善时，B^S 很小甚至趋近于0，故有：

$$\lim_{B^D\to 0}g_Q^D=g-\varepsilon\rho \qquad\qquad (21)$$

（21）式表明，土地开发路径与补偿系数无关，与无成本约束（$a^S=0$）下的开发路径相同。因此，当双方拆迁补偿机制设计能尽可能降低拆迁的摩擦成本（B^S）时，能够使得被拆迁户的目标与开发方目标相接近，达到整体收益最大化的开发模式；而静态补偿机制则会使得开发路径发生偏离,即以更高的土地开发增速进行开发。而在土地总量为 S_0 的约束下,要维持较高的开发增速,必须有一个较低的初始开发水平,即 $Q^s(0) < Q^p(0)$,这样的开发路径,偏向于前期少开发、后期多开发。可见,动态福利补偿机制能够使被拆迁户与政府、开发商以"契约"形式形成利益共同体,确保土地开发根据市场需求变化动态调整,符合"激励相容"原理,开发路径遵循边界有序扩张的最优路径。

(二)最优福利标准与资产证券化设计

从理论上讲,对拆迁补偿机制优劣的评价可以参照以下三种福利主义标准:第一种是帕累托改进标准,认为在不使任何群体福利变坏的情况下,不存在能使某些群体福利变好的情形;第二种是功利主义福利函数标准,认为理想的状态是使全社会福利总和最大化;第三种是罗尔斯主义福利函数标准,认为社会福利水平主要取决于社会中效用最低的那部分群体的福利水平。从目前中国的现实情况看,被拆迁户大多是社会的弱势群体,若其福利受损,则无论在哪种福利评判标准之下都说明这样的城镇化是有悖社会最优和初衷的。如果说以往的补偿手段主要是货币补偿,所实行的主要是效率优先的城镇化方针,那么对于中国现阶段的实际情况来讲,应当更多地从公平方面来考量,即通过动态收益补偿来维护被拆迁户的长期福利水平。

两种补偿机制的区别如下。① 效率视角的福利补偿机制设计,目的是为了加快土地流转速度,快速推进城镇化建设,对应的补偿手段是基于卡尔多-希克斯补偿原理的潜在转移支付。这种补偿并未考虑长期的土地租金变化,被拆迁户长期福利受损,不符合社会最优的城镇化路径。② 公平视角的福利补偿机制设计,主要是权衡何种利益分配机制可以提升城镇化效率并能兼顾公平,以及获益主体能否补偿受损方,对应的城镇化路径与社会最优标准相一致,其核心思想是对被拆迁户实行动态的实时补偿。

基于上述福利评价标准,从长期看被拆迁户获得的动态补偿收益应高于一次性货币补偿收益。为此,可设计如下动态补偿方案:① 实行资产证券化(参见图6-2);② 对证券化资产打包并创设拆迁资金池;③ 在征地拆迁和土地开发时集体谈判约定股权分享比例。

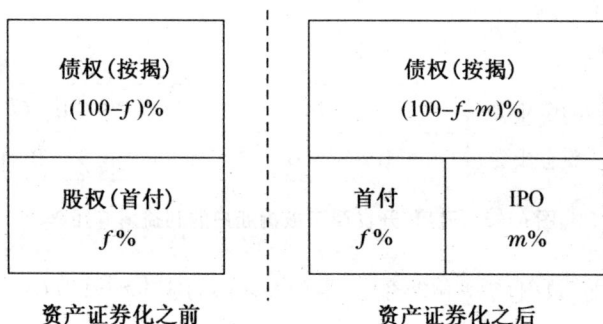

债权(按揭) (100−f)%	债权(按揭) (100−f−m)%
股权(首付) f%	首付 f% / IPO m%
资产证券化之前	资产证券化之后

图 6-2 资产证券化与拆迁补偿

资产证券化设计一般先将标的资产区分为债权(按揭)和股权(首付和 IPO),具体步骤如下。① 证券化之前,只存在按揭和首付关系,假设首付比例为 $f\%$,按揭比例为 $(100-f)\%$;② 假设证券化之后,准产权人首付比例仍为 $f\%$(类似于普通股),战略投资人(IPO,类似于优先股)比例为 $m\%$,股权比例增加,债权比例下降至 $(100-f-m)\%$。通过资产证券化将所有被拆迁户的土地和房屋资产整体打包,将被拆迁标的资产事先整合进拆迁开发资金池,然后以各自出资比例参与分成。利用资产证券化的集体谈判机制,不仅能优化利益分配,解决土地开发的"融资难"问题,还能有效化解万一按揭"断供"给商业银行带来的坏账风险,同时通过税收调节和征询政府、开发商的"阳光"开发方案,规避逆向选择和道德风险问题。

(三) 利用博弈机制降低拆迁违约成本

假设静态补偿机制下的拆迁补偿成本为 C^S,动态补偿机制的补偿成本为 C^D,政府和开发商从土地开发中获得利润 Π。当被拆迁户选择抗议时,两种补偿机制下产生冲突的净成本分别为 A^S 和 A^D,代表冲突的净余额,净成本也可能为负。类似的,两种补偿机制下开发方内部产生冲突的净成本为 B^S 和 B^D,并且 $B^S > B^D$,表示成本严格为正。由于动态补偿机制采取的是先资产证券化再进行集体谈判的形式,开发方的补偿额减少,个人抗议成本增加,可以设定 $A^D > A^S$。假设集体谈判为开发方带来

H 单位的效用,这是由集体谈判所节约的交易费用带来的。博弈矩阵参见图 6 - 3。

被拆迁户

		抗	接
政府和 开发商集合	动态补偿	$\Pi - C^D - B^D + H, C^D - A^L$	$\Pi - C^D + H, C^D$
	静态补偿	$\Pi - C^S - B^S, C^S - A^S$	$\Pi - C^S, C^S$

图 6 - 3 政府、开发商与被拆迁户的利益博弈矩阵

在各自利益(效用)最大化博弈中,当动态补偿的成本约束为 $C^D - C^S < H$ 时,开发方选择动态补偿机制的交易成本节约所带来的收益要大于多支出的补偿费用。此时,不论被拆迁户如何选择,开发方选择动态补偿的效用要大于静态补偿效用,即动态补偿为开发方的占优策略。对被拆迁户而言,则需要综合考虑抗议的净成本约束 A^D 的大小。

当净成本大于 0 时,被拆迁户选择"接受"的效用大于"抗议"的效用,对应的纳什均衡为(动态补偿,接受);当净成本小于 0 时,被拆迁户选择"抗议"带来的效用大于"接受",对应的纳什均衡为(动态补偿,抗议)。

当动态补偿的成本约束为 $H + B^S - B^D > C^D - C^S > H$ 时,A^S、A^D 的符号会影响开发商对补偿机制的选择。当 $A^S < A^D < 0$ 时,(动态补偿,抗议)为纳什均衡;当 $A^S < 0 < A^D$ 时,不存在纯战略纳什均衡;当 $0 < A^S < A^D$ 时,(静态补偿,接受)为纳什均衡。

当动态补偿的成本约束为 $C^D - C^S > H + B^S - B^D$ 时,静态补偿为开发方的占优策略。被拆迁户需考虑静态补偿机制下抗议的净成本约束 A^S,当净成本大于 0 时,被拆迁户选择"接受"带来的效用大于"抗议",纳什均衡为(静态补偿,接受);当净成本小于 0 时,被拆迁户选择"抗议"带来的效用大于"接受",纳什均衡为(静态补偿,抗议)。

综上,社会最优情况下的均衡状态应当是(动态补偿,接受)。但要达到此均衡需要从两个方面改变博弈双方的成本约束:① 提高动态补偿给开发方带来的额外红利,使得 H 值足够大,足以将动态补偿的成本约束在小于 H 的范围之内;② 通过合法手段加大被拆迁户抗议的成本约束,使得抗议的净成本大于 0。总之,实行资产证券化再以集体谈判形式开展的动态补偿机制,可以使个人理性回归集体理性,不仅能降低分散谈判带来的交易成本耗散,还能通过合法手段增强对被拆迁户抗议的漫天要价的成本约束。

针对不同类型的拆迁,可设计相应的动态补偿方案(参见表6-4)。利用资产证券化集体谈判设计动态补偿机制,能从利益分割、减少利益冲突、优化土地开发路径等方面对静态补偿机制进行改进,更符合新型城镇化"以人为本、公平共享"的基本原则。

表6-4　新型城镇化中按拆迁类型采取的福利补偿方式

征地拆迁类型	土地位置	土地性质	土地原用途	拆迁事由	福利补偿方式
城中集中住户	城市内部	国有土地	居住、经营	土地性质转换	证券化房地产资产,按比例分配溢价租金剩余
城中村	城市内部	集体土地	居住、租赁	城市景观改造	引入战略投资人,农户以土地参股共同开发
棚户区	城市边缘	国有土地	居住、租赁	城市景观改造	产权置换,居民参股开发
郊外分散农户	郊区之外	集体土地	居住、工作	工业用地需求	税收让步,按比例分配溢价租金剩余,就地转业

需要注意的是,虽然动态拆迁补偿机制有助于克服租金剩余分配不公、土地扩张过快等社会问题,但需要满足多方面约束条件:① 合理的利益分割机制,能对土地长期溢价准确的评估;② 约束地方政府与开发商的过度开发行为,使得城镇化进程中的土地扩张与现实需求相匹配;③ 降低拆迁中的矛盾,使拆迁回归社会理性。

六、结论与政策建议

本章融合了李嘉图租金空间分离和阿朗索-穆特-米尔斯投标竞租理论,引入了不可再生资源土地开发模型的动态租金分析法,并通过实证分析揭示了新型城镇化中被拆迁户在单一货币补偿机制下的福利损失以及动态拆迁补偿机制设计与最优城镇化路径之间的关联问题。主要结论如下。① 在新型城镇化中长期土地租金剩余具有较大的空间差异。在通勤成本较高、保留租金水平较低、住宅密度分布较为均匀时,越是靠近城市边缘的土地租金上涨越快;而在通勤成本较低、保留租金水平较高、住宅密度分布不均匀时,靠近城市边缘的土地租金上涨缓慢。② 动态土地开发增速与土地需求增速正相关,与开发的边际成本收益比正相关,当需求增速加快、土地开发的边际成本收益比上升时,开发者倾向于前期少开发、后期加速开发。基于上述结论,提出如下政策建议。

第一,以动态补偿机制替代现有的以货币补偿为主的静态补偿机制。动态补偿不仅可以减少被拆迁户的长期福利损失,减轻政府的财政负担,还能在城镇化快速推进阶段有效地控制土地的过度开发。首先,给予被拆迁户适量的货币补偿可以避免被拆迁户因短期获得大量货币而过度消费或因失地而生活困难。若是集体土地上的拆迁还应向失地农民提供必要的就业培训及合适的就业岗位,让农业劳动力流向更高生产率的工业和服务业部门。其次,也是最为关键的是,地方政府在进行土地出让时应从维护被拆迁户实际利益出发与开发商进行协商,让被拆迁户获得长期的股权收益。当前一些地方政府尝试以土地参股的方式与开发商进行共同开发,但被拆迁户往往未能参股。如果在此过程中能协调三方的股权分配比例,或政府不直接参股而协调开发商与被拆迁户分享股权,让后期的股权收益真正成为被拆迁户分享土地动态租金剩余的收益来源,就可以有效地化解征地拆迁中的许多矛盾。

第二,推进资产证券化,让被拆迁户能分享新型城镇化的开发红利。设计动态补偿机制的重要路径是,在拆迁谈判之前实行资产证券化。随着我国金融体系的逐步完善,目前已初步具备资产证券化的技术条件。被拆迁户以“要素所有者”身份获得部分土地开发收益,对股本投资予以证券化能够更加明晰地分割动态收益,减少利益分配不均引发的矛盾和冲突。对于城市中心区的再开发,评估时应侧重于当期租金的绝对水平;而对于城市边缘区的再开发,评估时要侧重于未来租金的上涨空间。

第三,利用动态利益博弈机制规避信息不对称风险,提高违约成本实现和谐拆迁。被拆迁户与地方政府和开发商进行具体补偿方案谈判时,三方都应提供真实的信息以规避信息不对称带来的契约风险和法律风险。职能部门要加强监管,做到拆迁、出让流程信息透明化;被拆迁户应以集体谈判形式参与协商,降低交易费用,这样既可以降低被拆迁户分散谈判的协调成本,又能克服"逆向选择"和"道德风险"问题。

参考文献

[1] 洪银兴. 工业和城市反哺农业、农村的路径研究[J]. 经济研究,2007,(8):13-20.

[2] 王颂吉,白永秀. 城乡要素错配与中国二元经济结构转化滞后[J]. 中国工业经济,2013,(7):31-43.

[3] 王国刚. 城镇化——中国经济发展方式转变的重心所在[J]. 经济研究,2010,(12):70-81.

[4] United Nations. Dept. of Economic. World Urbanization Prospects: the 2014 Revision [M]. United Nations Publications,2015.

[5] 陆学艺,李培林,陈光今. 社会蓝皮书:2013 年中国社会形势分析与预测[M]. 社会科学文献出版社,2012.

[6] 王贤彬,张莉,徐现祥. 地方政府土地出让、基础设施投资与地方经济增长[J]. 中国工业经济,2014,(7):31-43.

[7] 郑思齐,孙伟增,吴璟等. "以地生财,以财养地"——中国特色城市建设投融资模式研究[J]. 经济研究,2014,(8):14-27.

[8] 徐宁,吴福象. 我国房产税试点的绩效评价与政策优化研究[J]. 上海经济研究,2012,(4):105-114.

[9] 李增刚. 前提、标准和程序——中国土地征收补偿制度完善的方向[J]. 学术月刊,2015,(1):24-30.

[10] 刘祥琪,陈钊,赵阳. 程序公正先于货币补偿——农民征地满意度的决定[J]. 管理世界,2012,(2):44-51.

[11] 林其玲. 我国征地补偿制度问题分析[J]. 农业经济问题,2009,(10):19-24.

[12] 林乐芬,葛扬. 基于福利经济学视角的失地农民补偿问题研究[J]. 经济学家,2010,(1):49-56.

[13] 余靖雯,肖洁,龚六堂. 政治周期与地方政府土地出让行为[J]. 经济研究,2015,50(2):

88 – 102.

[14] Lichtenberg，E.，and Ding C．Local officials as land developers：Urban spatial expansion in China[J]．Journal of Urban Economics，2009，66(1)：57 – 64.

[15] Lichtenberg E，and Ding C，et al．Balancing Act：Economic Incentives，Administrative Restrictions，And Urban Land Expansion In China[R]．Agricultural and Applied Economics Association，2013.

[16] 王佑辉，艾建国.农地转用地价体系与增值收益分配[J].华中师范大学学报(人文社科版),2009,(4):52 – 58.

[17] 吴福象,刘志彪.城市化群落驱动经济增长的机制研究[J].经济研究,2008,(11):126 – 136.

[18] 倪鹏飞,颜银根,张安全.城市化滞后之谜——基于国际贸易的解释[J].中国社会科学,2014,(7):107 – 124.

[19] 范进,赵定涛.土地城镇化与人口城镇化协调性测定及其影响因素[J].经济学家,2012,(5):61 – 67.

[20] Alonso，W．Location and Land Use[M]．Harvard University Press，1964.

[21] Muth，R．Moving Costs and Housing Expenditures[J]．Journal of Urban Economics，1974，1(1)：108 – 125.

[22] Mills，E．An Aggregate Model of Resource Allocation in a Metropolitan Area[J]．American Economic Review，1967，57(2)：197 – 210.

[23] Mills，Edwin S．，J．V．Henderson，and P．Nijkamp，et al．Handbook of Regional and Urban Economics，vol．2[M]．North Holland Press，1987.

[24] Dipasquale，Denise，and William C．Wheaton．Urban Economics and Real Estate Markets[M]．Prentice Hall，1996.

[25] Capozza，Dennis R．，and Robert W．Helsley．The Fundamentals of Land Prices and Urban Growth[J]．Journal of Urban Economics，1989，26(3)：295 – 306．996.

[26] Stiglitz，Joseph E．Monopoly and the Rate of Extraction of Exhaustible Resources[J]．American Economic Review，1976，66(4)：655 – 661.

[27] Charlot，Sylvie，C．Gaigné，F．Robert-Nicoud，and Jacques-François Thisse.

Agglomeration and Welfare：the Core-Periphery Model in the Light of Bentham，Kaldor，and Rawls[J]. Journal of Public Economics，2006，90(1)：325－347.

[28] 吴福象、蔡悦. 中国产业布局调整的福利经济学分析[J]. 中国社会科学，2014(2).

第七章　开放条件下的产业集群生命周期及演化

一、引　言

20世纪80年代以来,我国确立了出口导向型发展战略,并以加工贸易作为战略突破口。具体表现在,通过关税减免、出口退税、设立出口加工区等一系列举措,吸引外商直接投资。在此种战略导向下,诸多跨国公司的区域内积聚,提高了中国东部沿海地区参与国际分工的程度。同时,通过国际外包等形式的生产合作来引领本土企业进入产品内分工环节,并借助跨国公司的全球生产销售网络,让中国经济尤其是先进制造业深度融入全球价值链体系当中。

与此同时,以老板进城和外资牵引为主体特征的城市化和工业化,推进了中国非均衡发展战略在东部沿海地区的率先实施。制造业不断向东部沿海地区集聚。长三角地区也凭借其特有的区位、劳动力、技术等优势,成为中国承接国际制造业转移的主要承载地,并逐步发展成为我国工业化程度和层次最高的地区之一。

不过,自从本次全球金融危机以来,长三角地区制造业也面临着许多难题:一是整体投资回报水平下降,发展模式面临转型的压力;二是产业技术创新动力不足;三是资源和环境的承载能力逐渐趋于饱和,部分制造业有向中西部迁移的趋势。比如,2014年上海、江苏和浙江制造业工业销售产值分别为3.10万亿元、13.56万亿元和5.99万亿元,相比前一年,除上海市销售产值份额有所增长外,其他地区均有所下降。

从"微笑曲线"来看,长三角地区承担国际分工的环节,仅仅处于中间附加价值最低端位置。目前,中国的生产成本优势逐渐流失,尤其是来自东南亚、墨西哥等发展中国家之间的竞争,导致长三角利润空间被进一步压缩,"微笑曲线"的谷底日益加深,同时使得长三角劳动力与发达国家技术交换时越来越处于不利境地,产量的扩大并不能带来实际利润的增加。从这一层面讲,该地区有落入"丰收贫困"陷阱的风险。此外,在经济全球化和经济新常态双重背景下,受资源约束和国际市场的影响,我国东部沿海地区开始出现产业向外转移的迹象,转移方向除了我国中西部之外,还向东南亚进一步转移。例如,优衣库的一些国内代工厂业绩萧条,温州数以千计的小鞋厂因接不到订单而关门歇业,电子电器行业三星、仁宝、富士康也纷纷在东南亚和印度设厂。与之相对比,墨西哥制造、东盟制造由于开始用更加低廉的成本要素,对中国制造的供给替代效应开始显现,使得这些国家成为接纳发达国家和地区产业转移的新阵地。

关键的问题是,长三角作为我国制造业水平最高的产业群落,是否因为过度集聚带来新的无效率,应当促进集聚还是限制过度集聚?从产业集群的生命周期来看,该地区目前处于哪一阶段,其演化机制如何?长三角地区产业集群的发展历程,对于我国其他地区又有怎样的影响和示范作用?本章正是基于对这些问题的思考展开研究的。本章第二部分是文献回顾与述评,第三部分是理论分析及假说推演,第四部分是数据说明、指标选定与统计分析,第五部分是模型构建与计量检验,最后是结论与政策建议。

二、文献回顾与述评

许多学者研究了我国制造业的变动趋势,指出东部制造业的集聚曾经有力地促进了经济的发展。比如,范剑勇(2004)研究发现,改革开放以来,中国产业布局已经发生了根本性的改变,绝大部分行业转移进入东部沿海地区,但国内市场一体化水平总体上仍较低。罗勇和曹丽莉(2005)利用 EG 指数对中国 20 个制造业行业的集聚度进行测算,发现劳动密集型、资本密集型和技术密集型产业的集聚程度依次上升,制造业的集聚程度与工业增长表现出较强的正相关性。雷鹏(2011)则指出产业集聚在促进经济增长方面表现出其积极的正面效应,同时也存在扩大地区差距的负面影响。

　　不过,近年来也有学者开始关注集聚效应的动态性问题。比如,杨扬等(2010)的研究发现,我国城市经济集聚与城市经济增长速度之间存在倒"U"型关系,我国城市经济集聚与经济增长的临界值的实际人均 GDP 水平在 28 283 元左右。徐盈之等(2011)采用省级面板数据研究发现,珠三角、长三角和京津冀等经济圈已经出现了过度集聚,并且空间集聚对经济增长具有非线性效应。吴三忙(2010)通过集聚程度对时间的回归发现,近年来促进产业扩散的离心力作用开始显现,部分制造业呈现由东部地区向其他地区转移的态势。孙浦阳(2011)的研究表明,伴随着国家经济的高速发展,集聚的好处将被削弱。陶永亮(2014)研究发现,空间集聚对中国城市经济增长具有非线性效应,当经济发展水平较低时,集聚促进增长,随着经济发展水平的提高,集聚对经济增长的促进作用减弱。

　　纵观现有研究,发现存在以下两个不足。一是过多地关注制造业的集聚趋势,而对扩散趋势关注较少。产业集聚曾经促进了我国过去 30 多年的高速增长,近年来随着土地、劳动力、能源等成本的上升,长三角制造业正面临产业结构调整的问题,是否出现了促进产业扩散转移的离心力值得关注。二是对细分的制造业行业关注较少。过去的研究将整个制造业看作是一个整体,对分省行业两位编码制造业数据分析不够,现有的研究细分制造业也主要是对集聚程度与时间进行回归,没有关注到细分制造业的集聚效益问题。

三、理论分析及假说推演

　　本章接下来主要是以长三角制造业为研究对象,基于集聚程度与集聚效益的关系和产业集群的生命周期两个视角,分析长三角制造业集群现状及面临的主要问题。

(一) 关于集聚程度与集聚效益交互关系的理论

　　产业集聚理论的源头,最早可以追溯到 Alfred Marshall(1890)的《经济学原理》,他从劳动联合、要素共享和知识溢出三方面论述了外部性原理。随后,Alfred Weber

(1909)又在《工业区位论》一书中，进行了更深入的论述，从费用角度来分析企业经营者的区位决策，认为经营者一般在所有费用支出总额最小的空间进行布局，其理论主要从燃料和原料费用、劳动力费用以及集聚效益三个因子出发，认为企业是否相互靠近主要取决于集聚效益与集聚成本的对比，如果某一点上集聚效益引起的生产成本的降低超过了运费和劳动费的增加之和，更多的企业将会选择向该地点集中。

不过，产业集聚这一理论却是由 Michael Porter 于 1990 年正式提出来的。而产业集群是特定的产业集聚现象，Porter(1998)认为产业集群是指在一定区域，大量产业联系密切的企业以及相关支撑结构在空间上集聚，并形成强劲、持续竞争优势的现象。根据空间经济学理论，产业空间布局实际上是两种作用力达到平衡时的结果。其中，导致产生集聚形成的向心力，是本地市场效应与价格指数效应共同作用所形成的集聚力；而导致扩散的离心力，则是市场竞争效应带来的分散力。

理论上讲，由于某种原因导致劳动力或企业向某一区域集中，扩大了该区域市场规模和供给能力，以收益最大化为主要目标的企业将选择市场规模较大的区域作为生产区位，这是本地市场效应。反之，某一区域集中了很多企业，在本地生产的产品种类和数量增加，从外地输入的将减少，意味着该区域市场上产品价格相对较低，在相同的名义工资水平下，该区域的实际工资水平较高，使得该区域更具有吸引力，这是价格指数效应。市场竞争效应是企业由于过度集中导致彼此不利，因此不完全竞争性企业倾向于选择竞争者较少的区位。从作用力角度看，产业表现为集聚或扩散，主要是由这三种效应共同作用的结果。

集聚效益主要是由于企业间的分工协作、共同使用公共设施、共同享受通信信息，以及更便于集中管理等方面而获得的效益。目前，产业集群的指标主要是用来衡量在实际生活中的集聚程度和集聚效果。Williamson(1965)的倒"U"型假说认为，集聚效益与集聚成熟间呈倒"U"关系，空间集聚对经济增长的促进作用与集聚发展阶段有关。

长三角地区制造业企业在承接国际制造业外包过程中，主要以加工业为主，并且许多工序相互联系，这些企业共同布局在同一地区，形成了地域上的产业集群。从产业结构看，长三角制造业是由一批进行专业化分工和产业联系的中小企业，共同形成的互补互动、竞争力较强的产业群落。由于企业和地区限制,集聚程度不可能无限高,在该地区刚刚出现产业集聚时,各企业的发展不受限制,而且会随着其他企业的加入产生规模经济和范围经济,之后产业集群会由于竞争的抑制效应,而降低发展速度,甚至出现衰退。

制造业的发展同时受到集聚力和分散力的影响,集聚效益与集聚程度和集聚程度接近饱和水平相关,因此集聚程度与集聚效益的增长之间可能存在倒"U"型关系。也就是说任何集聚都是有限度的,特别是人们对环境质量要求日益提高的今天,集聚程度更引起人们的重视,以防止过分集聚引发过多的环境问题。由此,本章提出:

假说1:空间集聚对长三角制造业发展具有非线性效应。在发展早期,集聚对集聚效益有很大的促进作用,但当其发展到一定水平后,集聚对于效益增长的促进作用变弱,甚至会导致效益的下降。

(二) 集群的生命周期与去集群化的动态演变

与生物群落一样,产业集群作为一个有机的产业群落,它的出现、增长和发展也是一个动态演变的过程。类似于自然界中生物种群增长表现出来的逻辑斯蒂曲线,产业集群的演化过程中,集聚程度与集聚效益的关系可能也呈"S"形。

Michael Porter(1998)在《集群与新竞争学》以及《竞争论》中,对产业集群的生长和演化做了简要分析,将产业集群的生命周期划分为孕育、进化和衰退三个阶段,同时对产业集群的良性循环及其解体进行了阐述。Porter 将产业集群衰亡的原因归结为两种因素:一是内生因素,如集群资源优势的丧失、集体思考模式以及内部创新机制的僵化等;二是外来因素,如技术上的间断性和消费者需求的转变等。

Ahokangas, Hyry and Rasanen(1999)提出了一个演化模型,认为一个典型的产业集群的生命周期应有三个阶段,即起源和出现阶段、增长和趋同阶段、成熟和调整阶段。在一个地区,最初具有创新精神的企业家建立了一批快速增长的新企业,这些企业相互集聚,吸引其他企业不断进入该地区。而大量新企业的进驻,使得该区域吸引力不断增强,集聚作用加剧,逐步向集群发展,既包括生产同一产品企业的集聚,也包括纵向联系的企业以及相关机构的集聚。随着完善的基于价值链的集群分工网络的形成,产业集群进入了成熟期,企业间既竞争又合作,同时,产业集群内企业开始实施全球战略,在更多的国家销售产品,并获取原材料,集群开始加入全球价值链。但是,迅速增加的资源竞争将导致成本增加,以低成本作为企业竞争力越来越难以维持,出现集聚不经济,集群规模出现负增长,甚至导致集群的衰败。为了使集群持续下去,就需要适时地调整战略和再定位,比如调整结构、促进产业升级、鼓励并强化创新、营造良好的创新氛围、完善市场组织网络、对造假行为制裁等,促使集群进入快速增长的轨道,并保持较强的竞争力和创新力。然而,并非任何一个产业集群都是可持续发展的,只有那些能够成功地进行战略调整的集群,才能始终保持较高活力。

从动力机制的角度来看,最初,长三角制造业集群的形成,主要是得益于我国的对外开放和本地区位条件,包括生产要素价格、运输成本以及市场条件等因素,这些诱发因素随着制造业集群的成长而不断变化,具有不确定性和孤立性,相互作用关系不稳定。此后,在市场条件下,更多追求利润最大化的企业被吸引到长三角地区,与专业化相对应的规模经济和与多样化相对应的范围经济共同作用,形成一种复合经济效益,驱动力因素包括交易成本节约、规模报酬递增以及设施服务共享等。在产业集群发展过程中,由于地区内部和功能环境决定企业必须开展研发活动,企业间的人际接触和信息交换促进了本地区的创新行为,知识外溢、集体学习与内部竞争压力在本地区形成了创新网络,维持着长三角制造业集群的竞争优势,推动产业集群持续发展。但是,由于近年来,长三角地区地价、劳动力成本上升,污染严重,人口拥挤等,集聚效益被削弱。于是本章提出:

假说2:长三角制造业群落出现了过度集聚现象,从产业集群的角度来看,目前某些集群可能已经进入了成熟与调整阶段,增长动力不足,发展变缓。

四、数据说明、指标选定与统计分析

(一) 数据说明

本章利用 2002—2014 年长三角两省一市分行业制造业数据,考察制造业地理集聚的时空变化特征。各产业的数据主要来源于《中国统计年鉴》《中国工业经济统计年鉴》,以及《上海市统计年鉴》《江苏省统计年鉴》和《浙江省统计年鉴》。

按照最新的《国民经济行业分类与代码》(GB/T 4754—2011),制造业门类属于 C 类,包括 13~43 大类。与《国民经济行业分类与代码》(GB/T 4754—2002)相比,修订之后,交通运输设备制造业被拆分成汽车制造业(C36)以及铁路、船舶、航空航天和其他运输设备制造业(C37)两个行业,为了统一口径,将 2012 年这两个行业进行了合并;同时橡胶制品业和塑料制品业被合并成橡胶和塑料制品业(C29),我们将 2012 年之前的数据进行加总。本章选择长三角两省一市具有代表性的 22 个产业作为研究样本,为了消除通货膨胀因素,文中用到的工业总产值均用 GDP 平减指数进行了处理。

借鉴 OECD 制造业技术分类标准,本章的 22 个产业分为四类。

(1) 资源依赖型产业:C13 农副食品加工业、C22 造纸和纸制品业、C28 化学纤维制造业、C30 非金属矿物制品业、C31 黑色金属冶炼和压延加工业、C32 有色金属冶炼和压延加工业。

(2) 低技术产业:C14 食品制造业、C15 饮料制造业、C16 烟草制品业、C17 纺织业、C18 纺织服装、服饰业。

(3) 中技术产业:C25 石油加工、炼焦和核燃料加工业、C26 化学原料和化学制品制造业、C29 橡胶和塑料制品业、C33 金属制品业、C34 通用设备制造业、C35 专用设备制造业、C36 - 37 交通运输设备制造业。

(4) 高技术产业:C27 医药制造业、C38 电气机械和器材制造业、C39 计算机、通信和其他电子设备制造业、C40 仪器仪表及文化办公用机械制造业。

(二) 指标选定

1. 集聚程度的测度指标

(1) 赫芬达尔指数(HHI)是一种测量产业绝对集中度的综合指数,它是指一个行业中各市场竞争主体所占行业规模的平方和,用来计量行业的离散度。计算公式如下所示:

$$HHI_j = \sum_{i=1}^{3} (X_{ij}/X_j)^2 \tag{1}$$

其中，X_{ij}代表i地区j产业的规模，我们用X_{1j}、X_{2j}和X_{3j}分别代表上海市、江苏省和浙江省j产业的从业人数来表示产业规模，X_j代表整体的市场规模，同两省一市行业全部从业人数表示，即$X_j=X_{1j}+X_{2j}+X_{3j}$，HHI越大，产业越集中。

（2）区位熵用来衡量某一产业的相对集中度，是一种较为普遍的集群识别方法，用一个区域特定产业的产值（或从业人员数）占该区域工业总产值（或从业人员数）的比重与上位区域该产业产值（或从业人员数）占工业总产值（或从业人员数）的比重之间的比值。区位熵大于1，则为专业化部门；区位熵越大，专业化水平越高。计算公式如下：

$$LQ_j = \frac{N_j/N}{A_j/A} \tag{2}$$

其中，N_j为长三角地区j产业从业人员数，N为长三角地区所有产业从业人员总数，A_j为全国j产业从业人员数，A为全国所有产业从业人员总数。

2. 集聚效益的测度指标

（1）成本费用利润率是一个衡量集聚效益的指标，能够体现经营耗费所带来的经营成果，企业的成本费用利润率越高，其经济效益也越好，它是企业一定期间的利润总额与成本、费用总额的比率，表明每付出一元成本费用可获得多少利润，计算公式为：

$$成本费用利润率＝(利润总额/成本费用总额)\times100\% \tag{3}$$

成本费用一般指主营业务成本、主营业务税金及附加、三项期间费用（销售费用、管理费用和财务费用）。由于成本费用利润率反映企业正常营业活动的获利能力，因此这里的利润是指营业利润，而非利润总额。但是直到2009年，才有关于各行业三项期间费用的完整统计，数据缺失严重。

（2）人均产值可以用来衡量经济效益，本章借鉴范剑勇（2006）、孙浦阳（2013）等人的处理方法，用各行业工业总产值除以从业人数，单位为万元每人。

（三）集聚程度分析

市场化改革以来，东部地区尤其是长三角地区成为制造业的主要集聚区域，2004

年该地区规模以上制造业企业共 96 410 家,全国 37.5% 的制造业企业集中在该区域。自 2005 年开始,我国部分制造业由东部沿海地区向中西部地区转移,长三角制造业集聚程度开始下降。截至 2014 年,长三角地区制造业企业数占全国比重下降为26.20%,达到 2000 年以来的最低。此外,制造业工业总产值增长率也以 2004 年为拐点,呈现先上升、后下降的变化特征。

从行业构成来看,在制造业内部两省一市有较为明显的同构化特征,2014 年上海市、江苏省和浙江省的前 10 大制造业中有 7 个共同行业,但各行业占工业总产值的比重还是有所区别,有比较优势、专业化程度较高的制造业部门不完全相同。上海市、江苏省和浙江省前 10 大制造业占工业总产值的比重分别为 76.44%、70.43% 和60.03%,制造业专业化程度依次下降。此外,上海市、江苏省和浙江省的资源密集型产业、低技术产业、中技术产业、高技术产业工业总产值比例分别为:6∶4∶60∶30、16∶7∶44∶33 和 13∶15∶50∶22。上海和江苏的计算机、通信和其他电子设备制造业、化学原料和化学制品制造业、交通运输设备制造业以及电气机械和器材制造业等现代产业比重较大,技术型产业优势明显,而传统的纺织业在浙江仍占据着重要的地位。

关于 2005 年以前的制造业集聚程度变化,现有研究已经很多。表 7-1 是对长三角地区 2005 年和 2014 年 22 个行业集聚程度的测算,分别从从业人数占比、赫芬达尔指数和区位熵三个方面共同刻画。

表 7-1 长三角地区 20 个制造业行业集聚程度

集聚程度 产业代码	从业人数占比(%)		赫芬达尔指数		区位熵	
	2005 年	2014 年	2005 年	2014 年	2005 年	2014 年
C13	0.241	0.343	0.424	0.495	0.809	0.603
C14	0.196	0.236	0.334	0.337	1.210	0.884
C15	0.145	0.149	0.423	0.445	1.215	0.706
C16	0.018	0.015	0.379	0.358	0.693	0.519
C17	2.701	1.703	0.435	0.480	3.412	2.684
C18	1.610	1.466	0.375	0.446	3.473	2.449

（续表）

集聚程度　　产业代码	从业人数占比（%）		赫芬达尔指数		区位熵	
	2005 年	2014 年	2005 年	2014 年	2005 年	2014 年
C22	0.305	0.273	0.413	0.408	1.748	1.525
C25	0.070	0.064	0.365	0.419	0.702	0.514
C26	0.829	1.103	0.425	0.498	1.819	1.708
C27	0.279	0.396	0.354	0.396	1.685	1.374
C28	0.227	0.296	0.459	0.499	3.983	4.864
C29	0.934	0.835	0.366	0.382	2.652	1.885
C30	0.654	0.678	0.392	0.474	1.168	0.880
C31	0.414	0.603	0.473	0.530	1.075	1.152
C32	0.213	0.269	0.362	0.454	1.216	0.995
C33	0.908	1.053	0.359	0.409	3.037	2.140
C34	1.643	1.728	0.373	0.392	3.454	2.727
C35	0.631	0.934	0.370	0.458	2.143	2.033
C36-37	1.031	1.546	0.354	0.380	2.184	1.865
C38	1.351	2.097	0.373	0.420	2.746	2.540
C39	1.560	2.682	0.449	0.522	2.650	2.285
C40	0.319	0.429	0.376	0.456	2.683	3.100

　　数据来源：根据 2006 年、2015 年上海市、江苏省、浙江省统计年鉴及国家统计局网站数据整理计算得到。

　　从表 7-1 可以看出，产业布局自 2005 年以来发生了很大的变化。

　　低技术产业从业人数占比从 4.67% 下降至 3.57%，纺织业人数大幅下降，资源依赖型产业和中技术产业从业人员占比各提高了 20% 左右，而高技术产业占比从 3.51% 上升至 5.60%，提高了 59.7%。2014 年，电气机械和器材制造业、通信和其他电子设备制造业两大产业从业人数均超过长三角地区从业人员总数的 2%，从事高技术产业的人员迅速增加。

2005—2014 年,在 22 个制造业中,只有烟草制品业和造纸及纸制品业两个产业赫芬达尔指数略微下降,其余产业的赫芬达尔指数上升,其中 14 个产业增幅超过 10%,说明在长三角内部,产业布局呈现出更加集中的态势。2014 年,黑色金属冶炼和压延加工业、计算机、通信和其他电子设备制造业、化学纤维制造业和农副食品加工业等 10 个行业赫芬达尔指数超过 0.45。从高度集聚行业的属性来看,一类是高技术产业,另一类是资源依赖型行业。

在 22 个制造业产业中有 19 个产业 2005 年的区位熵高于 2014 年,区位熵下降最严重的是饮料制造业、金属制品业、纺织服装、服饰业和橡胶及塑料制品业,这些行业属于低技术和中技术产业,而增幅较大的行业是仪器仪表制造业和化学纤维制造业,增幅各为 22.12% 和 15.54%,从一定程度上说明产业集聚程度出现下降趋势。2014 年,有 5 个产业区位熵超过 2.5,从高到低依次是:化学纤维制造业,仪器仪表制造业,通用设备制造业,纺织业,电气机械和器材制造业。

(四) 集聚效益分析

2014 年全国规模以上工业企业成本费用利润率为 6.45%,而上海市、江苏省和浙江省分别为 7.34%、6.85%、5.75%。表 7-2 给出了分行业全国及上海市、江苏省、浙江省的规模以上制造业企业成本费用利润率的情况。

表 7-2　全国和长三角地区 20 个制造业行业成本费用利润率

地区 产业代码	全国	上海	江苏	浙江
C13	5.59	2.78	6.50	2.89
C14	9.15	5.06	7.84	9.33
C15	11.28	7.24	17.34	9.96
C16	15.84	32.65	18.51	10.50
C17	5.97	6.39	5.34	5.17
C18	6.73	0.43	7.81	5.86

（续表）

产业代码 \ 地区	全国	上海	江苏	浙江
C22	5.51	2.67	5.50	4.93
C25	0.24	−1.67	2.73	2.40
C26	5.51	4.54	6.30	5.35
C27	11.03	14.01	11.43	12.51
C28	4.05	3.11	3.30	4.59
C29	6.73	6.09	6.38	5.65
C30	7.55	5.49	6.47	6.77
C31	2.61	3.31	4.96	3.22
C32	3.88	1.84	4.40	2.65
C33	6.29	5.46	6.73	5.12
C34	7.11	6.61	7.78	6.88
C35	6.71	7.18	7.93	7.12
C36-37	8.81	15.35	9.54	5.27
C38	6.56	6.58	7.15	5.53
C39	4.87	2.49	5.14	9.17
C40	8.93	11.02	9.21	9.54

数据来源：根据 2015 年《中国工业统计年鉴》数据整理计算得到。

从表 7-2 中我们可以看出，四类产业中，成本费用利润率最高的产业集中在高技术产业和低技术产业，资源依赖型产业的成本费用利润率最低。在 22 个行业中，上海市、江苏省和浙江省成本费用利润率超过全国水平的行业数分别有 8 个、16 个和 8 个，而比全国水平高出 1 个百分点的则各有 4 个、6 个和 3 个；造纸及纸制品业、橡胶及塑料制品业和非金属矿物制品业这 3 个行业，两省一市的效益均低于全国平均水平。此外，上海市的石油加工、炼焦和核燃料加工业 2014 年严重亏损。这表明两省一市的部分制造业行业效益下滑严重，亟须进行产业升级改造。

五、模型构建与计量检验

(一) 模型构建

为了进一步检验、分析制造业集聚程度与集聚效益的关系,我们需要构建计量模型。本章计量模型的设定面临最大的困难是解决内生性问题。首先,可能遗漏了必要解释变量,导致解释变量与残差项相关;再者,被解释变量和解释变量之间可能存在相互影响作用。系统 GMM 方法是一种能够自主引入工具变量而有效解决内生性问题的方法,因此很适合作为我们的解决方案。在设定模型时,本章借鉴孙浦阳(2013)在研究产业集聚与劳动生产率关系时构造的模型。

$$P_{dt} = \alpha P_{d,t-1} + \beta_0 D_{dt} + \beta_1 (D_{dt})^2 + \gamma_0 X_{dt} + \varepsilon_d + \rho_t + v_{dt} \tag{4}$$

式中,P_{dt} 和 $P_{d,t-1}$ 表示 t 时期和 $t-1$ 时期 d 地区的劳动生产率水平,D_{dt} 表示 t 时期 d 地区的产业集聚水平,X_{dt} 为控制变量的列向量。

我们通过前面的分析认为,集聚程度与集聚效益的增长之间可能存在倒"U"型关系,因此选择了人均产值的增长率为被解释变量。考虑到影响产业地理分布的力量既存在集聚力,又存在分散力,集聚程度与集聚效益之间可能不是简单的线性关系,而是非线性的,因此本章构建了两个动态模型,进行对比研究。

$$PG_{dt} = \alpha PG_{d,t-1} + \beta LQ_{dt} + \gamma X_{dt} + \varepsilon_d + \varphi_t + v_{dt} \tag{5}$$

$$PG_{dt} = \alpha PG_{d,t-1} + \beta_0 LQ_{dt} + \beta_1 (LQ_{dt})^2 + \gamma X_{dt} + \varepsilon_d + \varphi_t + v_{dt} \tag{6}$$

$$X = X(KP, FDI, PT) \tag{7}$$

式中,PG_{dt} 表示 t 年 d 产业的人均产值的增长率,$PG_{d,t-1}$ 表示滞后一期的人均产值的增长率,LQ_{dt} 表示 t 年 d 产业的区位熵,X_{dt} 表示一系列其他影响被解释变量的控制变量,KP、FDI 和 PT 分别反映人均固定资本、外商直接投资和基础设施三个控制变量,ε 表示不可观察的产业固定效应,φ 表示特定时间效应,v 表示随机误差项。具体变量定义如下。

1. 被解释变量

参照生物群落增长过程中表现出来的逻辑斯蒂曲线,本章认为在"产业群落"的演化过程中,集聚程度与集聚效益的关系可能也呈"S"形,因此,本章探索集聚效益的增长与集聚的关系。本章用人均产值的增长率(PG)来表示集聚效益。

2. 滞后项

用以检验上期经济增长对本期经济增长带来的影响。经济增长存在惯性,若滞后项系数为正,则上期的高速增长会促进本期增长,经济可能处于扩张阶段,若滞后项为负,则经济可能已经发展成熟。

3. 关键解释变量

考虑到制造业的产业转移以及转型升级,本章选择了区位熵(LQ)作为集聚程度的衡量指标,具体计算见公式(2)。此外,本章引入区位熵的平方项(LQ^2)来检验集聚程度与集聚效益之间的非线性关系。

4. 控制变量

(1)人均固定资本(KP):根据新古典增长理论,人均经济增长率的高低取决于人均资本,分析比较认为,固定资产投资能够改善产业生产环境,推动劳动生产率提高。为了探讨资本深化程度,本章采用人均固定资本代表资本投入水平,计算方法是固定资产净值/全部从业人员年平均人数,再对其取对数。

(2)外商直接投资(FDI):外商直接投资可以代表开放程度,它可以提高相关产业产值,同时通过技术溢出效应有利于深化产业分工、降低生产成本、提高效益。本章用外商直接投资占 GDP 比重来衡量这一指标,处理过程中美元按照历年人民币汇率进行换算。

(3)基础设施(PT):各省的信息化程度可以表示基础设施水平,它是用邮电业务总量/GDP 计算得到的,基础设施不仅能直接作为要素投入进入生产函数,还可以通过溢出效应间接促进经济效益增长。

(二)计量检验

本章所用数据为长三角地区 2003—2014 年的动态面板数据,散点图显示大多数产业的增长均可以用逻辑斯蒂曲线进行很好的拟合。为了解决模型估计面临的内生性问题,本章运用系统 GMM 方法对长三角 22 个制造业集聚程度和集聚效益进行回归分析,这里所用的软件为 stata 12,可以得到表 7-3 的回归结果。

表 7-3　集聚程度与集聚效益关系的系统 GMM 回归结果

变量	(1)		(2)	
	系数	标准差	系数	标准差
L. PG	−.095 7***	.024 8	−.143 2***	.045 5
KP	3.923 5***	.233 0	7.118 9***	2.054 1
FDI	2.827 0***	.242 8	2.848 2***	.442 7
PT	−1.148 5***	.159 8	−.981 1***	.153 9
LQ	−.438 4*	.803 6	16.365 8***	4.229 7
LQ^2			−2.938 4***	.635 4
_CONS	−10.221 2	1.600	−35.702 59***	11.433
wald	577.97 [0.000 0]		100.30 [0.000 0]	
AR(2)	−1.214 8 [0.224 4]		−1.407 2 [0.159 4]	
Saragan	20.421 48 [0.991 2]		19.760 11 [0.999 8]	

注:***、** 和 * 分别代表显著性水平为 1%、5% 和 10%,中括号的值为 P 值。

　　由上表可知,Wald 检验表明模型总体效果显著,AR(2)>0.05 可知模型不存在二阶自相关性,而 Saragan 检验显示了工具变量的选择也是恰当的。模型(1)给出了运用系统 GMM 方法对制造业集聚程度与效益之间关系的计量结果,是线性模型;而在模型(2)中,我们引入了集聚程度的平方项,模型(2)是非线性模型。

　　从回归结果看,模型(1)中,制造业集聚程度的影响系数为负,表明当前集聚程度对集聚效益的促进作用为负。分析认为,从区位熵来看,长三角制造业经过 30 多年的发展,大部分产业目前已经实现了专业化生产,因此可能由于集聚程度过高,使得拥挤效应变得不容忽视。模型(2)中,区位熵及其二次项的影响均通过了 1% 的显著性检验,一次项系数为正,二次项系数为负,表明长三角制造业集聚程度与效益增长之间是倒"U"形关系,与假说1相吻合,最初随着集聚程度的提高,集聚效益增加越来越快,而当区位熵超过某个临界时,集聚效益增加越来越慢。这一结果证实了我们的猜想,即区位熵可能实际上直接影响的不是劳动生产率,而是其上升的快慢。长三角制造业劳动生产率近年来一直上升,而且仍有上升趋势,只是未来增长的空间变小了。

对于一阶滞后项的分析发现,滞后项的系数为负,而且在两个模型中均显著,说明上一期的集聚效益的增长不利于本期集聚效益的增长。一般来说,经济增长存在着惯性,在市场没有很大波动的情况下,上一期的高速发展一般会使得企业对本期也有很好的预期,从而加大投入,本期也会实现高速发展。但是这里却出现了相反的情况,这是由于目前长三角制造业可能已经进入成熟期,因此集聚的作用几乎已经完全发挥出来了,集聚效益持续增长下去的动力不足,与本章的假设2相符。

最后,对于控制变量的参数估计,在两个模型中,人均资本和外商直接投资的系数均为正,并且非线性模型中的系数大于线性模型,但是基础设施的系数却为负。人均资本对集聚效益的参数估计显著为正,说明长三角地区固定资产投资改善了产业生产环境,人均资本越高,越有利于集聚效益的增长。外商直接投资对集聚效益的参数估计也是显著为正,外商投资越多,该地区制造业厂商能够便捷地获得所需资本补给和先进技术,提高相关产业产值,其经济效益必然更好。而对于基础设施,它的系数为负,且在1%水平上显著,这与我们的预期相反,但是,由于本章的被解释变量是集聚效益的增长,因此系数为负并不意味着长三角制造业集聚不再提高效益,而只是对效益的促进作用变弱了,也可以解释为由于信息化水平上升,长三角制造业企业与集群外企业的交往变得更加便利,可能会使集聚效益不再显著。

六、结论与政策建议

本章基于新经济地理学的产业区位理论,通过统计分析和计量检验发现,在长三角制造业集群中,集聚程度与集聚效益增速之间呈现倒"U"型趋势。从本章的实证结果中,可以得出三个结论:第一,自 2005 年以来,我国部分制造业由东部沿海向中西部转移,长三角地区产业区位熵有所下降,但内部产业布局更加集中,高技术产业尤其是电气机械和器材制造业、通信和其他电子设备制造业从业人员占比大幅增加;第二,长三角地区部分行业效益下滑严重,橡胶及塑料制品业和非金属矿物制品业已经失去比较优势,集群可能已经处于生命周期的成熟与调整阶段,增长动力不足,发展变缓;第三,在长三角制造业集群演化中,最初随着集聚程度的提高,集聚效益增长越来越快,而当区位熵超过某个临界时,集聚效益增长变慢,而资本深化程度和开放程度均具有正向效应。

以上研究结果证实了本章前面提出的猜想。也就是说,目前长三角地区制造业结构并非最优,从集群产业链的思维角度来看,需要适时的战略调整和再定位。长三角产业集群可能已经进入了生命周期的成熟期,过度集聚、争夺原材料和市场等开始显现拥挤效应。从集聚效益动态演变的规律看,可以为长三角地区制造业的发展提出以下两点建议。

(1) 适当进行产业转移,协调东中西部发展。政府应当发挥其在集群经济圈演进中的积极作用,将新行业放在核心区,传统行业放在外围,核心区与外围协同合作,引导部分产业集群逐步由东部向中西部转移,期待在中西部地区形成新集群。产业基础雄厚、与国际市场更为接近的东部沿海地区,以产业高端化、现代化为目标,中西部地区继续发挥劳动力资源丰富的比较优势。对于长三角地区的一些低技术产业和资源密集型产业,例如食品和饮料制造业、烟草制造业、石油加工、炼焦和核燃料加工业以及金属冶炼及压延加工业等,近年来专业化一直在下降,经济效益也逐渐降低,说明这些产业已经失去活力,通过对外投资及园区合作等产能合作手段转移至其他地区可能更具优势。

(2) 明确长三角的发展定位,促进地区产业结构升级。一方面,要牢牢抓住未来具有发展前景,同时关系到国计民生的新技术、新产业的发展方向,进行战略性投资和布局,提升产业结构,主动"腾笼换鸟";另一方面,要提高经济的效益和质量,从要素驱动向创新驱动转变,着力实施科技、产品、管理、商业模式的创新,实现扩大规模与提高效率的统一。积极推动长三角地区与外国的合作,引进、消化、吸收全球最新技术,加快电气机械和器材制造业、交通运输设备制造业、计算机、通信和其他电子设备以及仪器仪表制造业等高技术产业的发展,形成新的以高技术产业为核心的集群,做强做优先进制造业。

参考文献

[1] 吴福象,刘志彪. 城市化群落驱动经济增长的机制研究——来自长三角 16 城市的经验证据. 经济研究[J]. 2008(11):126 - 136.

[2] 吴福象,王新新. 企业集团的适度规模经济与集聚经济研究[J]. 审计与经济研究,2012(3):97 - 104.

[3] 吴福象,沈浩平. 成本费用利用率与地区产业结构升级[J]. 南京审计学院学报,2013(2):6 - 13.

[4] 林冰,刘福祥,赵洪宝. 产业集聚的生产率效应对中国制造业出口竞争力影响研究[J]. 华东经济管理,2015(10):109 - 115.

[5] 洪银兴. 长江三角洲经济一体化和范围经济[J]. 学术月刊,2007(9):71 - 76.

[6] 胡晨光,程惠,芳俞斌. "有为政府"与集聚经济圈的演进[J]. 管理世界,2011(2):61 - 70.

[7] 徐谷波,董克,汪涛. 创意产业集聚、技术创新能力与区域经济增长研究[J]. 华东经济管理,2016(1):83 - 86.

[8] 刘力,程华强. 产业集群生命周期演化的动力机制研究[J]. 上海经济研究,2006(6):63 - 68.

[9] 韩庆潇,查华超,杨晨. 中国制造业集聚对创新效率影响的实证研究——基于动态面板数据的 GMM 估计[J]. 财经论丛,2015(4):3 - 10.

[10] 刘修岩,邵军,薛玉立. 集聚与地区经济增长:基于中国地级城市数据的再检验[J]. 南开经济研究,2012(3):52 - 64.

[11] 范剑勇. 市场一体化、地区专业化与产业集聚趋势[J]. 中国社会科学,2004(6):77 - 84.

[12] 范剑勇. 产业集聚与地区间劳动生产率差异[J]. 经济研究,2006(11):72 - 81.

[13] 罗勇,曹丽莉. 中国制造业集聚程度变动趋势的实证研究[J]. 经济研究,2005(8):

106 - 115.

[14] 雷鹏. 制造业产业集聚与区域经济增长的实证研究[J]. 上海经济研究,2011(1):
　　 35 - 45.

[15] 杨扬,余壮雄,舒元. 经济集聚与城市经济增长[J]. 当代经济科学,2010(5):113 - 118.

[16] 徐盈之,彭欢欢,刘修岩. 威廉姆森假说:空间集聚与区域经济增长——基于中国省域
　　 数据门槛回归的实证研究[J]. 经济理论与经济管理,2011(4):95 - 102.

[17] 吴三忙,李善同. 中国制造业地理集聚的时空演变特征分析:1980—2008[J]. 财经研
　　 究,2010(10):4 - 14.

[18] 孙浦阳,韩帅,许启钦. 产业集聚对劳动生产率的动态影响[J]. 世界经济,2013(3):
　　 33 - 53.

[19] 陶永亮,李旭超,赵雪娇. 中国经济发展进程、空间集聚与经济增长[J]. 经济问题探索,
　　 2014(7):1 - 7.

[20] Williamson, Jeffrey G. Regional Inequality and the Process of National Development:
　　 A DescriPTion of the Patterns [J]. Economic Development and Cultural Change,
　　 1965, 13(4): 1 - 84.

[21] Stuart S. Rosenthal, William C. Strange. The Determinants of Agglomeration [J].
　　 Journal of Urban Economics, 2001, 50(2): 191 - 229.

[22] Antonio Ciccone. Agglomeration Effects in Europe and the USA [J]. European
　　 Economic Review, 2002, 46(2): 213 - 227.

[23] Henderson, V. J. Marshall's Scale Economies [J]. Journal of Urban Economics,
　　 2003, 53(1): 1 - 28.

[24] C. Cindy Fan, Allen J. Scott. Industrial Agglomeration and Development: A Survey of
　　 Spatial Economic Issue in East Asia and a Statistical Analysis of Chinese Regions [J].
　　 Economic Geography, 2003, 79(3): 295 - 319.

[25] Marius Brülhart, Mathys, NA Sectoral agglomeration economies in a panel of
　　 European regions [J]. Regional Science and Urban Economics, 2008, 38 (4):
　　 348 - 362.

第八章 质量竞争和技术溢出下的最优补贴政策

一、引 言

改革开放以来,中国经济飞速发展,"中国制造"遍及全球。然而中国企业出口的产品往往具有"廉价"的特色,在人们眼里中国制造与低端产品画上了等号,而日本、美国的产品给人以高质量的印象。尤其是在高新技术产品竞争上,国外以苹果、三星为代表的一系列高科技产品席卷全球,而我国许多企业长期以来只重数量,不重质量地粗放型发展,导致国内市场也被国外大企业占据"大半江山"。我国许多产业一直处于国际产业链的低端加工部分,而很少参与产业链中增值率较高的生产部分,研发部门以及核心专利一直掌握在国外大企业手中。长此以往,我国许多企业不但技术水平落后,而且牺牲了环境和资源却只能换来微薄的利润,大部分利润流入了掌握先进技术国家的口袋。

产业升级,提高企业自主创新能力,是政府对企业提出的要求。自转变经济发展方式这一概念提出,我国许多企业开始了对国际大企业的技术追赶。如在智能手机崛起的近几年来,苹果和三星依靠着许多专利技术,占有了手机市场的全部利润。国产智能手机虽然相比于苹果三星处于基础薄弱的地位。但是在政府的帮助下,国产手机出现了百家争鸣的好局面,一些产品赢得了好的口碑,甚至开始进军国际市场,如中兴手机 2010 年在美国的销售收入仅为 2 亿美元,2011 年增长到不足 4 亿多美元,而在 2012 年,这一数字快速增至 10 亿美元;华为手机出货量超过 LG,成为全球第三大智能手机生产商。① 另一方面,光伏产业在政府补贴下却经历着"寒冬":国内光伏产能过剩,高效电池组件等技术不及美国企业。②

政府在这一轮企业研发创新的浪潮中应该如何行动呢? 中央十八届三中全会提出了转变政府职能,健全宏观调控体系的要求。政府应当加强财政政策、货币政策与产业、价格等政策协调配合,提高相机抉择水平。在企业提高创新能力,打造品牌的路上,企业应当如何制定发展计划? 政府应当以何种方式来对企业进行补贴? 政府单用补贴手段帮助企业是否一直有效? 本章正是基于对这些问题的思考。文章接下来的第二部分将是文献综述,第三部分是无补贴的市场均衡,第四部分是政府补贴行为及其方式选择,第五部分是最优补贴率及福利分析,第六部分是结论及政策建议。

二、文献综述

关于政府如何对企业创新活动进行补贴,一直是经济学里重要的一个研究课题。由于 R&D 活动具有正外部性这一特殊性质,企业自发投入往往不足,需要政府干预以提高社会的福利水平。由于政府介入,打破了原来的均衡状态,造成了市场各方面发生变化。而经济学家们研究的正是政府如何实行政策,才能让这些变化往好的方向发展。

从 R&D 补贴对市场造成的影响来看,David et al(2000)认为政府的 R&D 补贴反而会挤出一定的私人研发活动,导致政府的政策的无效。而 González & Pazó (2008)则通过对西班牙数据的实证研究,反驳了 David 等人的结论,他们认为,政府补贴对企业私人 R&D 活动无挤出效应。刘虹等(2012)讨论了国内 R&D 补贴与私人 R&D 投入的关系,指出 R&D 补贴不单会对企业产生激励效应,还会产生一定的挤出效应,政府补贴对企业 R&D 投入的刺激效应成倒"U"型。Davidson & Segerstrom(1998)则对政府补贴的企业类型进行了分析,发现对自主创新型企业的

---

① 数据来源于 Strategy Analytics 公司的 2013 年 Q3 全球智能手机出货量调查报告。
② 数据来源于 2013 中国光伏产业发展报告。

补贴确实能带动经济的增长；而当补贴用于专门进行技术模仿的企业时，补贴不但不会促进经济发展，长远来看还有可能降低经济发展的速度。Christopher & Laincz (2005)从市场结构角度出发，认为 R&D 补贴会使更多企业存在于市场上，但是各企业之间的差距会比较大。

对于作为政策制定者的政府的立场，也有不少研究，尤其是对于我国政府制定政策做导向性的研究。唐清泉等(2008)认为在帮助企业自主创新的过程中，政府应充当"引导者"的角色；周绍东、安同良等(2009)认为，企业和政府之间在围绕 R&D 补贴进行动态信息不对称博弈，政府必须甄别出哪些企业具有宏伟的"企业抱负"，哪些是发出虚假信号来骗取 R&D 补贴的企业；Maria José Gil-Moltó 等(2011)则分析了技术溢出以及私有化对政府制定补贴率的影响，政府补贴率应随技术溢出的提高而提高，但私有化程度高会降低社会总福利水平；赵丹和王宗军(2012)提出政府制定补贴时应考虑企业的技术许可可能性以及本国的消费者剩余，从而根据不同的许可可能对企业制定不同的补贴政策；王宇和刘志彪(2013)从补贴方式比较的角度进行分析，得出的结论是，政府补贴时应对企业 R&D 活动直接补贴而不是对企业生产活动补贴，这样才能平衡新兴产业和传统产业的发展。

上述研究大多对 R&D 补贴的影响予以正面的评价，并且对政府的补贴政策起了一定的导向作用。现在很多高科技产业尤其是耐用品，都是将大部分的 R&D 资金用于提升产品的质量，消费者也对高质量而不是多数量的产品有偏好。在分析框架方面，以往关于企业 R&D 投入的分析框架是对于企业间的差异性没有考虑或是只考虑产品差异的一个维度，如 Grossman & Helpman(1991)质量阶梯(Quality Ladders)分析框架注重产品纵向差异(vertically differentiated)，而没考虑横向差异(horizontally differentiated)；Dixit & Stiglitz(1977)以及 Singh & Vives(1984)的模型框架则考虑了产品间横向差异，却忽略了产品质量上的差别。在 R&D 投入的用途上，许多研究假设企业 R&D 的出发点是从企业将研发投入用于企业的生产技术提高，即降低成本(d'Aspremont & Jacquemin,1988；Leahy & Neary,1997)或是提高生产效率(王宇和刘志彪,2013)，而不是用于产品质量的提升。另一方面，大多数文章分析了政府补贴的可行性，并支持政府补贴。但对于补贴与技术溢出、产品差异的关系,以及补贴手段的选择,这一系列问题还没有明确的回答。

本章在 Sutton(1996,1997)关于产品质量竞争的模型基础上,加入了政府这一角色,对市场资源进行配置。政府在基于社会总福利最大化的目标上,如何使用补贴或是政策手段来促进企业进行 R&D 投入,为本章讨论和研究的问题。

三、无补贴的市场均衡

(一) 模型框架

这一部分,先考虑一个不存在政府干预的差异化产品的双寡头市场(Sutton,1996;Sutton, 1997;Symeonidis 1999;Symeonidis 2003)。企业之间进行两阶段博弈:第一阶段,企业首先为提高产品质量而进行 R&D 投入;第二阶段,企业根据自己的产品质量与其他企业进行价格竞争,即伯川德(Bertrand)竞争,市场达到均衡状态。之所以选择价格竞争而不是产量竞争(Cournot)是因为在强调产品质量及差异的市场里,价格正是一种反映质量的信号,"价格战"亦是企业常采取的竞争手段。设市场上代表性消费者具有效用函数如下:

$$U(q_1,q_2,m)=q_1+q_2-\frac{q_1^2}{u_1^2}-\frac{q_2^2}{u_2^2}-\sigma\frac{q_1q_2}{u_1u_2}+m \tag{1}$$

其中 q_1,q_2 表示消费者对产品 1,2 消费的数量,p_1,p_2 表示产品 1,2 的价格。m 表示消费者对其他商品的消费,并有一标准价格 $p_m=1$。u_1,u_2 是衡量产品质量的指数,体现了产品间的纵向差异性。参数 σ 描述的产品间的横向差异性,即产品间的替代或互补关系。本章假定两产品之间具有替代关系,即 $0\leqslant\sigma\leqslant2$ 反映的是企业品牌定位上的一些区别。若 $\sigma=0$,则表示两种产品无替代关系亦无互补关系,两产品互不相关;若 $\sigma=2$,则两个产品为完全替代产品,两产品为同质产品。即 σ 越大,两种产品之间的替代性越强,产品差异也将越小。

消费者在预算 I 下最大化自身效用,我们能得到产品的需求函数:

$$q_1=\frac{u_1[2u_1(1-p_1)-\sigma u_2(1-p_2)]}{(2-\sigma)(2+\sigma)} \tag{2}$$

由(2)知，$\partial q_1/\partial u>0$，消费者在价格不变的情况下，对高质量产品有更多的消费。又$\partial q_1/\partial u_2<0$，即竞争对手产品质量提高会降低消费者对自己产品的消费。当$u_1\rightarrow0$时，$q_1\rightarrow0$，消费者对品质很低的产品几乎不进行消费，因此，企业必定会展开产品质量竞争，市场上技术落后的产品将逐步被淘汰。假设企业生产一单位产品的成本固定为一常量$c,0\leqslant c<1$。企业R&D投入全用于提高产品的质量，即提升产品间的纵向差异性。企业分别投入R&D成本R_1,R_2在产品创新和技术研发上。我们采用Symeonidis(2003)关于R&D投入与产品质量提高的关系函数形式$u_i=R_i^{1/4}+\rho R_j^{1/4}$，$i=1,2,j=3-i$。$\rho\in[0,1]$，表示的是创新和研发活动的产业内技术溢出率，即同一产业内一家企业进行的研发活动对另一家企业研发活动有正外部性影响，ρ的大小正是反映这种影响的强弱程度。

(二)市场均衡

我们先考虑第二阶段。在现实生活中，产品质量进行竞争的企业往往更多时候是通过诸如"价格战"这样的价格竞争手段来竞争。因此，我们在分析时采用的是价格竞争而非传统的产量竞争(Cournot)。企业根据自家产品质量决定各自生产产品的价格。设市场上有H个相同的消费者，具有(1)式形式的效用函数。我们标准化参数令$H=1$。在给定产品质量水平的条件下，企业最大化自身产品收益$\pi_i=(p_i-c)_iq_i,i=1,2$。将(2)带入上述收益函数，由最大化π_i的一阶条件能得到企业的最优定价以及在最优定价下的市场利润：

$$p_i=c+\frac{(1-c)[(8-\sigma^2)u_i-2\sigma u_j]}{(4-\sigma)(4+\sigma)u_i},i=1,2 \tag{3}$$

$$\pi_i=\frac{2(1-c)^2[(8-\sigma^2)u_i-2\sigma u_j]^2}{(2-\sigma)(2+\sigma)(4-\sigma)^2(4+\sigma)^2},i=1,2 \tag{4}$$

再考虑第一阶段，企业关于R&D的投入进行博弈。企业会选择最优R&D投入最大化自身净利润$\Pi_i=\pi_i-R_i$，即能得到最优R&D投入：

$$R_0=R_1=R_2=\frac{(1-c)^4(1+\rho)^2(8-\sigma^2-2\rho\sigma)^2}{(4-\sigma)^4(4+\sigma)^2(2+\sigma)^2} \tag{5}$$

以及均衡时两企业的产品质量：

$$u_0^2 = u_1^2 = u_2^2 = \frac{(1-c)^2(1+\rho)^2(8-\sigma^2-2\rho\sigma)}{(4-\sigma)^2(4+\sigma)(2+\sigma)} \tag{6}$$

均衡状态时企业研发投入只与 c, ρ, σ 有关。显然 $\partial R_0/\partial c < 0$，企业 R&D 投入受制于生产成本。成本越高，企业能投入于研发与创新的资本就越少。而像软件或者互联网这一类 21 世纪后兴起的产业，因为其几乎是 0 生产成本的特性，这些产业也成了高 R&D 投入的代名词。现在，我们计算 ρ, σ 对 R 的影响。为了方便，我们讨论 $\ln R_0$ 与 ρ, σ 的关系即可(显然 $R_0 > 0$)。我们将 $\ln R_0$ 分别对 ρ, σ 求导数，有 $\partial \ln R_0/\partial \sigma < 0$，以及：

$$\frac{\partial \ln R_0}{\partial \rho} = \frac{2(8-\sigma^2-2\sigma-4\rho\sigma)}{(1+\rho)(8-\sigma^2-2\rho\sigma)}$$

于是，企业 R&D 投入是随着产品间差异化程度的增大而增大的。再令 $\partial \ln R_0/\partial \rho < 0$，得到 $\rho > (8-\sigma^2-2\sigma)/4\sigma$。于是，当 $(8-\sigma^2-2\sigma)/4\sigma \geqslant 1$，有 $\partial \ln R_0/\partial \rho > 0$。此时 $0 \leqslant \sigma \leqslant -3+\sqrt{17}$ 时，产品差异化程度较大，技术溢出率增大将使得企业 R&D 投入增多；当 $-3+\sqrt{17} < \sigma \leqslant 2$ 时，即 $(8-\sigma^2-2\sigma)/4\sigma < 1$，知 R 在 $\rho\partial \in [0, (8-\sigma^2-2\sigma)/4\sigma)$ 单调递增，在 $\rho \in [(8-\sigma^2-2\sigma)/4\sigma, 2)$ 时单调递减。于是 $\rho = \bar\rho = (8-\sigma^2-2\sigma)/4\sigma$ 时，R 达到最大值。又 $\partial \bar\rho/\partial \sigma < 0$，使得 R&D 投入最大的技术溢出水平随着产品差异化的增大而增大。

可见，在技术溢出率很高以及产品差异很大这样的"理想"状态时，企业间产品替代性很弱，但其他企业的研发对自身有很强的正外部性，此时企业自主 R&D 积极性很高，自主投入很高；而在差异较小时，产品同质化严重，企业 R&D 投入将很少，并且在技术溢出率很大时，企业将几乎没有 R&D 投入。

命题 1：在差异产品的质量竞争模型中，技术溢出对企业自主研发的影响受制于产品差异程度。产品差异程度存在一个临界点，但产品差异突破这一临界点时，技术溢出水平与企业 R&D 投入正相关。但不管其他因素如何变化，企业自主 R&D 投入都与生产成本负相关，而与产品差异程度呈正相关关系。

将(6)带入(2)、(3)，能得到均衡状态下的价格和产量：

$$p_0 = c + \frac{(1-c)(2-\sigma)}{4-\sigma} \tag{7}$$

$$q_0 = \frac{2(1-c)u_0^2}{(4-\sigma)(2+\sigma)} \tag{8}$$

值得注意的是,在价格竞争的框架下,(7)中企业定价策略只与边际成本以及产品间的横向差异有关,而与产品质量无关,这正是企业间质量竞争的结果。由(8)知,高质量的产品将得到消费者的青睐。因此,企业间的产品质量竞争,即 R&D 竞争,是企业市场战略上重要的一环。在产品质量上具有优势的企业,将能售出更多产品,显然,此时企业利润将会有一个更高的利润水平。

再来考虑福利问题。我们以消费者消费产品 1,2 的效用减去其消费所花费用来表示消费者剩余,即:$CS = q_1 + q_2 - \frac{q_1^2}{u_1^2} - \frac{q_2^2}{u_2^2} - \sigma \frac{q_1 q_2}{u_1 u_2} - p_1 q_1 - p_2 q_2$。用企业利润之和 2Π 来表示生产者剩余 PS,W 表示社会总福利,有:

$$CS_0 = \frac{4(1-c)^2 u_0^2}{(4-\sigma)^2(2+\sigma)} = \frac{4(1-c)^2(1+\rho)^2}{(4-\sigma)^2(2+\sigma)} R_0^{\frac{1}{2}} \tag{9}$$

$$PS_0 = \frac{4(1-c)^2(2-\sigma)u_0^2}{(4-\sigma)^2(2+\sigma)} - \frac{2u_0^4}{(1+\rho)^4} = \frac{4(1-c)^2(2-\sigma)(1+\rho)^2}{(4-\sigma)^2(2+\sigma)} R_0^{\frac{1}{2}} - 2R_0 \tag{10}$$

$$W_0 = CS_0 + PS_0 = \frac{4(1-c)^2(3-\sigma)u_0^2}{(4-\sigma)(2+\sigma)} - \frac{2u_0^4}{(1+\rho)^4} = \frac{4(1-c)^2(3-\sigma)(1+\rho)^2}{(4-\sigma)^2(2+\sigma)} R_0^{\frac{1}{2}} - 2R_0 \tag{11}$$

从消费者剩余来看,由于产品价格不变,消费者剩余必会随产品质量提高而提高。但企业在提高产品质量的同时,其须负担的研发成本也将随之提升,于是企业会选择一个最优的 R&D 投入量,即 R_0。但值得注意的是,由于两企业进行竞争而最后选择的 R&D 投入量 R_0 并不是使得企业总利润达到最大的均衡 R&D 投入量,即 $\partial PS_0 / \partial R_0 \neq 0$。进一步可知,$R_0$ 亦不是使得社会福利最大的企业 R&D 投入量。古典经济学里关于政府不干预才能达到社会最优的理论在现代强调科技竞争的市场上行不通。由于 R&D 投入具有公共品的性质,市场将会"失灵"。因此,政府有必要对企业的创新研发环节进行干预,从而达到提升社会福利水平的目的。

四、政府补贴行为及其方式的选择

（一）政府补贴行为

在原本的基础模型中，并未将政府调控这一因素考虑在内。事实上，由前文分析可知，企业自发竞争所产生的均衡并不是最优的均衡，市场处于"失灵"状态。政府通过干预市场，对资源进行重新配置，会产生一系列新的变化。在加入政府补贴这一因素后，模型由两阶段变为三阶段。第一阶段，政府制定一个补贴率，这里的补贴有两种方式，一种指的是对企业创新活动进行直接补贴，是一种事后补贴；另一种是政府对企业的生产活动进行补贴。第二阶段企业进行 R&D 投入。第三阶段企业进行价格竞争。在政府的干预下，企业的利润函数会发生变化。在补贴方式上，政府主要有两种：一种是对企业研发进行直接补贴，这也是一种事后补贴；第二种是政府对企业生产环节进行税收补贴，本章为讨论方便，将该种补贴视为按一定百分比提高企业生产销售所得收益。设政府对企业 R&D 活动以及生产活动的补贴率为 s 和 t。企业 i 利润函数分别变为：

$$\Pi_i = \pi - (1-s)R_i$$

$$\Pi_i = (1+t)\pi_i - R_i$$

R&D 补贴实质上是降低了企业每单位 R&D 投入费用，生产补贴实质上是提高了企业每单位产品销售所得收益。将(4)式带入上两式，求一阶条件，可得两种补贴方式下均衡时企业的最优 R&D 投入 R_s 和 R_t：

$$R_s = \frac{1}{(1-s)^2}R_0 \tag{12}$$

$$R_t = (1+t)^2 R_0 \tag{13}$$

其中 $0 \leqslant s \leqslant 1, 0 \leqslant t \leqslant 1$。可以看见 $\partial R_s/\partial s > 0$，当 $0 \leqslant s \leqslant 1$ 时，企业必将投入更多在 R&D 活动上，即补贴能使得企业生产的产品质量有所提高分别为：

$$u_s = (1-s)^{-1}u_0 \tag{14}$$

$$u_t = (1+t)u_0 \tag{15}$$

　　由前文,产品价格与产品质量无关,因此补贴不会对价格产生影响。由于价格不变,产品质量提高,消费者会消费更多产品,这一点从 $\partial q_0/\partial u_0>0$ 也能看出,且能知道 $q_s=(1-s)^{-1}q_0$。同时,消费者福利也会提高,由 $\partial CS_0/\partial u_0>0$ 亦能得到验证。对于企业利润,我们将 R_r,R_s 带入企业利润 Π 的计算式,能得到 $\Pi_s=(1-s)^{-1}\Pi_0$。当补贴率为正时,Π_s 大于 $\Pi_0=\pi_0-R_0$,即政府补贴也能使企业利润增加。由于生产者剩余和消费者剩余增加,在不考虑政府支出时,社会总福利无疑会增加。

　　命题2:在差异产品的质量竞争模型中,政府补贴能刺激企业更多的R&D投入,从而提升产品质量。但这不影响企业原本的定价策略。因此在价格不变的情况下,消费者对产品消费量增加,生产者和消费者的福利水平均有所提高。

(二) 政府补贴方式的选择

　　很明显,补贴率的增高对于企业和消费者都能带来好处。但应看到,对企业补贴越多,政府的负担就越大。因此,政府还要权衡自己的支出,制定合适的补贴政策。假定政府制定政策是基于社会福利最大化。对于社会总福利,我们用消费者剩余、生产者剩余和政府支出(负)加总来衡量。于是当采用 R&D 补贴时政府面临的问题为:

$$MaxW_s=CS_s+PS_s-G_s$$

　　其中 W_s 表示 R&D 补贴后社会总福利,CS_s 表示 R&D 补贴后消费者剩余,PS_s 表示 R&D 补贴后的生产者剩余,G_s 表示 R&D 采用补贴方式时政府对企业补贴所需支出,即有 $G_s=2sR_s$。求解福利最大化问题,将(14)、(15)式带入,由一阶条件,我们能得到政府使得社会总福利最大化的补贴率 s^* 为:

$$s^*=1-\frac{8-\sigma^2-2\rho\sigma}{(4+\sigma)(3-\sigma)(1+\rho)}=\frac{(4-\sigma)(\rho\sigma+3\rho+1)}{(4+\sigma)(3-\sigma)(1+\rho)} \tag{16}$$

$$G_s^*=2s^*R_s^*=\frac{2(1-c)^4(1+\rho)^3(3-\sigma)(\rho\sigma+3\rho+1)}{(4-\sigma)^3(2+\sigma)^2(4+\sigma)} \tag{17}$$

　　同理,当对生产进行补贴时,可以得到最优补贴率应满足:

$$1+t^*=\frac{1}{1-s^*} \tag{18}$$

$$G_t^* = 2t^* \pi_t^{*2} = \frac{4(1-c)^4(1+\rho)^4(2-\sigma)(3-\sigma)(\rho\sigma+3\rho+1)}{(4-\sigma)^3(2+\sigma)^2(8-\sigma^2-2\rho\sigma)} \tag{19}$$

通过(12)(13)(18)式,可知两种补贴方式下,政府采取最大社会福利的补贴率时,企业的 R&D 投入相等,为 R^* , $R^* = R_s^* = R_t^*$ 。由(4)式,消费者福利由 R&D 投入量决定,于是两种补贴方式下,消费者的福利并无变化;对比社会总福利,由于消费者福利和企业 R&D 投入相同,可知,两种方式均采取最优补贴率时社会总福利亦相同;而通过比较(17)(19)式,可以发现:

$$\frac{G_s^*}{G_t^*} = \frac{8-\sigma^2-2\rho\sigma}{2(1+\rho)(2-\sigma)(4+\sigma)} < 1$$

即此时生产补贴所需补贴支出费用要大于 R&D 补贴。且在社会总福利相同的情况下,生产补贴所多支出的补贴额将全部转化为企业的福利。

命题3:在差异产品的质量竞争模型中,无论政府采取 R&D 补贴还是生产补贴,均能在短期内刺激企业的研发投入,从而带动全社会总福利的提升。但相对 R&D 补贴而言,对生产活动的补贴不仅需要政府更多的补贴支出,还会使得企业占有更多的福利。

从另一个角度来说,在强调产品质量的竞争环境下,对企业生产活动进行补贴这样的补贴方式效率要低于直接对企业创新活动进行补贴。且由于政府对企业的补贴支出往往来自其他产业的税收,因此,对一产业生产活动进行补贴,实际上相当于将别的产业的利润分配给了被补贴的产业,长此以往会导致产业间发展失衡(王宇,刘志彪,2013)。因此,政府在进行补贴时,尤其是对强调产品质量的高新技术产业,应直接对企业的创新研发活动进行补贴。

五、最优补贴率及福利分析

(一)最优补贴率分析

由命题 3 知,采用 R&D 补贴的方式是要优于生产补贴,因此我们后文只分析 R&D 补贴的情况。对(8)式所表示的最优补贴率,可以验证,在范围 $\sigma \in [0,2]$, $\rho \in$

[0,1]内,$0<s^*<1$,且满足二阶条件$\partial^2 W_s/\partial s^2|_{s=s^*}<0$。即将补贴率定为$s^*$时,社会总福利最大。值得注意的是,政府最优补贴率只与产品横向差异化程度和技术溢出率有关,而与单位产品的成本(c)无关。将最优补贴率(16)的单调变换形式对这两个变量求导数,能得到:

$$\frac{\partial\ln(1-s^*)}{\partial\rho}=\frac{-2\sigma}{8-\sigma^2-2\rho\sigma}-\frac{1}{1+\rho}<0$$

$$\frac{\partial\ln(1-s^*)}{\partial\sigma}=\frac{(1-2\rho)\sigma^2-8\sigma+8-24\rho}{(4+\sigma)(3-\sigma)(8-\sigma^2-2\rho\sigma)}$$

对于技术溢出率而言,其值越大,政府所需最优补贴率就得越高。其原因是在技术溢出率较大时,技术研发作为公共品的特征就越强。由前文知,企业自主 R&D 投入将较少。此时,需要政府一个高补贴率对企业进行补贴,从而刺激企业 R&D 投入。

对于产品横向差异而言,我们令$A(\rho,\sigma)=(1-2\rho)\sigma^2-8\sigma+8-24\rho$。则有$\partial A/\partial\rho<0$,且$\partial A/\partial\sigma<0$。由于$A(1/3,0)=0$,即当技术溢出率$\rho\geqslant1/3$时,$A\leqslant0$恒成立;当$\rho<1/3$时,有$A(\rho,0)\cdot A(\rho,2)<0$,于是存在$0<\bar{\sigma}<2$,使得$\sigma\in[0,\bar{\sigma})$上$A>0$,在$\sigma\in[\bar{\sigma},1]$上$A\leqslant0$。综上,我们知$\rho\geqslant1/3$时,最优补贴率$s^*$将随着差异化增大而降低。因为此种情况下,差异化程度越大,企业自主投入 R&D 就会越多,政府可以用比较低的补贴率就让企业达到社会最优 R&D 投入;当$\rho<1/3$时,最优补贴率s^*将随着差异化增大先降低再提高。

命题 4: 在差异产品的质量竞争模型中,政府基于福利最大化的目标制定的补贴率与企业生产成本无关,而技术溢出水平是决定最优补贴率的关键因素。技术溢出水平比较高的情况下,产品差异变大时,应降低补贴率;而在技术溢出水平较低时,最优补贴随着差异化程度先增大后减小。

(二) 补贴的福利分析

政府对企业 R&D 活动进行补贴,将使得资源重新配置,市场达到一个新的、更好的均衡状态。然后补贴后的均衡状态是否明显好于补贴前? 为了回答这一问题,我们将补贴前后进行比较分析。假定政府选取社会总福利水平最大化的补贴率s^*。

由前文知道,在价格竞争下,企业定价不会因补贴而发生改变。均衡价格p^*只

与成本 c 以及产品差异程度 σ 有关。且有 $\partial p^*/\partial c>0,\partial p^*/\partial \sigma <0$。这也与现实相符，即生产产品单位成本越高，企业定价越高；产品间差异化水平越大，产品定价越高。

由(4)、(7)式知，补贴后的消费者福利 $CS^*=(1-s^*)^{-1}CS_0$，同样也能得到 $PS^*=(1-s^*)^{-1}PS_0$。可以看见补贴后的生产者福利以及消费者福利都与补贴率正相关，福利增量 $\Delta CS=CS^*-CS_0$ 与 $\Delta PS=PS^*-PS_0$ 亦是关于补贴率单调递增。即越高额的补贴率，确实能为消费者以及生产者带来更多的福利提升。由前文对最优补贴的分析可知，在技术溢出率高且产品差异小的时候，最优补贴率高，此时补贴对于消费者以及生产者的福利水平提升较大，补贴效率高；在虽说补贴率越高，对生产者以及消费者福利水平提升越多，但政府的负担也将越重。考虑政府支出这一因素后，补贴后的社会总福利为 $W^*=(1-s^*)^{-1}W_0-2s^*R_s$，将(4)、(6)式带入，能得到总福利增量 ΔW 为：

$$\Delta W=\frac{2(1-c)^4(1+\rho)^2(\rho\sigma+3\rho+1)(-\rho\sigma^2+\rho\sigma-\sigma+12\rho+4)}{(4-\sigma)^3(4+\sigma)^2(2+\sigma)^2}$$

令 $c=1$ 对 ΔW 进行仿真，能得到 ΔW 关于 ρ,σ 的函数图如图 8-1。

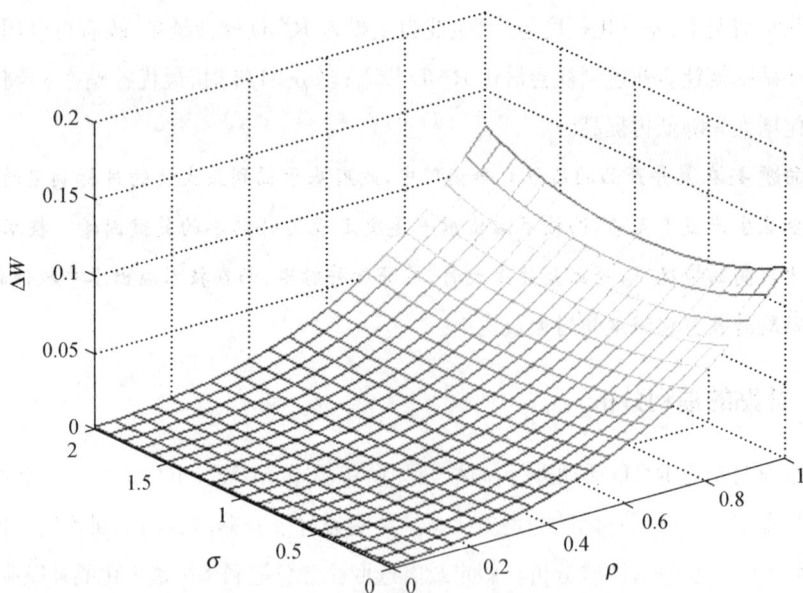

图 8-1　总福利增量与 ρ,σ 的关系图

从图 8-1 可以看出,福利增量随 ρ,σ 变化趋势和最优补贴率相似。因此,在考虑到政府支出后,社会总福利增量依然是随着技术溢出增大而增大,并且在技术溢出率高,产品差异小的时候,总福利增量最大;而在技术溢出率小的产业,补贴将不太有效率。

命题5:在差异产品的质量竞争模型中,从社会总福利提升的角度来看,对产业内技术溢出率高的产业进行补贴将比较有效率,而对技术溢出率低的产业补贴将不太有效率。

对于技术溢出率低的产业,补贴显得不那么有"效率",并不是意味着政府对这些产业的发展就束手无策了。政府虽然直接干预效果不佳,但能通过一些间接手段来扶持企业,通过一系列政策手段改变产业的格局,从而使得产业内技术溢出水平或是产品差异程度发生改变,从而带动企业更多的 R&D 投入。

(三) 企业创新与政府补贴的经验支持

近些年来,我国政府也同欧美发达国家一样,对企业的研发创新活动予以一定程度的补贴。事实上,并不是只要有补贴,就能促进企业或产业的发展。一些产业在各级政府的补贴下,反而日渐衰落,而另一些产业却能利用有限的补贴蓬勃发展。

中国智能手机企业近几年可谓是异军突起。就在几年前,中国手机并不是以其质量好出名,而是因"山寨手机"制造为消费者所知。所以,几年前,中国手机企业在手机市场尤其是智能手机市场上可谓"臭名远扬",2011 年中国智能手机市场中,只有中兴市场份额勉强挤入前十,市场几乎被国外知名企业所占据。到了 2013 年第二季度,中国智能手机市场份额前十位中有八家为中国手机企业,联想、酷派和中兴第二季度在中国市场排名第 2 至 4 位,市场份额为 9.7% 至 12.3% 不等。国产智能手机在市场上与三星、苹果形成分庭抗礼之势。国产智能手机的成功离不开企业自身大量的研发投入以及政府对企业的补贴。政府对手机研发以及手机操作系统的研发都予以了补贴。在智能手机这个技术更新快、技术传播快的产业里,政府对手机厂商的研发补贴起到了显著的成效。

企业之间竞争策略也有所改变,国产手机企业摆脱了"山寨手机"那种低质量低价格的战略,开始自主研发高技术含量的新产品,如华为研发出了"世界最薄的手机"P6,小米研制了运算最快的手机 MI3,以及步步高首次将 hi-fi 技术融入智能手机之中。国产手机质量开始追赶上了国际大厂商的脚步,甚至一些方面已处于领先地位。除了重视产品质量之外,许多企业亦注重品牌差异性。如 OPPO 公司将其产品定位为时尚,联想定位于商务,小米公司将自己的产品定位于"发烧",并且还运用互联网销售这样的战略营造了很强的品牌差异性。正是各种各样的差异化战略,才铸就了今天国产手机百花齐放的局面。

相比于智能手机产业的繁荣,光伏产业则处于困境。自 2007 年以来,政府颁布了《可再生能源电价附加收入调配暂行办法》《太阳能光电建筑应用财政补助资金管理暂行办法》《关于实施金太阳示范工程的通知》等一系列政策对光伏产业进行补贴。由于补贴是以补贴电价等形式的生产补贴为主,造成了光伏产业"虚假的繁荣"。由于生产补贴的存在,大量新厂商涌入,导致了光伏产业大大的产能过剩。虽然经过了一些调整,然而 2013 年上半年以来,国内光伏产业产能高达 40 GW,实际出货量仅有 11.5 GW,结构性产能过剩状况依然明显。① 这造成了许多厂商堆积在产业链下游,技术落后,没有形成自己的品牌。种种因素造成了光伏产业如今的"寒冬"。

六、结论及启示

本章在基于产品差异化的市场上,研究了进行价格竞争和产品质量竞争双重竞争的企业的行为,以及政府对企业 R&D 活动的补贴对市场造成的影响。研究发现以下几点。(1) 不论是对企业研发活动进行补贴还是对企业的生产活动进行补贴,均能在短期内刺激企业 R&D 投入,并且增加产品需求量、消费者剩余以及企业利润。但是在使社会总福利达到相同的一个水平时,生产补贴需要政府更多的补贴支出,因此,生产补贴相对于创新补贴来说,是低效率的。(2) 政府最优补贴率(创新补贴)应随技术溢出水平提高而提高,并且在产品差异化程度比较小时予以更高的补贴

---

① 数据来源于德勤《2013 中国清洁技术行业调查报告》。

额度;而在技术溢出水平较低的时候,政府补贴政策效率很低。

本章的结论对于政府制定 R&D 补贴政策有着指导意义,具体有如下政策建议。首先,企业应重视品牌战略。企业的"品牌"是由横向差异以及纵向差异两个维度构成。企业在现代化、国际化的市场上,必须以科技带动产品质量提升,塑造良好品牌形象;并以差异化战略开拓市场,让消费者铭记自家品牌。只有"品牌"地位牢固了,企业才能在市场上立于不败之地。

其次,政府对高技术产业补贴应是对其研发活动补贴而不是对其生产活动进行补贴。现代高技术产业竞争与古典的产量或是价格竞争不同,产品质量的比拼才是竞争成败的关键。在政府补贴支出有限的情况下,对企业生产活动进行补贴,长此以往,可能并不会促进企业大力度进行产品质量研发升级。而且因为生产补贴使得企业利润大大提高,导致企业"不劳而获",从而降低企业的效率。

最后,政府对企业创新能力的扶持手段应具有阶段性和多样性。每个产业都有自己的生命周期,在每个阶段都会有不同的特点。在新兴产业起步阶段,产业内技术还未定型,产品类型多样,溢出水平不高。这时政府补贴效率不高。政府可以通过促进产业集聚或是放宽专利政策这一系列手段,来提高该产业的技术溢出水平,从而可以促进企业自主研发投入增加。如政府扶持建设的南京软件园,正是通过在产业起步阶段进行产业集聚使得软件产业蓬勃发展。在新兴产业来到成长期时,产业内技术体系逐步完善,技术溢出水平也将提高,此时政府应予产业内企业以补贴,促进产业飞速发展。在产业发展成熟的阶段,政府可以逐步减少补贴。而是通过扶持企业进行产品差异化战略,塑造各自良好的品牌形象,增加彼此产品的差异性,从而促使企业扩大自主研发投入规模。

参考文献

[1] David P, Hall B, Toole A. Is Public R&D a Complement or Substitute for Private R&D? A Review of the Econometric Evidence [J]. Research Policy, 2000, 29: 497-529.

[2] González X, Pazó C. Do public subsidies stimulate private R&D spending[J]? Research

policy，2008，37：371-389.

[3] 刘虹,肖美凤,唐清泉. R&D 补贴对企业 R&D 支出的激励与挤出效应——基于中国上市公司数据的实证分析[J]. 经济管理,2012,34(4):19-28.

[4] Davidson C，Segerstrom P. R&D subsidies and economic growth[J]. RAND Journal of Economics，1998，29(3)：548-577.

[5] Christopher A. Laincz. Market structure and endogenous productivity growth：how do R&D subsidies affect market structure[J]? Journal of Economic Dynamics & Control，2005，29：187-223.

[6] 唐清泉,卢珊珊,李懿东. 企业成为创新主体与 R&D 补贴的政府角色定位[J]. 中国软科学,2008,(6):88-98.

[7] 周绍东. 企业技术创新与政府 R&D 补贴:一个博弈[J]. 产业经济评论,2008,7(3):38-51.

[8] 安同良,周绍东,皮建才. R&D 补贴对中国企业自主创新的激励效应[J]. 经济研究,2009,(10):87-98.

[9] Maria José Gil-Moltó，Joanna Poyago-Theotoky，and Vasileios Zikos. R&D Subsidies，Spillovers，and Privatization in Mixed Markets[J]. Southern Economic Journal,2011,78(1):233-255.

[10] 赵丹,王宗军. 消费者剩余、技术许可选择与双边政府 R&D 补贴[J]. 科研管理,2012,33(2):88-96.

[11] 王宇,刘志彪. 补贴方式与均衡发展:战略性新兴产业成长与传统产业调整[J]. 中国工业经济,2013,(8):57-69.

[12] Grossman G. M，Helpman E. Quality Ladders in the Theory of Growth[J]. Review of Economic Studies，1991，58:43-61.

[13] Dixit A，Stiglitz J. E. Monopolistic Competition and Optimum Product Diversity[J]. American Economic Review，1977，67：297-308.

[14] Singh N，Vives X. Price and quantity competition in a differentiated duopoly[J]. Rand Journal of Economics,1984，15(4)：546-554.

[15] d'Aseremont C，Jacquemin A. Cooperative and Noncooperative R&D in Duopoly with

Spillovers[J]. American Economic Review, 1988, 78(5): 1133 - 1137.

[16] Leahy D, Neary J. P. Public Policy Towards R&D in Oligopolistic Industries[J]. American Economic Review, 1997, 87(4): 642 - 662.

[17] Sutton, J. Technology and Market Structure[J]. European Economic Review, 1996, 40: 511 - 533.

[18] Sutton J. One smart agent[J]. RAND Journal of Economics, 1997, 28(4): 605 - 628.

[19] Symeonidis G. Cartel stability in advertising-intensive and R&D-intensive industries [J]. Economic Letters, 1999, 62: 121 - 129.

[20] Symeonidis G. Comparing Cournot and Bertrand equilibria in a differentiated duopoly with product R&D[J]. International Journal of Industrial Organization, 2003, 21: 39 - 55.

[21] 郑绪涛,柳剑平. 促进 R&D 活动的税收和补贴政策工具的有效搭配. 产业经济研究, 2008,(1):26 - 36.

第九章 供给侧下的研发补贴与经济高质量发展

一、引　言

过去 30 多年,中国经济实现了年均近 10％的高速增长,创造了世界经济发展史上的一个奇迹,经济总量规模跃居世界第二位,国家整体实力大幅提升。2010 年以来,中国人均 GDP 超过 4 000 美元,进入中等收入国家行列。然而,立足于现阶段及未来中长期经济发展实践,中国经济正面临着不断压缩的宏观调控弹性空间,严重错位的供给与需求匹配、中等收入陷阱以及胡焕庸线"半壁压强型"能源环境制约等结构性问题的挑战。中央财经小组多次提出的深化供给侧结构性改革,主动推进经济结构由不平衡向较平衡状态的调整,是中国转变经济发展方式,提高经济发展质量与效益的一条主线。

供给侧结构性改革下经济发展质量提升是经济发展的方向,而技术创新是实现经济发展质量提升的核心手段。新增长理论认为研发投入是驱动科技进步,推动技术创新和经济增长的最直接来源(Romer, 1990)。由于创新活动存在明显的正外部性效应和非排他性,先进的创新技术产生会迅速使得市场上其他竞争者受益,从而降低了企业研发收益的预期,这就导致了企业的研发投入少于社会所期望的最优水平(Arrow, 1962；Hall, 2002)并抑制了经济发展。因此,通过政府研发补贴弥补由于外部性所造成的企业研发投入不足,研发成本过高的问题,是鼓励企业技术创新和提升经济发展的主要手段。

纵观现有的文献,对政府研发补贴的研究主要集中在对企业技术创新究竟是产生了"激励效应"还是"抑制效应"的讨论上。政府研发补贴对企业的技术创新产生了正向的"激励效应"可能来源于以下两个方面。首先,资本市场的不完善导致企业面临严重的融资约束(Benito & Hernando,2007;Brown,2011),而企业自身的内源融资又无法弥补和满足创新活动所需的巨额前期投入以及沉淀成本支出,加之企业从事研发创新活动通常会面临较大的风险及不确定性,从而抑制了企业的研发投入意愿并阻碍了技术创新。政府研发补贴有助于缓解企业的融资需求,分散企业研发投资的风险,降低企业技术创新的门槛,提高企业研发创新的投入,从而扩大了企业与整个社会的技术创新规模。其次,政府研发补贴直接降低了企业的边际成本,增加了企业对创新活动的收益预期,鼓励企业增加研发投入进而提升了企业的科研创新水平,提高了企业的创新回报率(解维敏、唐清泉,2009;陆国庆等,2014)。

由于某些市场失灵的存在,政府研发补贴对企业技术创新也有可能产生了负向的"抑制效应"。第一,由于研发活动的探索性和创造性的特点,使其具有高度的不确定性,导致研发企业和政府之间存在严重的信息不对称(Berger & Udell,1998)。这就可能造成企业在申请补贴时存在事前逆向选择和事后的道德风险问题。如果政府缺乏有效的补贴甄别机制,则会导致企业向政府释放虚假信号以达到骗取补贴的目的,从而严重削弱政府研发补贴的激励效应(安同良,2009)。第二,对于一些具有高预期资本回报率的企业研发项目,通常被企业内部资金所青睐,而政府研发补贴的实施实际上挤出了企业自有研发资金。或者由于政府研发补贴计划的存在,吸引企业只去申请计划内的研发项目,而放弃了其他可能更有价值或社会效应的投资机会,政府研发补贴也是挤出了企业的技术创新的投资(Lach,2002)。第三,由于政府研发补贴分配与监管制度的不完善,高额度的补贴更能滋生企业积极的"寻租"行为,高昂的寻租成本挤出了企业的研发投资,导致了较低的企业创新规模。(顾元媛、沈坤荣,2012;任曙明、张静,2013;毛其林、许家云,2015)。

与既有文献对比,本章可能在以下两个方面丰富了已有的研究文献。(1)将政府研发补贴引入内生增长的模型中,在同一框架下研究了政府研发补贴对企业技术创新和经济发展质量的影响,为政府研发补贴和经济增长之间广泛研究的课题提供理论依据。(2)从微观层面,对供给侧结构性改革下,政府研发补贴对不同所有制类型企业的技术创新和经济发展质量的影响进行了实证分析,以进一步剖析政府研发补贴能够全面提升全社会整体创新效率和促进经济可持续发展的现实路径。

二、理论模型与研究假设

本章在 Howitt & Aghion(1998)所建立的内生增长模型的基础上,借鉴 Morales (2004)关于政府研发政策模型,讨论了政府研发补贴对企业技术创新和经济发展质量可能存在的促进或抑制效应的微观机制。

(一) 家庭

假设经济中存在无限寿命的家庭,具有线性的跨时偏好,家庭通过消费来最大化其自身的效用函数:

$$\max V(C_t) = \int_0^{+\infty} \frac{C_t^{1-\varepsilon} - 1}{1 - \varepsilon} \mathrm{e}^{-\rho t} d_t \tag{1}$$

其中,C_t 为 t 时期的家庭消费,ρ 表示贴现率,$0 < \rho < 1$,ε 表示跨期消费替代弹性的倒数。

假设家庭的预算约束方程为:

$$\text{s. t.} \quad \tilde{K}_t = r_t K_t + w_t L + \int_0^1 \pi_{it} d_i - C_t - N_t \tag{2}$$

其中,r_t 表示利率,K_t 表示资本,w_t 表示工资,L 表示劳动力,π_{it} 表示家庭作为企业的所有者可以获得的企业的利润,N_t 表示研发投入。通过建立汉密尔顿函数并求解家庭最优化方程,可得到:

$$\frac{\tilde{C}_t}{C_t} = \frac{r_t - \rho}{\varepsilon} \tag{3}$$

(二) 最终产品部门

假设在完全竞争的市场条件下,经济中只存在一种最终产品,最终产品厂商使用一系列连续的中间产品(m_{it})和劳动力(L)进行生产,m_{it} 表示在 t 时期第 i 个中间产品生产商所提供的中间产品数量,劳动力供给无弹性。最终产品的生产函数采用规模报酬不变的 Cobb-Douglas 函数：

$$Y_t = L^{1-\alpha}\int_0^1 A_{it}m_{it}^a d_i, 0 < \alpha < 1 \tag{4}$$

其中，Y_t 表示该经济系统在 t 期的总产出，A_{it} 表示第 i 个中间产品质量的技术参数，这一参数的取值由研发部门的水平决定。

（三）中间产品部门

中间品数量由中间品生产商决定。因为中间品生产商是自然垄断的，每种中间产品部门都是被该产品最新换代品的专利持有者所垄断，为了取得市场的暂时垄断地位，每一位中间厂商总是需要向有关的研发部门购买当期最先进的技术专利，然后进行生产并获得这种最先进专利的垄断收益。但是这种垄断过程总是相对短暂，由于创新的可持续性，创新所生产的新产品必然会使得旧的产品和技术被遗弃，垄断厂商就会失去其原有的垄断地位和垄断收益，这个过程就是熊彼特所指出的"创造性毁灭过程"。而每次创新都能为创新企业带来未来产业的垄断地位，获取垄断市场的租金并一直持续到下次创新的产生。因此，假设资本是唯一的中间产品投入，则中间产品的生产函数为：

$$m_{it} = K_{it}/A_{it} \tag{5}$$

该式表明，技术越先进，所需要的资本越多。其中，A_{it} 为 t 时期生产 1 单位第 i 个中间产品需要单位的资本，K_{it} 为该时期生产第 i 个中间产品的总资本投入量。

假设资本品是由完全竞争的金融市场来提供，在 t 时期的资本租金率为 r_t，即中间产品生产商生产一单位中间产品的成本为 $A_{it}r_t$。由于最终产品市场是完全竞争市场，故均衡时，中间产品的价格等于其边际产出。

$$p(m_{it}) = \alpha L^{1-\alpha}A_{it}m_{it}^{\alpha-1} \tag{6}$$

故垄断厂商利润的最大化条件为：

$$\pi_{it} = \max[\, p(m_{it})m_{it} - A_{it}r_t m_{it}\,] \tag{7}$$

由(6)(7)式可得中间产品生产厂商均衡时的中间产品供给：

$$m_{it} = L(\alpha^2/r_t)^{\frac{1}{1-\alpha}} \tag{8}$$

由于均衡时在任何给定的时点上,所有中间产品生产厂商将生产相同数量的中间产品,即 $m_{it}=m_t$。因此,将(8)式带入(7)式可得中间产品生产厂商均衡时的利润为:

$$\pi_{it}=\alpha(1-\alpha)L^{1-\alpha}A_{it}m_t^{\alpha} \tag{9}$$

假设 $A_t=\int_0^1 A_{it}d_i$ 表示 t 时期中间部门的平均技术水平参数,则 t 时期第 i 种中间产品的资本投入为 $K_{it}=A_{it}m_t$。若总资本存量为 K_t,则资本市场均衡时 $K_t=\int_0^1 A_{it}m_t d_i$,即 $K_t=A_t m_t$。设 $k_t=K_t/A_t$,表示第 i 个中间产品生产商的"资本密度"。由上述分析可知 $k_t=m_t$,根据(8)式可知:

$$r_t=\alpha^2 L^{1-\alpha}k_t^{\alpha-1} \tag{10}$$

(四) 研发部门

每种中间产品都有一系列的研发部门,每个部门的创新都使用同样的技术知识生产最终产品,这种知识状态由"最先进的"技术所代表,它在 t 时期可表示为 $A_t^{\max}$。每个研发部门进行技术创新的研发投入为 N_{it},分别投入到了基础研发和应用研发当中,经过生产率调整后的研发投入可表示为 $n_{it}=N_{it}/A_t^{\max}$。假设每一个研发部门创新成功的概率为 λ,并且服从泊松分布,则各部门的创新抵达率可表示成如下形式:

$$\lambda p(n_{it})=\lambda[n_a(1+bn_b)]^{\frac{1}{2}} \tag{11}$$

其中,n_a 和 n_b 为研发投入密度中应用研发和基础研发分别所占的份额,b 为正的参数,衡量了基础研发对总研发效率的影响。技术前沿参数 $A_t^{\max}$ 的增长率由总的创新速度决定,假设技术前沿参数 $A_t^{\max}$ 增长率:

$$\frac{\tilde{A}_t^{\max}}{A_t^{\max}}=\lambda=\sigma\lambda(n_a)^{\beta}(n_b)^{1-\beta} \tag{12}$$

式中,技术前沿参数 $A_t^{\max}$ 的增长率取决于企业对知识生产的投资,而技术前沿的增长又代表了经济发展的质量水平。

上述(7)式为创新成功的垄断收益,由于"创造性毁灭"效应的存在,创新厂商从事创新活动的期望收益 V_t 为:

$$V_t = \int_t^{+\infty} e^{-\int_t^\tau [r_s + \lambda p(n_s)] d_s} (1-\alpha) \alpha A_t^{\max} L^{1-\alpha} k_\tau^\alpha d_\tau \tag{13}$$

式中 r_s 表示贴现率,$e^{-\int_t^\tau [r_s + \lambda p(n_s)] d_s}$ 表示创新成功率为 $\lambda p(n_{it})$ 时的创新垄断利润的贴现率。

假设厂商创新成功的边际成本为 C_t,且均衡时每个研发部门的投入相同,研发的边际成本等于研发的边际收入,由(13)式我们可得到厂商从事研发活动的边际收益为:

$C_t \dfrac{\lambda p(n_t)}{n_t} \left(\dfrac{\alpha(1-\alpha)L^{1-\alpha}k_t^\alpha}{r_t + \lambda p(n_t)} \right)$ 由此,得到的厂商从事研发活动的套利条件为(arbitrage condition):

$$1 = \frac{\lambda p(n_t)}{n_t} \left(\frac{\alpha(1-\alpha)L^{1-\alpha}k_t^\alpha}{r_t + \lambda p(n_t)} \right) \tag{14}$$

该等式也决定了作为资本密度集度 k 的函数稳定状态时的研发密度集,即资本密度和研发密度在 R&D 活动均衡时所要满足的关系。该等式左边为厂商研发活动的边际成本;右边为厂商研发活动的预期边际收益,其中第一项为厂商创新成功的概率,第二项分子为厂商从事研发活动成功后可以获得的总收益,分母为总收益的贴现率。

(五) 政府研发补贴政策

政府的研发补贴政策直接影响了微观研发企业技术创新投资的决策,假设政府将总额为 Γ 的研发经费委托给企业让其进行研发活动,其中资助企业基础研发部分为 Γ_a,资助应用研发部分为 Γ_b,则企业取得创新成功的概率为:

$$\max \lambda \rho(n_{it}, \Gamma) = \lambda \{(n_a + \Gamma_a)[1 + b(n_b + \Gamma_b)]\}^{\frac{1}{2}}$$

$$\text{s. t.} \quad n_{it} = n_a + n_b \tag{15}$$

求解(15)式,当 $n_{it} + \Gamma_a - \Gamma_b \geqslant \dfrac{1}{b}$ 时[①],可得到,$n_a = \dfrac{n_{it} + \Gamma_a - \Gamma_b}{2} + \dfrac{1}{2b}$,$n_b =$

①　$n + \Gamma_a + \Gamma_b < 1/b$ 时,$n_a = n$,$n_b = 0$。

$\dfrac{n_{it}+\Gamma_a-\Gamma_b}{2}-\dfrac{1}{2b}$。此时,企业从事创新成功的概率为:

$$\lambda p(n_{it},\Gamma)=\lambda\left[\frac{1+b(n_{it}+\Gamma)}{2\sqrt{b}}\right] \tag{16}$$

当政府以研发补贴的形式直接资助厂商研发时,提高了厂商的研发密度,使得厂商创新成功的概率由原来 $\lambda p(n_{it})$ 变成了 $\lambda p(n_{it},\Gamma)$,改变了厂商创新均衡的条件,影响了企业的创新投入及创新效率。因此,当引入政府研发补贴政策后,均衡时(14)式厂商进行研发活动的套利条件变为:

$$1=\frac{\lambda p(n_t,\Gamma)}{n_t}\left(\frac{\alpha(1-\alpha)L^{1-\alpha}k_t^{\alpha}}{r_t+\lambda p(n_t,\Gamma)}\right) \tag{17}$$

(六) 竞争性均衡

在竞争性均衡的状态下,平衡增长路径意味着经济系统处于一个稳定的状态,其中给定 $K(0)=K_0,A(0)=A_0,\{Y_t,A_t,K_t,C_t,A_t^{\max},N_t\}$ 的增长率均为常数 γ,且 $m_t=m,k_t=k,n_t=n,\gamma_t=\gamma$ 均为常数。

$$\gamma=\gamma_Y=\gamma_A=\gamma_N=\gamma_K=\gamma_C=\sigma\lambda(n_A)^{\beta}(n_{\beta})^{1-\beta}=\sigma\lambda(n_a+\Gamma_b)^{\beta}(nb+\Gamma_b)^{1-\beta}$$
$$=\sigma\lambda\left(\frac{b(n+\Gamma)+1}{2b}\right)^{\beta}\left(\frac{b(n+\Gamma)-1}{2b}\right)^{1-\beta} \tag{18}$$

式中 γ 代表最终产品产出 Y_t 的增长率, γ_A 为代表经济发展质量最先进技术的增长率 $A_t^{\max}$, γ_N 为技术创新研发投入的增长率, γ_K 为资本的增长率和 γ_C 为消费的增长率。 n_A 和 n_B 为包括政府和企业全部支出的基础研究和应用研究的研发投入。

根据消费者欧拉方程(2)式和方程(10)式,可得到在平衡增长路径上:

$$r=\varepsilon\gamma+\rho=\alpha^2L^{1-\alpha}k^{\alpha-1} \tag{19}$$

根据(17)式,由于在稳定状态下 k 和 n 均为常数,因此,在平衡增长路径上研发部门的无套利条件可整理为如下的形式,

$$1=\frac{\lambda p(n,\Gamma)}{n}\left(\frac{\alpha(1-\alpha)L^{1-\alpha}k^{\alpha}}{\varepsilon\gamma+\rho+\lambda p(n,\Gamma)}\right) \tag{20}$$

结合等式(18)和(20)可以看出经济发展取决于企业的研发密度,而研发密度又受到资本积累的影响。资本密度 k 和劳动力 L 投入的增加会通过提高企业的垄断

利润 $\pi = \alpha(1-\alpha)L^{1-\alpha}Ak^{\alpha}$ 和降低垄断利润的贴现率以及研发活动的资金成本($r = \alpha^2 L^{1-\alpha}k^{\alpha-1}$)来促进企业增加技术创新的研发密度和经济发展质量的提升。政府研发补贴的引入,将直接改变企业研发的边际条件,进而厂商均衡的研发投资和实物投资也会随之变化,最终影响经济发展。(20)式中右边第一项分子表明政府研发补贴政策直接提升了厂商创新成功的概率;然而第二项分母则表明,厂商创新成功概率的提升也意味着"创造性毁灭"过程的加剧,即从事创新厂商预期垄断利润贴现率的提升,减少了厂商的创新预期收益。

从上面的分析可知,政府的研发补贴对厂商的技术创新和经济发展质量产生了相关的影响。但是由于无法从方程中得到二者的显示解,基于此,本章进一步运用 Mathematic 软件进行数值模拟,给有关参数赋值,检验稳定状态下政府研发补贴对厂商进行技术创新的研发投入和经济发展质量的影响。其中,借鉴 Lucas(1990)的研究,本章选取消费跨期替代弹性的倒数 $\varepsilon = 2$,效用的贴现率 $\rho = 0.02$;根据 morals (2004)的研究,本章选取 $\sigma = \ln(1.2)$,$b = 5$,$L = 1$,$\lambda = 0.05$。图 9-1、图 9-2 中数值模拟结果发现政府研发补贴作为克服市场失灵、激励企业进行自主创新的关键政策

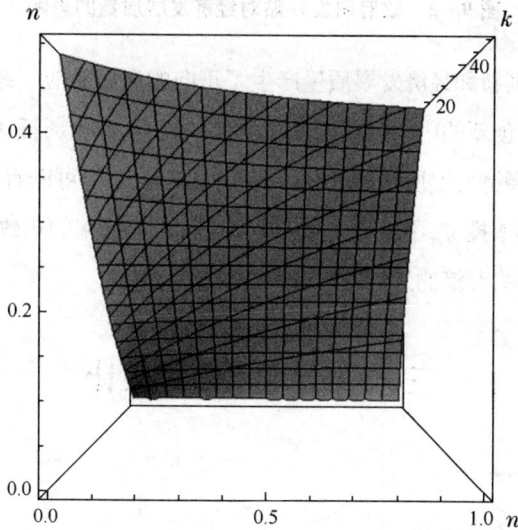

图 9-1　政府研发补贴对企业技术创新的影响

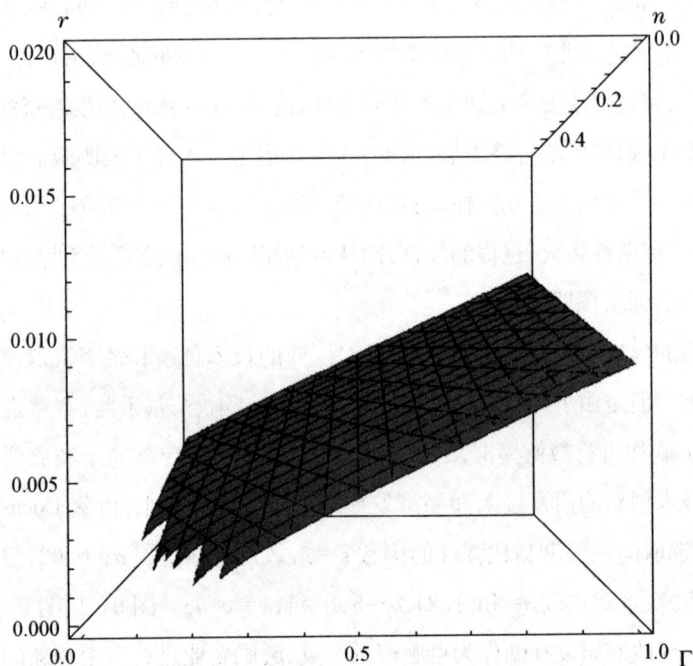

图9-2　政府研发补贴对经济发展质量的影响

手段,对企业技术创新和经济发展质量产生了正向的激励效应。政府研发补贴通过
促进企业进行技术创新的研发投入的增加,提高了企业的创新抵达率和技术进步的
速度,进而促进了经济发展质量的提升。但是从图9-1中可以看到,政府的研发补
贴挤出了企业的资本投资,不断中和和抑制着研发补贴带来的正效应,导致企业研发
密度的下降进而影响经济的发展质量。

三、数据说明与研究设计

(一)数据来源

本章选取 2007—2013 年沪深两市上市公司数据实证研究了政府研发补贴对企
业技术创新和经济发展质量的影响。首先,从上市公司的公开报表等信息中通过手

工方式搜集了有关政府补贴创新投入的数据,研发补贴数据从上市公司财务报表附表中"营业外收入"科目下"政府补贴"明细中整理获得。本章在保证原始数据的准确性后,与现有的国内外文献相符,对数据做了如下处理:① 删除主营业务利润、就业人数、总资产、固定资产净值、资本支出等关键指标缺失的观测样本;② 剔除了从业人员数小于 10 人的企业;③ 用 winsorize 方法对关键变量在 1% 的水平上的前后极端值进行了处理。相关上市公司财务数据均来自国泰安数据库和万德数据库。

(二) 模型设计

结合前文理论模型的研究基础,本章选用企业的研发投入来反映企业的技术创新,选取企业的全要素生产率来反映经济发展质量,在充分考虑中国因素的基础上,本章将计量模型具体设定如下:

$$RD_{it} = \alpha_0 + \alpha_1 subsidy_{it} + \alpha_2 Z_{it} + \mu_{province} + \mu_{year} + \mu_{industry} + \varepsilon_{it} \quad (21)$$

为了进一步检验政府研发补贴和经济发展质量之间关系,建立回归方程:

$$TEP_{it} = \alpha_0 + \alpha_1 subsidy_{it} + \alpha_2 Z_{it} + \mu_{province} + \mu_{year} + \mu_{industry} + \varepsilon_{it} \quad (22)$$

其中,RD_{it} 表示企业 i 在第 t 年的研发投入额,TFP_{it} 为企业 i 在第 t 年的全要素生产率;$subsidy_{it}$ 表示企业 i 在第 t 年所获得的政府研发补贴的强度;Z_{it} 表示其他影响企业技术创新和经济发展质量的控制变量;ε_{it} 表示估计方程的残差;为了避免回归过程中重要解释变量的遗漏问题,本章在回归中控制了样本所属的地区、行业和年份的固定效应。

被解释变量:企业的技术创新由企业的研发投入来反映,同时对企业的研发投入额采取了去规模化的处理,计算方法为企业的研发投入额/企业的销售额。选取企业的全要素生产率来反映经济发展质量,并采用 Olley & Pakes(1996)方法计算了企业的 TEP_{it}。该方法是基于结构模型的半参数法,使用投资作为不可观察的生产率的代理变量,从而获得参数的一致性估计,同时考虑了由企业进入和退出带来的样本选择性偏差的问题,解决了生产要素与生产率的内生性,是当前最为广泛的估计全要素生产率的一种方法。

核心解释变量:政府研发补贴强度。本章对政府研发补贴进行了去规模化的处理,定义政府研发补贴强度为企业所获得的政府研发补贴额占企业固定资产净额的百分比。本章关注的是核心解释变量 $subsidy_{it}$ 的估计系数 α_1,根据上文的理论假设,政府研发补贴会显著的促进企业的技术创新和经济发展质量的提升。

控制变量如下。① 企业的人力资本(H)。定义为企业中所拥有的大专及以上文凭的劳动力数量占企业总人数的比例,该指数反映了企业的人力资本结构。企业研发部门的创新活动依赖于企业的人力资本对新知识新技术的开发和利用,通过知识和技术的外溢完成基于中间品生产到最终产品生产的横向和纵向的技术进步,在抵消资本效率递减的负向冲击的同时促进了企业的技术创新和经济发展质量的提升。② 企业所处行业的竞争度(HHI),定义为根据证监会 2012 行业分类标准,通过各行业企业的总资产计算出的赫芬达尔——赫希曼指数,该指数反映了相关产业的市场竞争结构。市场竞争结构对企业技术创新和经济发展的影响较为复杂,虽然市场竞争能够促进企业积极技术创新,但熊彼特的基本观点则是垄断的情形与研究开发有着密切联系,由于创新具有公共产品的性质,其供给需要受到一套专利体制的鼓励,向创新企业提供短暂的垄断,允许弥补其研究开发的费用。③ 企业的劳动投入(L),借鉴陆国庆(2014)的研究定义为企业当年支付职工工资与管理费用之和的对数值。一般而言,工资高的企业倾向于采用技术密集型的生产方式以及注重企业的技术创新。④ 企业资本投入(k),定义为企业的资本密集度。根据理论假设,资本投资会提高企业利润收益,但政府研发补贴会挤出企业资本投资,从而对企业技术创新和经济发展质量产生不利影响。⑤ 企业的年龄(age),定义为企业有效成立时间的对数值。一般来讲,在位越久的企业由于不希望打破现有的市场格局而丧失垄断利润,通常技术创新能力较弱。⑥ 企业的规模($size$),定义为企业年均员工人数的对数值。关于企业规模对企业技术创新和经济发展质量的影响也存在着争论,根据熊彼特假说,大企业因其规模经济、风险分担和融资渠道上所占有的优势,大企业比小企业更有能力进行技术创新并提高经济发展质量,但是大公司由于内部组织协调成本过高,对新技术的发展方向不一定敏感,则会削弱了大公司的创新动机。⑦ 企业的融资约束($finance$),定义为企业的资产负债率。企业的创新活动具有巨额前期投入和沉淀成本的特征,对于仅依靠自身内源融资承担研发活动所需的资金投入会导致企业的技术创新不足,最终对一国的经济发展产生抑制效应。

(三) 内生性问题与工具变量设定

本章的计量模型可能面临的问题在于企业的技术创新和提升经济发展质量的能力与政府的研发补贴政策之间可能存在反向因果关系而导致的内生性。由于在政治利益取向下的各地政府有着强烈的介入地方经济活动追求自身利益的冲动,通过扶强扶优的研发政策促进其辖区内经济的发展,满足其政治考核指标等目标,则导致了企业自身也会影响政府研发政策的实施。对于可能存在的内生性的问题,本章选择多重工具变量来加以解决。一是选择以样本企业固定资产净额为权重对企业层面的政府研发补贴进行加总,得到行业层面的研发补贴额。行业层面的政府研发政策与企业个体层面的创新没有直接的联系,但是与行业层面中个体企业获得政府研发补贴有着直接的联系。二是使用政府研发补贴的滞后一期,作为捕捉和反映政府研发政策长、短期效应变化的工具变量。

(四) 实证结果与分析

由于政府的研发补贴具有显著的选择性和倾向性的特点,国有企业凭借自身的政治关联以及政策性优惠等天然优势,以较低的成本获得了政府扶持性政策。相反,民营企业由于受到政治风险,金融市场的不完备以及产权结构等因素的影响,则受到了不同程度的歧视。因此,我们将全样本分成国有企业和非国有企业两个子样本,以考察政府研发补贴对企业技术创新和经济发展质量的影响。

1. 政府研发补贴与企业技术创新

本章就不同所有制下政府研发补贴与企业技术创新之间的关系进行了检验,得到的回归结果如表 9-1 所示。考虑到可能存在的内生性问题,模型(1)(3)(5)采取 OLS 方法,模型(2)(4)(6)采用 OLS 加 IV 方法进行了估计。全样本的估计结果显示,政府研发补贴变量 $subsidy$ 的回归系数显著为正,这表明了中国政府针对企业创新实施的补贴政策有效解决了市场竞争环境下企业进行技术创新的资金需求,显著地促进了企业研发的投入。在考虑政府研发补贴和企业研发投入之间存在内生性的问题后,政府研发补贴变量的系数仍显著为正,再次验证了中国政府的研发补贴政策显著提升了企业研发投入的事实,实证结论与理论模型假设相符。政府研发补贴政策的实施能够促进企业技术创新,这主要是由于政府的研发补贴缓解了企业的资本融资约束,降低了企业的边际研发成本和技术创新门槛,促进了企业研发投入的增加。

表 9-1　政府研发补贴对企业技术创新影响的检验结果

	全样本		国有企业		非国有企业	
	(1)	(2)	(3)	(4)	(5)	(6)
$subsidy$	0.119*** (16.10)	0.173*** (7.03)	0.136*** (12.43)	0.193*** (4.30)	0.115*** (11.84)	0.185*** (7.02)
H	0.015*** (5.09)	0.015*** (4.97)	0.014*** (3.23)	0.014*** (3.17)	0.015*** (3.56)	0.014*** (3.41)
HHI	−0.060*** (−32.43)	−0.063*** (−29.27)	−0.054*** (−17.55)	−0.057*** (−15.58)	−0.065*** (−27.37)	−0.068*** (−25.88)
L	0.004*** (8.39)	0.004*** (7.51)	0.001** (2.51)	0.001* (1.85)	0.007*** (9.77)	0.007*** (9.18)
k	0.009 (1.51)	0.008 (1.21)	−0.020 (−0.99)	−0.034 (−1.49)	0.010 (1.41)	0.008 (1.21)
$finance$	−0.031*** (−20.93)	−0.030*** (−19.90)	−0.025*** (−12.99)	−0.025*** (−12.53)	−0.031*** (−15.05)	−0.030*** (−13.98)
age	−0.010*** (−17.51)	−0.010*** (−17.29)	−0.012*** (−11.58)	−0.012*** (−11.53)	−0.008*** (−11.02)	−0.008*** (−10.74)
$size$	−0.004*** (−9.95)	−0.004*** (−7.51)	−0.001** (−2.22)	−0.001 (−0.89)	−0.007*** (−10.99)	−0.006*** (−9.18)
$cons$	0.006 (0.95)	0.006 (0.92)	0.029*** (3.65)	0.029*** (3.70)	−0.037*** (−3.72)	−0.038*** (−3.81)
时间效应	控制	控制	控制	控制	控制	控制
地区效应	控制	控制	控制	控制	控制	控制
行业效应	控制	控制	控制	控制	控制	控制
R^2	0.338	0.333	0.293	0.286	0.314	0.305
N	6 532	6 532	2 602	2 602	3 930	3 930

注:***、**、*,分别表示1%、5%、10%的统计显著性水平。括号内的数值为经过异方差调整的 t 值或 z 值。

　　在全样本企业层面的控制变量方面,值得关注的控制变量的各变量系数大都通过了显著性检验。① 企业的人力资本 H 的估计结果在各模型下都在1%的水平上显著。这说明,立足于中国结构性减速时期,物化于人力资本的新知识、新技术已经成为提高技术创新的新要素、新动能。企业的人力资本对新知识、新技术的开发和利用提高了物质资本的利用效率,增进了劳动力的再生产能力,形成了知识外溢条件下的递增收益,成为目前提高企业技术创新和经济发展质量的重要源泉。② 企业所处的行业竞争程度变量 HHI 的估计结果显著为负。这表明,竞争程度越低的行业,企业的研发投入越少,努力营造公平效率的竞争环境成为鼓励我国企业技术创新的最好方式。③ 企业的资本投入 k 的估计系数不显著。可能的原因有两点。第一,资本 k 的增加是通过提高企业的创新收益和降低贴现率而促使其更多的进行研发投入,但由于政府研发补贴的增加挤出了企业的资本投资,使得不断减少的资本积累对企业自身技术创新投入的影响并不显著。第二,基于中国的现实经济状况,传统依赖资本驱动的发展模式已经长期迫使中国经济陷入投资扩张—效益递减的恶性循环之中,u 大量的资本投入并未形成有效供给,结果导致严重的供需错配及产能过剩,通过物质资本的高投入推动的技术创新和经济发展已经越来越不可持续。因此,未来将投入驱动转向创新驱动的经济增长方式是我国经济发展的核心路径。④ 企业的年龄变量 age 与企业的规模变量 $size$ 估计结果显著为负,这说明基于熊彼特所指出的研发过程中创造性毁灭过程的存在,在位时间越久与规模越大的企业并不希望打破现有的市场格局而丧失垄断利润,对创新持有排斥的态度。

　　通过对分样本的两个回归模型结果进行比较,发现政府研发补贴对不同所有制企业的技术创新都产生了正向的显著性影响,其中国有企业样本组的 $subsidy$ 变量系数水平较高,说明政府研发补贴对国有企业样本的激励效果大于非国有企业。可能的原因是国有企业与政府之间的天然性联系,使得政府研发补贴政策会更多有选择性地向大型企业尤其是国有企业倾斜,而非国有企业数量较多,政府研发补贴在非国有企业中发放的比例也相对较低,因此,政府研发补贴对促进企业技术创新的研发投入,在不同所有制类型企业中发挥的作用大小上有所差异。控制变量中国有企业资本投入 k 的系数虽然也不显著,但是其负向系数在一定程度上说明了国有企业产业结构不合理、供给效率低下等结构性问题已经对企业的技术创新产生了抑制效应。目前我国的供需不平衡,产能过剩等问题都主要集中在国有企业,国有企业面临去产能、去库存、去杠杆、降低生产成本的任务十分艰巨。要将传统的注重大规模生产,提高产能、减少单位生产成本,增加竞争力的思想转变为通过技术革新,增加产品的质量及品种、增加产品的附加值和提高经济效益的理念上来。

2. 政府研发补贴与经济发展质量

本部分就不同所有制下政府研发补贴与经济发展质量之间的关系进行了检验,得到的回归结果如表 9-2 所示。估计结果显示,政府研发补贴变量 *subsidy* 在全样本和非国有企业样本下的回归系数显著为正,而对国有企业样本的影响只通过了10％的显著性检验且系数小于非国有企业。结合前面关于政府研发补贴与企业技术创新的结论来看,与非国有企业相比,政府研发补贴有效地提高了国有企业研发投入的增加,但是带来的经济质量的提升效果却甚微。这一定程度上说明,作为一个技术相对落后的国家,我国政府对国有企业的技术创新给予了较大的支持力度,促进了国有企业在较短时间内研发投入迅速提升,但是较强的补贴政策刺激,却引发了研发方面"重规模轻质量"的问题。对此可能的原因有两点。第一,与非国有企业利润最大化的目标相比,国有企业常常作为技术引进和技术外溢的中心,通过技术研发的外部性提高整体产业的技术水平,国有企业创新的目标可能更多的是着眼于整个社会创新驱动力的提升而并非企业自身的利益。第二,政府和企业之间存在信息不对称,在政府不了解企业全部信息的情况下,政府对研发投入的刺激性政策并未能引导国有企业将研发投资投入到行业的关键技术、核心技术领域,而是将更多资源投入到模仿创新领域(周邵东,2008)。模仿创新形式下所引进的技术往往不够先进,在此基础上形成的再创新成果质量也较低。该创新方式也往往集中在应用研究领域,很难继续进展到基础研究领域,因此一旦产生对整个产业和技术具有颠覆性作用的技术革命或者重大技术革新,则原有积累的创新成果很快就会失去意义。因此,这种创新模式不利于国有企业发挥全社会自主创新驱动力的重要作用。

在企业层面需要关注的控制变量中,企业所处行业的竞争度 *HHI* 的估计结果显著为正,说明垄断程度越高的行业越能促进经济发展质量的提升,但这一结论与政府研发补贴对企业技术创新影响的系数符号相反。这一定程度上说明,过分竞争和过分垄断的市场结构对技术创新与经济发展均不利。完全竞争的市场环境下,企业不具备进行创新活动和承受创新活动相关风险的能力。相反如果企业长期处于垄断地位,无须进行任何的创新活动就能够获取足够的超额利润,则没有动力去进行创新。因此,只有适度的,不稳定的垄断可能对企业的技术创新最有利。企业的垄断地位保证创新企业可获得超额利润对以往创新活动进行补偿,为未来的创新投入提供保障;而不稳定的垄断地位使得企业要保持较强的技术创新能力,而竞争者也会因为有望打破垄断者的地位而加大技术创新投入进而提高经济发展质量。企业的资本投入变量 k 除国有企业估计系数不显著之外,全样本和非国有企业样本都显著为负,这说明了政府补贴的差异化所导致的资源误置和要素市场扭曲(刘海洋等,2012;蒋为、张龙鹏,2015)造成了全要素生产率的下降。矫正要素配置扭曲,扩大有效供给,提高供给结构对需求变化的适应性和灵活性是提高经济发展质量的主要途径。

表 9‒2 政府研发补贴与经济发展质量

	全样本		国有企业		非国有企业	
	(1)	(2)	(3)	(4)	(5)	(6)
subsidy	0.159*** (8.07)	0.102*** (3.98)	0.073* (1.93)	0.027* (1.88)	0.194*** (8.69)	0.142*** (3.16)
H	0.036*** (4.58)	0.038*** (4.71)	0.032** (2.20)	0.034** (2.26)	0.038*** (4.04)	0.039*** (4.15)
HHI	0.046*** (9.35)	0.059*** (10.20)	0.026** (2.49)	0.048*** (3.78)	0.051*** (9.38)	0.059*** (9.82)
L	0.052*** (42.87)	0.053*** (41.93)	0.055*** (28.52)	0.058*** (26.96)	0.056*** (34.06)	0.057*** (33.86)
k	−0.056*** (−3.45)	−0.047*** (−2.82)	0.044 (0.64)	0.169 (0.11)	−0.064*** (−4.02)	−0.060*** (−3.77)
finance	−0.127*** (−32.61)	−0.131*** (−32.36)	−0.106*** (−15.83)	−0.110*** (−15.70)	−0.133*** (−27.88)	−0.137*** (−27.74)
age	−0.003** (−2.05)	−0.004** (−2.27)	0.001 (0.19)	0.000 (0.12)	−0.000 (−0.08)	−0.001 (−0.30)

	全样本		国有企业		非国有企业	
	(1)	(2)	(3)	(4)	(5)	(6)
size	-0.025^{***}	-0.028^{***}	-0.027^{***}	-0.032^{***}	-0.024^{***}	-0.026^{***}
	(-21.77)	(-20.79)	(-14.14)	(-12.71)	(-17.10)	(-16.91)
cons	-0.052^{***}	-0.052^{***}	-0.120^{***}	-0.124^{***}	-0.120^{***}	-0.118^{***}
	(-3.21)	(-3.15)	(-4.40)	(-4.42)	(-5.31)	(-5.18)
时间效应	控制	控制	控制	控制	控制	控制
地区效应	控制	控制	控制	控制	控制	控制
行业效应	控制	控制	控制	控制	控制	控制
R^2	0.337	0.316	0.329	0.282	0.367	0.356
N	6 532	6 532	2 602	2 602	3 930	3 930

注：***、**、*，分别表示 1％、5％、10％的统计显著性水平。括号内的数值为经过异方差调整的 t 值或 z 值。

四、结论和启示

本章力图从理论和实证两个视角,研究供给侧结构性改革下中国政府研发补贴对企业技术创新和经济发展质量的综合影响效应,并试图解释其中的作用机理。主要结论如下。第一,理论研究表明,政府研发补贴政策的实施提高了企业创新成功的概率,而创新成功概率的提升又意味着"创造性毁灭"进程的加剧。通过数值模拟发现,政府研发补贴提高了企业技术创新水平和经济发展质量,但又挤出了企业的资本投资,不断中和和抑制着研发补贴带来的正效应。第二,通过实证分析发现,政府研发补贴有效激励了企业的技术创新和经济发展质量提升,加快了经济增长引擎从投入驱动向创新驱动发生转变,但政府研发补贴对促进不同所有制类型企业的技术创新和提升经济发展质量的能力有所差异,与非国有企业相比,国有企业研发创新存在着"重规模轻质量"的问题。

上述研究结果蕴含着相应的政策含义主要有以下几点。第一,政府应当通过研发补贴政策的实施,加大对企业技术创新源头的支持并引导企业对关键技术、核心技术领域进行研发创新。要切实提高创新企业的受惠程度,增强其创新积极性,对于投入风险大、技术溢出效应强的重大技术、关键技术和共性技术,政府应加大对这些项目的支持力度并积极组织企业之间进行合作创新。第二,政府研发补贴要激励国有企业发挥在自主创新中的引领作用。政府应当积极支持国有企业技术创新,并监督其提高研发补贴资金的使用效率,帮助国有企业提高企业科研开发的软实力,协助国有企业提高科技成果转化率,培养企业及时识别风险和发现市场机会的能力。第三,政府除了通过研发补贴政策激发企业内在创新动力,更要通过建立和完善创新配套措施使企业真正成为技术创新决策、研发投入、科研组织和成果转化应用的主体。主要包括推进金融改革,对选择性融资支持机制下资源配置方式进行根本性转型;深化教育体制改革完善创新人才培养体系;打破人力资源流动尤其是高层次人力资本流动的制度障碍,解决资本市场,要素市场等领域的割裂问题;建立健全专利保护体系,保障企业充分享有技术研发专利和知识产权,从而营造出良好的产业研发创新氛围;提升企业家未来创新意愿,弘扬企业家精神,激发全社会的创业创新热忱,更好地实现国家创新驱动发展战略。

参考文献

[1] Aghion, p. and P. Howitt. Endogenous Growth Theory[M]. Cambridge MA: MIT Press, 1998.

[2] Romer, P M. Endogenous Technological Change[J]. Journal of Political Economy, 1990,98(5): 71-102.

[3] Arrow K. The Rate and Direction of Inventive Activity: Economic and Social Factors [C]. Princeton University Press, 1962: 609-626.

[4] Hall B H. The financing of research and development[J]. Oxford Review of Economic Policy, 2002, 18(1): 35-51.

[5] Benito, A. and I. Hernando. Firm Behaviour and Financial Pressure: Evidence from

Spanish Panel Data[J]. Bulletin of Economic Research,2007, 59(4), 283 - 311.

[6] Brown, J. R. Martinesson, G. and Peterson, B. C. Do Financing Constraints Matter for R&D? [J]. New Tests and Evidence. 2011 ASSA annual meeting paper, 2011.

[7] 解维敏,唐清泉. 政府 R&D 资助,企业 R&D 支出与自主创新——来自中国上市公司的经验证据[J]. 金融研究,2009,(6):86 - 99.

[8] 陆国庆,王舟,张春宇. 中国战略性新兴产业政府研发补贴的绩效研究[J]. 经济研究,2014,(7):44 - 55.

[9] Berger and Udell. The economics of small business finance: The roles of private equity and debt markets in the financial growth cycle[J]. Journal of Banking & Finance 1998, 22(6 - 8): 613 - 673.

[10] 安同良,周绍东,皮建才. R&D 补贴对中国企业自主创新的激励效应[J]. 经济研究,2009(10):87 - 98.

[11] Lach S. Do R&D subsidies stimulate or displace private R&D? Evidence from Israel [J]. The Journal of Industrial Economics, 2002, 50(4): 369 - 390.

[12] 顾元媛,沈坤荣. 地方政府行为与企业研发投入——基于中国省际面板数据的市政府分析[J]. 中国工业经济,2012,(10):77 - 88.

[13] 任曙明,张静. 补贴、寻租成本与加成率——基于中国装备制造企业的实证研究[J]. 管理世界,2013,(10):118 - 129.

[14] 毛其淋,许家云. 政府补贴对企业新产品创新的影响——基于补贴强度"适度区间"的视角[J]. 中国工业经济,2015,(6):94 - 107.

[15] Morales, Research Policy and Endogenous Growth[J]. Spanish Economic Review, 2004(3): 179 - 209.

[16] Lucas, R. Supply-side Economics: An Analytical Review [J]. Oxford Economic Papers, 1990, 42: 293 - 316.

[17] Olley, Steven, Ariel Pakes. The Dynamics of Productivity Telecommunications Equipment Industry[J]. Econometrica, 1996, 64(6): 1263 - 1297.

[18] 周邵东. 企业技术创新与政府 R&D 补贴:一个博弈[J]. 产业经济评论,2008,(9):38 - 51.

［19］刘海洋,孔祥贞,马靖.补贴扭曲了中国工业企业的购买行为吗?——基于讨价还价
　　　理论的分析［J］.管理世界,2012,(10):119-129.

［20］蒋为,张龙鹏.补贴差异化的资源误置效应［J］.中国工业经济,2015,(2):31-43.

第十章　政府补贴与装备制造业的企业创新绩效

一、研究背景

进入"新常态"发展阶段的中国经济,正处于发展方式从规模速度粗放型向质量效益集约型转变、增长动力从要素、投资驱动型向创新驱动型转变的重要战略机遇期,创新日益成为保持中国国际竞争力和驱动未来经济社会可持续发展的决定性力量。装备制造业是为国民经济各行业提供技术装备的基础性产业,其创新水平是各行业产业升级、技术进步的重要保障。为了紧贴《中国制造2025》的需求,2016年国务院通过的《装备制造业标准化和质量提升规划》,要求实施工业基础、智能制造和绿色制造三大标准和质量提升工程,以及加快关键技术标准研制等,旨在鼓励企业通过增强自主创新能力、提高创新质量来达到国际先进水平。在这种背景下,如何有效促进装备制造业创新绩效的提升,成为国内学者和政策制定者关注的重点之一。

创新活动存在明显的正外部性和非排他性效应,由此导致的创新不足会抑制一国的经济增长。纠正这一市场失灵的主要手段之一,就是通过政府补贴缓解外部性造成的企业创新不足、研发成本过高等问题,鼓励企业开展技术创新。综观现有的相关文献,学者们的讨论主要集中于政府补贴对企业的技术创新究竟产生了"激励效应"还是"抑制效应"。

政府补贴对企业的技术创新产生了正向的"激励效应"主要来源于三个途径。一是政府补贴直接降低了企业研发创新的成本和风险,缩短了私人收益与社会收益的差距,促进了企业研发投入的增加,进而提升了企业的科研创新水平,提高了企业的生产率和创新回报率。二是政府补贴有效扩大了企业的投资规模,使得企业获得规模经济,降低了生产成本,增加了企业的生产收益,从而激励企业增加研发支出,提升企业创新的动力。三是政府补贴作为一种积极的财政政策,极大缓解了企业面临的融资约束,提高了企业的研发投入水平,补贴的平滑机制促进了企业生产率和创新能力持续稳定的提升。

然而,某些市场失灵的存在使得政府补贴对企业技术创新也产生了负向的"抑制效应"。一是补贴的差异化导致企业间生产率分布离散程度加剧,激烈的市场竞争未能实现企业的优胜劣汰,资源更多地被低效率企业所占用,从而导致资源误置和创新效率损失。二是政府补贴分配与监管制度的不完善,导致优厚的补贴滋生出企业积极的"寻租"行为,高昂的寻租成本挤压了企业实体生产和创新的投资空间,抑制了企业的创新活动及生产力的提升。三是在政治晋升的压力下,地方政府有着强烈的介入地方经济活动、追求自身利益的冲动,而扶强扶优的补贴政策促进了地区内优势企业的发展壮大,对弱势企业的扶持又维护了地方经济的稳定。因此,基于政府利益取向下的政策性补贴不能最大限度地优化企业的资源利用和促进企业创新。

基于上述分析可知,政府补贴对企业创新绩效的双重影响效应导致了政策评估的不确定性,而这种不确定性大多与企业能够获得的补贴数量有关。相关文献对此提出的解决方法是,鉴别不同强度下的政府补贴对创新绩效影响的差异,寻找政府补贴强度存在的"适度区间"。例如,邵敏和包群将政府补贴强度的取值范围划分为 S 个子区间,通过在每个子区间里估计出政府补贴力度与企业生产率变化的因果效应,得出政府补贴力度与全要素生产率之间存在倒"U"形曲线关系的结论。毛其淋和许家云通过研究异质性政府补贴对企业新产品创新的影响,认为只有适度的政府补贴才能有效地激励企业新产品的创新,而高额的补贴会诱使企业进行寻租和商业贿赂。

本章通过梳理现有文献发现,大部分学者没有特别关注企业创新绩效的分解以及政府补贴对其影响的微观机制。鉴于此,本章以国泰安上市公司数据为样本,采用基于倾向得分匹配的倍差法(Propensity Score Matching with Difference in Difference, PSM-DID)考察获得补贴企业相对于未获补贴企业的创新绩效在补贴前后的变化差异,以评估政府补贴的有效性,较好地控制了样本的选择性偏差和内生性问题。在考察了政府补贴政策的平均效应后,采用 DEA-Malmquist 指数法将企业创新绩效分解为技术变化和技术效率变化,进一步深入探讨政府补贴抑制企业创新绩效的主要途径,以剖析政府补贴能够全面提升装备制造业整体创新绩效和促进经济可持续发展的现实路径。

二、研究设计

(一) 模型构建

本章旨在评估政府补贴政策的实施对企业创新绩效的影响效应。政府补贴作为指导国家产业发展方向、规划产业发展目标的产业政策,其实施可能具有非随机性,也就是说无法直接推断接受补贴的企业具有较高创新效率是否源于政府补贴支持政策。该问题具体表现为政府补贴与企业创新绩效之间是否存在内生性问题。鉴于直接使用传统的 OLS(Ordinary Least Squares)或面板数据方法进行分析会产生严重的"选择性偏差"和"混合性偏差",本章选取基于倾向得分匹配的倍差法考察政府补贴对企业创新绩效的影响。由于坚持创新发展的重要的实施抓手和衡量标准之一是努力提高企业的全要素生产率及其对经济增长的贡献率,因此本章选取全要素生产率反映装备制造业企业的创新绩效。

在基于倾向得分匹配的倍差法中,全体补贴政策参与者构成了"实验组"或"处理组",未参加者构成了"控制组"或"对照组"。本章根据政府补贴将全体样本企业分为两类,将获得政府补贴的装备制造业企业作为处理组,将未获得政府补贴的其他制造业企业作为对照组。

设企业 i 在获得政府补贴与没有获得政府补贴的平均处理效应即创新绩效的差异为 $\widehat{ATT}$,则:

$$\widehat{ATT} = E(\Delta TFP_{it}^{1} | Sub_i = 1) - E(\Delta TFP_{it}^{0} | Sub_i = 1) \tag{1}$$

式(1)中:Sub_i 为根据"反事实框架"建立的二元虚拟变量,$Sub_i = 1$ 表示企业 i 为获得补贴企业,$Sub_i = 0$ 表示企业 i 为未获得补贴企业;ΔTFP_{it}^{1} 为获得政府补贴的企业在政府实施补贴政策前后两个时期的创新绩效变化量;ΔTFP_{it}^{0} 为未获得补贴的企业在政府实施补贴政策前后两个时期的创新绩效变化量。同时,设实验期虚拟变量为 D_i,$D_i=1$ 和 $D_i=0$ 分别表示企业收到政府补贴的前、后时期;TFP_{it} 表示企业 i 在 t 期的结果变量即创新绩效。

根据 PSM(Propensity Score Matching)成立的前提(条件独立假定),只要满足 $E(\Delta TFP_{it}^0|X,Sub_i=1)=E(\Delta TFP_{it}^0|X,Sub_i=0)$,则可一致地估计 ATT(处理组企业的平均处理效应)。通常做法是:挑选一系列可观测的用于匹配的控制变量 X,将处理组与对照组中的企业逐一进行匹配,使得 $(TFP^0,TFP^1)\perp Sub|X$ 即满足“条件独立”假设——这意味着,当控制了 X 后结果变量 TFP 和处理变量 Sub 是独立的。依此构建如下 $logit$ 模型来估计倾向得分:

$$P=P_r\{Sub_{it}=1\}=\varnothing\{X_{it-1}\} \tag{2}$$

根据对式(2)进行估计得到的处理组和对照组的概率预测值 $\hat{P}_i$ 和 $\hat{P}_j$,采用最近邻匹配原则进行匹配,以确定全部共同取值范围集合 S_p,

$$S_p=\min||\hat{P}_i-\hat{P}_j||,j\in(Sub=0) \tag{3}$$

经过匹配后条件独立假定成立,式(1)可转化为:

$$\widehat{ATT}=E(\Delta TFP_{it}^1|Sub_i=1)-E(\Delta TFP_{it}^0|Sub_i=0,i\in S_p) \tag{4}$$

在式(4)的基础上,可使用倍差法估计处理组(有补贴的企业)与所匹配的对照组(无补贴的企业)的创新绩效的平均变化之差。引入影响结果变量的控制变量 X 的集合 $\{X_{i1},\cdots,X_{ik}\}$ 以减少遗漏变量的干扰,再加入不可观测的地区特征和行业效应变量,则将式(4)转化为具体的倍差法计量模型,即:

$$TFP_{it}=\alpha+\beta_1 Sub_{it}*D_{it}+\beta_2 Sub_{it}+\beta_3 D_{it}+\beta_4 X_{it}+\mu_j+\mu_k+\varepsilon_{it} \tag{5}$$

式(5)中,交乘项 $Sub*D$ 代表处理组的企业在该期获得了政府补贴,度量了政府补贴对企业创新绩效的影响效应。

本章又采用基于 DEA 的 Malmquist 生产率指数方法测算了动态变化的企业全要素生产率,并对其进行分解。Malmquist 生产率指数是利用距离函数的比率计算的投入产出效率,无须指定生产函数形态,可将生产率变化的原因分解为技术变化与技术效率变化。其中,技术变化指数 Techch(technical change)反映了企业通过创新或引进新技术实现的技术进步。技术效率变化指数 Effch(technical efficiency change)主要指现有资源是否得到了最优配置及利用,反映了制度变革带来的效率提升。因此,为了进一步反映政府补贴对企业全要素生产率分解项的影响,在式(5)的基础上得到:

$$Techch_{it} = \alpha + \beta_1 Sub_{it} * D_{it} + \beta_2 Sub_{it} + \beta_3 D_{it} + \beta_4 X_{it} + \mu_j + \mu_k + \varepsilon_{it} \tag{6}$$

$$Effch_{it} = \alpha + \beta_1 Sub_{it} * D_{it} + \beta_2 Sub_{it} + \beta_3 D_{it} + \beta_4 X_{it} + \mu_j + \mu_k + \varepsilon_{it} \tag{7}$$

(二) 变量选取及数据说明

　　根据上述研究过程可知,运用基于倾向得分匹配的倍差法考察政府补贴对企业创新绩效影响的前提是满足条件独立性假设,而条件独立性假设的成立取决于控制变量 X 的选取。在已有理论与经验文献的基础上,本章将 X 中的变量进行如下设置:① 企业规模($Size$),度量指标为企业就业人员数的对数值;② 融资约束(Fin),度量指标为企业利息支出与固定资产的比值;③ 人力资本水平(H),度量指标为企业应付职工薪酬的对数值;④ 盈利能力(Pro),度量指标为企业的主营业务利润与总资产的比值;⑤ 发展能力(Dev),度量指标为企业总资产增长率;⑥ 偿债能力(Dpa),度量指标为企业的流动资产比率。此外,本章采用基于 DEA 的 Malmquist 生产率指数方法计算动态变化的企业全要素生产率,以此反映企业的创新绩效。根据经济增长理论中的生产函数,投入要素主要为资本和劳动,本章采用固定资产投资额的对数值作为资本存量的替代指标,采用从业人数的对数值作为劳动力变量的衡量指标。本章主要选择主营业务利润的对数值作为产出的度量变量,以此对装备制造业企业的全要素生产率进行较为准确的核算。

　　本章选取 2006—2013 年中国沪深两市上市公司的数据实证分析政府补贴对装备制造业企业创新绩效的影响。上市公司的相关财务数据来自国泰安数据库,部分数据通过手工搜集得到。在保证了原始数据的准确性后,为了与现有的国内外文献相符,本章对数据进行了如下处理:剔除主营业务利润、就业人数、总资产、固定资产净值和公司利息等关键指标的数据缺失的观测样本;剔除从业人员数小于 10 人的企业;以 2006 年为基期,对样本数据进行平减,并用 winsorize 方法处理关键变量在 1% 水平下的前后极端值。

三、实证结果与分析

1. 政府补贴对企业创新绩效影响的基准回归结果

首先,分年度依次对处理组和控制组进行匹配,同时进行匹配平衡性检验,以保证两组企业在匹配后没有显著性差异,匹配变量的选取和匹配方法是合适的。然后,利用回归方程(5)检验处理组中的样本企业获得政府补贴对其全要素生产率的影响效应。由上述研究设计可知,在基于倾向得分匹配的倍差法中,只有交乘项 $Sub*D$ 能够反映政府补贴对企业创新绩效的影响。因此,由表10－1列示的政府补贴对企业创新绩效影响的基准回归结果可知,政府补贴($Sub*D$)对衡量企业创新绩效的全要素生产率(TFP)影响的估计系数并不显著,表明总体上讲政府补贴并没有有效促进中国装备制造业企业创新绩效的提升。在对企业全要素生产率效率分解的各部分检验中可以看到:政府补贴($Sub*D$)对反映技术进步的技术变化指数($Techch$)影响的估计系数显著为正,说明在中国改革开放和真正推行市场经济体制后,政府补贴有效促进了中国装备制造业企业进行技术革新和技术引进方面能力的提升;政府补贴($Sub*D$)对技术效率变化指数($Effch$)影响的估计系数显著为负,说明政府补贴显著抑制了企业间的最优资源配置和使用效率改善。以上分析说明,政府支持下的中国装备制造业的技术创新还处于规模速度粗放型发展阶段。中国政府不断加大对企业研发的补贴力度,主要支持了企业通过购买国外先进技术和设备进行的逆向工程式模仿创新——这是中国装备制造业的技术水平在较短时间内迅速提高的重要原因之一。但是,随着中国整体技术水平逐渐向发达国家靠拢,继续通过技术购买等获取前沿技术的空间将不断缩小。另外,消化、吸收引进的技术,并在此基础上进行再创新,是技术落后的国家实现高效率创新的手段,而中国企业普遍存在"重引进、轻吸收"的问题,企业只重视通过一次性引进技术提高短期的技术水平,却忽视了吸收技术后的二次创新。因此,虽然传统的技术进步方式推动了企业全要素生产率的提升,但是这种发展模式方式已不可持续。另外,政府补贴在各种因素(下文中具体阐述)的影响下与最优状态偏离,使得资源配置存在浪费问题,技术效率不断损失,导致企业的全要素生产率提升乏力。因此,加速经济增长从要素和投资驱动向创新驱动转变,推动制度创新下要素资源由粗放型利用向集约型利用转变,是推进中国装备制造业健康和可持续发展的主要路径。

从表 10 - 1 中控制变量的估计结果可以看到,企业规模($Size$)与全要素生产率和分解项的估计系数显著为负。这说明,大企业因内部组织协调成本过高而对新技术的发展方向不一定敏感,主要原因是由于创造性毁灭过程的存在,大企业并不希望打破现有的市场格局而丧失垄断利润,对创新持排斥态度。这些对企业全要素生产率的提升、技术进步和技术效率的提高产生了阻碍作用。融资约束(Fin)与全要素生产率和分解项的估计系数也显著为负,说明装备制造业在技术上的复杂性和先进性、创新的不确定性,以及在研发、生产和制造过程中需要巨额的固定投入,使得企业的内部资金和银行贷款难以满足投资需求,抑制了企业的技术创新投入,造成资源配置的扭曲和全要素生产率的降低。人力资本水平(H)对企业全要素生产率及技术变化和技术效率变化的影响都不显著——这与现阶段中国全要素生产率提升速度减缓的国情相符。物化于人力资本的新知识和新技术是提高企业全要素生产率的重要动能,较高的人力资本积累水平有利于防止全要素生产率的减速和下行。但是,随着中国劳动适龄人口的减少,新成长起的劳动力数量逐年下降,受教育人力资本的总量也以相同速度下行,高技术人才、风险管理、企业经营等具备核心关键技术能力的人才严重匮乏,造成人力资本对装备制造业企业的全要素生产率的影响不显著。盈利能力(Pro)和发展能力(Dev)是企业经营业绩、管理效能和成长性的集中表现,两者都对企业全要素生产率和效率分解产生了显著的正向作用。偿债能力(Dpa)的影响并不显著。

表 10 - 1　政府补贴对企业创新绩效影响的基准回归结果

自变量＼因变量	(1) TFP	(2) Techch	(3) Effch
$Sub * D$	0.002 3 (0.42)	0.002 2** (2.14)	−0.000 2*** (−3.58)
Sub	0.005 0 (1.00)	0.001 1 (1.24)	0.003 4 (0.61)
D	0.001 7 (0.34)	0.163 2*** (169.42)	−0.095 1*** (−21.77)
$Size$	−0.008 9*** (−6.53)	−0.001 7*** (−7.97)	−0.008 0*** (−5.52)
Fin	−0.004 2*** (−6.49)	−0.000 4*** (−3.76)	−0.004 0*** (−5.72)
H	0.000 6 (0.86)	0.000 1 (0.78)	0.000 2 (0.24)
Pro	0.274 7*** (16.93)	0.004 0*** (3.53)	0.286 4*** (16.31)
Dev	0.032 0*** (3.88)	0.002 0*** (4.49)	0.031 8*** (3.56)
Dpa	0.003 3 (0.98)	−0.000 1 (−0.19)	0.002 7 (0.72)
$\_cons$	1.000 1*** (82.44)	0.934 6*** (485.22)	1.088 9*** (83.71)
地区效应	Yes	Yes	Yes
行业效应	Yes	Yes	Yes
R^2	0.338 2	0.333 6	0.293 7
观测值	2363	2363	2363

注:"***""**"和"*"分别表示 1%、5% 和 10% 的统计显著性水平;括号内的数值为经异方差调整的 t 值或 z 值。

2. 政府补贴对企业技术效率的影响

为了深入地考察政府补贴影响装备制造业企业创新绩效的微观机制,本章利用基于 DEA 的 Malmquist Malmquist 生产率指数法对企业的全要素生产率进行分解。根据上文的研究结果,政府补贴对企业的技术进步产生了显著的正向边际效用,但抑制了技术效率的改善。对于政府补贴阻碍企业技术效率提升的主要原因,本章将从要素市场扭曲、寻租行为、市场集中和过度投资进行解释。

(1) 要素市场扭曲

要素市场扭曲是指市场不完善导致生产要素资源在国民经济中出现非最优配置或要素市场价格与边际产出偏离。根据 Hsieh 和 Klenow 的研究:在静态的经济系统中,如果所有企业的生产技术为凸集,那么在资源最优配置状态下市场中各企业生产要素的边际产出完全相等且与要素价格相同;当要素价格发生扭曲时,市场不能通过价格手段自动出清,从而无法实现生产的帕累托最优。将该原理应用于中国情境可以发现:虽然中国一直致力于推进市场化改革,但是中国政府通过控制重要的生产要素和金融体系,使得资本市场对国有企业更为开放,国有企业更易以相对较低的成本获得政府补贴和银行贷款,而非国有企业只能通过成本相对较高的内部或非正规金融市场进行融资。在劳动力市场中,国有企业员工可获得高工资或各种福利,而非国有企业则以较低价格雇用工人。因此,国有企业与非国有企业在要素价格和边际产出上存在巨大差异,直接导致了要素资源配置在中国不同所有制企业之间不可能实现均衡,造成了企业发展的低效率和经济社会产出的巨大损失。鉴于此,本章借鉴陈林等的方法构建要素市场扭曲(Dis)的评价指标,用以分析政府补贴对技术效率变化产生的影响。

① 劳动要素价格 w_l,其度量指标为企业职工的平均薪酬水平,即:

$$w_l = y_l/L \tag{8}$$

式(6)中,y_l 为企业应付职工薪酬,L 为企业从业人数。

② 资本要素价格 r_k。企业的资本价格主要利用以下公式进行测算:

$$r_k = y_k/K_A = [\text{dep} + (K_F * r)/(1-e^{(-n)}) + (K_L - sto) * r]/K_A \tag{9}$$

式(7)中：y_k 为当年企业资本要素出；K_A 为企业的资产总计；dep 为当年企业折旧；K_F 为企业的固定资产净额；r 为当年年初中国人民银行公布的一年期定期存款利率；t 为 20 年的固定资产折旧年限；K_L 为企业的流动资产；sto 为企业的存货。

③ 要素价格扭曲程度 Dis。由于政府补贴政策的实施导致了国有企业的资本价格较低而劳动力价格过高，因此本章构建了如下描述各年度生产要素价格扭曲程度的综合性测度指标：

$$Dis = (w_{t_{l,s}} * r_{t_{k,p}}) / (w_{t_{l,p}} * r_{t_{k,s}}) \tag{10}$$

式(8)中：$(w_{t_{l,s}} * r_{t_{k,s}})$ 和 $(w_{t_{l,p}} * r_{t_{k,p}})$ 分别表示各年国有企业和非国有企业的平均劳动价格和平均资本价格。要素市场扭曲程度随着国有企业与非国有企业之间资本要素价格和劳动要素价格差距的扩大而加剧。

（2）寻租行为

在法律制度不完善的经济转型时期，政府补贴通常会滋生企业的寻租行为。中国的分权化改革使得地方政府拥有大量的经济资源和行政资源，为了获得优厚的政府补贴，企业会向拥有资源配置权限的地方政府和科技部门进行寻租，以获得稀缺要素资源，政府的补贴对象和补贴额度并不完全取决于企业的实际经营效率，而可能更多依赖于企业与政府之间的寻租关系。通过寻租活动获得超额收益的企业会将更多资源从实体投资领域转移到非生产性寻租活动中，而在此过程中产生的高昂寻租成本很可能挤出企业对研发和创新活动的投资。同时，超额利润的存在也可能极大地弱化企业进行创新研发的意愿，从而降低企业创新活动的边际生产率，扭曲社会资源的有效配置。鉴于企业寻租活动中花费的支出通常被计入管理费用，本章采用管理费用占企业总资产比例来量化企业的寻租程度（Rs），并作为中介变量用以检验政府补贴对技术效率变化产生的影响。

（3）市场集中

根据产业组织理论中贝恩的结构-行为-绩效理论（Structure - Conduct - Performance），市场结构会影响企业行为，并最终决定市场的资源配置效率。市场集中度越高，少数垄断企业对市场的控制力就越强。这些企业可以通过控制产量使价格保持在较高水平，从而获得高额利润。由于缺乏竞争者，垄断企业并不像完全竞争市场中的企业那样在研发和创新等方面展开激烈竞争,致力于最优化市场资源配置以达到最佳生产规模,努力促进生产效率和生产效益不断提升。由于政府补贴政策存在选择性和对象性发放的特点,因此企业间的补贴差异在很大程度上加剧了市场集中。本章根据上市公司行业分类指引(2012年修订),通过各行业企业的总资产计算出赫芬达尔-赫希曼指数(HHI),以此衡量市场集中度,并作为中介变量用于检验政府补贴对技术效率变化产生的影响。

(4) 过度投资

全要素生产率中的技术效率归根结底反映的是生产要素的利用率和配置效率。一种生产要素的投入超出了合理限度,破坏了与其他要素的合理比例,必然会降低其利用率和配置效率。"赶超战略"下的中国经济增长长期依靠投资驱动,加之地方政府追求GDP的考核体制、行政垄断下的政策性支持、金融市场发展滞后等综合因素,过高的投资率已迫使中国经济长期陷入投资扩张—效益递减的恶性循环中。社会中大量的资本投入并未形成有效供给,要素资源在各企业间分配失衡,都导致严重的供需错配和产能过剩,由物质资本的高投入推动的技术创新和经济发展已越来越不可持续。本章采用资本投资占主营业务利润的比例来衡量企业过度投资(Inv),并作为中介变量用于检验政府补贴对技术效率变化产生的影响。

基于以上分析,本章构建中介效应模型检验政府补贴对全要素生产率中技术效率的影响机制。其中,中介变量(Med)主要包括要素市场扭曲(Dis)、寻租行为(Rs)、市场集中度(HHI)和过度投资(Inv)。中介效应模型如下:

$$Effch_{it} = F(\gamma_{it}Sub_{it} * D_{it}, D_{it}, Sub_{it}, X_{it}) \tag{11}$$

$$Med_{it} = F(\eta_{it}Sub_{it} * D_{it}, D_{it}, Sub_{it}, X_{it}) \tag{12}$$

$$Effch_{it} = F(\lambda_{it}Sub_{it} * D_{it}, D_{it}, Sub_{it}, \theta_{it}Med_{it}, X_{it}) \tag{13}$$

其中,(11)式即为基本回归模型(7)式,因此表10-2中第(1)列的回归结果与表10-1中第(3)列的回归结果相同,表10-2的第(2)列和第(3)列是分别对模型(12)式和(13)式进行估计的结果。因此,根据中介效应模型的估计结果可知:政府补贴($Sub * D$)对不同所有制企业间要素市场扭曲(Dis)影响的估计系数显著为正,而要素市场扭曲(Dis)对技术效率($Effch$)影响的估计系数显著为负。这说明,政府补贴的存在使得过多的生产要素被配置到生产率相对较低的国有企业中,相对廉价的资本要素价格和相对较高的劳动价格使得国有企业与非国有企业的资本价格比和劳动价格比的差距逐年加大,要素价格扭曲程度不断上升,导致了生产率较高的非国有企业的创新发展动力不足,从而阻碍了经济的长期可持续发展。

政府补贴($Sub * D$)对企业寻租行为(Rs)影响的估计系数显著为正,而企业寻租行为(Rs)对技术效率($Effch$)影响的估计系数显著为负。这说明,优厚的政府补贴有效吸引了企业通过寻租投资与地方政府建立政治关系来获得超额利润,并极大程度地挤出了企业的创新资金,弱化了企业通过创新研发提升生产效率以获取利润的动力,降低了资源使用效率,使得政府补贴并未成为推动企业全要素生产率提升的主要动力。

政府补贴($Sub * D$)对市场集中度 HHI 影响的估计系数显著为正,而市场集中度(HHI)对技术效率($Effch$)影响的估计系数显著为负。这说明,政府补贴加速了市场垄断结构的形成,补贴直接涉及市场运行结果,从而使得资源相对集中,且垄断带来的收益远远大于技术创新带来的收益,因此垄断降低了企业的技术效率并阻碍了创新。

政府补贴($Sub * D$)对过度投资(Inv)影响的估计系数显著为正,而过度投资(Inv)对技术效率($Effch$)影响的估计系数显著为负。这说明,政府补贴引起的过度投资导致的部门间资源分配格局深度失衡,引起了资本形成速度过快、边际收益率持续下降,致使装备制造业的技术路径偏离了要素配置的自然结构,进而引发效率损失。

表 10-2　中介效应模型的估计结果

因变量\自变量	(1)	(2)				(3)
	$Effch$	Dis	Rs	HHI	Inv	$Effch$
$Sub * D$	−0.000 2*** (−3.58)	0.009 6** (2.49)	0.041 1*** (3.43)	0.000 4*** (3.04)	0.064 0** (2.33)	−0.000 4*** (−4.06)
Sub	0.003 4 (0.61)	0.002 8 (0.03)	0.010 6 (0.27)	0.005 4*** (6.10)	0.132 0 (0.73)	0.000 5 (0.09)

（续表）

因变量 / 自变量	(1)	(2)				(3)
	$Effch$	Dis	Rs	HHI	Inv	$Effch$
D	−0.095 1*** (−21.77)	0.319 8*** (4.41)	0.044 1** (2.17)	0.000 3 (1.04)	0.115 8 (0.87)	−0.093 3*** (−20.65)
$Size$	−0.008 0*** (−5.52)	−0.011 3 (−0.53)	−0.046 0*** (−4.37)	−0.000 1 (−0.02)	−0.035 0 (−0.70)	−0.008 3*** (−5.83)
Fin	−0.004 0*** (−5.72)	−0.015 4 (−1.44)	0.005 1 (1.15)	0.000 1 (0.33)	0.003 8 (0.16)	−0.004 0*** (−5.91)
H	0.000 2 (0.24)	0.008 3 (0.68)	0.006 3 (1.28)	0.004 0 (0.42)	0.045 6* (1.68)	0.000 1 (0.04)
Pro	0.286 4*** (16.31)	−0.072 3 (−0.28)	−0.485 9*** (−4.00)	0.001 5 (0.89)	0.428 6*** (7.19)	0.269 2*** (15.74)
Dev	0.031 8*** (3.56)	0.013 2 (0.10)	0.139 3** (2.20)	−0.002 2** (−2.42)	−0.117 8*** (−3.87)	0.033 5*** (3.80)
Dpa	0.002 7 (0.72)	−0.040 4 (−0.68)	0.011 6 (0.63)	0.000 1 (0.53)	0.328 9*** (2.84)	0.005 3 (1.40)
Dis	—	—	—	—	—	−0.004 8*** (−3.85)
Rs	—	—	—	—	—	−0.011 6*** (−2.86)
HHI	—	—	—	—	—	−0.524 1*** (−3.16)
Inv	—	—	—	—	—	−0.003 8*** (−4.79)
_cons	1.088 9*** (83.71)	1.886 3*** (9.90)	0.325 5*** (3.33)	0.008 1*** (5.14)	1.357 0*** (3.02)	1.096 0*** (83.36)
地区效应	Yes	Yes	Yes	Yes	Yes	Yes
行业效应	Yes	Yes	Yes	Yes	Yes	Yes
R^2	0.293 7	0.352 8	0.450 4	0.282 1	0.498 2	0.333 8
观测值	2 363	2 363	2 363	2 363	2 363	2 304

注："***""**"和"*"分别表示 1%、5%和 10%的统计显著性水平；括号内的数值为经异方差调整的 t 值或 z 值。

四、结论与启示

装备制造业是为国民经济各行业提供技术装备的基础性产业,大力振兴装备制造业是实现国民经济可持续发展的重要战略举措。中国政府长期通过实施补贴政策对装备制造业进行扶持,而这是否促进了企业创新绩效的提高,是评估中国补贴政策效果的一个重要方面。本章利用基于倾向得分匹配的倍差法,采用2006—2013年中国沪深股市A股上市公司的数据,系统讨论了政府补贴影响中国装备制造业企业全要素生产率的微观机制和效应。研究结果表明:政府补贴对中国装备制造业企业全要素生产率的激励效应总体上并不显著。通过采用Malmquist指数方法对企业的全要素生产率进行分解并进行深度分析发现,政府补贴有效促进了企业的技术进步,但却抑制了技术效率提升。进而本章采用中介效应模型揭示了政府补贴抑制企业技术效率提升的主要途径。其中:政府补贴带来的市场要素扭曲效应加剧了不同所有制企业间要素价格扭曲和要素边际产出差异;企业寻租行为挤出了自身对研发和创新活动的投资,极大弱化了企业创新研发的意愿,降低了创新活动的边际生产率;市场集中效应导致垄断企业享有控制市场的超额收益,对创新持排斥态度,不关心最优化市场资源配置和生产能力;过度投资打破了要素的合理配置比例,导致资源分配格局的深度失衡。

本章客观评价了政府补贴影响装备制造业企业全要素生产率的经济效果,为完善补贴政策设计提供了微观证据。具体启示如下。

第一,全面提升中国装备制造业企业的自主创新能力。政府应围绕增强企业原始创新能力建设、促进企业基础研究、前沿技术研究和社会公益技术研究的水平提升,加大对企业创新的补贴支持;对于单个企业不具备独自研发能力的重大技术、关键技术和共性技术,政府应当积极推动企业之间进行联合创新;政府应引导和鼓励企业制定技术引进和消化吸收再创新战略,鼓励同行业企业之间加强消化吸收再创新的合作等等,促进企业二次创新的快速发展。

第二,保持竞争性市场上资源的有效配置。政府应充分支持市场在资源配置中起决定性作用,尽可能地减少通过补贴等手段对市场进行的不当干预和控制,主要依靠市场的力量形成激烈的市场竞争和优胜劣汰机制;打破要素在不同经济主体间的流动障碍,培育全国统一的大市场,以价格作为主要调节因素,激励各类要素市场全面放开;在推进国有企业分类改革的基础上,打破行政部门权利与国有企业的利益关联,杜绝各类企业以非效率方式和手段获取垄断利润,在公平、公开的基础上展开竞争,对选择性融资支持机制下资源配置方式进行根本性转型。

第三,营造良好的创新支持环境。国家应深化教育体制改革和完善创新人才培养体系,全面推进科学素质整体水平的提升,培养适合现代经济发展的新型人才;推动高等院校、科研院所与企业的合作和沟通,提高技术项目的市场化水平和科技成果转化率;建立健全专利保护体系,保障企业充分享有技术研发专利和知识产权,从而营造良好的研发创新氛围。

参考文献

[1] Arrow KJ. Economic welfare and the allocation of resources for invention[M]. The rateand direction of inventive activity:economic and social factors. Princeton University Press,1962:609 - 626.

[2] 解维敏,唐清泉. 政府 R&D 资助企业 R&D 支出与自主创新——来自中国上市公司的经验证据[J]. 金融研究,2009(6):86 - 99.

[3] HallBH,Lerner J. The Financing of R&D and Innovation[Z]. Handbook of the Economics of Innovation,Elsevier-North Holland,2010.

[4] 陆国庆,王舟,张春宇. 中国战略性新兴产业政府创新补贴的绩效研究[J]. 经济研究,2014(7):44 - 55.

[5] 郭庆旺,贾旺雪. 中国全要素生产率的估算:1979—2004[J]. 经济研究,2005(6):51 - 60.

[6] 任曙明,吕镯. 融资约束、政府补贴与全要素生产率[J]. 管理世界,2014(11):10 - 23.

[7] 袁志刚,解栋栋. 中国劳动力错配对 TFP 的影响分析[J]. 经济研究,2011(7):4 - 17.

[8] 刘海洋,孔祥贞,马靖. 补贴扭曲了中国工业企业的购买行为吗?——基于讨价还价理

论的分析[J]. 管理世界,2012(10):119 - 129.

[9] 罗德明,李晔,史晋川. 要素市场扭曲、资源错置与生产率[J]. 经济研究,2012(3):4 - 14.

[10] 蒋为,张龙鹏. 补贴差异化的资源误置效应[J]. 中国工业经济,2015(2):31 - 43.

[11] 赵璨,王竹全,杨德明,曹伟. 企业迎合行为与政府补贴绩效研究——基于企业不同盈利状况的分析[J]. 中国工业经济,2015(7):130 - 145.

[12] 孔东民,刘莎莎,王亚男. 市场竞争、产权与政府补贴[J]. 经济研究,2013(2):55 - 67.

[13] 余明桂,回雅甫,潘红波. 政治联系,寻租与地方政府财政补贴有效性[J]. 经济研究,2010(3):65 - 77.

[14] 顾元媛,沈坤荣. 地方政府行为与企业研发投入——基于中国省际面板数据的市政府分析[J]. 中国工业经济,2012(10):77 - 88.

[15] 任曙明,张静. 补贴、寻租成本与加成率——基于中国装备制造企业的实证研究[J]. 管理世界,2013(10):118 - 129.

[16] 白俊红. 中国的政府 R&D 资助有效吗? 来自大中型工业企业的经验证据[J]. 经济学(季刊),2011(4):1375 - 1400.

[17] 邵敏,包群. 政府补贴与企业全要素生产率——基于我国工业企业的经验分析[J]. 中国工业经济,2012(7):70 - 82.

[18] 毛其淋,许家云. 政府补贴对企业新产品创新的影响——基于补贴强度"适度区间"的视角[J]. 中国工业经济,2015(6):94 - 107.

[19] Hsieh CT, Klenow PJ. Misallocation and manufacturing TFP in China and India[J]. The Quarterly Journal of Economics, 2009, 124(4): 1403 - 1448.

[20] 陈林,罗莉娅,康妮. 行政垄断与要素价格扭曲——基于中国工业全行业数据与内生性视角的实证检验[J]. 中国工业经济,2016(1):52 - 66.

第十一章　差异化模式的技术溢出与政府最优补贴

随着我国资源禀赋结构发生转换,中国经济全面步入新常态,传统粗放的"数量型"经济增长方式走到尽头。尤其是 2008 年全球金融危机后,发达国家为了重现繁荣之态,纷纷实施"再工业化"和"制造业回归"战略发展创新型高端、先进制造业,以重塑国家竞争优势,这必将对我国制造业特别是高新技术产业和战略性新兴产业产生巨大冲击。在国际国内形势巨大压力下,经济增长方式由要素驱动向创新驱动转变、由"数量型"向"质量型"转变已迫在眉睫,这也必是未来我国制造业拔得头筹的制胜点。而转变经济发展方式的重要环节是提高我国企业的技术创新能力。近年来,我国企业的自主创新能力不断提升,2010—2015 年发明专利数量占总申请受理专利的比重由 32% 上升到 34%,但与发达国家相比差距依然很大,说明我国企业自主技术研发投入不足。事实上,自主研发的"周期长、风险大、投入高"特征与研发成果的正外部性,正是企业自主研发动力不足的主要障碍。为了鼓励企业研发,政府补贴作为一种激励政策手段被各国政府广泛采用,中国的创新补贴强度也正在提高。根据 Wind 资讯数据库的统计,在发布 2015 年年报的 2 933 家 A 股上市企业中,21.2% 的企业获得补贴金额占其净利润的比重超过了 50%,补贴范围更是高达 99%。尽管从市场失灵角度来讲,政府补贴具有一定的导向和鼓励作用,但是在企业与政府双重目标取向下,是否补贴强度越高就越能促进企业创新投入呢? 不同的研发模式下政府补贴应如何进行动态调整? 本章研究旨在研究政府补贴对企业创新投入与产品质量提升的影响,探求不同研发模式下政府最优补贴强度区间有何差异,为有效把握企业创新行为、合理动态调整政府创新补贴政策提供指导思路。

一、文献综述

国内外学者针对通过政府补贴来激励企业研发投入进行了大量研究,然而,政府补贴的成效性却一直是一个有争议的问题。一种观点主张政府补贴对企业研发投入具有"挤入效应",认为政府创新补贴不仅能够增加企业直接收益,弥补创新活动的失灵带来的损失,还有助于降低企业创新努力的不确定性带来的投资风险,从而激发企业创新投入热情。另一种观点主张政府创新补贴对企业自主研发具有挤出效应,认为企业会为了获得政府补贴而调整自身的研发决策,挤出这些企业自身的研发投入。还有部分学者认为二者呈非线性关系。刘虹等认为政府 R&D 补贴会对企业产生激励效应和挤出效应,两种效应的分布图呈"倒 U 型"。Zhu 等的研究发现,政府补贴对当期研发投入具有激励效应,而在滞后二期却呈现"倒 U 型"关系。戴小勇和成力为采用面板门槛模型证实了财政补贴与企业研发投入存在复杂的非线性关系。毛其淋和许家云的实证结果表明只有适度的补贴才能够显著激励企业新产品创新,而高额度补贴却抑制了企业新产品创新。

在面临高额的前期研发资金投入、研发活动天然的技术溢出特性及研发产出较高的不确定性的情况下,企业的研发模式开始由独立竞争向寻求研发合作转变。研发合作可以增加企业知识交流和共享,将技术溢出效应内部化,进而提高社会福利。D'Aspremont 和 Jacquemin 通过建立了同质产品技术双向溢出的双寡头模型(AJ 模型),发现在技术溢出水平较低时,竞争型研发模式的研发投入高于合作型研发模式,而在溢出程度较高时,合作型研发模式更具激励效应,但两者都仍低于社会福利最大化时的最优研发数量,因此,认为政府需要对进行不同研发模式的企业进行差异化补贴。Kamien 等建立的 R&D 投入溢出模型(KMZ 模型)也进一步证实了 AJ 模型的结论。这两个模型为后来学者研究企业研发模式与研发投入的关系奠定了一个理论框架。乔芳丽和侯强通过拓展 AJ 模型把 R&D 阶段分为完全不合作、半合作、完全合作三种状态,分析了产品差异化程度与技术外溢对企业创新投入、企业利润及社会福利的影响。Cellini & Lambertini 将 AJ 模型进行拓展,利用微分博弈方法对企业独立 R&D 投资和 R&D 卡特尔投资进行比较,分析企业的最优研发投资策略。傅建华等通过将技术溢出分为内生和外生两种,运用逆向归纳方法确定企业最优知识共享水平、合作 R&D(不合作)资源投入和合作 R&D(不合作)产量。随着研究的深入,越来越多的学者主张应根据研发模式的差异对创新活动给予差异化的补贴强度。

以上研究从各个不同的角度探讨了政府补贴与企业研发模式对企业投入决策的影响,然而,在大多数关于寡头竞争的模型中,“产品同质”都是一个重要的假定前提,并未考虑到产品属性上的差异。事实上,随着我国居民消费结构的升级,产品差异化尤其是产品垂直差异化特征更受到消费者的偏好,比如,大陆居民纷纷海淘境外高端奢侈品正是消费结构升级典型影射,因此,从水平差异化与垂直差异化两个属性维度考虑更加符合我国目前的经济现实。不仅如此,李克强总理在十二届全国人大四次会议做政府工作报告特别强调“培育精益求精的工匠精神,增品种、提品质、创品牌”,本质就是要求创新要兼顾水平差异和垂直质量差异两个属性维度,而在现有的文献中仅有吴福象和段巍对产品的两个属性进行了研究,但其并未探讨研发模式对企业创新投入与政府补贴强度的影响。实际上,一个企业在进行技术创新时,选择何种研发模式无疑是重要的权衡因素之一。因此,本章在 Symeonidis 模型基础上,引入政府创新补贴因素,建立起一个三阶段博弈模型,研究不同研发模式下政府的最优补贴强度以及企业的研发战略,以期对理论进行扩展和补充。

二、基本模型

考虑这样一个模型,假定某一产业是由生产垂直差异化产品的双寡头企业 1 和企业 2 构成,企业根据产品质量与其他企业进行竞争。消费者数量标准化为 1,其代表性消费者效用函数为:

$$U(q_i,q_j,M)=q_i+q_j-\frac{q_i^2}{u_i^2}-\frac{q_j^2}{u_j^2}-\sigma\frac{q_iq_j}{u_iu_j}+M,i,j=1,2,i\neq j, \qquad (1)$$

其中,q_i,q_j 为消费者对产品 i,j 消费的数量,p_i,p_j 为产品价格。M 表示消费者对其他商品的消费:$M=Y-p_iq_i-p_jq_j$,同时设定标准价格 $P_M=1$。u_i,u_j 是衡量产品质量的指标,代表产品间的垂直质量差异。σ 描述产品间的水平差异化程度,表示两企业生产的产品之间存在着一定程度的替代或互补关系,$0\leqslant\sigma\leqslant2$,$\sigma$ 越大,替代性越强,产品差异化程度越小。由消费者效用最大化一阶条件,可以得到消费者的需求函数:

$$q_i=\frac{u_i[2u_i(1-p_i)-\sigma u_j(1-p_j)]}{(2-\sigma)(2+\sigma)},i,j=1,2,i\neq j \tag{2}$$

现在考虑企业进行的是以提高产品质量而非降低生产成本为目标的技术创新。假定企业的研发活动存在技术溢出效应,R&D 投入转化率的关系函数为 $u_i=R_i^{\frac{1}{4}}+\rho R_j^{\frac{1}{4}}$,其中,$\rho$ 表示研发的技术溢出水平,有 $0\leqslant\rho\leqslant1$,R 为研发投入。在初始状态下,两企业单位产品生产的成本固定为一常量 c,$0\leqslant c<1$。假定政府依据企业研发投入选择对企业提供补贴 sR_i,其中,S 为创新补贴强度。企业 i 的利润函数可以表示为:

$$\pi_i=q_i-\frac{2q_i^2}{u_i^2}-\frac{\sigma q_iq_j}{u_iu_j}-cq_i-R_i+sR_i,i,j=1,2,i\neq j \tag{3}$$

双寡头企业进行一个三阶段动态博弈:第一阶段为政府补贴阶段,政府确定合适的补贴强度鼓励企业研发以实现社会福利最大化;第二阶段为研发阶段,研发模式有研发竞争、研发合作(研发卡特尔与 RJV 卡特尔),两个企业在给定的补贴强度下选择研发投入;第三阶段为古诺竞争阶段,两个企业在产品市场上各自选择产量水平。研发阶段和生产阶段企业进行的决策均是以企业利润最大化为目标。下面采用逆向归纳法进行求解。

（一）研发竞争模式

首先从第三阶段古诺产量竞争分析开始,企业 1、2 根据企业自身利润最大化来选择各自的产量。以企业 i 为例,由利润最大化一阶条件,求解 $\frac{\partial\pi_i}{\partial q_i}=0$,可得企业的均衡产量为:

$$q_i=\frac{(1-c)u_i(4u_i-\sigma u_j)}{(4-\sigma)(4+\sigma)},i,j=1,2,i\neq j \tag{4}$$

由(4)对产品质量 u 求偏导,令 $\dfrac{\partial q_i}{\partial u_i}=0$,解得 $u_i=\dfrac{\sigma u_j}{8}$。该式说明了企业在自身产品质量高于竞争对手一定程度时($u_i>\dfrac{\sigma u_j}{8}$),企业提高产品质量可以促进企业扩大产量;而当自身产品质量与竞争对手产品质量差距较大时($0<u_i<\dfrac{\sigma u_j}{8}$),企业的最优选择是缩减自身产量。因此,这意味着企业为谋求利润最大化,通过扩大产量来巩固自身的市场占有率,只有通过提高自身的产品质量实现。

再看博弈第二阶段即研发阶段,企业在观察到双方的产量之后,选择能使各自利润最大化的 R&D 投入。由于是模型对称的,均衡时 $R_i=R_j=R^N$,求解 $\dfrac{\partial \pi_i}{\partial R_i}=\dfrac{\partial \pi_j}{\partial R_j}=0$,可得企业的最优研发投入水平为:

$$R^N=\frac{(1-c)^4(\rho\sigma-4)^2(1+\rho)^2}{(1-s)^2(4+\sigma)^4(\sigma-4)^2} \tag{5}$$

由上式可知均衡状态下,企业研发投入取决于 c,ρ,σ,s。显然,生产成本 c 与研发投入呈负相关,下面只讨论 ρ,σ,s 与企业研发投入的关系。

(5)式对 ρ 求偏导,有:$\dfrac{\partial R^N}{\partial \rho}=\dfrac{2(1-c)^4(1+\rho)(4-\rho\sigma)(4-\sigma-2\rho\sigma)}{(1-s)^2(4-\sigma)^2(4+\sigma)^4}$

在参数约束范围内,令 $\dfrac{\partial R^N}{\partial \rho}=0$,可求得 $\rho=\dfrac{4-\sigma}{2\sigma}$。当 $0\leqslant\sigma\leqslant\dfrac{4}{3}$ 时,$\dfrac{4-\sigma}{2\sigma}>1$,此时 $\dfrac{\partial R^N}{\partial \rho}>0$,说明在产品差异化程度较低时,创新活动的技术溢出效应越高,企业选择的研发投入越高;当 $\dfrac{4}{3}<\sigma\leqslant2$,即 $\dfrac{4-\sigma}{2\sigma}<1$ 时,研发投入在 $\rho\in\left[0,\dfrac{4-\sigma}{2\sigma}\right]$ 区间时单调递增,而在 $\rho\in\left[\dfrac{4-\sigma}{2\sigma},2\right]$ 区间时单调递减。

(5)式对 σ 求编导,有:$\dfrac{\partial R^N}{\partial \sigma}=\dfrac{4(1-c)^4(1+\rho)^2(-4+\rho\sigma)[8-6\sigma+\rho(8-2\sigma+\sigma^2)]}{(1-s)^2(4-\sigma)^3(4+\sigma)^5}$

令 $\dfrac{\partial R^N}{\partial \sigma}=0$,求解适合条件的解,有:在 $\dfrac{1}{2}<\rho\leqslant1$ 时,恒有 $\dfrac{\partial R^N}{\partial \sigma}<0$,说明在技术溢出水平较高的情况下,产品差异化程度越高,企业的研发投入反而会降低。当 $0<\rho<\dfrac{1}{2}$

时,研发投入分别在 $\sigma\in\left[0,\dfrac{3+\rho-\sqrt{9-7\rho-2\rho^2}}{\rho}\right]$ 和 $\sigma\in\left[\dfrac{3+\rho-\sqrt{9-7\rho-2\rho^2}}{\rho},2\right]$ 区间内单调递减和单调递增,说明在技术溢出水平较低时,产品差异化程度越高,企业越有动力进行研发。

(5)式对创新补贴强度 s 求偏导,有: $\dfrac{\partial R^N}{\partial s}=\dfrac{2(1-c)^4(1+\rho)^2(4-\rho\sigma)^2}{(1-s)^3(4-\sigma)^2(4+\sigma)^4}$

注意到在参数约束范围内,恒有 $\dfrac{\partial R^N}{\partial s}>0$,即最优研发投入与政府补贴强度成正比,这一结果证实了政府补贴对 R&D 投入具有"激励效应",补贴强度越高,企业进行研发的积极性越高。

进一步求得均衡时两企业的产品质量:

$$u^N=\frac{(1-c)(4-\rho\sigma)^{\frac{1}{2}}(1+\rho)^{\frac{3}{2}}}{(1-s)^{\frac{1}{2}}(4-\sigma)^{\frac{1}{2}}(4+\sigma)} \tag{6}$$

通过计算,发现在参数约束范围内, $\dfrac{\partial u^N}{\partial\rho}>0$、$\dfrac{\partial u^N}{\partial s}>0$ 及 $\dfrac{\partial u^N}{\partial\sigma}<0$,说明产品质量与技术溢出水平、政府补贴强度呈正相关,与产品差异化程度呈负相关。

最后分析第一阶段政府补贴阶段,政府选择最优 R 补贴强度来实现社会福利最大化。社会福利函数可以表述为: $W=PS+CS-G$,这里用消费者消费产品 $1,2$ 的效用减去其消费支出来表示消费者剩余 CS,即 $CS=2\left(q-\dfrac{q^2}{u^2}\right)-\dfrac{\sigma q^2}{u^2}-2pq$,两个企业的利润之和来表示生产者剩余 PS,即 $PS=2(p-c)q-2R+2sR$,政府对企业研发补贴所需的支出 G,即 $G=2sR$,由社会福利最大化一阶条件 $\dfrac{\partial W}{\partial s}=0$,可求得研发竞争模式下最优补贴强度:

$$s^N=\frac{(4+\sigma)[2-\sigma(-6+\sigma)-\sigma]}{(1+\rho)(4-\sigma)(6+\sigma)} \tag{7}$$

由(7)式,注意 $0\leqslant\rho\leqslant1,0\leqslant\sigma\leqslant2$ 时,总有 $s>0$。这说明了政府通过提供合适的补贴强度来鼓励企业进行研发投入的同时,也可以实现社会福利水平的提高。

(7)式对 ρ 求偏导,考察技术溢出水平对政府最优补贴强度的影响,有:

$$\frac{\partial s^N}{\partial \rho}=\frac{4(4+\sigma)}{(1+\rho)^2(4-\sigma)(6+\sigma)}$$

在参数约束范围内,恒有:$\frac{\partial s^N}{\partial \rho}>0$,即技术溢出水平越高,政府的最优研发补贴强度越高。原因在于技术溢出水平较高时,一方面企业创新活动的正外部性较大,其获得的超额利润被大大削弱掉,另一方面,相对"搭便车"企业的低成本,研发企业的收益再大打折扣,这必然会迫使企业调整研发投资决策,减少自主研发投入,此时为了实现福利最大化,政府需要给予较高的补贴强度才能弥补技术溢出带给企业的损失,刺激企业进行自主研发。

(7)式对 σ 求偏导,考虑产品差异化程度对最优创新补贴强度的影响,可得:

$$\frac{\partial s^N}{\partial \sigma}=\frac{4[\rho(24+\sigma^2)-8(1+\sigma)]}{(1+\rho)(4-\sigma)^2(6+\sigma)^2}$$

由上式可知,在 $\rho\leq\frac{1}{3}$ 时,σ 在[0,2]之间取值,使得 $\frac{\partial s}{\partial \sigma}<0$ 恒成立;而在 $\frac{1}{3}\leq\rho\leq1$ 时,最优补贴强度在 $\sigma\in\left[0,\frac{2[2-\sqrt{2(2+\rho-3\rho^2)}]}{\rho}\right]$ 与 $\sigma\in\left[\frac{2[2-\sqrt{2(2+\rho-3\rho^2)}]}{\rho},2\right]$ 分别单独递增和单调递减。换言之,当 $\rho\leq\frac{1}{3}$ 时,产品差异化程度越高,企业的垄断能力提高,企业进行研发创新的自觉性提高,政府最优补贴强度较低时就可以促进企业达到最优研发水平;当 $\frac{1}{3}\leq\rho\leq1$ 时,政府的最优补贴强度随着产品差异化程度先增大后降低。

综上各参数对政府最优补贴强度的影响,于是有:

命题1:在研发竞争模式下,

(1)为了提高社会福利水平,政府应该对企业的创新活动进行补贴。

(2)政府最优补贴强度与技术溢出水平呈正相关关系。

(3)最优补贴强度与产品差异化程度之间并非简单的线性关系,还受到技术溢出水平的影响:在低技术溢出条件下,最优补贴水平随产品差异化的增加而减少;在高技术溢出水平条件下,最优补贴水平随产品差异化程度的增加呈倒"U"型变化。

命题1具有很强的政策含义,首先政府在不同的产业间应给予差异化补贴:要对高技术溢出水平的产业给予较高补贴,低技术溢出水平产业适当降低补贴强度,这是由于高新技术产业的技术溢出水平较高,其创新活动的复杂度和不确定性也较高,企业创新的动力和热情受到削弱,此时政府应通过提高补贴强度来刺激创新,反之亦然。其次在同一产业内部,补贴应该根据产品的产异化程度进行调整,避免在产品雷同度高时仍进行高额补贴而导致产能过剩。

将政府最优补贴强度带入研发投入函数,得:

$$R^N = \frac{(1-c)^4(1+\rho)^4(6+\sigma)^2}{16(4+\sigma)^4} \tag{8}$$

由(8)式显然可以看出,研发投入与技术溢出水平呈正相关关系,与产品差异化程度呈负相关关系。

进一步将相关变量代入企业利润函数与社会福利函数,可求得最优补贴政策下单个企业利润和社会福利水平:

$$\pi^N = \frac{(1-c)^4(1+\rho)^3[\rho(-8+\sigma)+2(-2+\sigma)](6+\sigma)}{4(-4+\sigma)(4+\sigma)^4} \tag{9}$$

$$W^N = \frac{(1-c)^4(1+\rho)^4(6+\sigma)^2}{8(4+\sigma)^4} \tag{10}$$

（二）研发合作模式

本章借鉴 KMZ 模型把研发合作模式分为研发卡特尔和 RJV 卡特尔两种类型。由于在产品竞争阶段寡头企业仍进行古诺竞争,方法同上,下面直接从研发阶段开始分析。

1. 研发卡特尔

第二阶段企业选择 R&D 投入以实现卡特尔联合利润最大化,联合利润函数为:

$$\prod_C = \sum_{i=1}^{2} \pi_i = \sum_{i=1}^{2} \frac{2(1-c)^2(-4u_i+\sigma u_j)^2}{(16-\sigma^2)^2} - (1-s)\sum_{i=1}^{2} R_i \tag{11}$$

由于模型对称,均衡时 $R_i = R_j = R^C$,由利润最大化一阶条件,解得最优研发投入为:

$$R^C = \frac{(1-c)^4(1+\rho)^4}{(1-s)^2(4+\sigma)^4} \tag{12}$$

由(11)式,有:$\frac{\partial R^C}{\partial s}=\frac{2(1-c)^4(1+\rho)^4}{(1-s)^3(4+\sigma)^4}$。注意到在参数约束条件下,恒有$\frac{\partial R^C}{\partial s}>0$

成立,说明了在研发卡特尔模式下,政府的 R&D 补贴对企业研发投入具有激励效应。

在第一阶段政府选择补贴强度以实现社会福利最大化,根据福利最大化一阶条件可得:

$$s^C=\frac{2+\sigma}{6+\sigma} \tag{13}$$

由上式可知,在研发卡特尔模式下,最优补贴强度与技术溢出水平 ρ 无关,这也意味着研发卡特尔与 RJV 卡特尔模式下的补贴强度相同,这是因为在研发合作时,两个企业通过技术外溢内部化来获得最大总利润。最优补贴强度大小仅取决于产品差异化程度 σ,由(13)式知,$\frac{\partial s^C}{\partial\sigma}>0$ 恒成立,说明产品差异化程度与政府补贴强度正相关。

将最优补贴强度带入到(12)式中,可得:

$$R^C=\frac{(1-c)^4(1+\rho)^4(6+\sigma)^2}{16(4+\sigma)^4} \tag{14}$$

由(14)式可知,在最优补贴强度下,企业的研发投入水平分别受技术溢出水平和产品水平差异程度的影响,进而对两个参数求偏导,分别得出:$\frac{\partial R^C}{\partial\rho}>0$ 与 $\frac{\partial R^C}{\partial\sigma}<0$,说明技术溢出水平越高,企业研发投入水平越高;而产品差异化程度越高,企业研发投入水平越低。这一结果也符合我们的预期。一般情况下,技术知识的共享性程度越高,企业进行研发投入的不确定性和风险会降低,企业进行研发的积极性会越高;而当两家企业生产的产品差异性较高时,不论技术溢出程度如何,企业的垄断程度较高,既有的市场份额都不容易被挤出或侵入,企业将缺乏动力进行研发。

进一步把(13)式带入单个企业的利润函数与社会福利函数,可得:

$$\pi_1^C=\frac{(1-c)(1+\rho)^4(6+\sigma)}{4(4+\sigma)^4} \tag{15}$$

$$W^C=\frac{(1-c)^4(1+\rho)^4(6+\sigma)^2}{8(4+\sigma)^4} \tag{16}$$

2. JV 卡特尔

RJV 卡特尔模式下,两企业在研发阶段完全共享研发成果,技术溢出水平达到最大化。因此,只需将 $\rho=1$ 带入研发卡特尔模式下的各个均衡解中,即可求得 RJV卡特尔模式下的相应解。于是,RJV 卡特尔模式下的最优补贴强度、研发投入水平、利润和社会福利分别为:

$$S^{RC} = \frac{2+\sigma}{6+\sigma} \tag{17}$$

$$R^{RC} = \frac{(1-c)^4(6+\sigma)^2}{(4+\sigma)^4} \tag{18}$$

$$\pi^{RC} = \frac{4(1-c)^4(6+\sigma)}{(4+\sigma)^4} \tag{19}$$

$$W^{RC} = \frac{2(1-c)^4(6+\sigma)^2}{(4+\sigma)^4} \tag{20}$$

三、不同研发模式的均衡解比较

(一) 无补贴政策措施下的研发模式比较

为了更清晰地分析政府补贴的影响,将无补贴政策情形作为一个基准进行比较讨论。把 $s=0$ 代入三种研发模式下的各对应变量的均衡解中,可以得到无补贴政策下企业的研发投入、产品质量、企业产量、企业利润及社会福利的表达式,如表 11 - 1所示。

表 11 - 1　无政府补贴政策下不同研发模式下的均衡结果

	研发竞争	研发卡特尔	RJV 卡特尔
研发投入	$\dfrac{(1-c)^4(1+\rho)^2(4-\rho\sigma)^2}{(4-\sigma)^2(4+\sigma)^4}$	$\dfrac{(1-c)^4(1+\rho)^4}{(4+\sigma)^4}$	$\dfrac{16(1-c)^4}{(4+\sigma)^4}$
产品质量	$\dfrac{(1-c)(4-\rho\sigma)^{1/2}(1+\rho)^{3/2}}{(4-\sigma)^{1/2}(4+\sigma)}$	$\dfrac{(1-c)(1+\rho)^2}{(4+\sigma)}$	$\dfrac{4(1-c)}{(4+\sigma)}$

	研发竞争	研发卡特尔	RJV 卡特尔
产量	$\dfrac{(1-c)^3(1+\rho)^3(4-\rho\sigma)}{(4-\sigma)(4+\sigma)^3}$	$\dfrac{(1-c)^3(1+\rho)^4}{(4+\sigma)^3}$	$\dfrac{16(1-c)^3}{(4+\sigma)^3}$
企业利润	$\dfrac{(1-c)^4(1+\rho)^2(4-\rho\sigma)(4+8\rho-2\sigma-\rho\sigma)}{(4-\sigma)^2(4+\sigma)^4}$	$\dfrac{(1-c)^4(1+\rho)^4}{(4+\sigma)^3}$	$\dfrac{16(1-c)^4}{(4+\sigma)^4}$
社会福利	$\dfrac{(1-c)^4(4-\rho\sigma)(1+\rho)^2[16-2\sigma-\sigma^2+\rho(24-\sigma^2)]}{(4-\sigma)^2(4+\sigma)^4}$	$\dfrac{(1-c)^4(1+\rho)^4}{(4+\sigma)^4}$	$\dfrac{16(1-c)^4}{(4+\sigma)^4}$

从表 11-1 中可以看出，三种研发模式下企业均衡研发投入水平、产品质量和产量的相对大小都与技术溢出水平和产品差异化程度有关。当 $0\leqslant\rho<\dfrac{\sigma}{4}$ 时，研发竞争模式下企业研发投入水平、产品质量和产量均大于研发卡特尔模式下的对应变量，这是因为在技术溢出水平较低时，企业的模仿行为受限，"搭便车"效应降低，为保持市场垄断地位在产品市场上进行质量竞争，不得不加大创新投入；当 $\dfrac{\sigma}{4}<\rho\leqslant1$ 时，则相反；无论 σ 取何值，由于 RJV 卡特尔研发模式最大化了合作双方之间的技术溢出水平，尤其是无法通过自然技术溢出的企业专有的隐性知识也得到了传递、共享，这种完全合作模式可以极大增强企业的研发投资意愿，使得 RJV 卡特尔模式下企业研发投入、产品质量和产量均大于研发竞争和研发卡特尔模式下的对应变量。

再来比较三种研发模式下企业利润与社会福利的大小。由三种研发模式下利润的表达式可知，不论 ρ 和 σ 取何值，企业的利润大小为 RJV 卡特尔模式最高，研发卡特尔次之，研发竞争模式最低。进一步地，RJV 卡特尔模式下企业的利润只与产品差异化程度相关，且呈负相关；研发卡特尔模式下企业的利润与技术溢出水平成正相关，与产品差异化呈负相关；研发竞争模式下企业的利润与技术溢出水平成正相关，与产品差异化呈负相关。当然，在 RJV 卡特尔下企业利润最大，并且其利润函数不随技术溢出水平变化，这是因为卡特尔模式已内化了两企业间的技术溢出效应。再由三种研发模式下的社会福利表达式可知，福利水平的高低与技术溢出水平和产品差异化程度有较大关系：当技术溢出水平较小时（$0<\rho<\dfrac{\sigma}{4}$），社会福利在 RJV 卡特

尔模式最高,研发竞争次之,研发卡特尔最低。随着技术溢出水平的不断提高,研发卡特尔下的社会福利增长的速度快于研发竞争模式,直到 ρ 超过临界值时,研发卡特尔模式的社会福利超过研发竞争模式。

综合上述分析,无补贴政策下,当技术溢出水平较高时,企业利润最大化目标与企业最优研发投入、产品质量及社会福利最大化目标相对应的研发模式选择一致;而在技术溢出水平较低时,三种模式下企业的利润排序($\pi_1^{RC}>\pi_1^C>\pi_1^N$)与社会福利水平($W_1^{RC}>W_1^N>W_1^C$)出现了偏离,说明企业最大利润的研发模式决策并不一定会带来社会福利最大化。因此,政府部门若以社会福利最大化为目标,则需要在不同的技术溢出水平下,出台政策引导企业选择不同的研发模式。

(二)最优补贴强度下研发模式比较

首先分析为实现社会福利最大化,三种研发模式下政府的最优补贴强度。由于研发卡特尔与 RJV 卡特尔的政府补贴强度相同,这里仅比较研发竞争模式与研发卡特模式。定义 $\Delta s=\dfrac{s^N}{s^C}$,由公式(7)以及公式(13),有:$\Delta s=\dfrac{(4+\sigma)[2+\rho(6-\sigma)+\sigma]}{(1+\rho)(4-\sigma)(2+\sigma)}$

令 $\Delta s=1$,求解 ρ,有:$\rho=\dfrac{\sigma}{4}$,当 $\dfrac{\sigma}{4}<\rho\leqslant1$,有 $\Delta s>1$,此时,研发竞争补贴高于研发卡特尔补贴水平;当 $0\leqslant\rho<\dfrac{\sigma}{4}$,有 $\Delta s<1$,此时,研发卡特尔补贴大于研发竞争补贴水平。另外,由于 RJV 卡特尔中,$\rho=1$,恒有研发竞争补贴高于 RJV 卡特尔补贴。

命题 2:当技术溢出水平较低时,研发竞争模式下的政府补贴强度低于研发合作模式补贴强度;当技术溢出水平较高时,研发合作模式下的政府补贴强度低于研发竞争模式补贴强度。

该命题表明,在技术溢出水平较低时,研发竞争模式下企业很难直接通过模仿或"搭便车"来获得技术外部性,企业只能选择自主创新来保持市场地位和份额,此时企业的积极性较高所需的政府补贴激励相对较小,而当技术溢出水平较高时,研发合作的效率较高,企业进行研发投资的意愿较强烈,此时需要的政府补贴激励较低。

其次比较三种研发模式下,企业研发投入、利润与社会福利的大小。由于 RJV

卡特尔模式只是研发卡特尔的特例,在进行比较时按照研发竞争与研发卡特尔进行做差比较,然后再考虑 $\rho=1$ 时的情况。以企业 1 为例,把 s^N,s^c 分别代入企业研发投入函数、企业利润函数及社会福利函数做差,有:

$$\Delta R^{NC}=R_1^N-R_1^C=\frac{(1-c)^4(1+\rho)^4(6+\sigma)^2}{16(4+\sigma)^4}-\frac{(1-c)^4(1+\rho)^4(6+\sigma)^2}{16(4+\sigma)^4}=0$$

$$\Delta W^{NC}=W^N-W^C=0$$

$$\Delta\pi^{NC}=\pi_1^N-\pi_1^C=\frac{(1-c)^4(1+\rho)^3(4\rho-\sigma)(6+\sigma)}{4(4-\sigma)(4+\sigma)^4}$$

注意到在参数约束范围内,企业研发投入、社会福利在这两种模式下相等,在 RJV 卡特尔模式下达到最大。

而企业利润大小随着技术溢出水平变化:当技术溢出水平足够低($\rho<\frac{\sigma}{4}$)时,总有 $\Delta\pi<0$,即研发卡特尔模式下企业利润较高,而当技术溢出水平高于 $\rho>\frac{\sigma}{4}$ 时,有 $\Delta\pi>0$,研发竞争模式下利润超过研发卡特尔,并且当技术溢出水平足够高时,研发竞争最高。于是有:

命题3:在最优补贴强度下,

(1) 企业选择何种研发模式,主要取决于研发活动的技术溢出水平。

(2) 研发卡特尔与研发竞争模式下研发投入、社会福利相同,都随着技术溢出水平增大,在 RJV 卡特尔模式达到最大。

命题 3 说明,两个企业在未实现技术共享之前,在政府提供最优补贴强度的前提下,企业选择何种研发模式对于实现福利最大化并无差别,影响的只是企业利润。从这种意义上来说,不同研发模式下的企业利润差异主要源自政府的补贴额差异,政府进行专利保护仅仅改变的是企业的研发模式决策,这就意味着政府的财政补贴一部分转换成了企业的隐性福利,被企业用来粉饰业绩。此外,这种"从天而降"政府补贴也可能会引发企业的"寻租"行为,通过贿赂政府官员等方式来影响政府补贴决策,从而造成资源浪费。

（三）政府补贴的效果分析

为了进一步验证政府补贴的效果,对不同研发模式下补贴前后企业研发投入、企业利润以及社会福利的变化进行分析。

首先来看研发投入的变化。由(8)、(14)及(18)式三种研发模式的研发投入分别减去无补贴时对应研发投入,记为 ΔR^N、ΔR^C、ΔR^{RC}[①]。通过计算可得,三种研发模式的研发投入差均大于 0,说明政府补贴随企业研发起到了激励作用,带动了企业创新的积极性,政府补贴是有效的。进一步地对 ρ、σ 求偏导[②],计算结果显示:ΔR^N 与 ΔR^C 的大小受技术溢出水平和产品差异化程度的影响,均与技术溢出水平呈正相关,与产品差异程度呈负相关;ΔR^{RC} 与产品差异化程度呈负相关。

其次再来比较企业利润和社会福利水平的变化,同理分别做差可得 $\Delta \pi^N$、$\Delta \pi^C$、$\Delta \pi^{RC}$ 与 ΔW^N、ΔW^C、ΔW^{RC}。通过计算发现:在参数约束范围内,所有的差值均大于 0;进一步对 ρ、σ 求偏导[③],得出:不论是企业利润增量还是社会福利增量均与技术溢出水平呈正相关,与产品差异化程度呈负相关关系。综上分析,有:

命题 4:（1）不论何种研发模式,政府补贴都不仅能够提高企业创新绩效,还能够提高社会绩效。

（2）研发投入增量、企业利润增量及社会福利增量均与技术溢出水平呈正相关,而与产品差异化程度呈负相关。

该命题说明了企业进行创新的动力不足很大部分可能源于创新成果的外部性,

---

① 经计算,$\Delta R^N = \dfrac{(1-c)^4(1+\rho)\left[(1+\rho)^2(6+\sigma)^2-\dfrac{16(4-\rho\sigma)^2}{(4-\sigma)^2}\right]}{16(4+\sigma)^4}$, $\Delta R^C = \dfrac{(1-c)^4(1+\rho)^4(20+12\sigma+\sigma^2)}{16(4+\sigma)^4}$,

$\Delta R^{RC} = \dfrac{(1-c)^4(20+12\sigma+\sigma^2)}{(4+\sigma)^4}$。

② 经计算,$\dfrac{\partial \Delta R^N}{\partial \rho}>0$、$\dfrac{\partial \Delta R^N}{\partial \rho}>0$、$\dfrac{\partial \Delta R^C}{\partial \rho}>0$、$\dfrac{\partial \Delta R^N}{\partial \sigma}<0$、$\dfrac{\partial \Delta R^C}{\partial \sigma}<0$、$\dfrac{\partial \Delta R^{RC}}{\partial \sigma}<0$。

③ 经计算,$\dfrac{\partial \Delta R^C}{\partial \rho}>0$、$\dfrac{\partial \Delta R^N}{\partial \sigma}<0$、$\dfrac{\partial \Delta R^C}{\partial \sigma}<0$、$\dfrac{\partial \Delta R^{RC}}{\partial \sigma}<0$;$\dfrac{\partial \Delta W^N}{\partial \rho}>0$、$\dfrac{\partial \Delta W^C}{\partial \rho}>0$、$\dfrac{\partial \Delta W^N}{\partial \sigma}<0$、$\dfrac{\partial \Delta W^C}{\partial \sigma}<0$、$\dfrac{\partial \Delta W^{RC}}{\partial \sigma}<0$。

此时只要政府给予一定的财政扶持,企业的利润得到了提高,企业也会进一步追加研发投入,最终也提高了社会福利水平,并且在技术溢出水平越高的产业,政府的补贴效率越高;而在产品差异化程度高的产业,由于各个企业已经具有了较高的垄断地位,企业无须通过创新来抢占市场,此时政府补贴可能是无效率。

四、算例分析

由于在三种研发模式下的均衡变量如企业研发投入、产品质量、企业利润与政府最优补贴强度、社会福利水平等均是主要受 c、ρ、σ 三个参数的综合影响,其中技术溢出水平和产品水平差异程度的影响最突出,为了更好地验证政府补贴对企业研发是否具有挤出效应抑或是挤入效应、社会福利是否得到了提升,在前文进行理论分析的基础上,再利用 Matlab 软件对参数赋值,进行作图分析。限于篇幅问题,本章以技术溢出程度(ρ)为例,令 $c=\frac{1}{2}$,$\sigma=1$,对命题进行验证。产品水平差异程度对各个变量的影响,感兴趣的可以向作者索取,在此不做赘述。

(一) 政府最优补贴强度分析

通过图 11-1 可以看出,研发卡特尔模式和 RJV 卡特尔模式下的最优研发补贴强度为固定值,这是因为研发合作(研发卡特尔和 RJV 卡特尔)都已内化了技术外溢,实现了技术溢出内部最大化;而研发竞争模式下,政府给予企业的最优研发补贴应与技术溢出水平呈正相关;从研发合作与研发竞争模式的补贴率曲线走势可知,在技术溢出较低时,政府给予研发竞争的补贴强度要低于研发合作,而在技术溢出水平较高时,则反之,这一结论验证了命题 2。

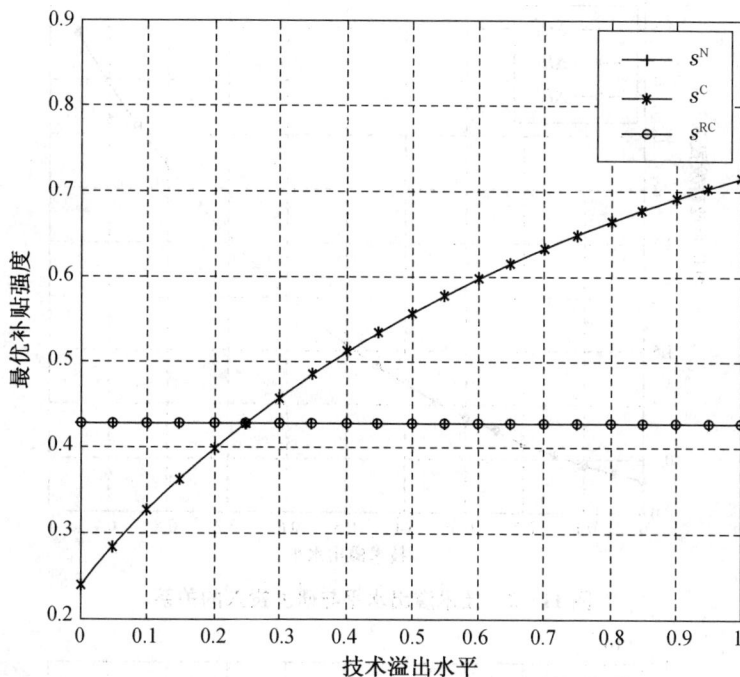

图 11 - 1　技术溢出与最优补贴强度的关系

（二）政府补贴对企业研发投入和利润的影响

从图 11 - 2 可以看出，随着技术溢出水平的提高，研发竞争模式与研发卡特尔模式的研发投入逐渐上升，在 RJV 卡特尔模式达到最大（$R_1^{RC} = \dfrac{49}{10\,000}$）。另外，研发竞争与研发卡特尔的研发投入曲线完全重合，说明在未实现技术完全共享之前，这两种研发决策对企业的创新投入是无差别的。再来看图 11 - 3，随着技术溢出水平的变化，三种模式下企业利润的相对高低发生了变化：在技术溢出水平较低时，企业倾向于研发合作，而在技术水平较高时，企业倾向于采用研发竞争决策，从而验证了命题 3。

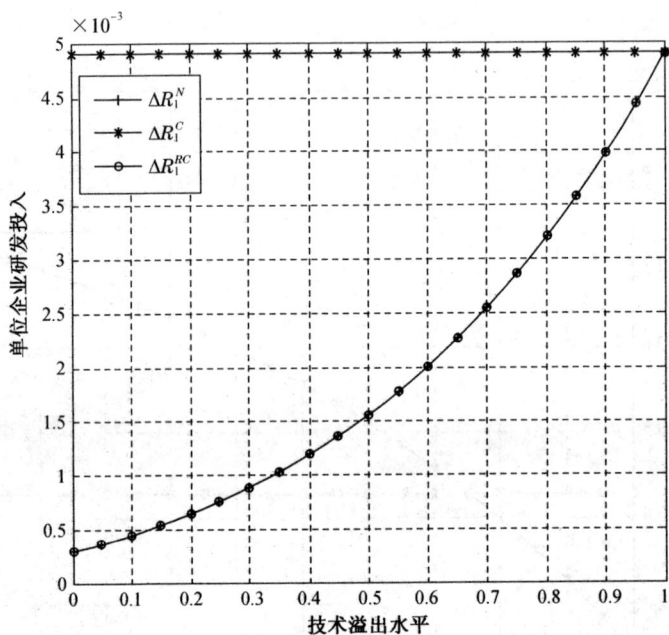

图 11-2 技术溢出水平与研发投入的关系

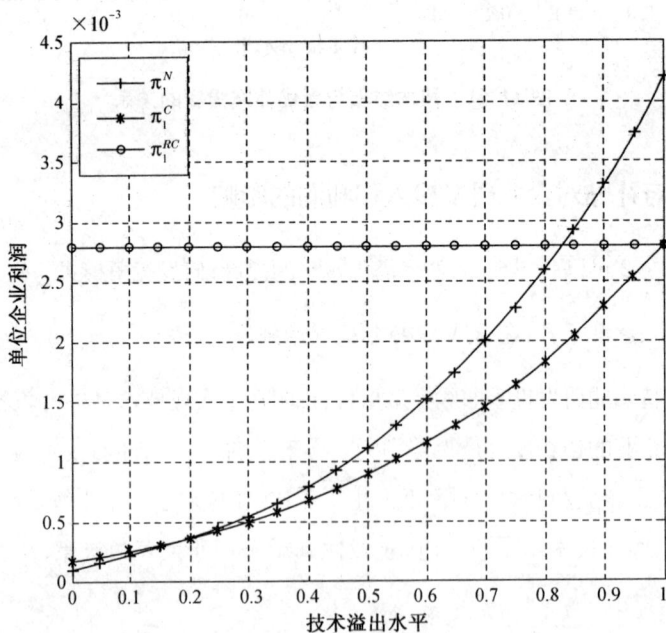

图 11-3 技术溢出水平与企业利润的关系

（三）政府补贴的效果分析

为了检验政府补贴对企业研发的效应以为对社会福利水平的改善,分别对政府补贴前后的 ΔR 和 ΔW 进行作图,如图 11 - 4 和图 11 - 5 所示。结合图 11 - 4 和图 11 - 5 可以看出,差值都大于 0,说明了不论何种研发模式,政府补贴都促进了企业的研发投入水平的提高和社会福利水平的提升,并且均与技术溢出水平呈正相关关系,验证了本章中的命题 1 和 4。另外,我们还得到一些新的结论:在 $\rho \leqslant \dfrac{\sigma}{4}$ 时,即低于 $\dfrac{1}{4}$ 时,研发卡特尔的投入水平高于研发竞争;在高于 $\dfrac{1}{4}$ 时,研发竞争模式的研发投入开始高于研发卡特尔;同样,在技术溢出水平低于 $\dfrac{1}{4}$ 时,RJV 卡特尔模式的社会福利水

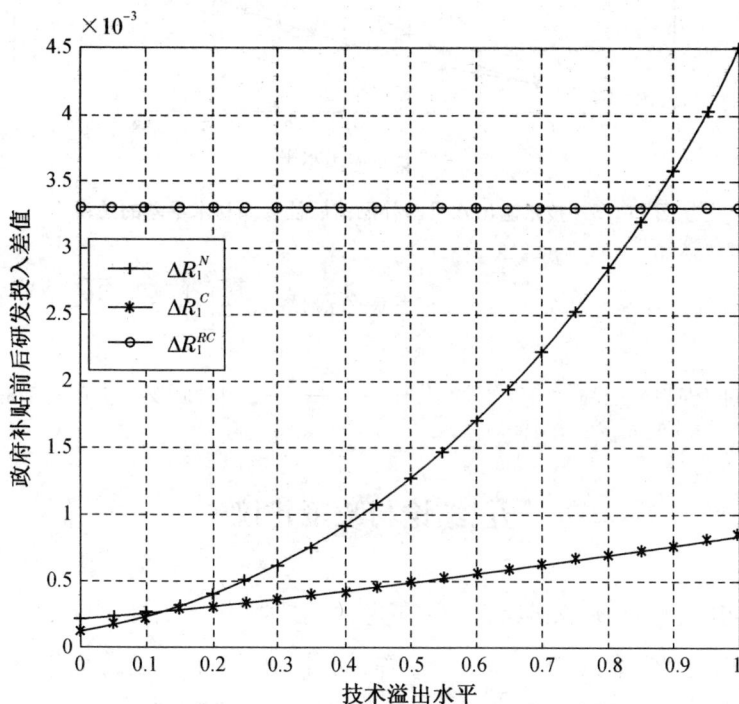

图 11 - 4　技术溢出水平与补贴前后研发投入差的关系

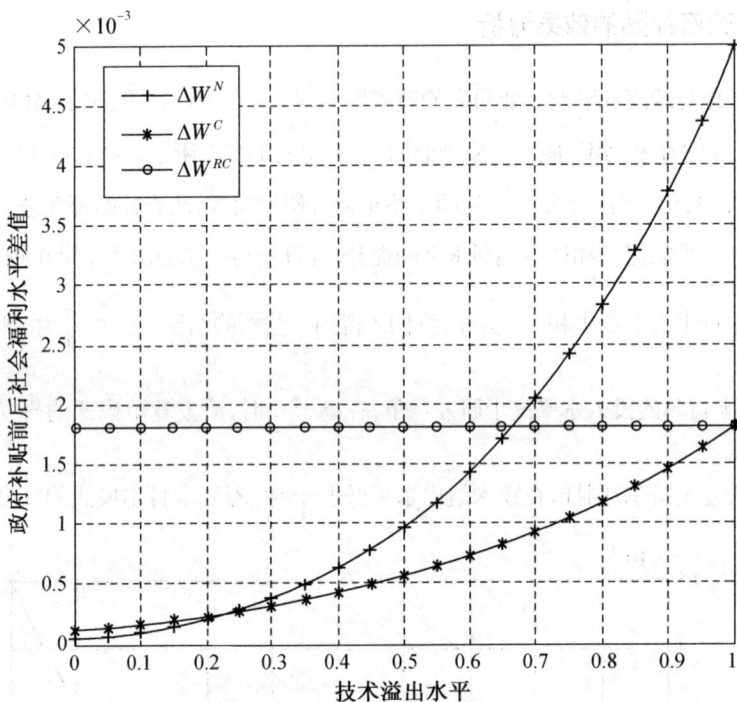

图 11-5　技术溢出水平与补贴前后社会福利水平差的关系

平上升值最高,其次是研发卡特尔,研发竞争最低,而在 $\left[\dfrac{1}{4}, \dfrac{(2\sqrt{10}-3)}{5}\right]$ 时,研发

竞争模式的福利增量高于研发卡特尔,在 $\left[\dfrac{2\sqrt{10}-3}{5}, 1\right]$ 时研发竞争模式最高。

五、结论与政策建议

　　本章建立了三阶段古诺竞争模型,考虑存在技术溢出、产品水平差异化及垂直差异化情况下企业的研发战略决策与社会福利水平,在此基础上通过理论分析和模型推演,研究了政府的创新补贴强度对企业研发投入、研发模式选择的影响。得出主要结论如下:第一,不论何种研发模式,政府提供研发补贴均有利于提高企业研发投入的积极性与社会福利水平,不会产生"挤出效应"。第二,政府最优补贴强度在不同研发模式下存在差别:当技术溢出水平较低时,研发竞争模式比研发合作模式下最优补贴强度低;当技术溢出水平较高时,研发竞争模式的最优补贴强度则相对较高。第三,在研发竞争模式下,政府的创新补贴率与技术溢出水平呈正相关关系,与产品差异化程度呈现"倒U型"关系;而在研发合作模式下,政府创新补贴强度与技术溢出水平并无直接关系,与产品差异化呈正相关关系。第四,在政府最优补贴强度下,研发竞争与研发合作模式中企业的研发投入、产品质量及社会福利水平是相同的,企业倾向于选择利润最大化的研发模式,从这种意义上来说,政府进行专利保护仅仅改变的是企业的研发战略决策,并且政府财政支出会导致资源的再分配。本研究结论对于企业制定研发战略和政府提供合理的创新补贴强度具有重要的指导意义与政策启示。

第一,企业加强自主研发投入,提升产品质量竞争力。目前,我国居民的消费结构正在升级换挡,消费能力逐渐增强,开始追求高品质、精细化、个性化的消费。然而,我国产品供给仍以中低端为主,产品质量标准门槛低于发达国家同类商品,更缺少国际化品牌,这不仅导致我国企业在国际竞争中缺乏竞争力,也使得部分内需外流。未来的企业进行的是垂直质量竞争而非数量竞争,企业只有提高自主研发投入,加强高精尖技术的研发,提高产品质量竞争优势,才能掌控竞争的主动权。另外,在激烈的国际竞争环境下,一些尖端的技术创新往往发生在企业内部,通过技术溢出效应进行"搭便车"或模仿跟随是无法企及的,或者即使可以进行模仿创新也无法达到一定质量高度,只能沦为"山寨"。因此,企业要制定清晰的研发战略,持续不断的研发投入是引领技术前沿的基础。

第二,政府针对不同的研发模式与产业特征制定合理的补贴强度区间。研发活动的技术外溢性特征导致企业研发不足,总体说来,政府应继续加大补贴,但政府要改变各个产业内部固定补贴标准的做法,应结合产业发展周期与技术的溢出程度,充分考虑不同研发模式下企业自主创新的差异,进而实施相应的补贴政策。具体来讲,当技术溢出水平较低时,政府应当给予研发合作模式更多的研发补贴,随着技术溢出水平的提高,政府应该给予研发竞争模式较高的补贴,以削弱"搭便车效应"给研发投入带来的消极影响;在同一研发模式下,根据产业发展周期和产品差异化程度提供合适的补贴水平,比如在产业发展初期,技术溢出率低和产品差异化程度较低,政府可以提供较低的补贴强度稳定产业发展,在产业发展成长期,技术溢出水平较高,产品差异化程度逐渐增加,政府应提高补贴强度促进产业成长,而到产业发展成熟或衰退期时,技术溢出水平和产品差异化程度都较高,政府应降低补贴强度,使其进行自主创新发展。这也要求政府对产业发展阶段特征具有很强的甄别能力使得政府补贴落到实处。

第三,加强企业补贴资格审查制度建设,提高创新激励效率。研究结论表明,在高技术溢出水平的产业,企业基于利润最大化目标,倾向于选择研发竞争模式,尽管这样不会改变社会福利水平,但却会造成政府财政支出向被补贴企业转移,使得企业产生隐性福利,这有可能会助推企业向政府"寻租",浪费社会资源。因此,对企业进行补贴的同时,要严格监督政府补贴对象的选择过程并进行事后跟踪,加强资金的审计和监督,以避免信息不对称,同时也要加大政府对企业的惩罚力度,减小寻租和骗补发生的空间。

参考文献

[1] 程华,赵祥.企业规模、研发强度、资助强度与政府科技资助的绩效关系研究:基于浙江民营科技企业的实证研究[J].科研管理,2008,29(2):37-43.

[2] 王俊.R&D补贴对企业R&D投入及创新产出影响的实证研究[J].科学学研究,2010,28(9):1368-1374.

[3] 吴福象,段巍.质量竞争、技术溢出与最优补贴战略[J].科研管理,2015,36(5):38-45.

[4] 安同良,周绍东,皮建才.R&D补贴对中国企业自主创新的激励效应[J].经济研究,2009,(10):87-98.

[5] 刘虹,肖美凤,唐清泉.R&D补贴对企业R&D支出的激励与挤出效应:基于中国上市公司数据的实证分析[J].经济管理,2012,34(4):19-28.

[6] 戴小勇,成力为.财政补贴政策对企业研发投入的门槛效应[J].科研管理,2014,35(6):69-76.

[7] 毛其淋,许家云.政府补贴对企业新产品创新的影响:基于补贴强度"适度区间"的视角[J].中国工业经济,2015,(6):94-106.

[8] 乔芳丽,侯强.产品差异化对创新激励的影响研究:基于技术外溢的视角分析[J].科学学研究,2012,30(4):608-613.

[9] 傅建华,张莉,程仲鸣.产品替代程度、知识共享与企业合作 R&D[J].管理工程学报,2016,30(1):1-7.

[10] 方海燕,达庆利.基于差异产品的政府最优 R&D 补贴策略研究[J].中国管理科学,2009,17(3):166-171.

[11] 孟卫军.溢出率、减排研发合作行为和最优补贴政策[J].科学学研究,2010,28(8):1160-1164.

[12] 游达明,朱桂菊.不同竞合模式下企业生态技术创新最优研发与补贴[J].中国工业经济,2014(8):112-133.

[13] Aschhoff B. The Effect of Subsides on R&D Investment and Success: Do Subsidy History and Size Matter? [R]. ZEW Discussion Paper, 2009, No. 09-032.

[14] Cappelen A, Raknerud A. Rybalka M. The Effects of R&D Tax Credits on Patenting and Innovations[J]. Research Policy, 2012, 41(2): 334-345.

[15] Hinloopen J. Subsidizing Cooperative and Non-cooperative R&D in Duopoly with Spillovers [J]. Journal of Economics, 1997, 66(2): 151-175.

[16] Hinloopen J. More on Subsidizing Cooperation and Noncooperation R&D in Duopoly with Spillovers[J]. Journal of Economics, 2000, 72(3): 259-308.

[17] Czarnitzki D, Hussinger K. The Link between R&D Subsidies, R&D Input and Technological Performance [R]. ZEW Discussion Paper, 2004, No. 04-056.

[18] Feldman M P, Kelley M R. The Ex Ante-assessment of Knowledge Spillovers: Government R&D Policy, Economic Incentives and Private Firm Behavior [J]. Research Policy, 2006, 35(10): 1509-1521.

[19] González X, Pazó C. Do public subsidies stimulate private R&D spending [J]. Research Policy, 2008, 37(3): 371-389.

[20] Carboni O A. R&D Subsidies and Private R&D Expenditures: Evidence from Italian

Manufacturing Data[J]. International Review of Applied Economics, 2011, 25(4): 419 - 439.

[21] David P A, Hall B H, Toole A. Is public R&D a complement or substitute for private R&D? A review of the econometric evidence [J]. Research Policy, 2000, 29(4): 497 - 529.

[22] Lach S. Do R&D subsidies stimulate or displace private R&D? Evidence from Israel [J]. Journal of Industrial Economics, 2002, 50(4): 369 - 390.

[23] Gorg H, Storbol E. The effect of R&D subsidies on private R&D [J]. Economic, 2007, 74(294): 215 - 234.

[24] Zhu P, Xu W, Lundin N. The Impact of Governments Findings and Tax Incentives on Industrial R&D Investment Empirical Evidences from Industrial Sectors in Shanghai [J]. China Economic Review, 2006, 17(1): 51 - 69.

[25] D'Aspremont C, Jacquemin A. Cooperation and Noncooperation R&D in Duopoly with Spillovers [J]. American Economic Review, 1988, 78(5): 1133 - 1137.

[26] Kamien M I, Muller E, Zang I. Research Joint Ventures and R&D Cartels [J]. American Economic Review, 1992, 82(5): 1293 - 1306.

[27] Cellini R, Lambertini L. Dynamic R&D with spillovers: Competition vs cooperation [J]. Journal of Economic Dynamics and Control, 2009, 33(3): 568 - 582.

[28] Symeinidis G. Comparing Cournot and Bertrand equilateral in a differentiated duopoly with product R&D [J]. International Journal of Industrial Organization, 2003, 21(1): 39 - 55.

第十二章 供给侧改革、研发补贴与经济运行质量

一、引 言

党的十九大报告指出,我国经济已由高速增长阶段转向高质量发展阶段,正处在转变发展方式、优化经济结构、转换增长动力的攻关期[①]。纵观改革开放近 40 年,我国经济运行总量和主要人均经济指标都有了长足的发展,国家整体实力大幅提升,尤其是近 5 年来,我国经济保持着中高速增长态势,国内生产总值从五十四万亿增长到八十万亿,稳居世界第二,年均增长达到 7.1%,远超同期世界经济的年均增速,对世界经济增长贡献率超过了 30%。然而,在经济运行总量和速度爆发式发展的背后,中国经济的结构性矛盾异常突出,严重错位的供给与需求匹配,低端产能过剩,关键核心技术长期受制于人,资源环境承载压力逼近阈值等问题凸显。因此,以供给侧结构性改革为主线,推动经济发展方式从规模速度型向质量效率型,发展动力从要素投资驱动型向创新驱动型的转变,以及不断增强我国的科技创新力和竞争力是实现经济有质量、有效益、可持续增长的重要举措。

创新是引领经济高质量发展的动力和源泉。随着创新驱动战略的不断深化,中国政府高度重视企业自主创新,为了解决由于市场外部性所导致的研发资源配置低于社会最优值的问题,政府不断提高对企业的研发补贴力度,通过政府有效干预促进企业创新投入的增加,优化研发资源配置效率。那么,随着中国政府实施研发补贴政

<hr>

① 习近平:《决胜全面建成小康社会-夺取新时代中国特色社会主义伟大胜利》,北京:《人民日报》,2017 年 10 月 19 日,第 1 版。

策的范围不断扩大,补贴是否有利于激励中国企业进行科技创新进而提高经济的运行质量,这是值得我们关注的问题。本章旨在评估政府研发补贴的创新能力以及对我国经济运行质量的影响,并探寻适合的研发补贴策略。

纵观现有文献,研发补贴对经济发展的直接影响一直是该领域的核心研究问题,大量文献表明研发补贴对经济发展具有正向的促进作用。首先,研发补贴直接补充了企业的创新资源,优化了社会研发资源配置,解决了风险较大的研发活动面临的融资约束障碍,降低了企业创新风险并提高了创新成功概率,进而对经济运行质量产生显著的促进作用(Benito & Hernando,2007;Brown,2011;安同良等,2009;解维敏、唐清泉,2009;陆国庆等,2014;吴福象、段巍,2015)。其次,政府通过有选择性的研发补贴的发放,释放出政府对企业以及其所在行业的认可信号,解决了由于研发和创新活动的高度不确定性使得企业和投资者之间存在严重的信息不对称问题(Feldman & Kelley,2006;Kleer,2010),以此帮助企业获得更多的外部融资以及其他创新资源,进而激励经济质量的提升。

与上述观点不同,一些学者研究发现,研发补贴也可能对经济发展产生抑制作用。首先,由于市场不完全以及企业和政府之间信息不对称等问题的存在,企业在申请补贴时可能会存在事前逆向选择和事后的道德风险问题。高额度的补贴会诱导企业向政府释放虚假信号以达到骗取补贴的目的,或者滋生企业积极的"寻租"行为,从而严重削弱政府研发补贴的激励效应(安同良,2009;顾元媛、沈坤荣,2012;毛其林、许家云,2015;赵璨等,2015)。其次,研发补贴作为政府干预市场创新的主要手段,在不同企业和行业之间差异化的实施,导致了严重的资源误置,产生了要素价格扭曲问题,对经济增长产生了负向效应。(蒋为、张龙鹏,2015;陈林等,2016)

本章综合以往研究中主要分析政府补贴对经济增长的直接影响,而往往忽略间接影响的现象,侧重于研究研发补贴对经济运行质量的间接作用。与既有文献对比,本章试图对现有研究进行以下补充:(1)在内生增长的理论模型中引入政府研发补贴,按照"研发补贴→要素价格扭曲与企业创新投入→经济运行质量"的新思路构建理论框架,分析了在扭曲和创新投入的联合调节效应下,研发补贴对经济运行质量的差异化影响;(2)在实证方面,本章采用中介效应模型,分析了要素价格扭曲和企业创新投入的中介作用,验证了研发补贴对经济运行质量影响的传导路径和传导效应。

二、理论模型与研究假设

(一) 家庭

假设代表性的、具有无限寿命的家庭的决策是通过选择消费来最大化其终身效用:

$$\max V(C_t) = \int_0^{+\infty} v(C_t)e^{-\rho t}d_t = \int_0^{+\infty} \frac{C_t^{1-\varepsilon}-1}{1-\varepsilon}e^{-\rho t}d_t \tag{1}$$

其中,C_t 为家庭 t 时刻的消费,$v(C_t)$ 为即时效用函数,$0<\rho<1$ 是外生的效用贴现率,$\varepsilon>0$ 表示跨期消费替代弹性的倒数。

整个家庭面临的预算约束方程为:

$$s.t. \quad \overset{g}{K_t} = r_t K_t + w_t L + \int_0^1 \pi_{it}d_i - C_t \tag{2}$$

其中,r_t 表示利率,K_t 表示 t 时刻资本市场上的总资本,w_t 表示人均工资,L 表示劳动力,π_{it} 表示家庭作为中间产品生产厂商所获得的垄断利润。通过建立汉密尔顿函数,求解上述家庭最优化问题,可得到如下欧拉方程:

$$\frac{\overset{g}{C_t}}{C_t} = \frac{r_t-\rho}{\varepsilon} \tag{3}$$

(二) 最终产品部门

假设最终产品的市场结构是完全竞争的,最终产品部门在一定的技术水平 A 下雇佣中间产品 $\{m_{it}\}_{i=0}^1 (i \in [0,1])$ 和劳动力 L 来生产最终品,劳动力在模型中被假定为常数。最终产品的总生产函数(按照柯布-道格拉斯形式)为:

$$Y_t = L^{1-\alpha}\int_0^1 A_{it}m_{it}^{\alpha}d_i, 0<\alpha<1 \tag{4}$$

其中,Y_t 是最终产品的数量,A_{it} 表示第 i 个中间产品的质量技术参数,研发部门的研发活动可以通过新产品的研发提升中间产品的质量技术参数。又由于最终产品

部门处于完全的竞争市场,因此 t 时刻第 i 种中间产品的价格 $p(m_{it})$ 应等于其边际产出:

$$p(m_{it})=\alpha L^{1-\alpha}A_{it}m_{it}^{\alpha-1} \tag{5}$$

（三）中间产品部门

中间产品的生产部门是垄断市场结构,中间厂商通过购买研发部门当期生产的最先进的专利生产中间产品,每一次创新的产生都为中间厂商带来占据未来市场垄断租金的机会,并会同时破坏前一期创新所产生的垄断租金。每期创新产生的时间间隔具有随机性,创新的过程也是随机的过程,伴随着一系列随机提升质量的创新产生,经济发展由数量向质量的方向发生转变。

t 时刻中间产品生产厂商通过完全竞争的金融市场租借资本生产中间产品 m_{it}, r_t 为资本的价格,中间产品生产商生产一单位中间产品的成本为 $A_{it}r_t$。根据(5)式中间产品的价格与中间产品的生产函数,垄断厂商利润的最大化条件为:

$$\pi_{it}=\max[\,p(m_{it})m_{it}-A_{it}r_tm_{it}\,] \tag{6}$$

对 m_{it} 求导,并且在均衡的任何时点上,不同中间产品生产厂商生产的中间产品数量相同,所以:

$$m_{it}=m_t=L(\alpha^2/r_t)^{\frac{1}{1-\alpha}} \tag{7}$$

将(7)式带入目标函数中,可得到:

$$\pi_{it}=\alpha(1-\alpha)L^{1-\alpha}A_{it}m_t^{\alpha} \tag{8}$$

（四）研发部门

研发部门是完全竞争的市场结构,并且进行垂直创新,每一个创新的产生都会使得中间产品质量的技术参数 A_{it} 在下一个阶段获得提升,$A_t^{\max}=\max\{A_{it}/i\in[0,1]\}$ 代表着 t 时期"最先进"的中间产品质量技术参数。假设研发部门进行研发投入的资金存在两个来源:一部分依靠向金融中介进行融资来满足新技术创新的自主投入部分 N_t,并经过生产率进行调整后,研发投入密度可表示 $n_t=N_t/A_t^{\max}$,同时将 n_a 和 n_b 分别投入于应用研发和基础研发当中;另一部分则来自政府对企业研发的资助补贴 Γ,

同时也将 Γ_a 和 Γ_b 分别投入于应用研发和基础研发当中。由于政府研发补贴的存在,造成了不同部门资本要素相对价格的不同,产生了要素价格的扭曲,因此,假设要素的价格扭曲以扭曲税 τ 的形式体现,则研发部门面临的资本价格为 $(1-\tau_k)r_t$,其中 r_t 是竞争性条件下资本要素的价格水平。同时假设企业创新成功的概率 λ 服从泊松分布,则各部门的创新抵达率可表示成如下形式:

$$\max \lambda p(n_t,\Gamma)=\lambda\{(n_a+\Gamma_a)[1+b(n_b+\Gamma_b)]\}^{\frac{1}{2}},\lambda>0$$

$$\text{s. t.}\quad n_t=n_a+n_b \tag{9}$$

此时,企业从事创新成功的概率为: $\lambda p(n_t,\Gamma)=\lambda\left[\dfrac{1+b(n_t+\Gamma)}{2\sqrt{b}}\right]$① $\tag{10}$

上述(8)式为创新成功的垄断收益。由于每次创新活动的出现,都会"创造性"毁灭前一期创新所产生的垄断市场租金,因此对未来研发预期越高,当前垄断创新的报酬也就越小。设 $(1-\tau_k)r_s$ 表示贴现率, $e^{-\int_t^v[(1-\tau_k)r_s+\lambda p(n_t,\Gamma)d_s]}$ 表示创新成功率为 $\lambda p(n,\Gamma)$ 时的创新垄断利润的贴现率,则研发部门从事创新活动的期望收益 V_t 为:

$$V_t=\int_t^{+\infty}e^{-\int_t^v[(1-\tau_k)r_s+\lambda p(n_t,\Gamma)]d_s}(1-\alpha)\alpha A_t^{\max}L^{1-\alpha}m_v^a d_v \tag{11}$$

（五）竞争性均衡

当经济处于竞争性均衡时,一国的人均消费的增长率、人均资本的增长率、人均产出的增长率、研发投入的增长率以及领先技术的增长率都相同,此时,经济的竞争性均衡要同时满足以下条件。

（1）代表性家庭的目标为通过消费 C_t 的选择最大化其终生效用。

（2）最终产品部门的利润最大化,需要通过投入生产的中间产品 m 和劳动力 L 的数量来决定。

（3）中间产品部门通过中间产品 m 的数量选择来实现垄断利润的最大化。

———————————

① 当 $n_{it}+\Gamma_a-\Gamma_b\geqslant\dfrac{1}{b}$ 时,可得到, $n_a=\dfrac{n_{it}+\Gamma_a-\Gamma_b}{2}+\dfrac{1}{2b}$, $n_b=\dfrac{n_{it}+\Gamma_a-\Gamma_b}{2}-\dfrac{1}{2b}$。

（4）研发部门通过金融机构借贷和政府研发补贴进行创新,研发数量 N 的选择决定了其最大化的研发收益。

（5）中间产品的市场出清需要保证最终产品部门生产时所需的中间产品数量等于中间产品厂商的生产量。

（6）研发市场出清要求研发部门的投入等于中间厂商的专利需求。

当经济处在平衡增长路径上时,由消费者欧拉方程(2)可得 $r＝\varepsilon\gamma＋\rho$。通过推导模型在市场出清条件下的稳态均衡,在引入政府研发补贴政策后,平衡增长路径上研发部门进行研发活动的套利条件可整理为:

$$(1-\tau_k)(\varepsilon\gamma+\rho)=\frac{\lambda p(n_t,\Gamma)}{n_t}\left[\frac{a^{\frac{1+a}{1-a}}(1-a)A_{it}L(\varepsilon\gamma+\rho)^{\frac{a}{a-1}}}{(1-\tau_k)(\varepsilon\gamma+\rho)+\lambda p(n_t,\Gamma)}\right] \tag{12}$$

公式(12)的左边为当资本市场上存在要素价格扭曲时,企业进行研发活动的边际成本;右边为企业从事创新研发活动的预期边际收益,其中第一项为研发补贴下企业创新成功的概率,第二项分子为研发活动成功后的垄断利润,分母为调整利率,其中,$\lambda p(n,\Gamma)$ 表明政府研发补贴不仅直接提升了企业创新成功的概率,也调整了垄断收益的贴现率,意味着"创造性毁灭"过程的加剧。从该式中可以看到,政府研发补贴、要素价格扭曲和企业创新投入以及经济运行质量之间存在着紧密的联系。

从上面的方程中,无法直接求得研发补贴与经济运行质量的显示解,本章利用Mathematic 软件通过对各个参数赋值并进行模拟仿真,验证稳态下它们之间的相互关系。借鉴 morals(2004)的研究,设定 $L=1,\lambda=0.05,b=5$,并根据 Lucas(1990)的研究方法,本章选取效用的贴现率为 $\rho=0.02$,消费跨期替代弹性的倒数为 $\varepsilon=2$。通过 Mathematic 的数值模拟,本章对构建的研发补贴间接传导路径"研发补贴→要素价格扭曲和企业创新投入→经济运行质量"的理论框架进行了深入的分析。

通过对公式(12)的 Mathematic 模拟,图 12-1 展示了政府研发补贴对要素价格扭曲和经济运行质量的影响。模拟过程发现,当研发补贴不能足以弥补企业通过金融中介融资所需要付出的成本时,即 $(1-\tau_k)\geqslant 0$ 时,研发补贴显著降低了要素价格的扭曲,且扭曲程度的降低促进了经济运行的质量提升。当研发补贴能够满足所需支付的利息时,即 $(1-\tau_k)<0$ 时,补贴则导致了扭曲的加剧,且扭曲使得经济运行质

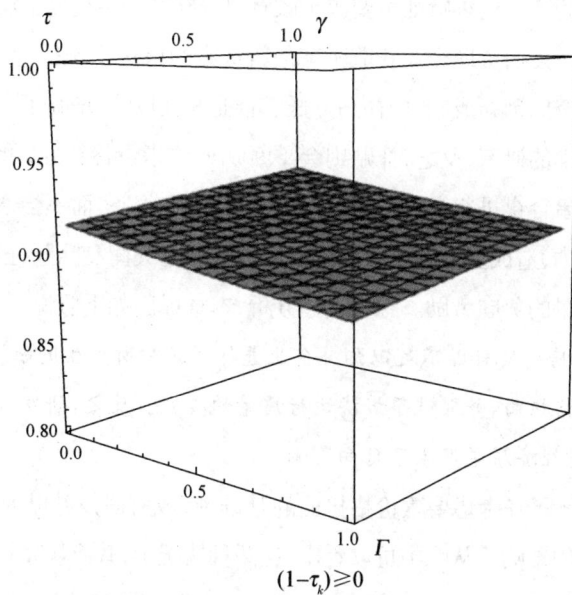

$(1-\tau_k)\geqslant 0$

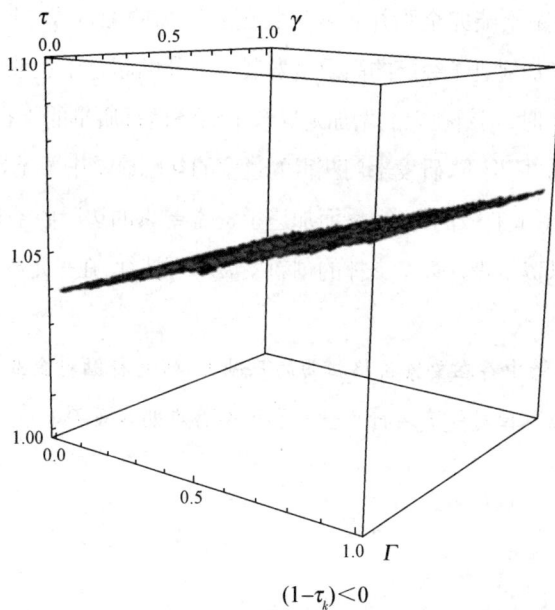

$(1-\tau_k)<0$

图 12‑1　研发补贴对要素价格扭曲和经济运行质量的影响

量呈现出下行的趋势。这种特征主要源于政府研发补贴一定程度上反映出了政府为了激励企业技术研发而资助企业获取所需创新资金的市场干预行为,当研发补贴不足以抵消企业融资的创新成本时,补贴降低了企业面临风险,增强了企业创新的动力并提高了创新成功的概率,反之,补贴则会不断加剧要素价格扭曲,可能会诱使企业通过政治关联或者合谋进行寻租,获取超额利润和租金收益,而不会通过自主创新来获取企业发展能力,造成资源利用效率低下和经济结构失衡等问题,扭曲的加剧产生了对经济运行质量的负向激励。综合上述分析,本章提出如下假说。

假说1:当政府研发补贴不足以弥补企业进行创新时所产生的融资成本,研发补贴降低了要素价格扭曲,并促进了经济运行质量的提升。反之,研发补贴则加剧了扭曲的严重程度,对经济质量产生了负向影响。

图12-2展示了在考虑要素价格扭曲的基础上,政府研发补贴对企业创新投入和经济运行质量的影响。从图中可以看出,在两种情况下,政府研发补贴都有助于克服市场失灵,资助企业足够的资源从事创新活动,都显著提高了企业的自主创新投入。但当研发补贴不能完全弥补企业进行创新所需的融资成本时,即$(1-\tau_k)\geqslant 0$时,创新投入的增加促进了经济的高质量发展。当补贴超过了企业所需融资的成本时,即$(1-\tau_k)<0$时,创新投入的增加则导致了经济运行质量的下行。这说明,在要素价格严重扭曲的情形下,研发部门获得的过度的补贴显示出了无效性的特征,大量的创新投入并未形成有效的供给,反而加速了资本要素的边际收益递减以及使用效率的下降,单纯以资本投入数量支撑的创新发展不可持续,在一定程度上阻碍了经济高质量的运行。

假说2:在市场中存在要素价格扭曲的基础上,研发补贴对企业创新投入产生了显著的"挤入效应",但对经济运行质量的影响却存在明显差异。

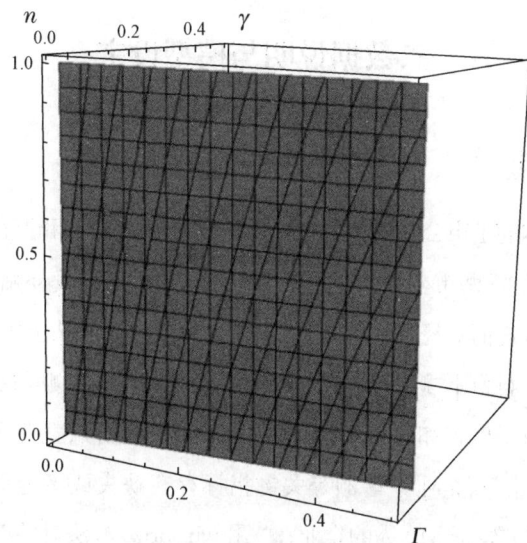

$(1-\tau_k)\geqslant 0$

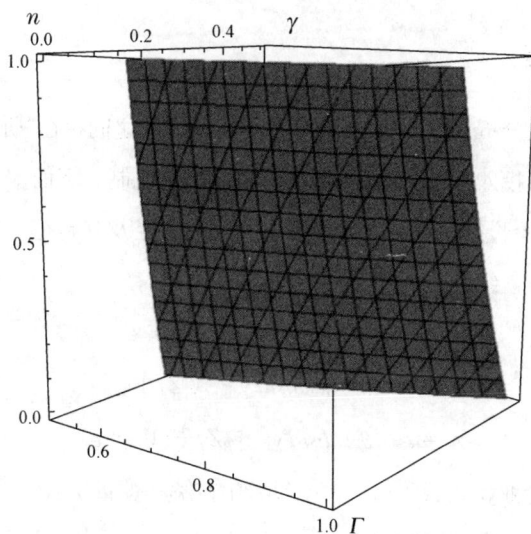

$(1-\tau_k)<0$

图 12－2　研发补贴对创新投入和经济运行质量的影响

三、数据说明与模型设定

（一）数据说明

本章研究样本的上市公司财务数据均来自国泰安数据库和万德数据库,通过选取 2007—2014 年沪深两市上市公司数据实证研究了政府研发补贴通过要素价格扭曲和企业创新投入进而对经济运行质量产生的影响。首先,从上市公司财务报表附表中"营业外收入"科目下"政府补贴"明细中整理获得研发补贴数据。然后,遵循如下原则对数据进行了检查和删误处理:① 删除了利润总额、就业人数、固定资产净值、从业人员年平均数、企业销售额等关键指标存在缺失或者为负值的企业样本;② 删除了从业人员数小于 10 人的企业;③ 用 winsorize 方法对关键变量在 1% 的水平上的前后极端值进行了处理。

（二）模型设定

根据前文理论分析,政府研发补贴与经济运行质量之间存在"研发补贴—要素价格扭曲和企业创新投入—经济运行质量"的间接作用机制。下面本章将采用中介效应模型进行分析,检验补贴对经济运行质量的影响路径及其特征。完整的中介效应模型由以下三个方程组成:

$$\gamma_{it} = \alpha_{it} + \theta_1 subsidy_{it} + \delta Z_{it} + \varepsilon_{it} \tag{13}$$

$$W_{it} = \alpha_{it} + \lambda subsidy_{it} + \Psi Z_{it} + \varepsilon_{it} \tag{14}$$

$$\gamma_{it} = \alpha_{it} + \theta_2 subsidy_{it} + \phi Z_{it} + \theta W_{it} + \varepsilon_{it} \tag{15}$$

其中,i 代表企业,t 代表年份。模型(13)中被解释变量 γ 表示经济运行质量,用各企业的全要素生产率 TFP 来衡量,本章采用 Olley & Pakes(1996)基于结构模型的半参数法计算了企业的 TFP;核心解释变量政府研发补贴 $subsidy_{it}$,通过手工筛选上市公司财务报表附表中"营业外收入"科目下"政府补贴"明细中的研发补贴数据获得,定义为研发补贴额与企业固定资产的比值。同时在回归中控制了样本所在地区、年份以及行业的固定效应。

模型(11)中,W 为中介变量,包括资本要素价格扭曲 $disk$ 以及扭曲与企业创新投入 RD 的交乘项 RDD。其中,资本要素价格扭曲 $disk$ 的测算采用了最常用 CD 生产函数法。首先,构建生产函数并加以估计,计算资本要素的边际收益。其次比较资本要素的边际收益与实际价格,用以计算要素价格扭曲程度。如果资本要素的边际收益大于实际价格,说明要素价格被负向扭曲;如果资本要素边际收益小于实际价格,则说明要素价格被正向扭曲。资本价格的选取借鉴施炳展和冼国明(2012)的方法:如果利息支出与负债的比值高于 0.05,则取其值,否则以各类所有制企业各年贷款的平均利率代替,用以增加资本价格的合理性。企业的创新投入 RD 则定义为企业的创新投入额占企业销售额的百分比。

为了降低遗漏变量的干扰,根据已有的文献,本章加入的控制变量 Z 主要包括以下三大类。

(1) 业内部要素投入变量。资本密集度(K)反映了资本要素丰裕程度,相对于劳动密集型企业,资本密集型企业可能更加注重企业的研发活动,本章将其定义为企业固定资产净额与员工人数之比。劳动投入(L),通常具有较高创新能力的技术密集型企业会给予职工较高的工资水平,定义为企业当年应付职工薪酬与管理费用之和的对数值。

(2) 业自身特征变量。企业年龄(age),创新的毁灭性使得长期具有垄断地位的企业对创新持有排斥的态度,而新进入的企业则更善于创新。因为如果未来研发预期越高,则垄断企业从先前创新中所获得的利润就会越少,而新企业则会收入新的创新所产生的垄断市场租金,为企业有效成立时间的对数值。企业规模($size$)决定了不同企业的研发能力,管理成本存在着较大的差异,并且在规模经济、风险分担和融资渠道等各个方面也不相同,定义为企业年均员工人数的对数值。人力资本(H),由于研发活动中高级研发人员为企业创造未来收益和"新知识",创新者为了保持自己创新利润不会被"创新性毁灭"而减少,就要求保持一定的技术前沿性和增加模仿的难度,因此,人力资本在企业技术竞争中发挥着重要的决定性作用,本章将其定义为企业中所拥有的大专及以上学历的劳动力数量占企业总人数的比例。

（3）企业的资产能力包括企业的融资约束(*finance*)，由于研发活动存在较大的风险和不确定性，单纯依靠企业自身能力进行创新通常会面临资金投入不足的问题，而企业外源融资通常是弥补企业创新投入不足的主要渠道，定义为企业利息支出与固定资产的比值。

（三）内生性问题与工具变量设定

为了避免潜在的内生性问题，剔除可能存在的反向因果关系，本章选择多重工具变量来加以解决。一是使用能够反映政府研发政策时间变化效应的研发补贴的滞后一期作为工具变量，二是参照张杰、陈志远(2015)的做法，用企业的固定资产净额作为权重将企业层面的政府研发补贴加总到行业层面，用来解决计量方程中由于遗漏重要变量可能导致的内生性问题。创新驱动战略下的中国经济发展，必然会促使政府通过实施研发补贴政策来支持特定行业的创新发展，政府为支持行业发展所资助的补贴额度与企业的创新投入无直接关联，因此该变量的设定符合工具变量的要求。

四、基准回归结果分析

（一）政府研发补贴与经济运行质量的基准回归结果

本章的所有估计均考虑到可能存在的内生性问题，分别采取了OLS方法和OLS加IV方法进行了回归。这里首先考察政府研发补贴对经济运行质量的直接影响，表1报告了具体的回归结果。考虑到中国政府与国有企业之间始终保持着某种特殊的政治联系，国有企业能够获得更多的创新资源，本章将全样本分为国有企业和非国有企业两个子样本分别对政府研发补贴效应进行了检验。从表12-1中可以看出，模型(1)全样本下政府研发补贴对经济运行质量的提升有着显著的正向促进效应，在考虑政府研发补贴的内生性问题后，模型(2)的估计系数仍然为正，这说明政府研发补贴有效解决了企业技术创新的资金需求，有利于企业进行创新活动投资，降低了企业的边际研发成本，提高了企业创新成功的概率，提高了经济发展的质量。

表 12-1　政府研发补贴对经济运行质量影响的基准回归结果

	全样本		国有企业		非国有企业	
	(1)	(2)	(3)	(4)	(5)	(6)
subsidy	0.017*** (2.97)	0.028** (2.24)	0.001 (0.13)	0.005 (0.35)	0.025*** (3.01)	0.034* (1.69)
L	0.336*** (18.36)	0.383*** (16.90)	0.338*** (13.32)	0.380*** (12.17)	0.334*** (13.03)	0.373*** (11.76)
K	0.002*** (4.23)	0.002*** (3.31)	0.004*** (3.66)	0.003** (2.48)	0.001 (1.30)	0.001 (1.19)
H	0.051*** (4.99)	0.038*** (3.75)	0.016 (1.34)	0.013 (1.03)	0.970*** (18.07)	0.944*** (15.37)
age	−0.062** (−2.06)	−0.077** (−2.14)	0.029 (0.59)	0.007 (0.11)	−0.061* (−1.67)	−0.058 (−1.37)
size	−0.050*** (−2.97)	−0.093*** (−4.67)	−0.027 (−1.14)	−0.058** (−2.04)	−0.029 (−1.26)	−0.074*** (−2.75)
finance	0.039*** (7.43)	0.090*** (8.08)	0.060*** (5.68)	0.084*** (5.64)	0.022*** (3.98)	0.079*** (5.17)
cons	1.746*** (9.06)	1.922*** (8.42)	1.201*** (4.37)	1.266*** (3.03)	0.911*** (3.03)	1.275*** (3.79)
时间效应	控制	控制	控制	控制	控制	控制
地区效应	控制	控制	控制	控制	控制	控制
N	4 709	4 709	2 700	2 700	2 009	2 009
p	0.000	0.000	0.000	0.000	0.000	0.000

注：***、**、*，分别表示 1%、5%、10%的统计显著性水平。括号内的数值为经过异方差调整的 t 值或 z 值。

从控制变量的检验中我们发现以下几点。(1) 企业的内部要素投入特征变量中，劳动投入和资本密集度都与经济运行质量显著正相关。这主要源于资本密集度高的企业大多为资本密集型企业，工资较高的企业多为技术密集型企业，这些企业都较为注重自身创新能力的培养，通过提高企业的创新收益和降低贴现率来进行更多的研发投入和自主创新。人力资本在各模型下都显著为正,这说明在知识经济时代,人力资本不但是技术创新的源泉,而且是技术创新的载体,人力资本决定了企业学习、消化和吸收创新技术的能力,提高了物质资本的利用效率和企业的劳动生产率,是企业创新和经济高质量发展的重要引擎。(2)企业自身特征变量中,企业年龄和企业规模都与经济运行质量显著负相关,这意味着随着创新驱动能力的不断深化,与具有自主创新和研发动力的朝阳企业相比,生存时间久的大规模企业更愿意固守着原有的市场利润格局而不愿进行创新。(3)企业资产能力中企业的融资约束对经济运行质量的影响显著为负。这说明由于资本市场的不完善、企业技术创新投资风险性高和信息不对称等问题的存在,导致企业无法获得外部的融资而致使企业创新投资过度依赖内部资金,创新投资低于最优投资水平的现象,进而使得企业创新或者潜在的创新活动受到资金的制约,降低了企业创新成功的速度,阻碍了经济运行质量的提升。

对比分样本的两个回归结果发现,研发补贴对不同所有制下企业创新能力所支持的经济运行质量发展存在明显差异。非国有企业的核心解释变量研发补贴的回归系数显著为正,且高于全样本下的回归系数,但国有企业样本组的回归结果则不显著。这可能是因为,一是与非国有企业相比,国有企业在资源禀赋上具有明显的优势,政府通常会给予国有企业额外的资助、税收减免以及其他形式的补偿金等,再加上其本身就具有的丰富资源,使得国有企业不愿意进行风险创新而更乐意通过风险规避来保持自己的垄断优势。二是国有企业承担着社会部分战略性的公共职能,作为国家技术引进和技术外溢的中心,国有企业更多进行的是基础研究的创新投入,有可能无法通过市场反映其真实创新效率水平,研发补贴所具有的正向激励作用对国有企业来说并不明显;而对于大量的非国有企业而言,企业本身的内部资金积累较为薄弱,政府研发补贴和银行信贷则意味着对企业创新项目的认可和扶植,解决企业面临的严重的内外融资约束,并可通过政府或银行更有效的监督企业融资后的生产经营状况,改善企业外部融资渠道,有助于提高企业的创新研发能力和经济运行质量的提升。并且从表12-1中可以看出,国有企业的人力资本并未发挥出重要的要素创新能力,主要原因可能是国有企业对人力资本的投资较少,并且由于很大一部分企业保持着传统的运作模式,不注重区分人才和有效利用,造成了大量高端技术人员的严重流失。

（二）政府研发补贴影响经济运行质量的两种效应检验

根据上文的理论机制分析,政府研发补贴对经济运行质量影响主要通过要素价格扭曲和企业创新投入进而对经济运行质量产生影响,本部分将逐一检验两个中介效应是否成立,中介变量的回归结果如表 12 - 2 所示。模型(7)(8)中政府研发补贴对要素价格扭曲的回归系数显著为正,表明政府研发补贴确实导致了我国资本要素市场的严重扭曲,并结合模型(11)(12)可以看到,要素价格扭曲对经济运行质量的回归系数显著为负,这说明要素价格扭曲造成了经济运行质量的降低,验证了理论模型中,在研发补贴能够满足企业创新融资成本的条件下,要素价格扭曲的下降提高了经济运行质量的间接传导效应的存在。模型(9)(10)中政府研发补贴的回归系数显著为正,表明政府研发补贴对企业的要素价格扭曲下的创新投入造成了显著的"挤入效应",结合模型(11)(12)可以看到,要素价格扭曲和企业创新投入的交乘项对经济运行质量的回归系数显著为负,说明在研发补贴超过企业所需融资成本的情况下,要素价格的严重扭曲减弱了企业利用政府研发补贴增加创新投入进而提升经济运行质量这一机制。

同时比较表 12 - 2 模型(11)(12)和表 12 - 1 模型(1)(2)中政府研发补贴的结果可以发现,在引入企业创新投入和要素价格扭曲的联合调节效应下,研发补贴对经济运行质量的影响系数明显降低。这说明,一方面,研发补贴所造成的要素价格扭曲的程度越大,寻租活动产生的超额利润对企业的吸引力就会越大,导致生产领域中的资源和人才流入非生产性的寻租活动,对企业的创新投入产生了"挤出效应",导致了企业创新能力的下降和经济运行质量的降低。另一方面,过度的研发补贴虽然促进了企业创新投入的增加,但是资本使用效率的低下以及边际收益的递减,使得政府和企业的投资行为成了不计成本的低效投资,研发质量和研发效率成为制约经济高质量发展的主要原因,提高资本的使用效率是我们面临的重大课题。该结果验证了"政府研发补贴→要素价格扭曲和企业创新投入→经济运行质量"间接的传导效应存在。因此,在企业要素价格扭曲和创新投入两种机制的联合调节下,政府研发补贴对经济运行质量的提升效应被削弱。

表 12－2　政府研发补贴的中介效应模型估计结果

	disk		RDD		加入中介变量	
	(7)	(8)	(9)	(10)	(11)	(12)
subsidy	0.178** (2.16)	0.415*** (2.74)	0.145*** (11.27)	0.287*** (10.52)	0.013* (1.80)	0.017* (1.72)
L	1.901*** (7.16)	1.928*** (7.03)	1.025*** (21.71)	0.935*** (17.77)	0.364*** (13.17)	0.368*** (12.07)
K	−0.028*** (−3.84)	−0.024*** (−3.37)	−0.010*** (−3.63)	−0.009*** (−3.29)	0.007*** (4.81)	0.007*** (4.65)
age	0.581 (1.33)	0.529 (1.22)	−0.795*** (−11.33)	−0.707*** (−9.07)	−0.024 (−0.63)	−0.061 (−1.40)
size	−1.778*** (−7.27)	−1.954*** (−8.15)	−0.092** (−2.07)	−0.122** (−2.54)	−0.157*** (−6.51)	−0.143*** (−5.44)
finance	5.539*** (72.55)	5.620*** (41.91)	0.196 (1.34)	0.210 (1.27)	0.885*** (10.94)	0.907*** (9.75)
H	0.605*** (4.08)	0.399*** (3.23)	0.077*** (3.13)	0.066*** (2.71)	−0.011 (−0.87)	−0.013 (−1.00)
disk					−0.035*** (−17.12)	−0.032*** (−15.18)
RDD					−0.051*** (−5.01)	−0.045*** (−3.69)
cons	−1.216*** (−2.81)	−0.796 (−1.48)	4.639* (1.66)	5.621** (2.04)	2.480*** (10.65)	2.257*** (7.71)
时间效应	控制	控制	控制	控制	控制	控制
地区效应	控制	控制	控制	控制	控制	控制
N	4 709	4 709	2 700	2 700	2 009	
p	0.000	0.000	0.000	0.000	0.000	

注：***、**、*，分别表示 1％、5％、10％的统计显著性水平。括号内的数值为经过异方差调整的 t 值或 z 值。

五、结论及政策建议

（一）研究结论

本章利用 2007—2014 年中国上市公司数据,从政府研发补贴通过要素价格扭曲和企业创新投入进而影响经济运行质量的视角,采用中介效应模型,深入分析了供给侧结构性改革下研发补贴对中国经济运行质量的影响机制与传导路径,并得到以下主要结论:第一,政府研发补贴对中国经济运行质量的激励效应总体上为正。第二、研发补贴对促进不同所有制类型企业提升经济运行质量的能力有所差异,国有企业研发补贴的创新能力与非国有企业相比存在明显的低效问题。第三,政府研发补贴对企业的创新投入产生了显著的"挤入效应",并明显促进了要素价格扭曲的形成。第四,在要素价格扭曲和企业创新投入的联合调节效应下,研发补贴对经济运行质量的促进作用被削弱。

（二）政策建议

(1) 政府研发补贴政策的实施应具有差异化和针对性。本章的研究结论表明,政府需要甄别企业创新过程中面临的融资约束问题,对真正需要研发资金的企业进行资助,才能有效激励企业进行创新并促进经济运行质量的提升,过度的研发补贴所造就的要素价格扭曲则会诱使企业进行寻租,以及造成大量研发投资的无效率,削弱和损害了企业技术创新的积极性,进而阻碍了经济高质量的发展。因此,政府应当首先科学评估目标企业的整体经营状况,以此为依据,结合企业的实际需求实施研发补贴政策,谨防出现骗补以及过度和无效补贴的状况。

(2) 提升企业研发质量和研发效率。政府可通过构建基础性、通用性的技术平台,或者联合高校、科研院所和企业等组成技术平台,增加对基础性和通用性技术研发的投入,共同开发共性技术,减少重复研发投入和资源浪费,提高创新产出的质量和效率,增强核心创新竞争优势。

(3) 加快国有企业的改革进程,发挥国有企业在自主创新中的引领作用。通过打破政府与国有企业之间始终保持的特殊政治联系,发挥市场在资源配置中的主体作用,减少国有企业利用自身信息优势获取政府补贴的机会,督促其提高研发资金的使用效率,提升科技成果质量和转化率,提高国有企业的基础研发水平以及技术外溢能力。

参考文献

[1] Benito, A. and I. Hernando. Firm Behaviour and Financial Pressure: Evidence from Spanish Panel Data[J]. Bulletin of Economic Research, 2007, 59(4).

[2] Brown, J. R. Martinesson, G. and Peterson, B. C. Do Financing Constraints Matter for R&D? New Tests and Evidence[R]. 2011 ASSA annual meeting paper, 2011.

[3] 安同良,周绍东,皮建才. R&D 补贴对中国企业自主创新的激励效应[J]. 经济研究, 2009(10).

[4] 解维敏,唐清泉,陆姗姗. 政府 R&D 资助,企业 R&D 支出与自主创新-来自中国上市公司的经验证据[J]. 金融研究,2009(6).

[5] 陆国庆,王舟,张春宇. 中国战略性新兴产业政府研发补贴的绩效研究[J]. 经济研究, 2014(7).

[6] 吴福象,段巍. 质量竞争、技术溢出与最优补贴战略[J]. 科研管理,2015(5).

[7] 顾元媛,沈坤荣. 地方政府行为与企业研发投入-基于中国省际面板数据的市政府分析[J]. 中国工业经济,2012(10).

[8] 毛其淋,许家云. 政府补贴对企业新产品创新的影响—基于补贴强度"适度区间"的视角[J]. 中国工业经济,2015(6).

[9] 赵璨,王竹泉,杨德明,曹伟. 企业迎合行为与政府补贴绩效研究－基于企业不同盈利状况的分析[J]. 中国工业经济,2015(7).

[10] 蒋为,张龙鹏. 补贴差异化的资源误置效应－基于生产率分布视角[J]. 中国工业经济, 2015(2).

[11] 陈林,罗莉娅,康妮. 行政垄断与要素价格扭曲－基于中国工业全行业数据与内生性视角的实证检验[J]. 中国工业经济,2016(1).

［12］Olley，Steven，Ariel Pakes. The Dynamics of Productivity Telecommunications Equipment Industry［J］. Econometrica，1996，64(6).

［13］施炳展，冼国明. 要素价格扭曲与中国工业企业出口行为［J］. 中国工业经济，2012(2).

［14］张杰，陈志远，杨连星，新夫. 中国创新补贴政策的绩效评估：理论与证据［J］. 经济研究，2015(10).

第十三章 外来人口、产业结构与房地产市场调控

一、引 言

由于房地产行业在国民经济中占比较大,其上下游关联行业众多,不管是主动还是被动去产能,均会对当前的金融和实体经济产生重大影响。这些行业大多高负债经营,在去产能、去杠杆过程中,债务问题必然会对企业经营业绩产生压力,甚至可能带来债务违约、企业破产和失业率大幅上升等一系列问题。当前中央决策层提出对供给侧进行结构改革,房地产行业去库存是重要目标。房地产库存的变化由供给端和需求端共同影响。从供给端看,当前政策应控制房地产投资的增长,避免新增供给加大楼市库存压力。根据国家统计局公布的数据,近年来商品房库存数量逐年上升,截至 2015 年底,商品房待售面积已超过 4.5 亿平方米;从需求端看,面对房地产库存压力,三四线城市房地产开发商不得不降低价格以促进销售。政府管理部门则密集推出各项优惠政策,以支持房地产行业的去库存。国务院推出了一系列房地产调控新政策,例如降低购房首付比例、上调住房公积金存款利率、降低房地产交易环节的契税和营业税征收比例等。

但是这一系列房地产新政并未达到抑制一线城市房价泡沫,缓解三四线城市去库存压力的期望效果。依据国家统计局统计数据,2011—2014 年,限购限贷政策在各大城市落地执行。尽管一线城市的限制政策尤为严格,但一线城市房价平均每年上涨 4.33%,其他城市平均每年上涨 1.42%,涨幅差了将近 3 个百分点。第二个考察时间段是 2015 年初至今。随着"930、330"政策的落地,各城市房贷方面的限制基本全部取消,一线以外城市限购也基本取消。房价涨幅差异进一步凸显,从 2015 年

1月到2016年2月，一线城市房价累计涨了16.1%，一线以外其他城市涨了-0.6%。一线城市的房价涨幅远大于其他城市，而这还是在限购没放松条件下达成的。2015年深圳二手住宅价格上涨了59%，刷新了国内城市房价年度涨幅纪录。类似情况也出现在上海，二手住宅价格2016年前两月涨幅已经达到14%，而去年全年的涨幅是21%。这些数据充分表明，一线城市房市即使受到各种政策限制，但房价上涨动力也远大于其他城市。指望压住一线城市需求，把需求引导到其他三四线城市，从而达到去库存的想法是不现实的。

与不同等级城市房地产市场"冰火两重天"相对应，当前中国城镇化进程中出现了特大城市人口和经济占比不断提高，而中小城市规模相对萎缩的现象。在政府资源配置偏向、市场机制和人口迁移意愿等多方面因素的作用下，一线特大城市人口、资源和产业不断集聚，城市规模迅速膨胀。各种优质资源的集聚，特别是优秀人才、知名企业的涌入，也推动产业结构的转型升级，2015年北上广城市服务业占比分别为79.8%、64.8%和65.1%。但新经济地理学核心—外围模型表明，在经济集聚的后期，人口、资源的空间高密度集聚，将导致集聚负外部性逐渐凸显，集聚净效应将抑制经济持续发展。例如，人口的过度集聚加剧了城市的拥挤效应，抬高了土地及其相关产品如房地产的价格。高额的房价将在长期带来严重的经济和社会问题，香港今天面临的诸多问题就是很好的例证。另外，值得警醒的是，如果房价开始回调，下跌的时间会更长，日本等国家和地区就曾为房价泡沫破灭付出惨痛的代价。那么，城镇化进程两极化倾向下，一线城市人口涌入、产业结构演变对房地产市场有何种影响？当前供给侧改革背景下，房地产调控政策又应从哪些方面入手？

集聚经济循环累积机制推动人口、产业向一二线大城市汇集的同时，也将不断虹吸三四线城市赖以发展的各种资源。这就导致了尽管中央早已明确"全面放开建制镇和小城市落户限制，有序放开中等城市落户限制"，但是仍难以遏制人口向特大城市集聚的趋势。各种资源、特别是人才的流失，无疑削弱了三四线城市对优质企业和产业的吸引力，严重制约城市经济潜力的发挥。进入新常态以后，中国经济运行将出现L型走势，这使得本来买方市场容量就小的三四线城市，面临更为沉重的去库存压力。最近召开的中央政治局会议在分析研究2016年经济工作时强调，"要化解房地产库存,通过加快农民工市民化,推进以满足新市民为出发点的住房制度改革,扩大有效需求,稳定房地产市场"。那么,三四线城市如何留住进城农民工,依靠农民工实现楼市去库存的可能性有多大？显然,单纯依靠财政支持和金融创新来帮助农民工购房是不够的,那么长远之计又是什么？

二、文献综述

对影响房价因素的相关研究由来已久,诸多学者主要是从政府行为、货币政策和居民投机性需求等角度进行解读。首先是政府行为论,该论点认为地方政府扩大财政支出,改善城市基础设施、提高公共服务水平的举措,会吸引更多的优秀人才和企业投资,经过一段时间的积累将带来房地产价格的上涨(高凌江,2008;踪家峰、刘岗等,2010;赵安平、罗植,2012)。进一步地,不少学者深入研究了"土地财政"与房价的关系。政府对土地财政的过分依赖,使得其存在推高商业用地和住宅用地价格的动机(周彬、杜两省,2010;王学龙、杨文,2012)。其次是宽松的货币政策,况伟大(2010)通过理论模型推导和实证检验,发现较低的市场利率是房价上涨的重要诱因。张涛、龚六堂等(2006)的计量研究发现,银行推出的各类房地产贷款与房地产价格水平有较强的正相关性。第三种观点是从升值预期和投机的角度分析,在房价上涨预期下,购房者存在着"晚买不如早买"的心理,这助推了房价的上涨;另外,投机也会推动房价泡沫,投机者存在着"买涨不买跌"心理,房价越高反而使得更多购房者进入房地产市场,形成高房价和高交易量并存的局面(况伟大,2010;高波、王辉龙等,2014)。

房价快速上涨的原因是多方面的,除了受政府行为、货币和预期等因素影响外,有学者从人口年龄结构视角研究房价的波动。Mankiw & Weil(1989)研究了美国二战后的"婴儿潮"对后来房价的影响,基于人口、房价数据的计量研究发现,20世纪50年代的"婴儿潮"是20世纪70年代房价持续上涨的原因所在。类似地,对中国相关领域的经验研究发现,20世纪80年代出生的那一代人,在2004后陆续进入婚龄期,这波婚龄期的人口冲击是房价快速上涨的重要原因(陈斌开、徐帆等,2012;刘学良、吴憬等,2016)。在中国婚嫁传统中,女方家庭往往会要求男方提供住房要求,那么男女人口数量之比的提高在加剧婚配市场竞争的同时,也会在一定程度上带动住房需求上升(Wei 等,2012)。此外,也有学者从人口社会结构视角研究房价波动。Saiz(2007)通过对美国特大城市移民、租金和房价的数据研究发现,城市外来人口每增加1%,房租会有1%的上涨,房价也会提高3%。Gonzalez(2009)研究了1998—2008年西班牙外来移民、房价和住房投资的关系,发现外来人口占比每提高1%,将推高房价上涨0.52%,同时带动住房投资上升0.37%。但也有学者认为,房价与人口迁移存在互动关系,人口迁移在推高城市房价同时,高额的房价也会抑制人口向城市涌入(Potepan Michael,1994)。

新经济地理学理论认为,企业的生产布局与生产成本、要素供给和市场需求有着密切的关系。城市房地产价格的变化,以及受其影响的各类劳动力的流入和流出,影响着该地区的产业结构。张平(2016)将劳动力消费偏好异质性纳入理论框架,基于中国地级市面板数据的计量研究发现,高房价城市会排挤普通劳动力而吸引技术人才集聚,这有利于产业结构由劳动密集型向技术密集型转变,进而实现产业结构升级。刘志伟(2013)则从高房价加重企业生产成本角度出发,认为房价上涨会对部分企业产生挤出效应,倒逼地区第三产业向高附加值领域攀升,从而推动产业结构优化。齐讴歌、周新生等(2012)还考虑了交通成本因素对城市产业结构的影响,以长三角为例的研究表明,房价和交通成本的变动将迫使制造业向区域外转移,为高附加值的生产性服务腾出空间,客观上促进区域产业分工,推进中心城市产业升级。进一步地,高波(2012)对中国区域房价和产业升级的研究表明,区域间房价的不同是影响东、中和西部地区产业转移和产业结构演变的重要原因。

梳理现有研究发现,关于房价上升原因的研究已较为充分。但是目前国内学者在研究房地产需求时,往往忽略了我国城镇化快速推进背景下,大量农村人口向城市涌入,从而推动人口社会结构变迁的事实。特别是一二线城市房价高企,却依然吸引大量外来人口流入的矛盾现象。此外,现有学者大多研究房价上涨对城市产业结构升级的影响,而很少关注城市制造业、服务业发展对房地产需求的影响。而这方面的研究,对于探讨从区域中心城市疏散部分经济职能,进而影响人口流动方向和房价上涨,提供了房地产调控研究新思路。所以本章将从外来人口、产业结构两方面对房地产调控做拓展性研究。

三、外来人口、产业结构与城市住房需求

我国从 1998 年开始进行房地产市场化改革,居民的商品房需求开始增长,这对房地产市场的繁荣和发展起到了巨大的拉动作用。根据国家统计局的相关数据,2003 年以前我国房价上涨相对平缓,而在 2004—2013 年间,房地产市场出现了复杂的时空演变。从时间维度看,各省份房价的年均增长率达 10.2%,大大超过同期的居民收入增长水平;从空间维度看,不同类别城市的房价差异巨大,上海、北京和深圳等一二线城市楼市火爆,而三四线城市楼市则存在着一定的去库存压力。除市场化改革外,房地产市场快速发展的另一个不可忽视的背景是加速推进的城镇化。大量农村人口向城市涌入,农业用地向工业和商业用地转变,地区非农经济占比逐渐提升。人口规模、产业结构作为两个反映城市级别的主要指标,直接影响着城市房地产的需求。故本章利用 35 个大中城市 2003—2013 年城市人口、产业结构的相关数据,研究以上两指标与城市住房需求的关系。为全面分析不同类型城市房地产市场需求差异化发展现实,本章综合房地产年销售额和房价水平,将 35 个大中城市划分为四类①。

(一)35 大中城市外来人口与房地产市场需求

从表 13 - 1 可以发现,一类城市如上海、北京、深圳和广州,都有着庞大的外来人口,以及处于高位的房地产年销售额和房价平均水平。例如上海,有着最大数量的外来和常住人口,以及全国最高的年房地产年销售额。深圳虽然房地产年销售总额大大低于北上广,但是却有着全国最高的平均房价水平。深圳房地产市场需求旺盛,不仅是由于外来人口众多,更是因为特殊的产业结构。在深圳产业构成中,信息技术和

---

① 第一类:北京、上海、深圳、广州、杭州;第二类:厦门、南京、福州、宁波、天津、青岛、大连、武汉、成都;第三类:郑州、太原、济南、南昌、南宁、西安、沈阳、长沙、合肥、哈尔滨、乌鲁木齐、海口、长春;第四类:兰州、昆明、重庆、石家庄、呼和浩特、贵阳、银川、西宁。

金融等现代服务业占有较高的比例。深圳有着发达的生产性服务业,华为、腾讯、中兴、招商银行和中国平安等一大批国内外知名企业总部都落户于深圳。高附加值生产性服务业的集聚,极大地推高了深圳商业用地和住宅用地价格。相对而言,杭州无论是在外来人口还是常住人口,其规模都是一类城市中最小的,但房地产年销售额和房价平均水平却都不低。这主要由于浙江民间富庶,宁波、温州等地资本会流向杭州房地产市场。在二类城市中,除直辖市天津以外,其他城市的外来人口都远远少于一线城市。但近年来部分二类城市房价上涨迅速,2008 年以来厦门和南京年均增长率分别为 20.9%、17.6%。

表 13-1　2013 年部分城市外来人口与房地产市场需求

		外来人口(万人)	常住人口(万人)	房地产销售额(亿元)	平均房价水平(元)
一类城市	上海	982.8	2 415.2	3 911.6	16 420
	北京	802.7	2 114.8	3 530.8	18 553
	深圳	791.0	1 116.8	1 436.3	24 402
	广州	465.4	1 292.7	2 606.0	15 330
	杭州	177.8	884.4	1 711.2	15 022
二类城市	天津	468.2	1 472.2	1 615.5	8 746
	厦门	176.2	373.0	1 071.9	13 625
	南京	175.7	818.8	1 404.7	11 495
	福州	68.5	734.0	1 411.8	11 236
	武汉	200.0	1 022.0	1 539.9	7 717
三类城市	沈阳	98.6	825.7	1 436.1	6 348
	长沙	58.2	721.0	1 171.3	6 292
	西安	51.9	858.8	1 096.6	6 716
	合肥	49.5	761.0	1 023.0	6 283
	郑州	−153.4	919.1	1 161.6	7 162
	海口	53.9	217.1	251.0	7 423
	南宁	59.9	724.4	157.2	6 959

		外来人口(万人)	常住人口(万人)	房地产销售额(亿元)	平均房价水平(元)
四类城市	呼和浩特	68.3	298.6	220.0	5 233
	重庆	−388.4	2 970.0	2 682.8	5 569
	乌鲁木齐	83.1	346.0	327.3	6 111
	兰州	44.3	364.0	148.7	5 868
	银川	41.1	208.3	297.2	4 856
	西宁	26.5	228.3	128.6	4 628

　　数据来源:2004—2014 年《中国城市统计年鉴》《中国房地产统计年鉴》以及各城市统计年鉴和各城市年度统计公报。

　　总体而言,三、四类城市外来人口,明显少于一、二类城市。在所列的三、四类城市中,沈阳外来人口最多,房地产年销售额也最大,但是平均房价水平并不高。这些特点恰好与海口相反,海口有着和城市人口规模不相称的高房价。近五年来海口服务业在国民经济占比一直稳定在 68% 左右,城市服务业经济特征明显。丰富的旅游资源和良好的地理环境优势吸引了大量的外地人口购房置业,从而推高了当地房价。这一点和南宁、呼和浩特等地相似,此类城市都具有较高的平均房价、较低的房地产年销售额以及服务业主导的城市经济结构特点。在所列城市中,重庆有着较高房地产年销售额,但是较低的房价平均水平,这无疑比较接近我国房地产市场调控的目标。究其原因,这其中固然有城市经济发展水平限制的因素,但也要注意到重庆试点的地票制度和以公租房为核心的住房保障制度的影响。重庆的地票制度打开了土地供应的瓶颈,而供地占比达 22% 的保障房建设,有效满足了低收入者的住房需求。最后,西部地区的兰州、银川和西宁等地,受限于经济发展水平和城市人口规模,平均房价和房地产年销售额均不高。

（二）35 大中城市产业结构与房地产市场需求(详见图 13‑1、图 13‑2、图 13‑3)

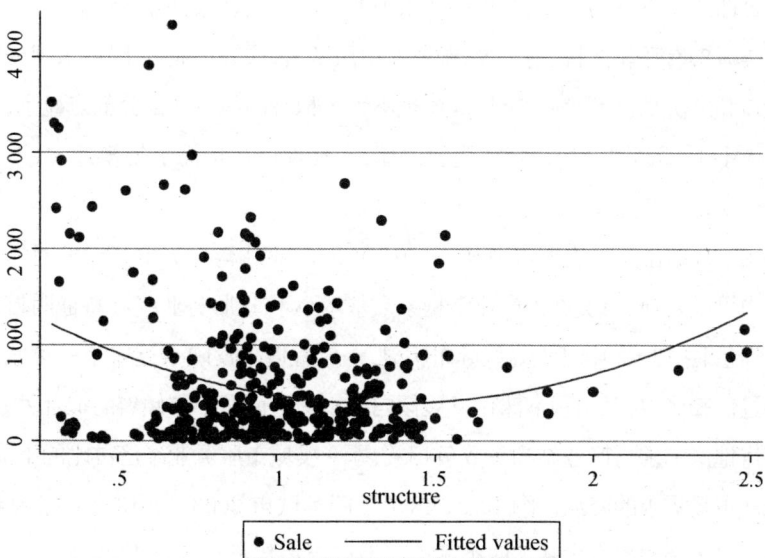

图 13‑1　35 大中城市产业结构与房地产需求拟线性图

数据来源:2004—2014 年《中国城市统计年鉴》《中国房地产统计年鉴》以及各城市统计年鉴和各城市年度统计公报。

图 13‑1、图 13‑2、图 13‑3 中纵轴表示城市房地产需求,用房地产市场年销售额表示,单位:亿元。横轴表示城市产业结构系数,用二、三产业产值之比表示。从图 13‑1 中可以直观地发现,在 2003—2013 年,大多数城市产业结构系数较为均匀地分布于 0.5~1.5。若某城市产业结构系数小于 1,可认为该城市服务业较为发达,该值越小则城市服务业主导的经济特征越明显;若该系数为 1,则认为该城市产业结构特征不明显;若该值大于 1,可认为该城市制造业较为发达,数值越大则城市制造业主导经济特征越明显。城市产业结构系数较为均匀地分布于 0.5~1.5 的统计事实表明,服务业、制造业经济主导的两类城市占比相当。此外,图中"U"型拟合曲线表明,城市产业结构与房地产市场需求间存在着复杂的关系。图 13‑1 左上方的点显

示产业结构系数小于1,即服务业经济特征明显的城市,房地产需求大多居于高位。这类城市有北京、上海和深圳等,城市服务业以金融业、信息软件业等现代服务业为主。拟合曲线左下方的点表明,也存在服务业占比较高,但房地产年销售额较低的城市。此类城市有呼和浩特、南宁等,服务业中旅游、餐饮等行业占比较高,但受限于较小的人口和经济规模,房地产市场规模也不大。拟合曲线右半部分的点显示,产业结构系数大于1,即制造业经济特征明显的城市,房地产市场需求规模适中,年销售额大多低于1 500亿元。

图13-2给出了一类城市2003—2013年间产业结构与房地产需求间的拟合关系。从中可以发现,一类城市产业结构系数基本小于1,服务业经济特征明显。与图13-3相比,图13-2中各点高低分布明显,一定程度上反映了近年来一类城市房地产市场过快膨胀,甚至出现泡沫化发展倾向的事实。而右下方倾斜的拟合关系线,表明城市房地产需求与产业结构系数负相关,即一类城市服务业经济占比的下降,有利于房地产市场需求的降温。图13-3给出了四类城市2003—2013年产业结构和房地产市场需求间的拟合关系。四类城市房地产年销售额总体偏低,这契合了当前三

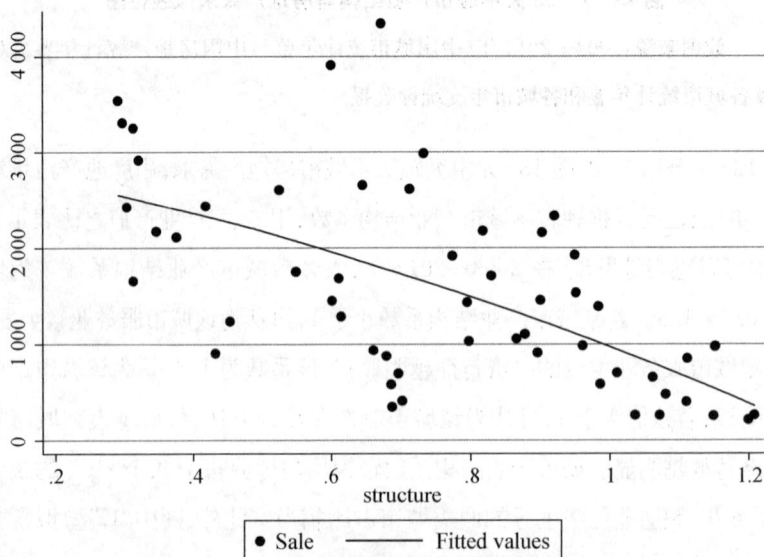

图13-2　第一类城市房地产需求与产业结构

四线城市房地产市场需求疲软的现实。图 13-3 右上方几个严重偏离拟合线的点，反映的是重庆房地产市场较高的年销售额。四类城市产业结构系数总体上大于 1，显示了制造业为主的城市经济特点。向右上方倾斜的拟合曲线,表明四类城市房地产市场需求与产业结构系数正相关,即城市制造业的集聚和发展,有利于刺激房产市场需求。图 13-3 中拟合线的斜率明显小于图 13-2,说明对于绝大多数城市而言,制造业发展对房地产需求的影响力度要小于服务业。

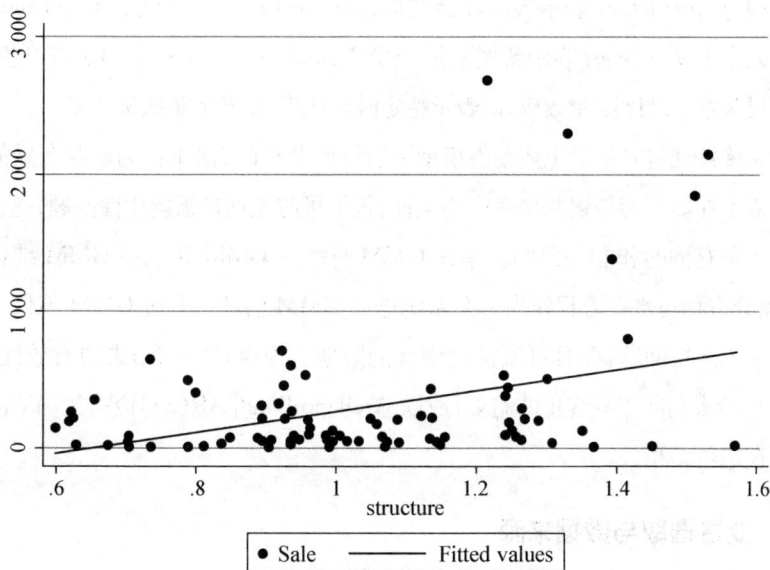

图 13-3　第四类城市房地产需求与产业结构

数据来源:2004—2014 年《中国城市统计年鉴》《中国房地产统计年鉴》以及各城市统计年鉴和各城市年度统计公报。

四、研究设计与实证结果分析

（一）模型构建

前文简单的统计分析不足以准确、全面的研究外来人口、产业结构对房地产市场需求的影响。接下来,本章将采用更为严谨的计量模型对上述问题进行研究。具体研究方法借鉴 Lindenthal & Eichholtz(2010)的前期成果,设定如下动态计量模型:

$$\ln houdemand_{i,t} = \alpha \ln houdemand_{i,t-1} + \beta_1 popstructure_{i,t} + \beta_2 indstructure_{i,t} +$$
$$\gamma_1 \ln income_{i,t} + \gamma_2 \ln houinvest_{i,t} + \gamma_3 \ln socinvest_{i,t} + \mu_i + \nu_t + \varepsilon_{i,t}$$
$$(1)$$

其中,$houdemand$ 表示房地产市场需求,$houdemand_{i,t-1}$ 表示房地产市场需求滞后一期项,$popstructure$ 表示人口社会结构,$indstructure$ 表示产业结构,$income$ 表示人均收入水平,$houinvest$ 表示新增房地产投资,$socinvest$ 表示社会固定资产投资,μ_i 表示不可观察的地区固定效应,ν_t 表示特定时间效应,ε_{it} 表示随机误差项。

利用传统计量方法对上述动态模型进行回归分析时,由于作为解释变量的房地产市场需求滞后一期与误差项存在相关性,将不可避免地带来内生性问题,这会导致回归结果是有偏的和非一致的。系统 GMM 将差分 GMM 和水平 GMM 结合在一起,将差分方程与水平方程作为一个系统进行 GMM 估计。系统 GMM 不仅可以很好地解决内生性问题,而且可以提高估计的效率。为检验回归结果的有效性,采用 Sargan 检验来判断工具变量的有效性;以 Arellano-Bond[AR(2)]检验扰动项的差分是否存在二阶自相关。

(二)变量选取与数据来源

(1) 被解释变量:房地产市场需求($houdemand$)。陈斌开等(2012)用住房面积和房价来反映房地产市场需求,但是目前中国大城市人均住房面积要小于中小城市,而房价平均水平高于中小城市。为全面度量各类城市住房需求,本章用《中国房地产统计年鉴》中房地产开发企业商品房销售总额表示房地产市场需求。

(2) 核心解释变量:人口社会结构($popstructure$)、产业结构($indstructure$)。人口社会结构用来反映城市外来人口情况,考虑到存在着郑州、重庆等人口净流出城市,城市外来人口为负值,为避免计量研究中出现的不便,故用城市常住人口与户籍人口之比度量人口社会结构,城市常住人口主要包括外来人口和户籍人口;产业结构用城市第二产业与第三产业产值之比表示,该指标可以在一定程度上反映城市的经济发展是依赖于制造业还是服务业。城市外来人口,二、三产业产值数据来源于各城市统计年鉴和年度统计公报。

(3) 控制变量:人均收入水平($income$)、新增房地产投资($houinvest$)和社会固定资产投资($socinvest$)。其中,人均收入水平和社会固定资产投资数据来源于各城市历年统计年鉴,新增住宅投资数据来源历年《中国房地产统计年鉴》。

(三)实证结果分析

当前一二线城市和三四线城市"冰火两重天"的楼市销售情况,表明 35 大中城市房地产市场无论是在交易规模还是房屋均价上,都存在着显著的差异。本章统计分析环节中,对 35 大中城市外来人口、产业结构与房地产市场需求的数据分析也验证了这一点。综上所述,对房地产市场的计量研究也不能一概而论。所以,在实证研究环节,本章依据已有的四类城市划分标准,分城市类别进行计量回归(见表 13-2)。

表 13-2 一、二类城市回归结果

	35 个城市		一类城市		二类城市	
	(1)	(2)	(3)	(4)	(5)	(6)
$\ln houdemand_{i,t-1}$	0. 427** (0. 114)	0. 594*** (0. 0738)	0. 001* (0. 346)	0. 322 (0. 388)	0. 166 (0. 194)	0. 313** (0. 712)
$popstructure$	4. 785* (3. 171)		32. 84** (14. 91)		2. 036* (1. 464)	
$indstructure$		−0. 235 (0. 240)		−7. 176** (3. 181)		−1. 135* (1. 463)
$\ln income$	0. 251* (0. 510)	0. 357* (0. 492)	1. 504** (1. 391)	1. 493* (1. 181)	1. 927** (0. 837)	1. 829** (0. 824)
$\ln houinvest$	−0. 252 (0. 275)	−0. 101 (0. 145)	0. 231 (13. 71)	0. 322 (1. 240)	−0. 531 (0. 370)	−0. 910 (2. 734)
$\ln socinvest$	0. 338** (0. 167)	0. 122** (0. 176)	0. 138** (3. 250)	0. 226** (3. 358)	1. 620* (0. 296)	1. 727** (2. 654)

（续表）

	35 个城市		一类城市		二类城市	
	(1)	(2)	(3)	(4)	(5)	(6)
AR(2)	1.38 (0.167)	1.78 (0.206)	0.55 (0.584)	1.14 (0.255)	0.32 (0.745)	1.57 (0.117)
Saragan	126.32 (0.132)	146.22 (0.156)	42.02 (0.113)	43.36 (0.109)	68.93 (0.996)	35.26 (0.132)

注：实证结果均由 stata12 处理得出；***、**、* 分别表示 1%、5%、10%的显著性水平；AR(2)检验主要用来反映扰动项的差分是否存在二阶自相关；Saragan 检验主要用来观察工具变量过度识别问题。

表 13-2 给出了 35 个城市整体、一类城市以及二类城市的人口社会结构、产业结构对房地产市场需求的回归结果。模型(1)(2)的结果显示，上一期房地产需求与本期市场需求正相关，这与房地产市场需求受历史发展状况影响的客观事实相符。模型(1)回归结果表明，人口社会结构项回归系数显著为正，即城市外来人口的增加会刺激房地产市场需求。模型(2)中，城市产业结构项回归系数显著为负，但并未通过显著性检验。在本章统计分析环节，图 13-1 中 35 城市的房地产需求与产业结构间的"U"拟线性关系也不是十分明显。模型(1)和(2)的回归结果显示，人均收入水平提高、社会固定资产投资增加，能促进房地产市场的发展。模型(3)显示人口社会结构项回归系数显著为正，而且系数要远大于模型(1)中的系数。这说明一类城市外来人口的涌入对房地产市场需求膨胀，起到了推波助澜的作用。在模型(4)中，产业结构项系数显著为负，这表明一类城市服务业的发展促进了房地产需求的提高。统计性分析环节中，图 13-2 右下方倾斜的拟合曲线，一定程度上佐证了这一结论。一类城市服务业结构中，高技术含量、高附加值的生产性服务业占有很高的比例，北京、深圳和上海的生产性服务业产值占比分别为 71.2%、66.9%和 57.8%。这些行业处于产品价值链的两端，拥有较高的投入产出效率，从业人员也有着较高的收入水平，从而支撑了城市的高房价。此外，模型(3)(4)的回归结果还表明人均收入水平、社会固定资产投资与房地产市场需求正相关。

　　与一类城市的回归结果相似,模型(5)(6)的回归结果显示,人口社会结构项系数显著为正,城市产业结构系数显著为负。这说明外来人口的流入、服务业国民经济占比的提高,将带动二类城市房地产市场的繁荣。一二类城市的外来人口不仅包括农民工,还包括众多高校毕业生。在北京、上海、广州、南京和武汉等区域中心城市,每年都会吸引众多高校毕业生留在当地就业,这些潜在的未来高收入人群将是购房市场的主力军。大量高层次人才的集聚,也为当地的产业转型升级提供了充足的人力资本,推动知识技术密集型的生产性服务业在一二类城市的集聚与发展。模型(5)(6)的结果显示,房地产市场需求还与人均收入水平、社会固定资产投资正相关。值得引起注意的是,模型(3)~(6)结果显示,城市新增房地产投资未能显著降低市场需求。目前,一二线城市商品房建设用地供给增长严重滞后于市场需求。以上海为例,上海建成区面积占比为16%,低于全国27%的平均水平,上海完全可以进一步释放土地存量,给房地产市场降温。

　　模型(7)(9)回归结果显示人口社会结构项系数显著为正,这表明外来人口同样会增加三、四类城市房地产市场需求(见表13-3)。至此,可以发现,无论是在哪一类城市,外来人口的涌入都是有利于当地房地产市场的繁荣,这一结果与陆铭等人(2014)的研究结论相似。虽然各类城市都会有外来人口流入,但是三、四类城市外来人口在数量和质量上均逊与一、二线城市。而城市人口数量无疑决定了房地产住宅的销售量,外来人口的质量则会通过影响城市产业结构,进而影响城市房价水平。一、二线城市不仅拥有较为完善的基础设施和公共服务体系,还能够提供高水平人才实现自身价值的工作机遇。而各地区外来人口中高素质人才比重的差异,又造成了城市产业结构的差异。产业结构以及以此为基础的收入水平,则是影响房价水平的重要决定因素,这也是为何一类城市在房地产销售总额和房价平均水平方面均要高于三、四类城市。模型(8)(10)的回归结果中,产业结构项系数显著为正,说明提高制造业占比有助于刺激三四线城市房地产需求。与一二线城市截然相反的实证结果,反映了房地产市场需求与城市等级、产业结构存在着一定的匹配性。最后,分析控制变量对三四类城市房地产市场需求的影响。模型(7)(8)显示,新增房地产投资有利于缓解三线城市房地产市场需求,而社会固定资产投资加大则会推高房地产市场需求。模型(9)(10)的结果表明,人均收入水平提高、社会固定资产投资增加会带动四线城市房地产需求提高。

表 13‑3　三、四类城市回归结果

	三类城市		四类城市	
	(7)	(8)	(9)	(10)
$\ln houdemand_{i,t-1}$	0. 352* (0. 276)	0. 286* (0. 384)	0. 363 (0. 530)	0. 238 (0. 276)
$popstructure$	5. 898* (5. 566)		2. 955* (3. 869)	
$indstructure$		2. 493* (2. 112)		1. 594* (0. 434)
$\ln income$	0. 087* (0. 226)	0. 067 (0. 925)	0. 405* (0. 433)	0. 674* (0. 671)
$\ln houinvest$	−0. 550* (0. 687)	−0. 007* (0. 349)	−0. 395 (2. 597)	−0. 101 (0. 933)
$\ln socinvest$	0. 816*** (0. 313)	0. 617** (0. 419)	0. 237* (1. 412)	0. 007* (0. 696)
AR(2)	0. 26 (0. 798)	0. 60 (0. 548)	0. 08 (0. 934)	−0. 27 (0. 789)
Saragan	32. 41 (0. 847)	19. 93 (0. 175)	61. 37 (0. 087)	40. 62 (0. 984)

注:实证结果均由 stata 12 处理得出;***、**、*分别表示 1%、5%、10%的显著性水平;AR(2)检验主要用来反映扰动项的差分是否存在二阶自相关;Saragan 检验主要用来观察工具变量过度识别问题。

五、结论与政策建议

本章利用 2003—2013 年全国 35 个大中城市的相关数据从统计分析和实证检验两个环节,研究了外来人口、产业结构对不同类别城市房地产市场需求的影响。统计分析表明,一类城市有着远高于其他类型城市的人口规模和房地产市场需求,尤其是在外来人口和房价平均水平方面;从产业结构角度看,工业型城市房价水平总体适中,服务型城市一般有着高于同类城市的房价水平。实证研究发现,外来人口的涌入会显著提高各城市的房地产需求。产业结构对房地产市场需求的影响在各类城市存在差异。具体而言,较高的服务业国民经济占比是一二类城市房地产市场需求膨胀的重要原因,三四线城市制造业的发展有利促进房地产市场需求。此外,社会固定资产投资、城市人均收入水平提高可以显著提高房地产市场需求,新增房地产投资并不能有效缓解一二类房地产需求压力。

基于以上研究结论,房地产市场的调控应充分考虑城市的差异性。对于一二线城市而言,近期楼市价格泡沫化倾向要求楼市政策应多管齐下,标本兼治。针对一二线城市房地产市场的投机炒作行为,应继续从户籍和金融政策方面予以限制。对于目前人口超千万的特大城市,要采取综合手段控制人口流入。科学界定区域中心城市职能定位,制定与城市等级相匹配的产业准入门槛。通过产业区域分工,引导外来人口、资源和设施向区域次等级城市分流,缓解一二线城市由于大量人口涌入而带给房地产市场的压力。针对一二线城市房价飙升,也要从土地供给侧改革入手。在商品房供应链中,建筑、建材和开发商等领域都具有较高的竞争程度,唯独土地供给市场例外。地方政府管控的土地供给政策,造成众多城市土地供给不足。不仅如此,我国可供商品房开发的土地数量本身也相对不足。过去地方政府为发展本地经济,往往以低价工业用地吸引制造业企业入驻。而中央政府的18亿亩耕地红线,使得商品房用地数量被进一步压缩。因此,有必要构建工业闲置用地向商品房用地转换的机制,从而提高楼市供地灵活性。

对于三四线以及经济和人口规模更小的城市而言,应进一步推进新型城镇化,依靠经济城镇化、人口城镇化实现楼市去库存。首先要完善城产业配套环境建设,中央和省级政府要加大中小城市基础设施、公共服务等领域的投资建设。通过加强基础设施建设,完善社会公共服务业体系,从而改进现有产业配套环境,增强城市对人口和产业的吸引力和凝聚力。在吸引、承接沿海发达地区制造业转移的同时,基于自身比较优势培育特色产业,实现"以城聚产""以产兴城""产城联动"。通过扩大城市就业岗位,增强人口吸纳能力,提高城市人均收入水平。以人口集聚进一步促进产业集聚,形成集聚经济的循环累积机制。在推进以人为本的新型城镇化过程中,特别要注重人口城镇化,通过劳动力流动、劳动者创造潜力的激发,为产业集聚和城市发展潜力的释放提供条件。人口城镇化要求解决好农民工的市民化问题,实现医疗、教育等公共服务的均等化,让广大农民想留下来,也能留下来。人口和产业在三四线城市的双重集聚,不仅可以化解特大型城市房价飙升、拥挤效应凸显等问题,也将有力带动三四线城市经济的增长,缓解房地产市场去库存压力。

参考文献

[1] 高凌江.地方财政支出对房地产价值的影响—基于我国 35 个大中城市的实证研究[J].财经理论与实践,2008(29):85-89.

[2] 踪家峰,刘岗,贺妮.中国财政支出资本化与房地产价格[J].财经科学,2010(11):57-64.

[3] 赵安平,罗植.扩大民生支出是否会推高房价[J].世界经济,2012(1):43-57.

[4] 周彬,杜两省."土地财政"与房地产价格上涨:理论分析和实证研究[J].财贸经济,2010(8):109-116.

[5] 王学龙,杨文.中国的土地财政与房地产价格波动:基于国际比较的实证分析[J].经济评论,2012(4):88-96.

[6] 况伟大.利率对房价的影响[J].世界经济,2010(4):134-145.

[7] 张涛,龚六堂,卜永祥.资产回报、住房按揭贷款与房地产均衡价格[J].金融研究,2006(2):1-11.

[8] 况伟大,预期、投机与中国城市房价波动[J].经济研究,2010(9):67-77.

[9] 高波,王辉龙,李伟军.预期、投机与中国城市房价泡沫[J].金融研究,2014(2):44-58.

[10] 陈斌开,徐帆,谭力.人口结构转变与中国住房需求:1999—2025 基于人口普查数据的微观实证研究[J].金融研究,2012(1):129-140.

[11] 刘学良,吴憬,邓水恒.人口冲击、婚姻和住房市场[J].南开经济研究,2016(1),58-76.

［12］张平,张鹏鹏. 房价、劳动力异质性与产业结构升级［J］. 当代经济科学,2016(2)：87－93.

［13］刘志伟,城市房价、劳动力流动与第三产业发展—基于全国性面板数据的实证分析［J］. 经济问题 2013(8):44－48.

［14］齐讴歌,周新生,王满仓. 房价水平、交通成本与产业区位分布关系再考量［J］. 当代经济科学,2012(1):100－108.

［15］高波,陈建,邹琳华. 区域房价差异、劳动力流动与产业升级［J］. 经济研究,2012(1)：66－78.

［16］陆铭,欧海军,陈斌开. 理性还是泡沫:对城市化、移民和房价的经验研究［J］. 世界经济,2014(1):30－54.

［17］Saiz, A. Immigration and housing rents in American cities［J］. Journal of Urban Economics, 2007, (61)7: 345－371.

［18］Mankiw, NG, and DN Weil. The Baby Boom, the Baby Bust, and the Housing Market［J］. Regionad Science and Urban Economics, 1989, 14(2), 235－58.

［19］Wei. S. J, Zhang, X. B. and Liu, Y. Status Competition and Housing Prices［R］. Working Paper No18000. 2012.

［20］Gonzalez, L and Ortega, F. Immigration and Housing Booms: Evidence from Spain［R］. CREAM Discussion Paper, 2009, 19(9).

［21］Potepan Michael J. Intermetro politan Migration and Housing Prices: Simultaneously Determined? ［J］. Journal of Housing Economics, Volume 3, Issue 2, June1994: 77－91.

［22］Lindenthal, T, and P. Eiohholtz. Demographics, Human Capital, and the Demandfor Housing［R］. http://nilsteok. cypepad. comIEPRVEL_Wp 2010. pdf

第十四章 制造业集聚、空间溢出与区域经济增长

一、引 言

改革开放以来,中国政府采取了梯度空间发展战略,导致了区域经济增长的不均衡。目前,地区经济增长失衡愈发严重,东部沿海地区经济增长迅速,形成"密集"的经济空间,而中西部地区经济增长缓慢,形成"稀疏"的经济空间,甚至陷入了"低度均衡陷阱"。在区域经济增长呈现"东高西低"的格局时,工业集聚也逐步形成了以东部为中心、中西部为外围的"中心—外围"模式。我国工业活动的空间集聚与经济的高速增长是相伴发生的。2013 年,东部地区 GDP 总值占全国比重达到 58.00%,中部地区该比重为 24.93%,西部地区仅占 17.07%。与此同时,上述三大地带的工业总产值占全国工业总产值的比重分别为 61.02%、25.63%和 14.35%。因此,一个有意思的问题是,工业集聚空间分布和区域经济增长不平衡格局的一致性是现实的巧合吗? 工业集聚对经济增长是否有促进作用? 地区不平衡的工业化过程是否加剧了地区经济发展的失衡?

工业集聚是当今经济发展过程中最为重要的现象之一,它指的是在一个经济区域内同一工业产业或相关联上下游的产业等在地理空间聚集的现象。这种地理集中给企业带来显著的外部经济性,必然会引起区域经济规模的扩大,从而推动经济增长。目前,越来越多的国家把工业集聚作为产业发展和促进经济增长的战略方式。从工业集聚的形成机制来看,其本身就是一种空间地理现象,研究工业集聚客观上要求必须考虑空间因素。尤其是近二十年来,随着区域一体化和全球化的发展,各经济体之间的空间依赖性不断加强,一个地区的经济增长受到其他地区特别是相邻地区

经济发展的影响,各地区之间的经济行为存在空间溢出性。若仍忽视空间因素,把各地区看作相互独立的个体,势必会造成理论指导和经验研究的偏差。然而,目前从空间溢出角度来分析工业集聚的对区域经济增长影响的研究几乎处于空白。鉴于此,本章在以往研究的基础上,引入空间因素,采用较前沿的空间面板杜宾模型来重新考察工业集聚与经济增长之间的关系,以期能更全面客观地反映经济现实,并对现有研究文献做进一步拓展与补充。

二、文献综述

工业集聚是产业集聚的表现形式之一,它伴随着工业产生和发展的整个过程。工业生产对自然条件的依赖程度相对较低,再加上规模经济与正反馈作用,使得工业活动通常集中在交通便利、自然资源丰富等具备优势条件的区域,空间集聚效应最为显著(金煜、陈钊,2006)。在早期关于产业集聚与经济增长之间关系的理论研究中,空间因素一直被研究者忽视。直到 20 世纪 90 年代,由 Krugman(1991)、Fujita (1999) & Venables(1995)开创的新经济地理学开始把空间因素纳入产业集聚与经济增长关系的研究框架中,并获得了巨大的成功。随后 Martin & Ottaviano (1999)、Baldwin & Forslid(2000)、Baldwin et al(2001)、Fujita & Thisse(2002)先后建立了一系列增长模型,研究结果表明经济活动的空间集聚在未达到集聚门槛前可以产生外部经济性,通过本地市场效应、生活成本效应等吸引企业和产业的集聚,进而促进经济增长。尽管产业集聚对经济增长的促进作用在理论上获得了有效的论证,但在实证检验方面,结论并未达成统一。大多数实证研究支持了集聚与经济增长成正相关关系 (Ciccone, 2002; Ottaviano & Pinellidl, 2006; Braunerhjelm & Borgman, 2006; Brulhart et al, 2008)。国内部分学者基于中国视角也得出了类似的结论,代表性的文献有:范剑勇(2006)、章元和刘修岩(2008)、罗勇和曹丽莉 (2005)。然而,不少学者的实证检验却表明集聚与经济增长之间的关系是负相关或无显著相关性。Sbergami(2002)使用欧盟内部国家的跨国数据进行实证研究,结果发现,低、中、高三类行业的集聚对经济增长率的影响都是负的。Bautista(2006)基于墨西哥的面板数据进行分析,研究发现集聚对于劳动生产率与经济增长的影响并不显著。另有一部分学者研究证实,产业集聚与经济增长之间并非线性关系(FutagamI & Ohkusa, 2003; Brulhart & Sbergami, 2006;陈得文、苗建军,2010;陶永亮、李旭超、赵雪娇,2014)。

近年来,工业集聚对经济增长的影响开始成为国内学者的关注重点。陈刚、尹希果等(2006)运用2000年的截面数据对我国地区信任指数和工业集聚水平的关系进行实证检验,结果表明,社会资本流通将通过提高工业集聚方式促进地区经济增长。陈钊(2007)认为,全球化、市场化、城市化进程引起工业集聚,而工业集聚是导致地区经济发展不平衡最重要的原因。张妍云(2005)运用省级工业数据分析了我国工业发展路径,结果表明工业集聚促进了集聚地区劳动生产率的提高。我们可以看到,以上文献仍将地理距离处理为一个"黑匣子",将地理空间看作独立个体。随着空间计量经济学的发展,空间因素越来越受到重视,然而采用空间计量方法对工业集聚与经济增长关系的研究几乎处于空白,代表性的仅有几篇。连飞(2011)分别建立全域和局域空间计量模型,对我国东北地区城市工业集聚与劳动生产率之间的关系进行研究。程中华和张立柱(2015)运用空间计量模型实证研究了产业集聚对城市全要素生产率影响的空间溢出效应。

综上所述,既有研究主要存在以下局限:大多数研究仍将区域视作独立的个体,忽略了不同地理区位工业集聚的异质性和空间溢出效应;现有几篇研究虽然采用了空间面板模型,但仅仅考虑了被解释变量的空间相关性,而没有将解释变量的空间溢出效应纳入模型,不能准确反映工业集聚对经济增长的影响。相对于已有研究,本章尝试在以下两方面做出努力。第一,在考虑多种要素对工业空间集聚协同作用的基础上,构建0-1邻接权重、经济距离权重和嵌套权重3种空间权重矩阵,采用较前沿的空间杜宾模型深入探讨工业集聚对区域经济增长的影响。第二,采用空间回归模型偏微分方法,将工业集聚影响经济增长的空间总效应分解为直接效应与间接效应,较为准确地度量工业集聚对经济增长的影响,以期为实现区域经济协调发展提供相关建议。

三、研究方法、数据说明和模型设定

（一）研究方法

1. 空间相关性检验

空间相关性是指邻近空间分布对象属性值之间的统计相关性,若属性值有集聚倾向,则为空间正相关;反之,则为空间负相关。检验区域变量是否存在空间自相关的常用指标有 Moran's I,Geary's C,Getis,Join count 指数等,其中 Moran's I 指数是度量空间自相关较好的方法,其计算公式如下:

$$Moran'I = \frac{\sum_{i=1}^{n}\sum_{j=1}^{n}w_{ij}(x_j-\overline{x})(x_j-\overline{x})}{s^2\sum_{i=1}^{n}\sum_{j=1}^{n}w_{ij}}$$

其中, $s^2 = \sum_{i=1}^{n}(x_i-\overline{x})^2/n, \overline{x} = \sum_{i=1}^{n}x_i/n, x_i$ 代表第 i 个地区的观察值,n 为地区总数,w_{ij} 为空间权重矩阵。Moran's I 检验取值范围为$(-1,1)$,数值越大表明空间相关程度越高。当统计值大于 0 时,表示各地区之间空间正相关;小于 0 表明空间负相关;等于 0 表示各地区无空间相关性。

全域 Moran's I 指数仅仅反映了空间相关性的总体趋势,但是,总体空间差异平均程度较小时,局域空间差异仍有可能较大。为了解决这个问题,我们采用 Moran's I 散点图来刻画每个地区的观测值与其邻居观测值之间的关系。局域自相关共有四种模式,分布在四个象限,其中第一象限表明高值区域的周围是高值区域(HH 型),二者空间差异小;第二象限表明低值区域周围是高值区域(LH 型),二者空间差异大;第三象限表明低值区域的周围是低值区域(LL 型),二者空间差异小;第四象限表明高值区域周围是低值区域(HL 型),二者空间差异大。为了更加清晰地在地图上描述省域空间差异,文中给出了 Moran's I 散点图的对应的 LISA 显著水平图。

2. 空间权重矩阵

空间权重矩阵表达了不同空间截面单元某些经济或地理属性值之间的相互依赖程度,是进行空间计量分析的关键。为了客观分析工业集聚影响经济增长的程度及空间溢出效应的大小,本章构建以下 3 种空间权重矩阵。

(1) 0—1 邻接权重矩阵。0—1 邻接权重矩阵是依据地理是否相邻来设定,地理相邻的地区被赋予 1,不相邻地区被赋予 0,该权重矩阵元素定义如下[①]:

$$W_{ij}=\begin{cases}1 & \text{区域 } i \text{ 与区域 } j \text{ 相邻} \\ 0 & \text{区域 } i \text{ 与区域 } j \text{ 不相邻}\end{cases}\quad(i\neq j)$$

(2) 经济距离权重矩阵。该权重一般依据两个省份人均收入水平的差距的倒数来设定。两省之间收入差距越小则赋予较大权数,反之则赋予较小权数。本章用实际人均 GDP 的均值代替人均收入 Y,矩阵元素定义如下:

$$W_{ij}=\begin{cases}1/|\overline{Y}_i-\overline{Y}_j| & i\neq j \\ 0 & i=j\end{cases}$$

(3) 嵌套空间权重矩阵。嵌套矩阵将地理距离权重矩阵和经济特征权重矩阵有机地结合起来使用,其目的在于尽量准确地刻画空间效应的综合性及复杂性。嵌套权重矩阵形式如下:

$$W_{ij}=W_d \cdot diag\left(\frac{\overline{X}_1}{\overline{\overline{X}}},\frac{\overline{X}_2}{\overline{\overline{X}}},\cdots,\frac{\overline{X}_n}{\overline{\overline{X}}}\right),\text{其中 } W_d=\begin{cases}1/d_{ij} & i\neq j \\ 0 & i=j\end{cases}$$

其中,d_{ij} 为使用纬度和经度计算的两省之间距离[②],$diag(\cdots)$ 为对角矩阵,X 表示人均实际 GDP,$\overline{X}=\sum_{t_0}^{t_1}X_{it}/(t_1-t_0+1)$ 为时间段 t_0 到 t_1 内空间截面 i 的经济变量 X 的均值,而 $\overline{\overline{X}}=\sum_{i=1}^{n}\sum_{t_0}^{t_1}X_{it}/(t_1-t_0+1)n$,为时间段 t_0 到 t_1 内所有空间截面经济变量 X 的均值。

3. 空间计量模型

空间计量模型的基本形式有三种:空间滞后模型(SAR)、空间误差模型(SEM)和空间杜宾模型(SDM)。其中,空间杜宾模型不仅考虑了被解释变量的空间相关性,还考虑了解释变量的空间相关性,即本区域的被解释变量不仅受本地区解释变量

---

① 海南作为一个岛屿,与其余省份均不相邻,考虑到海南与广东的经济联系与贸易往来频繁,故本章假设两省为邻居,并对 0—1 邻接矩阵进行了相关处理。

② 省域中心之间经纬度的距离数据来源于空间地理科学网站:http://www.geobytes.com.

的影响,还受到邻近区域解释变量和被解释变量的影响,其基本形式为:

$$Y=\rho WY+X\beta+\theta WX+\alpha l_n+\varepsilon \tag{1}$$

上式中,Y 表示被解释变量,X 表示解释变量,ρ 表示空间自相关系数,W 是空间权重矩阵,WX 和 WY 为解释变量和被解释变量的空间滞后项。α 为常数项,l_n 为 $n\times1$阶单位矩阵,β 与 θ 表示回归系数,ε 表示误差项。

4. 空间总效应的分解

空间杜宾模型(SDM)同时包含了解释变量与被解释变量的空间滞后项,某个地区的解释变量的变化将不仅影响本地区的被解释变量,而且影响其他地区的解释变量。因此,不能简单地用回归系数反映解释变量对被解释变量的影响。LeSage and Pace(2009)运用偏微分方法将总效应分成了直接效应和间接效应,其中,直接效应表示被解释变量对本地区造成的平均影响,间接效应表示被解释变量对其他地区造成的平均影响。具体计算方法如下:

$$Y=(I-\rho W)^{-1}\alpha l_n+(I-\rho W)^{-1}(X_r\beta+WX_r\theta)+(I-\rho W)^{-1}\varepsilon \tag{2}$$

整理得:

$$Y=\sum_{r=1}^{k}S_r(W)x_r+V(W)l_n\alpha+V(W)\varepsilon \tag{3}$$

其中,$S_r(W)=V(W)(I_n\beta+W\theta_r)$,$V(W)=(I_n-\rho W)^{-1}$,$I_n$ 为 n 阶单位矩阵。将(3)式转换成矩阵的形式,得到:

$$\begin{bmatrix}y_1\\y_2\\\vdots\\y_n\end{bmatrix}=\sum_{r=1}^{k}\begin{bmatrix}S_r(W)_{11}&S_r(W)_{12}&\cdots&S_r(W)_{1n}\\S_r(W)_{21}&S_r(W)_{22}&\cdots&S_r(W)_{2n}\\\vdots&\vdots&\ddots&\vdots\\S_r(W)_{n1}&\cdots&\cdots&S_r(W)_{nn}\end{bmatrix}\begin{bmatrix}x_{1r}\\x_{2r}\\\vdots\\x_{nr}\end{bmatrix}+V(W)\varepsilon \tag{4}$$

总效应(ATI)等于矩阵 $S_r(W)$ 加总的均值,直接效应(ADI)是通过计算矩阵 $S_r(W)$ 中对角元素 $S_r(W)_{ii}$ 的平均值得到,间接效应(AII)则是矩阵 $S_r(W)$ 中的非对角元素的平均值,可通过总效应减去直接效应得到。ATI、ADI 和 AII 计算形式如下:

$$\overline{M}(r)_{ATI}=n^{-1}l_n'S_r(W)_{l_n} \tag{5}$$

$$\overline{M}(r)_{ADI} = n^{-1}tr[S_r(W)] \tag{6}$$

$$\overline{M}(r)_{AII} = \overline{M}(r)_{ATI} - \overline{M}(r)_{ADI} \tag{7}$$

（二）模型设定、变量说明与数据来源

1. 模型设定与变量说明

根据国内外学者的研究,影响经济增长的因素是综合多样的,本章选取各省市的工业区位熵衡量工业集聚程度,作为主要解释变量。采用人力资本、物质资本投入水平、交通基础设施、地区开放程度、政府规模作为控制变量。考虑到人力资本的异质性,本章借鉴罗勇(2013)等的分析方法,将人力资本划分为同质型和异质型。具体变量说明见下表14-1:

表 14-1   变量说明

变量名称	指标说明	均值	最大值	最小值
经济发展水平(pgdp)	各省市人均实际 GDP	18 752	2 965	79 644
工业集聚(agg)	各省市工业总产值占 GDP 的比重相对于全国工业总产值占 GDP 比重	0.80	0.61	1.85
同质型人力资本(phhp)	受教育程度为未上过学、小学、初中和高中就业者平均累积受教育年限	7.16	2.93	8.16
异质型人力资本(pdhp)	大专、本科和研究生就业者平均累积受教育年限	1.54	0.03	9.08
物质资本投入水平(inv)	固定资产投资占 GDP 的比重	0.56	0.25	1.12
交通基础设施(des)	各省每万公里公路里程和铁路营业里程数和	10.29	6.63	30.54
地区开放程度(open)	各省进出口总额占 GDP 比重	0.33	0.03	1.77
政府规模(gov)	公共预算财政支出占 GDP 的比重	0.20	0.07	1.29

数据来源:各省市统计年鉴。

鉴于本章重点关注工业集聚对经济增长的空间溢出效应,不仅考虑本地区工业

集聚对经济增长的影响,同时还要考察邻近区域工业集聚和经济增长对本区域经济发展水平的影响,因此本章将采用空间杜宾模型,具体形式如下:

$$\ln pgdp_{it} = \alpha l_n + \beta_0 agg_{it} + \beta_1 phhp_{it} + \beta_2 pdhp_{it} + \beta_3 open_{it} + \beta_4 des_{it} + \beta_5 inv_{it} +$$

$$\beta_6 gov_{it} + \rho W \ln pgdp_{it} + \theta_0 Wagg_{it} + \theta_1 Wphhp_{it} + \theta_2 Wpdhp_{it} +$$

$$\theta_3 Wopen_{it} + \theta_4 Wdes_{it} + \theta_5 Winv_{it} + \theta_6 Wgov_{it} + \varepsilon_{it}$$

其中,W 表示空间权重矩阵,$W\ln pgdp$ 代表被解释变量经济增长水平的空间滞后项,$Wagg$ 代表解释变量工业集聚的空间滞后项,$Wphhp$ 代表控制变量同质型人力资本水平的空间滞后项,$Wpdhp$ 代表异质型人力资本的空间滞后项,$Wopen$ 代表地区开放水平的空间滞后项,$Wdes$ 代表交通基础设施水平的空间滞后项,$Winv$ 代表物质资本投入水平的空间滞后项,$Wgov$ 代表政府干预程度的空间滞后项。

2. 数据来源

本章中变量数据均根据《中国统计年鉴》《中国工业统计年鉴》《中国劳动统计年鉴》及中经网相关统计数据计算得到。为了消除各年价格因素对分析结果造成的影响,本章以 2000 年为基期,利用人均国内生产总值指数对名义人均 GDP 进行平减处理。

四、实证结果与分析

(一) 空间相关性检验

应用 R 软件计算得出我国省际工业集聚和经济增长 Moran's I 指数值(见表 14 - 2)。三种空间权重下,工业集聚的 Moran's I 值均显著为正,这表明中国省域的工业集聚存在显著的正向空间依赖性。人均 GDP 的 Moran's I 指数在不同空间权重下都显著为正,说明我国主要经济活动呈现出空间集聚特征,这与王小鲁和樊纲(2004)、潘文卿(2012)的结论一致。

表 14 - 2　我国工业集聚和人均 GDP 的全域 Moran's I 指数

	工业集聚			人均 GDP		
	W1	W2	W3	W1	W2	W3
2001	0.168 (0.089)	0.358 (0.000)	0.018 (0.084)	0.373 (0.000)	0.424 (0.000)	0.060 (0.002)
2002	0.176 (0.077)	0.365 (0.000)	0.021 (0.065)	0.376 (0.000)	0.429 (0.000)	0.061 (0.001)
2003	0.211 (0.039)	0.345 (0.000)	0.030 (0.033)	0.395 (0.000)	0.457 (0.000)	0.065 (0.001)
2004	0.180 (0.071)	0.277 (0.000)	0.028 (0.038)	0.399 (0.000)	0.467 (0.000)	0.067 (0.001)
2005	0.197 (0.051)	0.280 (0.000)	0.036 (0.018)	0.406 (0.000)	0.482 (0.000)	0.072 (0.000)
2006	0.194 (0.055)	0.268 (0.000)	0.037 (0.018)	0.412 (0.000)	0.492 (0.000)	0.075 (0.000)
2007	0.282 (0.008)	0.278 (0.000)	0.068 (0.000)	0.412 (0.000)	0.496 (0.000)	0.076 (0.000)
2008	0.283 (0.008)	0.259 (0.000)	0.083 (0.000)	0.423 (0.000)	0.508 (0.000)	0.080 (0.000)
2009	0.288 (0.007)	0.245 (0.000)	0.089 (0.000)	0.431 (0.000)	0.525 (0.000)	0.083 (0.000)
2010	0.308 (0.004)	0.226 (0.176)	0.097 (0.000)	0.436 (0.000)	0.531 (0.000)	0.085 (0.000)
2011	0.299 (0.005)	0.152 (0.044)	0.097 (0.000)	0.432 (0.000)	0.536 (0.000)	0.086 (0.000)
2012	0.192 (0.058)	0.141 (0.075)	0.064 (0.000)	0.429 (0.000)	0.537 (0.000)	0.086 (0.000)
2013	0.152 (0.136)	0.120 (0.095)	0.046 (0.000)	0.426 (0.000)	0.536 (0.000)	0.085 (0.000)

注：括号内为 p 值。

在全域空间自相关的基础上，用 Moran's I 散点图检验不同区域工业集聚和经济发展水平在空间上的差异程度及其显著性，结果如图 14 - 1、图 14 - 2 所示：

Moran Scatterplot 2013padp

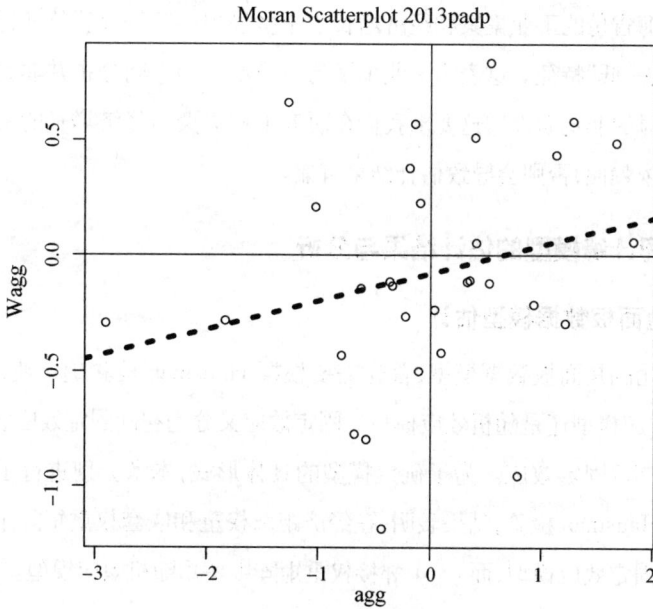

图 14 - 1 2013 年工业集聚 Moran's I 散点图

Moran Scatterplot 2013padp

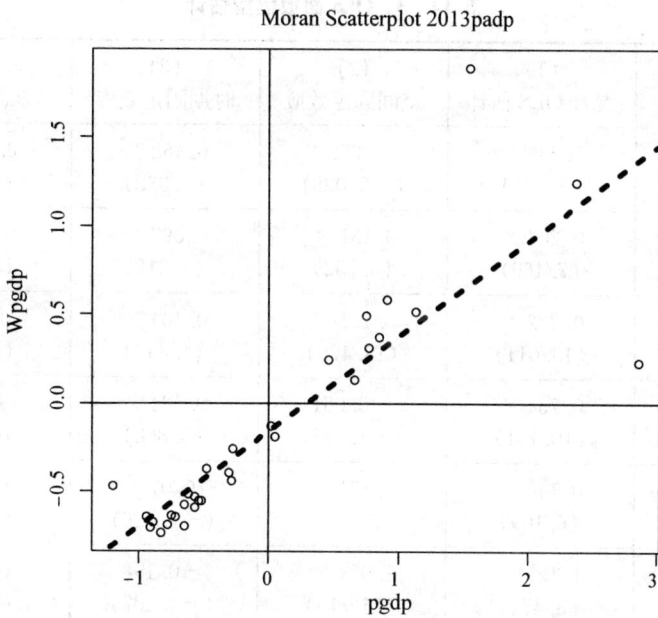

图 14 - 2 2013 人均 GDP 的 Moran's I 散点图

　　东部沿海省份的工业集聚和经济增长水平多呈现出"高—高"特征,而西部落后地区呈现"低—低"特征。这表明工业集聚与经济增长的空间分布并非完全随机,而是表现出明显的非均质性。这要求我们在研究工业集聚与经济增长的关系时,不能忽视其空间依赖性,否则会导致估计结果有偏。

（二）空间计量模型的估计结果与分析

1. 普通面板数据模型估计

　　本章使用的是面板数据模型,首先需要根据 Hausman 检验确定使用混合 OLS 模型、固定效应模型还是随机效应模型。固定效应又分为空间固定效应、时期固定效应和空间时期双固定效应。为了确定模型的具体形式,本章分别进行了 LM 检验、LR 检验和 Hausman 检验,结果表明,在经济距离权重和嵌套权重矩阵下,应使用空间和时期双固定效应模型,而 0—1 邻接权重矩阵则使用随机效应模型。具体回归结果如表 14-3 所示。

表 14-3　OLS 面板模型估计

	(1) 混合 OLS 估计	(2) 空间固定效应	(3) 时期固定效应	(4) 双固定效应
agg	0.236 *** (3.347)	−0.282 *** (−6.088)	0.468 *** (7.332)	0.079 *** (3.464)
phhp	0.204 *** (7.466)	0.131 *** (5.752)	0.097 *** (4.212)	0.077 *** (6.980)
pdhp	0.272 *** (13.011)	0.191 *** (13.479)	0.104 *** (4.846)	0.018 * (1.859)
open	0.734 *** (10.141)	−0.081 (−1.275)	0.534 *** (8.868)	0.011 (0.366)
des	0.140 *** (6.109)	0.471 *** (20.227)	−0.072 *** (−3.226)	0.062 *** (3.432)
inv	1.127 *** (8.471)	1.084 *** (16.715)	−0.198 (−1.487)	0.24 *** (6.601)

（续表）

	(1) 混合 OLS 估计	(2) 空间固定效应	(3) 时期固定效应	(4) 双固定效应
gov	0.259 (1.43)	−0.242 (−1.581)	0.012 (0.077)	−0.515 *** (−7.209)
LM test no spatial lag				
W2	249.145 ***	323.423 ***	93.818 ***	4.054 ***
W3	553.448 ***	553.452 ***	15.893 ***	0.649
Robust LM test no spatial lag				
W2	298.628 ***	356.592 ***	107.447 ***	11.402 ***
W3	1170.686 ***	417.726	15.977 ***	0.401
LM test no spatial error				
W2	23.034 ***	19.886 ***	6.091 **	0.068
W3	31.253 ***	141.082 ***	1.071	2.388
Robust LM test no spatial error				
W2	72.517 ***	53.055 ***	19.720 ***	7.417 ***
W3	648.49 ***	5.356 **	1.154	2.139
LR spatial fixed effects test	1329.202 ***			
LR time period fixed effects test	687.009 ***			
Hausman test				
W1	20.278　(0.162)			
W2	37.578　(0.001)			
W3	199.409　(0.000)			

注：在系数估计中括号内为 t 统计量，在 Hausman 检验中括号内为 p 值；*、** 和 *** 分别表示在 10%、5% 和 1% 的显著性水平下显著。

2. 空间面板杜宾模型估计

本章基于工业集聚对经济增长的溢出效应，选择空间杜宾模型(SDM)进行回归估计。为了进一步确定 SDM 模型是否适合本章的分析,本节进行了 Wald 检验。Wald 检验主要是为了验证 SDM 是否可以简化为空间滞后模型(SAR)($H_0:\theta=0$)或空间误差模型(SEM)($H_0:\rho\beta+\theta=0$),如果两者均拒绝原假设,则说明 SDM 是最优的。两个 Wald 检验都在 1% 的显著水平上拒绝了原假设,所以证实了 SDM 模型是恰当的。由于在 SDM 模型中包含了被解释变量的滞后项,因此用 OLS 估计容易造成结果有偏,而极大似然估计法(ML)可以有效解决这一问题。空间面板杜宾模型的具体回归结果如表 14 - 4 所示。

表 14 - 4 空间杜宾模型(SDM)估计结果

	W1		W2		W3	
	系数	t 统计量	系数	t 统计量	系数	t 统计量
agg	0.094***	4.019	0.076***	3.291	0.078***	3.297
phhp	0.082***	7.167	0.095***	8.016	0.080***	6.773
pdhp	0.015	1.558	0.017*	1.815	0.023**	2.318
open	0.031	0.955	−0.047	−1.399	−0.014	−0.417
des	0.026	1.222	0.081***	4.799	0.059***	3.113
inv	0.242***	6.462	0.306***	8.567	0.238***	6.293
gov	−0.436***	−5.744	−0.408***	−5.454	−0.518***	−6.596
Wagg	−0.056	−1.033	−0.183***	−4.203	−0.180**	−2.259
Wphhp	−0.055**	−2.439	−0.079***	−3.839	−0.079**	−2.358
Wpdhp	−0.031	−1.479	0.051***	3.842	0.007	0.384
Wopen	0.249***	4.491	0.235***	4.054	0.484***	2.947
Wdes	−0.024	−0.436	0.075***	2.816	0.019	0.641
Winv	0.140**	1.972	0.020	0.294	0.227**	2.066
Wgov	−0.317**	−2.316	0.197	1.338	0.575*	1.845
ρ	−0.109	−1.561	0.717***	18.798	0.749***	16.972
R^2	0.992		0.995		0.995	
Log-L	−206.794		630.676		637.434	

（续表）

	W1		W2		W3	
	系数	t 统计量	系数	t 统计量	系数	t 统计量
σ^2	0.003		0.003		0.002	
Wald spatial lag test	81.386	0.000	41.938	0.000	45.144	0.000
Wald spatial error test	82.388	0.000	38.466	0.000	43.720	0.000

注：括号中数字为 t 统计量；*、** 和 *** 分别表示在 10%、5% 和 1% 的显著性水平下显著。

首先，空间自相关系数 ρ 在经济距离权重和嵌套权重下均为正，且通过了 1% 的显著性概率检验，说明了我国省际经济增长存在显著的空间依赖性，一个地区的经济增长水平在一定程度上受其他与之具有相似空间特征的地区经济增长水平的影响。

其次，空间计量模型将滞后因子纳入回归分析中，解释变量的估计系数不能直接反应解释变量对被解释变量的影响，但是我们仍然能从上表结果看出工业集聚对经济增长影响的一些信息。即不论是在 0-1 邻接权重、经济距离权重还是嵌套权重下，工业集聚的系数均显著为正，这表明工业集聚有利于地区经济增长水平的提高。我们尝试从以下两方面进行解释：第一，工业生产活动的集中降低了企业间的运输成本，加强了资源间的共享，吸引资本、人才和关联产业的进入，有利于区域经济的增长。第二，创新是促进经济长期增长的动力，对于企业创新和发展最为重要的隐性知识的传播有时只能通过共同实践和专业化人士面对面的交流才能实现，工业集聚有利于隐性知识的传播以及知识和技术的溢出，进而促进地区经济发展水平的提高。

3. 直接效应与间接效应

由于空间溢出效应的存在，工业集聚的系数不再可以单独解释为对经济增长的影响，因此，需要对空间总效应进行分解，以便更好地说明工业集聚影响经济增长的直接效应与区域间溢出效应，以及对整个区域的总效应，结果如表 14-5。

表 14-5 SDM 模型的直接效应、间接效应和总效应

	W1		W2		W3	
	系数	t 统计量	系数	t 统计量	系数	t 统计量
直接效应						
agg	0.097***	4.161	0.050*	1.962	0.066**	2.605
phhp	0.084***	7.397	0.092***	7.494	0.079***	6.516
pdhp	0.016	1.676	0.031***	3.187	0.025**	2.538
open	0.025	0.746	−0.002	−0.061	0.033	0.916
des	0.026***	1.175	0.109***	6.387	0.064***	3.362
inv	0.238***	6.393	0.357***	8.746	0.276***	6.930
gov	−0.433***	−5.772	−0.430***	−5.168	−0.504***	−6.303
间接效应						
agg	−0.062	−1.226	−0.425***	−3.126	−0.472	−1.494
phhp	−0.059**	−2.721	−0.043	−0.675	−0.074	−0.594
pdhp	−0.030	−1.595	0.209***	6.745	0.093	1.651
open	0.227***	4.268	0.679***	3.858	1.876***	2.928
des	−0.022	−0.418	0.442***	8.109	0.244***	2.866
inv	0.106	1.593	0.797***	4.286	1.576	5.188
gov	−0.251**	−1.966	−0.294	−0.649	0.773	0.638
总效应						
agg	0.035	0.634	−0.375**	−2.513	−0.406	−1.244
phhp	0.025	1.172	0.049	0.712	0.005	0.037
pdhp	−0.014	−0.660	0.239***	7.218	0.119**	2.063
open	0.251***	4.72	0.677***	3.546	1.909***	2.925
des	0.004	0.099	0.552***	9.713	0.308***	3.539
inv	0.344***	4.556	1.154***	5.558	1.852***	5.902
gov	−0.684***	−5.748	−0.724	−1.475	0.269	0.219

表 14-5 显示了如下结论。

第一,空间杜宾模型的直接效应。在三种不同权重矩阵下,工业集聚对本区域内经济增长的影响系数为分别为 0.097、0.050 和 0.066,且均通过了 10% 的显著性检验,说明工业集聚对经济增长具有正向促进效应。结合表 3 我们可以看到,不考虑空间效应的混合 OLS 估计系数为 0.236,这表明如果不考虑空间溢出效应,我们会高估工业集聚对区域经济增长的作用。另外,0-1 邻接权重矩阵下工业集聚对经济增长的直接效应最大,引入了经济因素的嵌套权重次之,经济权重最小,说明在考虑经济因素后,工业集聚对经济增长的促进作用反而减弱,这或许表明了随着企业空间分布的集中,彼此之间争夺资源和消费者市场的竞争使得集聚成本上升,拥挤效应逐渐显现,对经济增长的促进作用有所降低。

第二,空间杜宾模型的间接效应。工业集聚的区域间溢出效应在 0-1 邻接权重和嵌套权重下为负,但统计上并不显著,而在只考虑经济因素的 W2 权重下,工业集聚的溢出效应显著为负,这说明仅考虑经济因素时工业集聚对其他地区的经济增长具有抑制作用。这可以用缪尔达尔的"扩散效应"与"回流效应"加以解释。"扩散效应"表现在发达地区与周边落后地区的经济往来可以促进技术知识的外溢,且发达地区经济增长存在的示范效应、带动效应将会促进邻近区域的经济发展,带来正向溢出效应;而"回流效应"表现在工业集聚产生的规模经济效应,将吸引人才、技术等从周边落后地区流入发达地区,抑制落后地区经济发展,出现负向溢出效应。在只考虑地理区位的 0-1 邻接效应和引入距离因素的嵌套权重下,"扩散效应"与"回流效应"的作用部分抵消,作用并不明显。但当只考虑到经济因素时,"回流效应"的作用要大于"扩散效应",导致其他地区的工业集聚对本地区经济增长具有负效应。

第三,控制变量的直接效应与间接效应。在三种空间权重下,同质型人力资本对经济增长的直接效应都是显著为正,即本地区同质型人力资本水平的提高将促进该区域的经济增长。然而,同质型人力资本的间接效应在邻接权重矩阵下显著为负,而在经济距离权重和嵌套权重下均不显著,这主要是因为目前我国产业结构中传统产业仍占有相当大的比重,而传统产业对技术水平要求较低,简单易学,这使得各地区往往以增加同质型人力资本的投入为主,甚至进行同质化恶性竞争,抑制了经济增长。其次,异质型人力资本在三种空间权重下的直接效应均为正,与预期相符。异质型人力资本多掌握核心技术,具有较强的创新能力,因此对经济增长具有推动作用。但是,在0—1邻接权重和嵌套权重下异质型人力资本的间接溢出效应均不显著,这说明异质型人力资本受距离长度的影响,具有显著的空间局限性。在经济距离权重下异质型人力资本的间接溢出效应则显著为正,这是因为异质型人力资本的流动性较强,在与各地区进行合作时,容易产生知识外溢,从而对经济增长带来正向的空间溢出效应。然后,对外开放度对经济增长的直接效应并不明显,间接效应上显著为正,表明通过对外开放所引致的知识溢出和前后向关联效应显著提高了周边地区的经济增长。除此之外,三种权重下交通基础设施对本区域经济增长的直接效应显著为正,间接效应在邻接权重下并不显著,在经济距离权重和嵌套权重下显著为正。综合来看,这一结论符合预期:交通基础设施具有网络属性,本地区交通基础设施的完善能够降低与周围区域之间的运输成本和交易费用,促进区域间的贸易和要素流动,对周边地区的经济增长产生正的空间溢出效应,但是交通基础设施水平的提高会增强发达地区对落后地区各类要素的"虹吸效应",阻碍周边区域的经济增长。另外,物质资本对经济增长的直接效应显著为正,并且比其他因素的贡献要大,说明了物质资本投资仍然是我国促进经济增长的一个重要因素。最后,政府支出规模的直接效应与间接效应均显著为负,这表明我国政府有可能干预过度,扭曲了市场资源配置机制,抑制了地区经济增长水平的提高。

五、结论与政策启示

本章选取空间杜宾模型和偏微分方法,利用我国31个省份2001—2013年的面板数据,对我国工业生产的空间集聚格局及其对经济增长的影响进行了系统的分析和检验,结果表明:(1)中国的工业集聚和经济增长具有明显的空间依赖性,呈现出空间集群特征,绝大部分省区属于高-高(HH)和低-低(LL)类型,并且呈现出"东高西低"的特征;(2)中国工业集聚对经济增长具有显著的促进作用,若不考虑空间因素,结果会被高估;(3)在仅考虑经济因素的空间权重下,其他地区工业集聚对本地区经济增长的回流效应占主导地位,工业集聚表现出显著的空间负溢出效应,加剧区域不平衡增长;而纳入地理因素后,其他地区工业集聚对本地区经济增长的扩散效应抵消了回流效应,负的空间溢出效应不太显著。当然,人力资本和物质资本的投入、交通基础设施的改善也将促进地区经济增长。

基于以上结论,我国区域经济增长与工业集聚的空间依赖性是客观存在的,这对于政府制定合理的产业政策具有一定的参考价值:(1) 在制定产业规划和经济发展战略时,应充分考虑到不同省份的异质性特点,对于中西部属于低—低类型的欠发达省份,要努力培育新的区域增长极,加快产业在地理空间上的集中,减少劳动力与人力资本的外流;(2) 在工业集聚过程中,要因地制宜,发挥区域比较优势,实施错位发展战略;(3) 由于工业集聚、人力资本等多维要素具有空间溢出特征,应将地区间的空间相关性纳入产业分析与政策制定中,重视各地区之间的地理空间联系,推动区域间的协调互动与可持续发展。

参考文献

[1] 金煜,陈钊,陆铭. 中国的地区工业集聚:经济地理、新经济地理与经济政策[J]. 经济研究,2006,(4):79-89.

[2] 范剑勇. 产业集聚与地区间劳动生产率差异[J]. 经济研究,2006,(11):72-81.

[3] 章元,刘修岩. 聚集经济与经济增长:来自中国的经验证据[J]. 世界经济,2008,(3):60-70.

[4] 罗勇,曹丽莉. 中国制造业集聚程度变动趋势. 实证研究[J]. 经济研究,2005,(8):106-115.

[5] 陈得文,苗建军. 空间集聚与区域经济增长内生性研究—基于1995—2008年中国省域面板数据分析[J]. 数量经济技术经济研究,2010,(9):83-92.

[6] 陶永亮,李旭超,赵雪娇. 中国经济发展进程、空间集聚与经济增长[J]. 经济问题探索,2014,(7):2-7.

[7] 陈刚,尹希果,潘杨. 社会资本、工业集聚与经济增长:基于中国的经验研究[J]. 广东商学院学报,2006,(5):9-14.

[8] 陈钊.政府行为、市场整合、工业集聚与地区差距—中国区域经济发展的经济学逻辑 [J].学习与探索,2007,(2):124－129.

[9] 张妍云.我国的工业集聚及共效应分析—基于各省工业数据的实证研究[J].技术经济 与管理研究,2005,(4):23－24.

[10] 连飞.工业集聚与劳动生产率的空间计量经济分析[J]中南财经政法大学学报,2011, (1):108－114.

[11] 程中华,张立柱.产业集聚与城市全要素生产率[J]中国科技论坛,2015,(3): 112－118.

[12] LeSage,. P. and Pace, R, K. Introduction to Spatial Econometrics[J]. Taylor & Francis Group, LLC, 2009.

[13] 罗勇,王亚,范祚军.异质型人力资本、地区专业化与收入差距—基于新经济地理学视 角[J].中国工业经济,2013,(2):31－43.

[14] 王小鲁,樊纲.中国地区差距的变动趋势和影响因素[J].经济研究,2004,(1):33－44.

[15] 潘文卿.中国的区域关联与经济增长的空间溢出效应[J].经济研究,2012,(1): 54－65.

[16] Krugman. P. Increasing Returns and Economic Geography[J]. Journal of Political Economy, 1991a, 99(3): 483－499.

[17] Fujita. M. , P. R. Krugman. and A. J. Venables. The spatial Economy: Cities, Regions and International Trade. Cambridge, Mass: MITPress, 1999.

[18] Krugman, P. R. and J. Venables. Globalization and the Inequality of Nation[J]. Quarter of Journal Economics, 1995,(60): 857－880.

[19] Martin, P. and G. Ottaviano. Growing Locations: Industry Location in A Model of Endogenous Growth [J]. European Economic Review, 1999,(43): 281－302.

[20] Baldwin, R. E. , Forslid, E. R. . The Core-Periphery Model and Endogenous Growth: Stabilizing and Destabilizing Integration[J]. Economics, 2000, (67): 307－324.

[21] Baldwin, R. E. , P. Martin and G. Ottaviano. Global Income Divergence, Trade and Industrialization: the Geography of Growth Take-Off [J]. Journal of Economic Growth, 2001,(6): 5－37.

[22] Fujita, M. and J. Thisse. The Economics of Agglomeration [M]. Cambridge: Cambridge University Press, 2002.

[23] Ciccone, A. Agglomeration Effects in Europe[J]. European Economic Review, 2002, (46): 213 - 227.

[24] Ottaviano, G. and Pinellidl. Market Potential and Productivity: Evidence from Finnish Regions[J]. Regional Science and Urban Economics, 2006, (36): 636 - 6571.

[25] Braunerhjelm, P. and Borgman, B. Agglomeration, Diversity and Regional Growth [R], CESIS Electronic Working Paper Series, 2006, No1711.

[26] Brulhart, Marius, Mathys, Nicole. Sectoral, Agglomeration Economics in a Panel of European Regions [J]. Regional Science and Urban Economics, 2008, 38 (4): 348 - 3621.

[27] Sbergami, F. Agglomeration and Economic Growth Some Puzzles [J]. HEI Working Paper, 2002, No 02.

[28] Bautista, A. D. Agglomeration Economics, Economic Growth and the New Economic Geography in Mexico[R]. Working paper, EconWPA, 2006, No. 105080011.

[29] FutagamI, K. and Ohkusa, Y. The Quality Ladder and Productivity Variety: Lager Economics May Not Growth Faster[J]. The Japanese Economic Review, 2003,(54): 121 - 145.

[30] Brulhart, M. , Sbergami, F. Agglomeration and Growth: Empirical Evidence[J]. ETSG Working Paper, 2006, No 08.

第十五章　金融发展、产业区位与区际收入再平衡

一、引　言

　　中小企业作为国民经济的重要组成部分,长期以来都面临着"融资难"问题,中小企业往往很难从正规金融机构(特别是国有大型商业银行)获得贷款,迫使其转向内源性融资或者非正规金融系统。中小企业融资约束是学术界关心的一个重要问题,刘畅、刘冲和马光荣总结融资约束产生的原因表明,大型银行由于存在规模经济,在搜集企业经营状况、信用状况等通过财务报表或审计等"硬信息"方面具有优势,而在获取、识别和传递通过中小企业周边的供应商、社区等搜集的关于企业未来发展前景等"软信息"的能力较弱。因此,大型银行在主要基于"硬信息"的交易性贷款上具有比较优势,而中小型银行在主要依赖"软信息"的关系型贷款上具有比较优势。大量实证研究文献检验了银行规模或者银行业集中度对中小企业贷款的影响,多数研究的结论表明,银行规模越大、银行业集中度越高,中小企业获得贷款越困难。

　　中小企业融资约束这一问题持续困扰着中国经济,也是政策制定者和企业界共同关心的话题。党中央和国务院陆续出台了多项法规和政策,试图改善中小企业的融资环境,鼓励和支持金融机构(特别是银行类金融机构)加大对中小企业融资的支持力度。那么随着金融市场的逐步完善,金融发展能否减少收入不平等一直是经济学家和决策者感兴趣的主题,但是研究者并不确定金融发展能否使所有人均等收益。

　　本章的模型基于金融市场广泛存在的融资约束,企业在向银行申请贷款时遭受的金融摩擦采用 Holmstrom and Tirole 中的设定,对于既定的投资,银行为了获得更高的收益或者免遭损失,客观上银行要求企业能获得更高的收益,会迫使企业家勤奋

工作,即便企业家也希望努力工作来实现最大化收益,而银行不能直接观察到他们的行为,因此信息不对称引起融资约束。再通过引入企业异质性来获得企业选择效应,按照 Melitz 中引入不同的生产率水平,生产率不同的企业由于在金融市场获得的资源不同,企业可以在仅仅是本地经营企业或者跨区经营之间进行选择,通过企业的组织选择这一重要的渠道,金融发展可以影响产业和福利的空间分布。Baldwin and Okubo 与 Ottaviano et al. 表明在没有金融摩擦的情况下,企业异质性对扩大集聚经济的重要性。而根据本章的设定,可以得到生产率高的大型企业的企业家没有偷懒的动机,并且总是能够获得外部融资,而小企业往往受到信贷约束。

Ju and Wei 与 Egger and Keuschnigg 的研究表明融资约束对出口、比较优势和福利的影响,但是没有指出对产业区位和区域经济不平衡的影响。与现有金融市场对产业区位的作用及产业集聚的决定因素的文献不同,本章认为金融市场外部性是劳动力迁移和经济集聚的驱动因素。随着金融市场完善,那些原本被认为生产率低的中小企业,也能获得外部融资而进入市场,这会增加企业的总数量;当只有生产率高的大型企业服务外部市场时,减少了这些大型企业在本地市场的份额。因此能够更好地进行外部融资,会改变市场上企业的组成以及市场内和市场之间竞争的强度,外部融资渠道能减少导致收入不均衡的经济集聚程度,即金融发展水平对产业在区际之间的转移起作用,可以促进区域内和区域间收入水平均衡,从而影响产业和福利的空间分布。这与在大量实证文献中识别的金融市场发展和区域不平衡之间负相关关系一致的。

二、模型设定

根据 Krugman 的 CP 模型给出如下假定:经济体分为两个区域(i 和 j,对应中国沿海和内地或者东部和中西部)、两部门(传统部门和现代部门)和两种生产要素(资本和劳动),每个区域存在两种类型的劳动力,用 L 表示在两个区域对称分布、低技能劳动力的总量,即 $L_i=L_j=L/2$,高技能劳动力总量为 $H=H_i+H_j$,其中 λ 表示居住在区域 i 的比例。进一步标准化低技能高技能劳动力的总数为 $L=L_i+L_j=1-\alpha$

和高技能劳动力的总数为 $H_i + H_j = \alpha$。

区域 i 和区域 j 是对称的,对区域 i 所列的表达式对区域 j 也成立。每个消费者消费两种物品获得效用,一种同质商品 A 和一种差异化商品 M,效用水平由(1)决定:

$$U_i = M_i^\alpha A_i^{1-\alpha} \tag{1}$$

差异化商品由变量 v 组成的集合 V 构成,V 根据 $Q_i = \left[\int_{v \in V} q_i(v)^{(\sigma-1)/\sigma} dv \right]^{\sigma/1-\sigma}$ 来计算。这里 V 在一般均衡中内生决定,并且 σ 表示任何品种的需求弹性和任何两个品种之间的不变替代弹性。而且,$q_i(v)$ 表示变量 v 在区域 i 的消费量,可能是本地生产或者进口的商品。

在融资约束的制约下效用最大化(1)求得差异化商品的 CES 需求:

$$q_i(v) = \frac{p_i(v)^{-\sigma}}{P_i^{1-\sigma}} \alpha E_i \tag{2}$$

这里 $P_i = \left[\int_{v \in V} p_i(v)^{(\sigma-1)/\sigma} dv \right]^{\sigma/1-\sigma}$ 表示价格指数,$p_i(v)$ 表示区域 i 对物品 v 的居民消费物价,E_i 是对消费的支出(它和收入相等)。和柯布-道格拉斯偏好一样,每个消费者花费固定的收入份额在每类商品上,即 $M = \alpha E_i / P_i$ 和 $A = (1-\alpha) E_i / P_{Ai}$。联立方程组得到间接效用:

$$\omega_i = \frac{\alpha^\alpha (1-\alpha)^{1-\alpha} E_i}{P_i^\alpha P_{Ai}^{1-\alpha}} \tag{3}$$

高技能劳动力可以选择成立企业或者成为一名雇员,如果成立一家企业其生产率未知,需要企业家通过投资自己的劳动禀赋才能获得,企业的生产率 φ 在技术上可从帕累托分布函数中得到 $G(\varphi) = 1 - \varphi^{-k}$,这里 k 是形态参数,进一步一般化规模参数为 1 简化概念,由 $q_i(\varphi) = \varphi h_i$ 式可得,φ 的值越大表明只需更少的劳动力 h_i 生产 1 单位的产出。

如果企业只服务本地市场,需要雇佣数量为 f^d 的雇员作为固定投资;如果要跨区域经营,还需要额外的投资,用上标 d 表示本地企业、用上标 x 表示跨区经营企业,跨区经营固定净投入为 $f^x - f^d$。跨区经营商品存在贸易壁垒,可以用萨缪尔森的冰山成本进行建模,表明 $\tau>1$ 单位商品只能搬运 1 单位到达最终的目的地。

本地经营和跨区域经营商品的利润最大化价格分别为:

$$p_{ii}(\varphi)=\frac{\sigma w_i}{(\sigma-1)\varphi},\ p_{ij}(\varphi)=\frac{\sigma\tau w_i}{(\sigma-1)\varphi}$$

第一个下标是生产地点,第二个下标表示经营地点。从本地经营和跨区经营获得的收入分别为:

$$r_{ii}(\varphi)=\frac{p_{ii}(\varphi)^{1-\sigma}}{P_i^{1-\sigma}}\alpha E_i,\ r_{ij}(\varphi)=\frac{p_{ij}(\varphi)^{1-\sigma}}{P_j^{1-\sigma}}\alpha E_j$$

由于不变加成定价,营业利润占收入的固定比例 $1/\sigma$,为了推导利润,需要进一步讨论金融摩擦。

企业家初始固定投入 $f^e w_i$ 需要从金融部门融资,只有努力工作的企业家才能使企业存活下来,而企业家的努力程度是不可观测的,这样在信贷市场上就存在金融摩擦。假设每个企业在获得固定投入后都面临非零概率的有害冲击,企业家勤奋工作时生存率是 $0<\Psi<1$,如果偷懒企业确定会失败。因此,不能根据企业失败推断企业家偷懒,那么银行视企业家的努力程度来签订贷款合同是不可行的。因而银行要求企业家保证能够获得足够高的收入,来确保偷懒没有吸引力,否则,银行将会遭受损失。这个要求用激励相容约束条件给定:

$$\Psi\left[\frac{r_i^e(\varphi_i)}{\sigma}-R_i^e\right]\geqslant bw_i \tag{4}$$

这里 $r_i^e(\varphi_i)/\sigma$ 代表总的营业利润,R_i^e 是对金融部门的还款,bw_i 是企业家偷懒得到的私人收益,b 表示代理成本参数,b 值越低金融系统质量越高,根据(4)式,只要企业家的期望收入高于其私人收益就会努力工作。

雇员清楚企业家存在潜在偷懒倾向,但是他们不能判断某个特定企业家是否满足激励相容约束条件。而金融部门的作用就是,在生产尚未进行之前能够识别出高生产率的企业家,当生产率足够高时,企业家不会轻易偷懒。因此,银行通过确保只有"好企业"能够获得贷款,从而可以雇佣劳动力来再分配资源,这保证在均衡状态下,即使有些企业遭受到有害冲击,所有的劳动力能够获得市场工资。

由于道德风险问题,没有违反激励相容约束条件的企业家承诺他们收入的一部分还款给银行,即 $r_i^e(\varphi)/\sigma - bw_i/\Psi$。为了避免银行的损失,这部分承诺还款不能低于本金。将这个条件作为参与约束条件:

$$\Psi\left[\frac{r_i^e(\varphi)}{\sigma} - \frac{bw_i}{\Psi}\right] \geqslant f^r w_i \tag{5}$$

从(5)式可得到银行给予贷款的必要条件,企业家必须产生至少能够覆盖 $bw_i +$ $f^r w$ 的营业利润,因为营业利润增加生产率,只有更具有生产性的企业能获得外部融资。注意到(5)式在取等号时,生产率为 φ_{ii}^* 的企业家才可以获得融资。相对于在没有道德风险的情况下,不能兑现勤奋努力工作的企业家,其生产率 $\varphi < \varphi_{ii}^*$,不能获得外部资金支付固定成本。当企业家的营业利润扣除对银行的还款后,剩下的收入太低不满足激励相容约束条件,即使他们对银行提供更高的风险溢价,银行也不能向其提供贷款。因此,那些生产率太低,不满足(5)式的企业家不能开工生产,最终会没有收入。当企业家能从完全竞争的银行部门获得资金的时候,满足(5)式的企业家对银行提供满足(4)式的最低要求,即 $R_i^e = f^r w_i/\Psi$,这表明如果项目获得运营资金,企业家能够取得全部超出的部分 $(r_i^e(\varphi)/\sigma - bw_i/\Psi)$。

从上面的分析中表明融资约束的两个决定因素:企业生产率 φ 和代理成本 bw_i。企业的生产率越高,越有可能获得外部融资,产生的利润会严格增加生产率 φ,使得企业家获得的收入越高,越高的收入会激励企业家勤勉;代理成本决定着企业家的借款能力,从(5)式可以看到:对给定的预期营业利润水平,代理成本越高,企业越难从外部获得融资。

下面考虑企业家关于企业类型选择的决定,本地经营和跨区域经营所获得的利润分别表示如下:

$$\pi_{ii}(\varphi) = r_{ii}(\varphi)/\sigma - f^d w_i/\Psi, \pi_{ij}(\varphi) = r_{ij}(\varphi)/\sigma - (f^r - f^d)w_i/\Psi$$

由于每个存活下来的企业至少要挣 bw_i/Ψ 加上各自的固定成本 $f^r w_i/\Psi$,那么成为跨区域经营企业的额外固定成本 $(f^r - f^d)w_i/\Psi$ 必须通过外部融资的时候,其决定受到道德风险问题的影响。只有跨区域经营企业的营业利润不低于额外的信贷成本时,银行才会为企业家的跨区经营成本买单。用 $\pi_i^r(\varphi_{ij}^*) = \pi_i^d(\varphi_{ij}^*)$ 这个条件推导跨区域经营企业的生产率临界值 φ_{ij}^*,这个条件可以等价于:

$$\frac{r_{ij}(\varphi_{ij}^{*})}{\sigma}=(f^{x}-f^{d})w_{i}/\Psi \tag{6}$$

生产率为 φ_{ij}^{*} 的企业家支付更高的固定成本 f^{x} 成为跨区经营商,和支付更低的成本 f^{d} 仅仅服务本地市场是无差异的。生产率 $\varphi>\varphi_{ij}^{*}$ 的企业家总是符合参与约束条件(5)式的,从而每个生产率高于 φ_{ij}^{*} 的企业家都会成立一家跨区经营企业。跨区域经营的营业利润是 $r_{i}^{x}(\varphi)/\sigma=r_{ii}(\varphi)/\sigma+r_{ij}(\varphi)/\sigma$,而固定成本变成 $w_{i}[f^{d}+(f^{x}-f^{d})]/\Psi$,参与约束条件表示为 $\Psi[r_{ii}(\varphi)/\sigma+r_{ij}(\varphi)/\sigma-bw_{i}/\Psi]\geqslant w_{i}f^{x}$。因此,跨区经营企业的有保障的收入超过服务本地市场的有保障的收入 $\Psi[r_{ij}(\varphi)/\sigma]$,同时跨区域经营企业增加了 $w_{i}(f^{x}-f^{d})$ 的本金。(6)式显然表明所有决定跨区经营的企业家都会增加有保障的收入,有保障的收入支配着外部融资需求,因而不受信贷配给的影响。

用(7)式替代零利润临界条件,是因为在本章的模型中的边际企业由获得外部融资条件决定,而不是由零利润临界条件决定的。联立(5)式、(6)式,将本地经营利润和跨区经营利润平均值 $\overline{\pi}_{i}$ 和临界生产率 φ_{ii}^{*} 建立起联系,可以得到边际信贷准入条件:

$$\overline{\pi}_{i}=\frac{bkw_{i}}{\Psi(k-\sigma+1)}+\frac{(\sigma-1)w_{i}}{\Psi(k-\sigma+1)}[f^{d}+\chi_{i}(f^{x}+f^{d})] \tag{7}$$

这里 χ_{i} 表示跨区经营企业的份额。显然对于给定的工资水平和跨区经营企业的份额,平均利润增加代理成本 b,这是因为融资约束条件越严厉,会阻止利润率越低的企业获得外部融资从而进入这个市场。

当高技能劳动力希望成为企业家时,只要满足他们的期望利润超过其进入成本,即作为一名雇员的机会成本 w_{i},他们就会选择成为企业家。企业家和雇员之间无差异自由准入条件,由下式给定:

$$\Psi(\varphi_{ii}^{*})^{-k}\overline{\pi}_{i}=w_{i} \tag{8}$$

等式左式由平均利润 $\overline{\pi}_{i}$、由足以获得贷款的生产率条件 $1-G(\varphi_{ii}^{*})=(\varphi_{ii}^{*})^{-k}$ 给定的生产率水平 φ_{ii}^{*},和企业的幸存率 Ψ 三者之积组成。

三、均衡条件推导

接下来推导均衡条件和考察均衡如何取决于代理成本 b 和贸易成本 τ。通过边际企业的参与约束条件(5)式、(6)式和 $r_{ij}(\varphi_{ij}^*)=r_{jj}[(\varphi_{ij}^* w_j)]/(\tau w_i)$,可以分离出生产率和工资之间的关系,可以推导跨区经营企业的生产率临界值 φ_{ij}^* 作为工资 w 和目标市场的本地生产率临界值 φ_{jj}^* 的函数。

$$\varphi_{ij}^*=\tau\left(\frac{f^x-f^d}{f^x+b}\right)^{1/(\sigma-1)}\left(\frac{w_i}{w_j}\right)^{\sigma/(\sigma-1)}\varphi_{jj}^* \tag{9}$$

通过限定参数满足 $(f^x-f^d)/(f^x+b)>1$ 这个条件,将条件跨区经营概率限制在 0 和 1 范围之内,可以使得跨区经营企业也服务本地市场。通过(9)式得到区域 i 的跨区经营临界值,可以将条件跨区经营概率表示为:

$$\chi_i=\left(\frac{\varphi_{ii}}{\varphi_{ij}}\right)^k=\tau^{-k}\left(\frac{f^d+b}{f^x-f^d}\right)^{k/(\sigma-1)}\left(\frac{w_j}{w_i}\right)^{\sigma k/(\sigma+1)}\left(\frac{\varphi_{ii}^*}{\varphi_{jj}^*}\right)^k \tag{10}$$

当代理成本 b 通过 χ_i 影响区位均衡,从而影响区域间的不平衡时,还将涉及这个比率。由于满足对称性,显然跨区经营倾向(类似于出口倾向)将会减少净跨区经营的固定成本 (f^x-f^d) 和可变贸易成本 τ,同时会增加本地经营的固定投入成本 f^d 以及代理成本参数 b。

将(6)式、(7)式和(8)式中的跨区经营概率联立来表示本地临界利润率作为相对工资的函数。对于区域 i 有:

$$\varphi_{ii}^*=\left[\frac{bk+f(\sigma-1)}{k-\sigma+1}\frac{1-\eta^2}{1-\eta\left(\frac{w_i}{w_j}\right)^{\sigma k/(\sigma-1)}}\right]^{1/k} \tag{11}$$

定义 $\eta\equiv\tau^{-k}[(b+f^d)/(f^x-f^d)]^{(k-\sigma+1)/(\sigma-1)}[(b+f^d)(\sigma-1)]/[bk+f^d(\sigma-1)]$,由(7)式和(8)式的对称性,可以得到当代理成本 b 上升,会提高生产率临界值 φ_{ii}^*,即:融资约束程度越大,会阻止生产率低的企业获得外部融资进行生产,只有生产率高的企业能获得外部融资。换句话说,由于存在融资约束,要求更高的营业利润进而更高的生产率 φ 来满足(5)式。

一旦区域间变得不对称,生产率临界值在每个区域仍然严格为正,并且工资越高的区域其生产率临界值越低。这是因为工资越高会减少期望利润,那么进入该行业的企业越少并且竞争越小。

在均衡状态下,劳动市场和产品市场都必须出清,对区域 i 高技能劳动力构建市场出清条件为:

$$\lambda H = M_i\left[\frac{q_{ii}(\widetilde{\varphi}_{ii})}{\widetilde{\varphi}_{ii}}+\frac{f^d}{\Psi}\right]+\chi_i M_i\left[\frac{q_{ij}(\widetilde{\varphi}_{ij})}{\widetilde{\varphi}_{ij}}+\frac{f^x-f^d}{\Psi}\right]+(\varphi_{ii}^*)^k\frac{M_i}{\Psi} \tag{12}$$

其中 M_i 代表在区域 i 活跃企业的数量,χ_i 是跨区域经营份额,$q_{ii}(\widetilde{\varphi}_{ii})$ 和 $q_{ij}(\widetilde{\varphi}_{ij})$ 分别代表平均本地经营量和平均跨区域经营量。(12)式右边表示的劳动需求由三项组成,第一项表示在区域 i 为本地市场生产商品的所有企业的可变和固定劳动投入加上受到有害冲击的企业的固定投入;第二项是跨区域经营企业的数量 $\chi_i M_i$,和遵循与第一项同样的逻辑服务跨区市场所需要的额外劳动投入;那些选择成为企业家的高技能劳动力由最后一项来表示。一部分进入者由于生产率不高没能获得外部融资,另一部分获得了贷款,但是在开工之前就遭到有害冲击,这两组企业家最终都没有收入。由于(2)式中的产量是价格指数的函数,价格指数可由下式给定:

$$P_i=\left[M_i\left(\frac{\alpha w_i}{(\sigma-1)\widetilde{\varphi}_{ii}}\right)^{1-\alpha}+\chi_j M_j\left(\frac{\tau\sigma w_j}{(\sigma-1)\widetilde{\varphi}_{ji}}\right)^{1-\alpha}\right]^{1/(1-\alpha)} \tag{13}$$

使工业品的净跨区域经营量等于农产品的净跨区消费量得到产品市场出清条件(14)式,后者是农产品的本地支出与其本地生产量之差,对于区域 i 可以表示成 $(1-\alpha)[L/2+\lambda H w_i]-L/2$,市场出清条件可以写成:

$$(1-\alpha)\lambda H w_i-\alpha L/2=\chi_i M_i r_{ij}(\widetilde{\varphi}_{ij})-\chi_j M_j r_{ji}(\widetilde{\varphi}_{ji}) \tag{14}$$

等式左边表示区域 i 和区域 j 跨区域经营的总收入之差。如果区域 i 的工业品产量大于区域 j,那么区域 i 就成为工业品的跨区经营净卖方(类似净出口方)和农产品的净买方(类似进口方)。

这个模型的解是一组对每个区域都满足(10)式、(11)式、(12)式和(14)式的列向量 $\{w_i,w_j,M_j,M_i,\varphi_{ij}^*,\varphi_{ji}^*,\chi_i,\chi_j\}$,在这组解中每个区域的收入、产量、价格指数已经相互替换。和 Krugman 的文章一样,内生变量进入非线性模型无法得出解析解,异质性生产率和融资约束会进一步使求解更复杂,这些因素使得企业数量内生。因此,本章需要依赖数值方法来求解这个模型的一般情形。然而,只能推导对称和完全集聚情形的分析性结果,并且可以证明是唯一稳定的迁移均衡。在下面的两个小节给出了两种情形的模型解,在图 15-1 中,求解当区域 i 高技能劳动力的份额 λ 外生的模型;在图 15-2 中,通过令两个区域间接效用相等,作为额外均衡条件来内生 λ。

(一) 外生区位

采用与藤田昌久等和 Baldwin et al. 中同样的方法来一般化设定 $L=1-\alpha$ 和 $H=\alpha$。图 15-1 显示了对于每种可能的劳动力再分配 λ 下,可流动劳动力的间接效用之差,函数代表三种贸易成本水平下的均衡。可以看到除非 $\lambda=0.5$,在不同的地区间接效用是不同的,并且函数的斜率随着贸易成本 τ 不同而不同。图 15-1 表示在没有融资约束($b=0$)时的一个解。

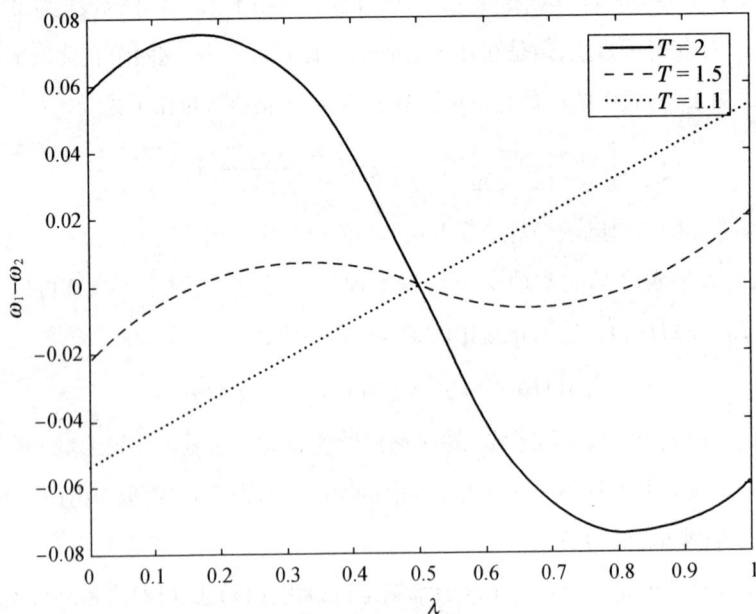

图 15-1 冰山贸易成本与产业集聚

在对称($\lambda=0.5$)和完全集聚($\lambda=0$ or $\lambda=1$)这两种情形下,即可以获得数值解,还可以得到解析解,通过这些解析解可以了解信贷摩擦是如何起作用的,而且,还可以证明这些均衡是当λ被内生时唯一的区位均衡。

当$\lambda=1/2$时,由(12)式和(14)式,可以得到均衡工资和企业数量如下:

$$w_i=w_j=1 \quad M_i=M_j=\frac{\alpha\Psi(k-\sigma+1)(\sigma-1)}{2k\sigma[f^d(\sigma-1)(1+\eta)+b(k\eta+\sigma-1)]}$$

跨区经营份额χ_i和本地生产率临界值φ_{ii}^*直接由(10)式和(11)式得到,由上式可以看到:工资并没有对代理成本的变化做出反应,企业的数量随着b减少而上升,因为代理成本更低,使得生产率更低的企业能够获得外部融资,这样更多的企业会进入从而产生大量的营运企业。当生产率低的本地经营企业进入时,本地商品跨区经营倾向(类似于出口倾向)降低了代理成本。命题1是对这个分析的结果的总结。

命题1 *在对称($\lambda=0.5$)和完全集聚($\lambda=0$ or $\lambda=1$)的情形下,代理成本参数b下降,会降低本地市场生产率临界值φ_{ii}^*和跨区经营企业的份额χ_i,这表明在不影响工资w_i的情况下,营运企业的数量M_i更多。*

(二)内生区位

本章对金融摩擦如何影响区位均衡更感兴趣,现在转向居住在区域i的高技能劳动力份额λ的推导。只要目标区域提供的间接效用更高,高技能劳动力就会迁移到该区域,内部均衡条件为:

$$\frac{w_i}{P_i^a}=\frac{w_j}{P_j^a} \tag{15}$$

要不然所有的劳动力,从而所有的企业可能会集聚到同一个区域,需要注意的是:不是企业移动而是个人,劳动力分配的变化引起企业和工资内生调整来满足均衡条件,图15-1可以有助于确定区位均衡。一般而言存在五种潜在的区位均衡:对称均衡、内部非对称稳态均衡、完全集聚均衡。接下来,可以看到内部非对称解证明是非稳态,所以对称$\lambda=0.5$或者完全集聚($\lambda=1$ or $\lambda=0$)状态下包含了相关的迁移均衡。当贸易成本很高时,$\lambda=0.5$时的对称均衡是唯一的稳定结果,而角点解($\lambda=1$ or

$\lambda=0$)随着低贸易壁垒下降而变化。这个函数表示高技能劳动力 λ 的外生分配均衡，如果斜率在 $\omega_i-\omega_j=0$ 上是负的，允许劳动力流动使得内部均衡是唯一的稳态。否则，对对称均衡的偏离会提高目标区域的间接效用导致更多的劳动力迁出，直到所有高技能劳动力居住于同一个区域。显然制造业的完全集聚发生在低贸易成本水平（$\tau=1.1$）。对于中等的贸易成本水平（$\tau=1.5$），存在五种稳态，然而，只有完全集聚均衡（$\lambda=0$ 和 $\lambda=1$）和对称分散均衡（$\tau=0.5$）是稳定的。增加贸易摩擦到（$\tau=2$）导致分散力占优以致只有（$\lambda=0.5$）是一个稳定的状态。根据上面的分析能够为两个重要的贸易成本水平推导隐式解。突破点 τ_B 表示与对称均衡有关的交易摩擦集的下界，而支撑点 τ_C 表示与完全集聚有关的贸易成本的上界。

四、融资约束的产业区位效应

接着考虑融资约束对高技能劳动力的均衡分布的作用，通过保持贸易成本固定不变，改变代理成本参数（在图 15-2 中 $\tau=1.7$），虚线、实线和点线函数描述了在每个 λ 水平和三种状态（$b=0$，$b=10$ 和 $b=20$）的 $\omega_i-\omega_j$ 的值。融资约束逐渐收紧即 b 值增加，导致 $\omega_i-\omega_j$ 绕 $\lambda=0.5$ 逆时针转动，图 15-2 有助于理解迁移均衡。在没有融资约束的情况下，即 $b=0$，可以观察到唯一的内部均衡是稳定的，完全集聚是不稳定的；对于中等水平的融资约束条件 $b=10$，五种潜在的均衡存在：两种非对称内部均衡、一种对称内部均衡和两种集聚均衡。和对称内部均衡和集聚均衡相比较，非对称内部均衡是不稳定的。提高金融约束强度到 $b=20$ 导致对称均衡不稳定，这表明非对称内部均衡不再存在。因此，当融资约束水平足够高时，整个制造业会集聚在一个区域。在模拟过程中，选择和 Egger et al. 文章中相同的参数值 σ, k 和 f^x-f^d，由于对称内部均衡是否稳定对这些参数的选择是不敏感的，因此，这里集中分析对称均衡和完全集聚均衡。图 15-2 包含了两个信息：第一，和 Krugman 相似，只有三种稳定的迁移均衡；第二，融资约束条件越苛刻会将稳定的对称均衡变成稳定的完全集聚均衡。

为了更清楚地说明融资约束和贸易摩擦之间的相互关系，构建突破点和支撑点

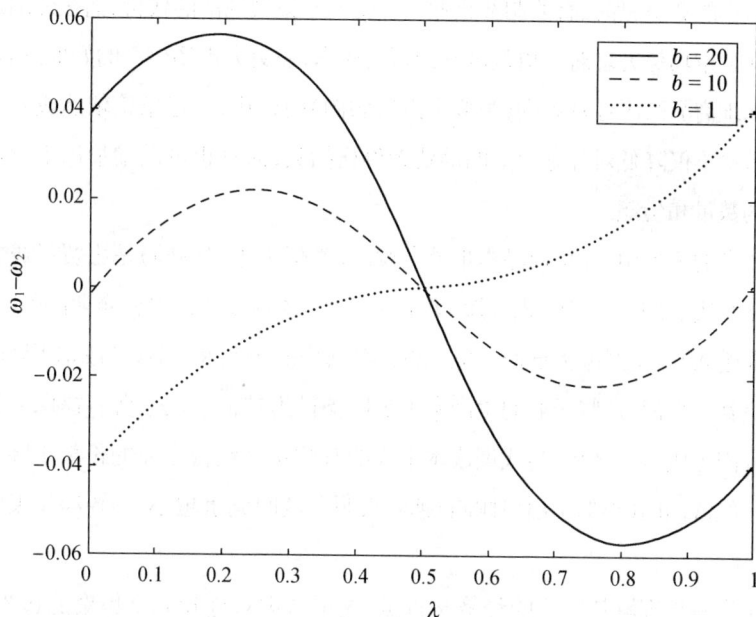

图 15 - 2　贸易自动度与产业集聚

的隐函数,然而非线性导致无法求解比较静态的分析性结果,却能够表示更大参数空间的 $\phi_B(b)$ 和 $\phi_S(b)$。由于代理成本受到本地经营和跨区经营的固定成本之差($b<f^r-2f^d$)的影响,可以描述所有可能取值范围的代理成本的这两类贸易成本水平。对于所有的代理成本参数 b,高于支撑点 $\phi_S(b)$ 这个临界值的贸易成本水平都与对称均衡相关;类似地,突破点 $\phi_B(b)$ 将多重均衡[介于 $\phi_B(b)$ 和 $\phi_S(b)$ 之间]从完全集聚均衡[小于 $\phi_B(b)$]中分离出来。显而易见,这两个临界点都会增加代理成本,这意味着更深的金融市场会弱化集聚经济以及可以在更大的贸易成本区间内建立对称均衡。

结论 1　金融市场发展即 b 值降低,会降低可流动劳动力的迁移激励,对经济活动起到分散作用;而市场一体化会刺激可流动劳动力向要素回报高的地区迁移,从而引起产业向同一区域集聚。

为什么金融发展与市场一体化对产业区位有相反的影响? 经济地理文献中的一个关键结论是:高贸易成本与制造业企业的完全集聚无关。如果市场面临其他市场的企业很小的竞争,那么有的制造企业会承受离开集聚经济的代价,而在外围进行生产以及开发市场势力。对于更低水平的贸易成本,在更大市场生产的好处占有优势。即使将本地商品跨区经营倾向(类似于出口倾向)内生化,上述结论依然成立。更小的贸易壁垒不仅降低对外地商品的消费者价格指数,而且也可以增加每个市场上可用商品的数量和份额。

在本章的模型中,外地商品本地消费倾向(类似于进口倾向)是由贸易成本和金融发展水平决定的。由(10)式可知,更小的代理成本减少跨区经营企业的份额(尽管更多企业进入)。生产率太低而不能获得外部融资的企业家,当代理成本下降时可能会获得贷款。然而,这些企业的生产率不足以支付为其他区域消费者提供商品所增加的额外固定成本。结果,当代理成本下降的时候跨区经营企业的份额下降。本地商品跨区经营倾向(类似于出口倾向)越低表明区域间竞争越小,导致净集聚驱动力下降。

为了进一步理解其背后的经济学直觉,这里考虑对称和完全集聚的边界情形。由于跨区经营企业份额低,制造行业集中在一个区域不可能是一个稳定的状态,因为首先迁移外围的企业将会在这个市场上有很强的市场势力,这表明企业家会获得高额利润,因此,分散力在这种情况下会占优。对比而言,如果代理成本高并且只有大企业能够幸存下来,这意味着几乎所有的企业都会进行跨区经营。在这种情况下,企业都不能从迁移到外围中获利,因为这并不能让他们避免竞争。因此,因为有更大的本地市场,他们倾向于集群和充分利用集聚的好处。此时,分散力微不足道而集聚力占优。当金融发展即代理成本降低会减少跨区域经营企业的份额,劳动力和制造企业的对称分布,可以在更大的贸易成本区间内是一个稳定的状态。也要注意到非常低的企业异质性(k值大)表明跨区经营企业的份额在没有融资约束时会收敛到零,融资约束在任何水平的贸易成本 τ 都会阻碍集聚。

区域不平衡不是简单由奇缺要素的集中驱使的,因为这些要素可以在劳动市场上获得更高的回报,因此应归因于能够进入更大的商品选择范围而引起的更低的价格(更高的实际工资)。本章从对称均衡开始,如果贸易成本下降到突破点以下,对称均衡崩溃导致不平衡急剧增加,因为区域 i 的劳动力比区域 j 的劳动力能够以更低的价格消费更多的商品。突破点降低金融发展水平(更小的 b)。然而,区域之间变得越整合,金融市场无摩擦对人均 GDP 的发散变得越重要。因为当贸易成本很低时,本来适度水平的融资约束也会引起发散,而当贸易成本很高时,即使很弱的金融市场制度也不能打破对称均衡。

制造业集群一旦发生,收入不平衡是如何随着贸易成本和金融发展变化的。一般而言,距离突破点越近表明越不平衡。然而,贸易成本进一步降低会减少不平衡,不平衡会随着金融市场的发展(更小的 b)增加。在完全集聚状态下,当企业数量增加从而生产的商品种类增加,并且利润主要产生于核心区域,金融发展强化不平衡,这依赖于对产品多样化的偏好,并且一旦对称均衡向非对称均衡变化时,相对于明显的非平衡的跳跃,这个效应还在其次。另外,如果经济活动在两个区域间均匀分布,那么不平衡状态会更小。当产业的集群是由核心区域的可流动劳动力的集聚驱动时,显然区域间 GDP 的不平衡程度越高,肯定与其可流动劳动力分布不平衡相关,这其实对两个地区之间可流动劳动力和不可流动劳动力的收入不平衡做出了解释。

结论 2　通过对产业区位的影响,金融系统的质量越高(更小的 b 值)会减少区域之间以及可流动劳动力和不可流动劳动力之间的收入不平衡;而市场一体化产生相反的效应。在完全集聚情形下,金融市场发展会提高不平衡,市场一体化会减少不平衡,但是不平衡状态依然比在对称均衡状态下要高。

五、结论与政策建议

本章研究融资约束对经济活动的分布,以及对区域内和区域间收入差距作用,分析表明越容易获得外部融资,会减少可流动劳动力在一个区域集聚,使经济活动分散,促进区域间协调发展及区域间收入分配更平衡合理。在本章的框架内,金融市场发展的效应通过产品市场一体化起作用,当先前被排除在信贷市场外的被认为生产率低的中小企业,获得外部融资后进入市场的时候,融资约束的缓解会减少跨区域经营倾向,当跨区域经营企业的利润高到足以让企业家勤奋工作时,他们不会受制于融资约束。相对于本地竞争而言,跨区域经营份额的减少会降低区域内竞争,从而会使得产业活动完全集聚缺乏吸引力。

本章的结果对公共政策有重要的含义。由于政策制定者通常关心区域的集聚力,那么理解金融市场发展对产业选址模式的含义至关重要:更小的金融摩擦作为市场一体化的抵消力量可以减少经济完全集聚,进一步,在不损害达到相等的区域生活条件的目的下,金融市场的发展使得产品市场更加整合,各区域有更多的产品选择范围,从而增进社会福利。本章的结论对于区域政策制定者也有很大的实用性。首先,金融市场越发达可以在不损害平均区域生活条件的情况下,形成整合的产品市场,各区域可以从交易中获得福利。另外,为了达成区域间的融合,发展金融市场可以作为高成本产业转移的一个补充方案。

参考文献

[1] 林毅夫,孙希芳. 信息,非正规金融与中小企业融资[J]. 经济研究,2005,7(1):35-44.

[2] 刘畅,刘冲,马光荣. 中小金融机构与中小企业贷款[J]. 经济研究,2017,8(5):65-77.

[3] 林毅夫,李永军. 中小金融机构发展与中小企业融资[J]. 经济研究,2001,(01):10-18.

[4] 姚耀军,董钢锋. 中小企业融资约束缓解:金融发展水平重要抑或金融结构重要?——来自中小企业板上市公司的经验证据[J]. 金融研究,2015,(04):148-161.

[5] 杨俊,王燕,张宗益. 中国金融发展与贫困减少的经验分析[J]. 世界经济,2008(8):62-76.

[6] 陈志刚,王皖君. 金融自由化对贫困影响研究动态[J]. 经济学动态,2008,(08):99-103.

[7] 崔艳娟,孙刚. 金融发展是贫困减缓的原因吗?——来自中国的证据[J]. 金融研究,2012(11):116-127.

[8] 藤田昌久,保罗·克鲁格曼,安东尼·J·维纳伯尔斯. 空间经济学:城市,区域与国际贸易[M]. 中国人民大学出版社,2005.

[9] Holmstrom B, Tirole J. Financial intermediation, loanable funds, and the real sector [J]. The Quarterly Journal of Economics, 1997, 112(3): 663-691.

[10] Melitz M J. The impact of trade on intra-industry reallocations and aggregate industry

productivity[J]. Econometrica, 2003, 71(6): 1695 - 1725.

[11] Baldwin R. E. and Okubo T. Heterogeneous firms, agglomeration and economic geography: spatial selection and sorting[J]. Journal of Economic Geography, 2006, 6 (3): 323 - 346.

[12] Ottaviano G I P. 'New' new economic geography: firm heterogeneity and agglomeration economies [J]. Journal of Economic Geography, 2010, 11 (2): 231 - 240.

[13] Ottaviano G I P. Agglomeration, trade and selection[J]. Regional Science and Urban Economics, 2012, 42(6): 987 - 997.

[14] Ju J, Wei S J. When is quality of financial system a source of comparative advantage? [J]. Journal of International Economics, 2011, 84(2): 178 - 187.

[15] Egger P, Keuschnigg C, Merlo V, et al. Corporate taxes and internal borrowing within multinational firms[J]. American Economic Journal: Economic Policy, 2014, 6 (2): 54 - 93.

[16] Duranton G, Puga D. Micro-foundations of urban agglomeration economies [J]. Handbook of Regional and Urban Economics, 2004(4): 2063 - 2117.

[17] Ottaviano G. ,Thisse J F. Agglomeration and economic geography[J]. Handbook of Regional and Urban Economics, 2004(4): 2563 - 2608.

[18] Puga D. The magnitude and causes of agglomeration economies [J]. Journal of Regional Science, 2010, 50(1): 203 - 219.

[19] Clarke G R G, Xu L C, Zou H. Finance and income inequality: what do the data tell us? [J]. Southern Economic Journal, 2006, 578 - 596.

[20] Liang Z. Financial development and income distribution: a system GMM panel analysis with application to urban China[J]. Journal of Economic Development, 2006, 31 (2): 1.

[21] Beck T. , Demirgüç-Kunt A. and Levine R. Finance, inequality and the poor[J]. Journal of Economic Growth, 2007, 12(1): 27 - 49.

[22] Krugman P. Increasing returns and economic geography [J]. Journal of political

economy，1991，99(3)：483－499.

[23] Baldwin J R，Gu W. Export-market participation and productivity performance in Canadian manufacturing ［J］. Canadian Journal of Economics/Revue canadienne d'économique，2003，36(3)：634－657.

[24] Egger P，Seidel T. Agglomeration and fair wages[J]. Canadian Journal of Economics/ Revue canadienne d'économique，2008，41(1)：271－291.

[25] Forslid R，Ottaviano G I P. An analytically solvable core-periphery model[J]. Journal of Economic Geography，2003，3(3)：229－240.

第十六章　生产性服务业集聚的耦合测度及其效应

一、引　言

改革开放以来,长三角地区凭借劳动力成本优势、独特的区位优势及良好的工商业基础,迅速成长为中国经济最具活力的地区。长三角地区制造业产值占全国22%,工业制成品的出口量占全国30%,拥有全国31%的外资企业出口量。在经济总量增长的背后,我们要正视中国制造业在国际产业分工中处于中低端的现实。世界工厂的定位不仅影响了我国产品的国际竞争力,也使得我国未来的经济发展充满了不确定性。金融危机以来,由于国外市场需求萎缩,国内劳动力成本上升、原材料价格上涨等诸多不利因素的影响,中国制造业发展处于"前有堵截,后有追兵"的两难境地。长期锁定于全球价值链加工、装配环节的现状,导致中国生产性服务业因缺乏有效市场需求而发展滞后。这导致了自主核心技术的缺乏,限制了制造业的转型升级。不仅如此,此轮金融危机后,欧美国家纷纷重视实体经济空心化问题,推出许多政策扶持本国制造业发展,这无疑会给中国产品的国际竞争力带来重要挑战。另外,随着经济发展水平的提高,我国制造业的成本优势正逐渐丧失。从全球产业格局来看,越南、孟加拉国、墨西哥等国家,在生产成本上比我们越来越有优势,这将催生新一波全球产业转移浪潮。面对旧的比较优势即将失去的不利局面,我们应该如何推进制造业转型升级,从而建立新的竞争优势?

对于上述问题,现有研究已经表明发展服务业,尤其是生产性服务业,是构建制造业竞争优势的有效之策。日本学者并木信义(1990)指出,"国际竞争力相互角逐的是制造业产品,而服务业则在制造业的背后,间接规定着制造业的产业竞争力"。目前,服务业已经成为许多发达国家或地区的主导产业。有关数据显示,欧美发达国家服务业产值的 GDP 占比一般在 70% 左右。这种"服务业主导"的经济发展模式,并不是以传统的消费型服务业为主要内容,而是着力推进知识和技术密集型的生产性服务业。此外,欧美发达国家的制造业发展已出现明显的"服务化"特征。即制造业产品的增加值更多的来源于生产性服务业,而非加工制造过程。所以,生产性服务业的发展水平,将直接影响着制造业的国际竞争力。

生产性服务业集聚是促进生产性服务业发展的重要环境支撑,生产性服务业的集聚水平和层次直接决定着一地区的现代服务业发展。从空间地理上看,虽然工业集聚特征更为典型和明显,但是诸如商业、金融和 IT 等生产性服务业集聚也不断出现。生产性服务业集聚可以通过专业化分工、降低交易成本以及发挥空间外部性等途径促进制造业的发展。而制造业的发展反过来又会促进生产性服务业向更深层次、更宽领域的发展。所以无论是从产业关联还是产业互动层面上分析,生产性服务业集聚在推动制造业进一步发展的同时,也将带动服务业本身生产率的提高。

长期以来在跨国公司主导的国际生产体系中,长三角地区以加工贸易方式参与国际分工。虽然得益于产业转移的外溢效应,本地的生产性服务业也得到了一定的发展。但是以要素比较优势嵌入全球价值链的总体现实,必定会影响长三角城市群生产性服务业的集聚与耦合状况。那么近年来长三角地区生产性服务业集聚与耦合状况发生了怎样的变化? 进一步地,这种集聚与耦合是否一直推动着服务业的发展? 对于这些问题的探索,对于推动该地区的生产性服务业的发展具有指导意义。

余下结构安排如下:第二部分是相关研究文献梳理;第三部分是模型构建和统计分析;第四部分是实证结果分析;最后是研究结论与政策建议。

二、文献综述

经济集聚是产业发展演化过程中的一种经济地理现象,是当今世界各地区经济发展过程中重要的特征之一。经济集聚对区域经济发展的影响,一直以来都是发展经济学难以回避的研究主题。集聚经济是产业集聚的结果,也是生产活动的基本驱动因素。产业集聚对生产率、技术效率、经济增长率、实际收入等产生显著的影响。而集聚经济的发生基本上都与专业化经济或多样化经济有关。专业化经济来源于同一产业部门的企业因相互靠近而产生的规模报酬递增，多样化经济则是由于多种产业集中于城市区域内，使得整个城市获得规模报酬递增。

随着研究的深入展开，一些学者认为集聚与地区经济增长之间并非单纯的线性关系。经济集聚表现为一个逐步推进的过程，在产业集聚的形成与发展过程中，集聚效率将随着发展阶段的变化而变化，即集聚效益的动态性问题。Willianmson(1965)指出空间集聚的效益在不同阶段有着显著的差异。在集聚的早些阶段，区域内同一行业的众多企业，共享区域内的基础设施、知识外溢、丰富的熟练劳动力市场。这降低了企业产品的平均成本，提高了规模报酬，实现经济集聚的正效应。但随着经济的发展，类似于拥堵成本等负外部性逐渐显露出来，经济集聚的效益逐渐恶化，促使经济活动产生分离趋势，该理论被称为"威廉姆森"假说。随后国内外众多学者对这一问题进行了深入研究。比如，Luisito & Duncan(2004)构建了城市化与增长模型，其研究结论验证了这一假说。在发展初期，从人力资本积累中获得的潜在正效益大于拥挤带来的负效益。但在经济发展到一定阶段后，拥挤带来的负外部性越来越大，有可能使得经济停留在发展陷阱中。对中国集聚经济的动态研究，也得出了相似的结论。比如，国内研究者(章元等，2008；杨扬等，2010；徐盈之等，2011；刘修岩等，2012)基于中国省级或地级市层面的动态面板数据的研究，验证了集聚经济的动态变化。即在经济发展水平达到一定阶段后，集聚效应由正转为负。产业集聚的早期研究主要是围绕制造业展开，而生产性服务业和制造业在产业特性上有着明显的差异，所以制造业集聚理论不能完全适用于生产性服务业。自从"服务业集群"概念化后，关于服务业集聚的研究开始发展起来。在生产性服务业集聚影响因素研究方面，盛龙、陆根尧(2013)认为制造业集聚、信息化水平、人力资本和地方保护对生产性服务业集聚存在显著影响。宣烨(2013)认为本地市场规模、工业企业平均规模以及交易成本、生产性服务业的专业化与竞争程度等因素共同促进了生产性服务业集聚。在生产性服务业集聚动态效应研究方面，陈建军等(2009)研究发现中国东部地区城市将长期存在集聚效应，而中西部城市在城市规模达到一定水平后集聚效应递减。孙浦阳等

(2013)基于 2000～2008 年 287 个城市的面板数据,运用 ADL(1,1)动态模型分析产业集聚。研究发现服务业专业化集聚对当期劳动生产率具有显著抑制作用,而滞后一期的服务业集聚对生产率提高具有显著正向影响。而王晶晶、黄繁华(2014)在服务业集聚效应的动态性问题得出了与之相反的结论,即当期的服务业集聚对产业劳动生产率有促进作用,滞后一期的服务业集聚对服务业生产率产生抑制作用。值得关注的是,在研究生产性服务业集聚问题时,越来越多的学者开始把研究的切入点放在生产性服务业与制造业的协同集聚上。在协同集聚机制研究方面,陈国亮(2010)认为,生产性服务业与制造业形成双重集聚,主要是由于服务业与制造业的上下游产业联系,而不是共享劳动力市场和知识外溢。而江曼琦等(2014)则认为,二、三产业空间协同集聚原因在于降低制造业服务化过程中所产生的搜寻、协议、订约、监督成本。在协同集聚效应研究方面,高传胜、刘志彪(2005)指出生产性服务业与制造业的协同分工,能够促进两产业的集聚与升级。但在跨国公司主导的国际生产体系中,长三角以代工方式参与产业分工,割裂了制造业与生产性服务业的产业关联,客观上导致两产业在空间集聚上存在着非同步性(江静、刘志彪,2010;吴福象、曹璐,2014)。梳理现有文献,可以发现以下几点。第一,在以往的产业集聚研究中,对于制造业集聚效应动态性研究较为成熟,但是对于生产性服务业集聚效应动态性研究并不充分。生产性服务业产业特性明显有别于制造业,其动态效应可能存在一定差异,有必要对生产性服务业集聚的动态效应加以研究。第二,目前对生产性服务业与制造业协同集聚的研究,部分仍停留在协同集聚的理论机制探究或是对集聚现象的描述上。虽然也有部分学者关注协同集聚效应,但其落脚点往往在制造业效率提升上,忽视了协同集聚对服务业的发展的影响。基于长三角城市群面板数据,在测度、分析各城市生产性服务业集聚、生产性服务业与制造业协同集聚的基础上,通过动态 GMM(广义矩法)模型实证探究了生产性服务业集聚效益的动态变化,以及产业协同集聚对服务业劳动生产率的影响。

三、模型设定、变量选取与统计分析

（一）计量模型设定

在设定模型时，借鉴了 Brulhar & Sbergami(2009)研究全球不同地区集聚与增长问题时的动态回归模型。该模型中经济增长率取决于劳动生产率、经济集聚和一系列控制变量。

$$g_{i,p} = \alpha y_{i,0} + \beta A_{i,0} + \gamma X_{i,p} + \mu_i \tag{1}$$

$$y_{i,t} - y_{i,t-1} = \alpha y_{i,t-1} + \beta A_{i,t-1} + \gamma X_{i,t} + \mu_i + v_t + \varepsilon_{i,t} \tag{2}$$

$$y_{i,t} = \alpha' y_{i,t-1} + \beta A_{i,t-1} + \gamma X_{i,t} + \mu_i + v_t + \varepsilon_{i,t} \tag{3}$$

其中，$y_{i,t-1}$ 表示滞后一期劳动生产率对数，$A_{i,t-1}$ 表示滞后一期的经济集聚净效应，X_{it} 表示其他影响经济增长的因素。μ_i 表示不可观察的地区固定效应，v_t 表示特定时间效应，ε_{it} 表示随机误差项。将公式(2)中等式左边 $y_{i,t-1}$ 项移动到等式右边，与 $\alpha y_{i,t-1}$ 进行同类项合并，得到等式(3)，其中 α' 表示($\alpha+1$)。

对上述模型进行估计面临的最大困难是如何解决变量间的内生性问题，作为解释变量的经济集聚与误差项存在相关性。这使得无论是选择固定效模型的 LSDV 估计量，还是随机效应的 GLS 估计量，得到的参数估计可能是有偏的、非一致的。为解决这一问题，Arellano & Bond(1991)通过一阶差分法消除个体效应，使用解释变量和被解释变量所有可行的滞后变量作为工具变量。对上述模型进行一阶差分可得：

$$y_{i,t} - y_{i,t-1} = \alpha'(y_{i,t-1} - y_{i,t-2}) + \beta(A_{i,t-1} - A_{i,t-2}) + \gamma(X_{i,t} - X_{i,t-1}) +$$

$$\varepsilon_{i,t} - \varepsilon_{i,t-1} + v_t - v_{t-1} \tag{4}$$

在借鉴上述模型(3)的基础上，综合集聚效应的"威廉姆森假说"，即空间集聚对经济发展的非线性效应。将生产性服务业集聚的二次项纳入模型中，以捕捉经济集聚的非线性效应。此外，考虑到生产性服务业与制造业协同集聚的事实，猜测生产性服务业与制造业的耦合也会对服务业劳动生产率带来影响，所以在模型加入协同集

聚项。综上所述,构建的动态计量模型如下:

$$\ln pser_{c,t} = \alpha_1 \ln pser_{c,t-1} + \beta_1 aser_{c,t} + \beta_2 aser_{c,t}^2 + \beta_3 coa_{c,t} + \gamma_1 X_{c,t} + \mu_c + v_t + \varepsilon_{c,t} \quad (5)$$

$$X = X(\ln popen, \ln phumc, \ln pinve) \quad (6)$$

在式(4)中,$pser_{c,t}$ 表示城市服务业劳动生产率,$pser_{c,t-1}$ 表示滞后一期服务业劳动生产率。$aser_{c,t}$ 表示生产性服务业集聚,$aser_{c,t}^2$ 表示生产性服务业集聚二次项,$coa_{c,t}$ 表示生产性服务业与制造业协同集聚。$X_{c,t}$ 表示一系列其他影响服务业劳动生产率的控制变量,分别是反映外商投资的 $popen$、人力资本的 $phumc$ 以及固定资产投资的 $pinve$ 三个控制变量。μ_c 表示不可观察的地区固定效应,v_t 表示特定时间效应,ε_{ct} 表示随机误差项。

(二)变量选取

样本数据以 1998—2012 年长三角 16 个核心城市为主,进行统计分析。其中,服务业增加值及其就业人数、生产性服务业就业人数、制造业就业人数、高等学校在校人数、FDI、社会固定资产投资数据来源于《中国城市统计年鉴》(1999—2013)和部分城市统计局。对于样本中个别缺失数据采用插值法进行补充。服务业一般可以划分为 14 个部门[①],这里主要研究生产性服务业。

1. 被解释变量

服务业劳动生产率($pser$):服务业劳动生产率用服务业产值与服务业从业人数的比值表示,单位:万元/人。范剑勇(2006)和刘修岩(2009)等人在研究产业集聚与产业劳动生产率关系时,也采用这种方法衡量城市产业生产率。

2. 核心解释变量

(1) 生产性服务业集聚($aser$):目前衡量产业集聚水平的指标很多,例如 Hoover

---

① 服务业 14 个部门行业分类,生产性服务业:交通运输、仓储和邮政业;信息传输、计算机服务和软件业;金融业;房地产业;租赁和商务服务业;科学研究、技术服务和地质勘查业;居民服务和其他服务业;教育业。消费性服务业:批发和零售业;住宅和餐饮业。公共服务业:水利、环境和公共设施管理业;卫生社会保障和社会福利业;文化、体育和娱乐业;公共管理和社会组织业。

指数、Gini 指数、E - G 指数。区位熵指数可以消除区域规模差异因素,较好地反映要素的空间分布情况。选择区位熵指数衡量产业集聚水平。c 城市 j 产业的区位熵计算公式如下:

$$LQ_{c,j}(t) = \frac{e_{c,j}(t)/\sum\limits_{c} e_{c,j}(t)}{\sum\limits_{j} e_{c,j}(t)/\sum\limits_{j}\sum\limits_{c} e_{c,j}(t)} \tag{7}$$

式(7)中,$LQ_{c,j}(t)$ 表示 t 时期 c 城市 j 产业的区位熵指数,$e_{c,j}(t)$ 表示 t 时期 c 城市 j 产业的就业人数,$\sum\limits_{c} e_{c,j}(t)$ 表示 t 时期所有城市 j 产业的就业人数,$\sum\limits_{j} e_{c,j}(t)$ 表示 t 时期 c 城市所有非农产业就业人数,$\sum\limits_{j}\sum\limits_{c} e_{c,j}(t)$ 表示 t 时期所有城市所有非农产业的就业人数。区位熵指数越大,则专业化水平越高。若计算所得的区位熵指数大于 1,可以认为该产业是专业化部门。

(2) 产业协同集聚(coa):根据协同集聚的定义,可以利用生产性服务业与制造业区位熵指数构造协同集聚指数。参考杨仁发(2013)[22]的做法,基于产业集聚区位熵指标,使用其相对差异来衡量生产性服务业与制造业的协同集聚水平。具体计算公式如下:

$$coa = 1 - \frac{|LQ_{c,j} - LQ_{c,j}|}{LQ_{c,j} + LQ_{c,j}} \tag{8}$$

其中,$LQ_{c,j}$、$LQ_{c,j}$ 分别表示 c 城市 i、j 产业的区位熵,数值越大协同集聚水平越高。

3. 其他控制变量

(1) 对外开放水平($popen$):外商的本地投资不仅能够增进相关产业产值的提高,还能通过技术溢出效应显著提高行业的技术密集度和劳动生产率水平。考虑到各城市间 FDI 的绝对值差异可能会比较大,故使用 FDI 与城市常住人口的比值来衡量外资引进水平。在具体计算时,将根据历年人民币汇率把外商直接投资转换为人民币计价。

(2) 人力资本水平($phumc$):新增长理论认为,人力资本是一个国家或地区经济持续增长的重要因素,劳动生产率的提高与人力资本的发展密切相关。对于人力资本的衡量,学术界一直没有达成一致的结论。考虑到数据的可得性,选取每万人中高等学校在校人数来度量,虽然衡量方法比较粗糙,但是该变量只是一个控制变量,主要用来减少核心变量的遗漏和偏误。

(3) 固定资产投资水平($pinve$):扩大固定资产投资,改善产业发展的基础设施环境,能够显著降低企业交易成本,推动产业劳动生产率提高。固定资产存量的测算一般采用"永续盘存法",这就需要各城市样本期初值,而这一数据的获得存在很大难度。故用当年固定资产投资与城市常住人口比值度量固定资产投资水平。

(三)长三角地区生产性服务业集聚与耦合测度

根据区位熵指数、产业协同集聚指数测算方法,测算了 1998—2012 年长三角 16 个核心城市的生产性服务业区位熵指数和生产性服务业与制造业协同集聚指数。利用 STATA 软件绘出长三角各城市统计年间集聚指数的散点图,具体如下图 16-1、图 16-2。图 16-1 中纵轴表示时间,横轴表示相应年间长三角城市的生产性服务业的区位熵指数。图 16-2 中纵轴表示时间,横轴表示对应年间长三角各城市生产性服务业与制造业协同集聚指数。其中每一个小点表示一个城市的相应集聚指数,每一行共有 16 个小点,表示长三角 16 个核心城市。

从图 16-1 可以明显地观察到,首先,各城市历年区位熵指数都没有超过 1;再者,2002 年前后长三角地区的生产性服务业集聚指数发生了显著的变化。1998—2002 年间,长三角地区生产性服务业集聚指数主要落在 0.2~0.3 区间。但是从 2003 年开始,生产性服务业集聚指数则主要处于 0.4~0.7 之间。对于 2002 年后生产性服务业集聚指数显著提高这一问题,从两方面加以解释。首先,2004 年度的《中国城市统计年鉴》将"租赁和商务服务业、教育业"纳入统计范围,这使得 2003 年的生产性服务业统计口径扩大。再者,2001 年中国加入世界贸易组织后,中国经济深度融入世界发展。这促进了中国在更大范围、更深层次承接国外产业转移,这其中也包括生产性服务业。一些跨国公司逐渐将产品研发和设计机构转移到中国,以更好地抢滩中国市场。长三角地区作为中国经济最具活力的地区,更是吸引了大量跨国公司研发机构的入驻。有数据显示,入世以来上海累计设立跨国公司总部 484 家,其中亚太总部 24 家,研发中心 379 家。

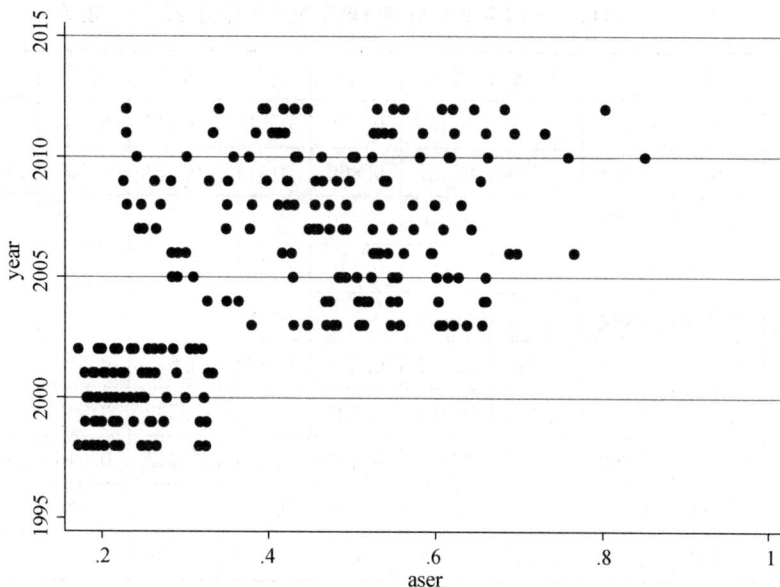

图 16 - 1　1998—2012 年长三角 16 个核心城市生产性服务业集聚指数散点图

资料来源:1999—2013 年《中国城市统计年鉴》。

最后,从不同等级城市的角度观察长三角地区生产性服务业集聚状况。根据经济发展状况和人口规模,将长三角城市划分为三个等级:高等级城市为长三角中心城市的上海;中等级城市为南京、杭州、苏州、宁波、无锡;剩下中小城市为低等级城市。在长三角各城市中,以上海市的生产性服务业集聚程度最高。在中等级城市中,南京的生产性服务业集聚程度最高,苏州的集聚程度最低。在低等级城市中,常州、泰州和舟山的生产性服务业集聚程度较高。

单就从生产性服务业集聚指数来看,长三角部分低等级城市集聚指数会大于某些中高等级城市。出现这一结果的原因在于该指数是相对指数,使得诸如苏州、无锡等制造业经济占比较高的城市,出现生产性服务业集聚指数较低的结果。从表 16 - 1 中可以看出上海、南京、杭州等中高等级城市的生产性服务业集聚指数也较高。2012年 9 月举行的中国总部经济论坛发布的全国 35 城市总部经济发展能力评价上,上海、杭州、南京分别排名第二、第五、第七。

表 16-1　2003—2012 年长三角部分城市生产性服务业区位熵指数

	上海	南京	杭州	苏州	宁波	无锡	常州	泰州	台州
2003	0.622	0.605	0.637	0.380	0.478	0.510	0.447	0.508	0.609
2004	0.658	0.661	0.659	0.327	0.469	0.514	0.473	0.555	0.604
2005	0.615	0.660	0.601	0.310	0.430	0.505	0.484	0.554	0.627
2006	0.766	0.699	0.596	0.284	0.416	0.532	0.543	0.595	0.689
2007	0.609	0.643	0.460	0.250	0.350	0.449	0.524	0.548	0.574
2008	0.631	0.600	0.431	0.271	0.350	0.423	0.533	0.573	0.531
2009	0.654	0.538	0.423	0.283	0.329	0.424	0.539	0.542	0.497
2010	0.852	0.663	0.582	0.302	0.435	0.433	0.618	0.616	0.759
2011	0.731	0.661	0.585	0.334	0.414	0.420	0.526	0.623	0.695
2012	0.646	0.683	0.608	0.341	0.447	0.394	0.549	0.621	0.804

资料来源:1999—2013 年《中国城市统计年鉴》。

从生产性服务业定义可知,生产性服务业是与制造业直接相关的配套服务业。生产性服务业与制造业的融合发展,在提高制造业效率的同时,也将促进生产性服务业的发展。从现实经济发展来看,产业协同集聚也已成为我国区域经济发展的重要范式(如长三角、珠三角等地区)。基于两产业协同集聚估算方法,测度了 1998~2012 年长三角 16 市生产性服务业与制造业协同集聚指数。

从图 16-2 可以发现,1998—2002 年长三角城市生产性服务业协同集聚指数主要位于 0.3~0.6 之间。相比而言,2003—2012 年间的长三角各城市产业协同集聚指数有了显著的提高,但是生产性服务业协同集聚指数离散化程度也扩大了。两个时间段生产性服务业协同集聚指数差距显著拉大的原因,一方面要归因于 2003 年生产性服务业统计口径的变化;另一方面,加入世贸组织后,跨国公司加快将部分研发和设计环节向长三角地区转移,推动与当地的代工制造融合发展,从而推进了生产性服务业与制造业的协同集聚。总体而言,近年来长三角城市生产性服务业耦合程度

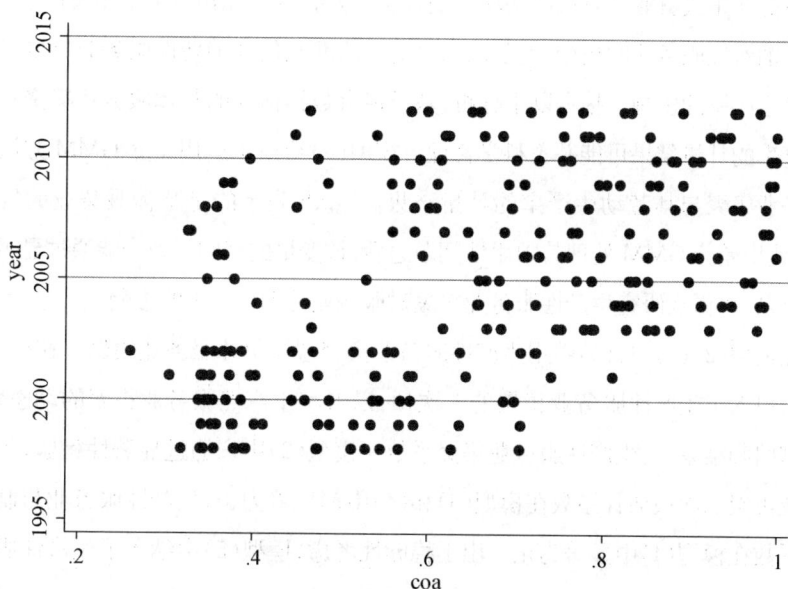

图 16－2　1998—2012 年长三角 16 市生产性服务业与制造业协同集聚指数散点图

资料来源：1999—2013 年《中国城市统计年鉴》。

不断提高。其中,生产性服务业耦合度高的城市,有中高等级城市诸如上海、南京和杭州等地,也有次等级城市诸如常州、扬州、泰州和台州等地。

四、实证检验与结果分析

（一）长三角 16 个核心城市生产性服务业集聚以及耦合的动态效应分析

　　服务业涵盖了生产性服务业、公共性服务业以及消费性服务业在内。公共性服务业主要是为社会组织与群众提供公共服务为主,主要追求社会福利而非经济效益。显然公共性服务业的这一特性,使得该行业的集聚与行业生产率并无必然的联系。而消费性服务业诸如住宿餐饮、批发零售等传统行业在我国服务业结构中占有相当的比例。在 14 个服务业部门中,以住宿餐饮、批发零售为代表的消费性服务业存在着大量的非正式就业,根据《中国城市统计年鉴》的就业数据测算的区位熵,并不能准确衡量消费性服务业的集聚状况,从而也就无法准确估计消费性服务业集聚对服务业劳动生产率的影响。根据以上分析,基于现有数据估算的整体服务业集聚对其劳动生产率的计量结果可能并不科学合理。模型(1)给出了运用差分 GMM 方法对整体服务业集聚与其劳动生产率的计量结果。aggth 表示的是整体服务业的集聚水平,在使用差分 GMM 处理其内生性问题之后,该变量的回归系数未能通过显著性检验。所以,将重点研究生产性服务业集聚对服务业劳动生产率的影响。

在模型(2)(3)(4)(5)中用生产性服务业集聚置换整体服务业集聚。在模型(3)(4)中,引入了生产性服务业集聚的二次项,以考察生产性服务业集聚的动态效应。从模型回归结果看,生产性服务业集聚系数在模型(2)中未通过显著性检验,生产性服务业集聚二次项估计系数在模型(3)和(4)中都显著为正,生产性服务业与制造业协同系数在模型(4)中显著为正。出于稳健性考虑,模型(5)中纳入了生产性服务业的三次方项,但其回归结果没有通过显著性检验,见表 16-2。

表 16-2　总体回归结果

变量	lnpthd				
	(1)	(2)	(3)	(4)	(5)
lnpthd(−1)	0.436*** (0.000)	0.436** (0.179)	0.439** (0.178)	0.525*** (0.124)	0.534*** (0.164)
lnpopen	−0.008 (0.030 3)	−0.008 (0.026 1)	0.008 (0.027 0)	0.010 (0.024 8)	0.023 (0.028 6)
lnphumc	0.057 (0.079 7)	0.057 (0.064 7)	0.061 (0.069 9)	0.033 (0.042 0)	0.030 (0.033 8)
lnpinve	0.359** (0.088 4)	0.360*** (0.125)	0.360*** (0.121)	0.295*** (0.087 2)	0.277** (0.122)
aggth	−0.606 (0.948)				
aser		−0.016 7 (0.0224)	−2.398*** (0.933)	−5.521** (2.185)	−5.928 (9.507)

（续表）

变量	lnpthd				
	(1)	(2)	(3)	(4)	(5)
$aser^2$			2.115** (0.837)	4.844** (1.895)	5.485 (17.82)
coa				1.092* (0.655)	1.194 (0.792)
$aser^3$					−0.287 (10.79)
AR(2)	1.332 (0.185)	1.094 (0.276)	0.683 (0.496)	−1.051 (0.295)	−0.94 (0.345)
Saragan	174.751 (0.231)	179.578 (0.083)	182.025 (0.053)	180.276 (0.081)	181.801 (0.082)

注：实证结果均由 stata 12 处理得出；***、**、* 分别表示 1%、5%、10%的显著性水平；AR(2)检验主要用来反映扰动项的差分是否存在二阶自相关；Saragan 检验主要用来观察工具变量过度识别问题。

在模型(2)中，生产性服务业集聚一次项系数未通过显著性。这一结果表明，当前长三角 16 个核心城市的生产性服务业集聚未能有效影响服务业劳动生产率。这是由于当前生产性服务业集聚经济效应尚未发挥出来，生产性服务业集聚的统计分析也佐证了这一点。长三角各城市生产性服务业区位熵指数普遍较小，特别是占大多数的中低等级城市，其生产性服务业集聚程度处于 0.3~0.5 间。根据区位熵指数定义，该产业尚未成长为专业生产部门，其专业化集聚效应并未得到有效发挥。

在模型(3)(4)中，生产性服务业集聚二次项估计系数显著为正。从回归结果看，长三角地区的生产性服务业集聚与服务业劳动生产率是正"U"形关系。这与"威廉姆森假说"的倒"U"形假说截然相反，即生产性服务业集聚效应的发挥存在着某一"拐点"。在此之前，集聚的专业化经济不能得到有效发挥。而一旦越过"拐点"后，生产性服务业集聚将快速提高服务业劳动生产率。与此同时，集聚经济的正向循环累积特性又不断强化集聚经济本身。

再看生产性服务业与制造业协同集聚对服务业劳动生产率的影响。在模型(4)中该变量估计系数显著为正,这表明两产业的协同集聚有利于服务业劳动生产率的提高。生产性服务业是推动制造业发展的高级生产要素,生产性服务业通过其蕴含的人力资本、知识资本、技术资本,带来了制造业生产效率的提高、产品附加值的提升。这在促进制造业经济效益提高的同时,也将带来包括生产性服务业在内的整个服务业投入回报率的增加。通过这种良性产业互动,一方面加深了生产性服务业与制造业的耦合,另一方面刺激了生产性服务业向更宽领域、更深层次的发展。

最后看人力资本、对外开放和固定资产投资等控制变量对服务业劳动生产率的影响。在计量分析结果中,固定资产投资能够显著促进服务业劳动生产率的提高,而对外开放、人力资本因素对服务业劳动生产率的估计系数没有通过显著性检验。实证结果表明长三角城市在互联网、城市交通与通信等方面的硬件的建设,更能够显著降低商业交易成本,促进生产性服务业的积聚,以实现集聚效应的发挥。

(二)长三角不同等级城市生产性服务业集聚以及耦合的动态效应分析

依据城市综合竞争力,可以将长三角16个核心城市划分为不同等级。一般而言,中高等级城市有上海、南京、杭州、苏州、无锡、宁波,剩下城市为区域内低等级城市。鉴于城市的不同等级和特性,生产性服务业集聚及其耦合的动态效应可能会存在差异。表16-3列出了中高等级、低等级城市的差分GMM回归结果。

表 16 - 3　分等级城市回归结果

	中高等级城市			低等级城市		
	(1)	(2)	(3)	(4)	(5)	(6)
lnpthd(−1)	1.556*** (−0.527)	−0.872 (−1.903)	1.453*** (−0.554)	0.902*** (−0.145)	0.653*** (−0.037 4)	0.565*** (−0.174)
lnpopen	0.218 (−0.284)	0.965 (−0.793)	−0.343 (−0.476)	−0.069 (−0.142)	−0.048 (−0.182)	−0.008 (0.026 1)
lnphumc	−0.083 (−0.494)	−0.066 (−0.231)	0.173 (−0.463)	0.173 (−0.295)	0.201 (−0.32)	0.057 (0.064 7)

（续表）

	中高等级城市			低等级城市		
	(1)	(2)	(3)	(4)	(5)	(6)
lnpinve	0.421 (0.125)	1.217 (−2.221)	−0.234 (−0.548)	0.360*** (0.121)	0.0949 (−0.314)	0.326*** (0.125)
aser	2.034* (−0.601)	−5.756* (−3.203)		0.347 (0.098)	−1.770** (−0.707)	−7.428*** (−2.138)
aser^2		4.569* (−2.644)			2.085** (−1.061)	7.483*** (−2.083)
coa			0.49 (−0.554)			1.696** (−0.788)
AR(2)	0.95 (0.343)	0.30 (0.767)	0.60 (0.547)	−1.39 (0.164)	−0.12 (0.903)	−0.67 (0.503)
Saragan	58.98 (0.299)	56.16 (0.747)	59.68 (0.277)	95.66 (0.098)	72.69 (0.214)	173.80 (0.053)

注：实证结果均由 stata12 处理得出；***、**、*分别表示 1%、5%、10%的显著性水平；AR(2)检验主要用来反映扰动项的差分是否存在二阶自相关；Saragan 检验主要用来观察工具变量过度识别问题。

先看中高等级城市生产性服务业集聚及耦合的动态效应。模型(1)中生产性服务业集聚一次项系数显著为正,这表明中高等级城市的生产性服务业集聚能够促进服务业劳动生产率的提高。模型(2)中生产性服务业集聚二次项系数显著为正,回归结果表明中高等级城市生产性服务业集聚效应与集聚程度之间同样是呈现正"U"形关系。在长三角城市生产性服务业集聚统计分析中,上海、南京和杭州的生产性服务业区位熵指数也较高。再综合模型(1)(2)的结果说明了,长三角部分中高等级城市的生产性服务业集聚程度可能已经越过正"U"形曲线的"拐点",生产性服务业的集聚和服务业劳动生产率处于相互促进的正向循环中。在模型(3)中,生产性服务业与制造业协同集聚系数未通过显著性检验,计量结果说明产业的协同集聚未能有效促进服务业劳动生产率的提高。这一计量结果说明,对于中高等级城市而言,定位于发展"总部经济",推动生产性服务业而非产业协同集聚能更有效地促进服务业劳动生产率的提高。

再看低等级城市生产性服务业集聚及耦合的动态效应。模型(5)、(6)中生产性服务业集聚二次项系数显著为正,回归结果表明低等级城市的生产性服务业集聚效应与集聚程度间也是呈现正"U"形关系。至此,无论是长三角城市总体,还是中高等级城市、低等级城市,计量回归结果都表明生产性服务业集聚效应会发生动态变化。在集聚水平未达到"拐点"时,生产性服务业集聚水平难以有效提高服务业劳动生产率。而当集聚水平迈过"拐点"后,集聚的专业化经济显现出来,促进服务业劳动生产率的提高,服务业经济效益的提高反过来进一步促进集聚水平的提高,实现生产性服务业集聚与服务业劳动生产率的互相促进发展。模型(4)中生产性服务业集聚一次项系数未能通过显著性检验,模型(6)中生产性服务业与制造业协同集聚系数显著为正,这表明低等级城市的生产性服务业集聚未能有效提高服务业劳动生产率,而生产性服务业耦合能够有效促进服务业劳动生产率的提高。由此可知,相对于中高等级城市"总部经济"的发展定位,低等级城市更适合于"工厂经济"的产业分工。此外,模型(4)、(6)中基础设施变量的回归系数显著为正,说明在低等级城市扩大基础设施建设能够促进服务业劳动生产率的提高。

五、结论与政策建议

在测度了长三角地区生产性服务业集聚与耦合水平的基础上,探究了这种集聚与耦合对于服务业劳动生产率的影响。统计研究发现:目前长三角城市的生产性服务业集聚水平总体不高,但近年来提高趋势明显。不同等级城市间集聚指数差异拉大,作为长三角中高等级城市的上海、南京和杭州,生产性服务业集聚水平明显高于其他城市;长三角低等级城市如扬州、泰州、台州和舟山等地,生产性服务业耦合程度较高。计量研究发现,长三角城市生产性服务业集聚对服务业劳动生产率的影响是动态变化的,两者之间呈现正"U"形关系。按长三角城市等级分类的计量研究表明,对于中高等级城市而言,生产性服务业集聚水平已越过"拐点",生产性服务业集聚和服务业劳动率处于正向循环中。对于低等级城市而言,生产性服务业集聚未能显著促进服务业劳动生产率水平提高,而生产性服务业耦合能够对服务业劳动生产率的提高起到推动作用。此外,固定资产投资有利于服务业劳动生产率的提高,而人力资本与外商投资的驱动作用不显著。

　　基于以上研究结论,提出如下政策建议:加强长三角城市产业协同布局。对于区域内的中高等级城市,应重点推动金融、咨询、商贸和教育培训等生产性服务业集聚,大力培育"总部经济"职能,把现代服务业作为实现城市发展的着力点。对于区域内低等级城市,应重点推进生产性服务业与制造业的耦合发展,针对当地的制造业特点,引进、培育相应的生产性服务业,把生产性服务业与制造业融合发展作为促进城市经济的增长点。加快推进长三角地区生产性服务业集聚。加大对现代服务业的政策支持,重点推进相关领域基础设施建设,进一步推进服务业集聚化发展趋势,打造现代服务业发展集群。发展长三角地区的现代服务业,尤其要注重制造业需求导向,实现产业发展的良性互动。

参考文献

[1] 章元,刘修岩. 集聚经济与经济增长——来自中国的经验证据[J]. 世界经济,2008(3):60-70.

[2] 杨扬,余壮雄,舒元. 经济集聚与城市经济增长——来自中国城市的经验数据[J]. 当代经济科学,2010(5):113-128.

[3] 徐盈之,彭欢欢,刘修岩. 威廉姆森假说——空间集聚与区域经济增长[J]. 经济理论与经济管理,2011(4):95-102.

[4] 刘修岩,邵军,薛玉立. 集聚与地区经济增长——基于中国地级城市数据再检验[J]. 南开经济研究,2012(3):52-64.

[5] 盛龙,陆根尧. 中国生产性服务业集聚及其影响因素研究——基于行业和地区层面的分析[J]. 南开经济研究,2013(5):115-129.

[6] 宣烨. 本地市场规模、交易成本与生产性服务业集聚[J]. 财贸经济,2013(8):117-128.

[7] 陈建军,陈国亮,黄洁. 新经济地理学视角下的生产性服务业集聚及其影响因素研究[J]. 管理世界,2009(4):83-95.

[8] 孙浦阳,韩帅,许启钦. 产业集聚对劳动生产率的动态影响[J]. 世界经济,2013(3):33-53.

[9] 王晶晶,黄繁华. 服务业集聚的动态溢出效应研究——来自中国 261 个地级及以上城市的经验证据[J]. 经济理论与经济管理,2014(3):48-58.

[10] 陈国亮. 新经济地理学视角下的生产性服务业集聚研究[D]. 杭州:浙江大学,2010.

[11] 江曼琦,席强敏. 生产性服务业与制造业的产业关联与协同集聚[J]. 南开学报,2014(1):153-160.

[12] 高传胜,刘志彪. 生产者服务业与长三角制造业集聚和发展:理实证与潜力分析[J]. 上海经济研究,2005(8):35-42.

[13] 江静,刘志彪. 世界工厂定位能促进中国生产性服务业发展吗[J]. 经济理论与经济管理,2010(3):62-68.

[14] 吴福象,曹璐. 生产性服务业集聚机制与耦合悖论分析——来自长三角 16 个核心城市的经验证据[J]. 产业经济研究,2014(4):13-21.

[15] 范剑勇. 产业集聚与地区间劳动生产率差异[J]. 经济研究,2006(11):72-81.

[16] 刘修岩. 集聚经济与劳动生产率——基于中国城市面板数据的实证研究[J]. 数量经济技术经济研究,2009(7):109-119.

[17] 杨仁发. 产业集聚与地区工资差距——基于我国 269 个城市的实证研究[J]. 管理世界,2013(8):41-52.

[18] 并木信义. 瑕瑜互见——日美产业比较[M]. 北京:中国财政经济出版社,1990.

[19] Williamson J G. Regional Inequality and the Process of National Development [J]. Economic Development and Cultural Change, 1965, 13(1): 3-45.

[20] Luisito B, Duncan B. Urbanization and Growth [J]. Journal of Urban Economics, 2004, 56(1): 80-96.

[21] Brulhar M, Sbergami F. Agglomeration and Growth: Cross-country Evidence[J]. Journal of Urban Economics, 2009, 65(11), 393-411.

[22] Arellano M, Bond S. Some Tests of Specification for Panel Data: Monte Carlo Evidence and an Application to Employment Equations[J]. Review of Economic Studies, 1991, 58(2): 277-97.

图书在版编目(CIP)数据

国际产能合作与中国区域经济发展 / 吴福象等著
. — 南京：南京大学出版社，2019.12
（中国特色经济学. 研究系列）
ISBN 978 - 7 - 305 - 22720 - 2

Ⅰ. ①国… Ⅱ. ①吴… Ⅲ. ①区域经济合作－国际合
作－研究－中国②区域经济－经济发展战略－研究－中国
Ⅳ. ①F125.5②F127

中国版本图书馆 CIP 数据核字(2019)第 257666 号

出版发行　南京大学出版社
社　　址　南京市汉口路 22 号　　　邮　编　210093
出 版 人　金鑫荣

丛 书 名　**中国特色经济学·研究系列**
书　　名　**国际产能合作与中国区域经济发展**
著　　者　吴福象 等
责任编辑　徐　媛

照　排　南京南琳图文制作有限公司
印　刷　南京鸿图印务有限公司
开　本　787×960　1/16　印张 21.25　字数 340 千
版　次　2019 年 12 月第 1 版　2019 年 12 月第 1 次印刷
ISBN 978 - 7 - 305 - 22720 - 2
定　价　65.00 元

网址：http://www.njupco.com
官方微博：http://weibo.com/njupco
官方微信号：njupress
销售咨询热线：(025) 83594756

* 版权所有，侵权必究
* 凡购买南大版图书，如有印装质量问题，请与所购
　图书销售部门联系调换